Kampf um Troja

200 Jahre Ägineten in München

Raimund Wün[...]

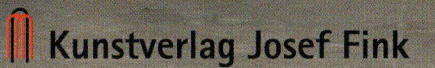

Kunstverlag Josef Fink

4	**Vorwort**
7	**Entdeckung und Ankauf der Ägineten**
7	Carl Haller von Hallerstein
16	Ausgrabungen in Ägina
35	Ausgrabungen in Bassae
37	Ankauf der Ägineten
49	Ringen um den Besitz der Ägineten
51	Haller in Griechenland
57	**Die Ergänzung der Ägineten**
57	Historischer Hintergrund
72	Thorvaldsens Ergänzung
73	*Das Heiligtum der Aphaia*
76	*Problematik der Ausgrabung und des Ankaufs*
78	*Ludwig, der Auftraggeber*
81	*Thorvaldsen an der Arbeit*
88	*Arbeitsablauf und Technik*
100	*Pasticcio*
101	*Metallstützen*
104	*Der Streit um die richtige Aufstellung*
106	*Cockerells Forschungen*
121	*Die Aufstellung in der Glyptothek*
125	*Das Problem der Gipsabgüsse*
128	*Ergänzungsstopp*
129	*Zusammenfassung*
130	*Thorvaldsens künstlerische Leistung*
135	*Die Kopfergänzungen Thorvaldsens*
145	**Fälschungen nach den Ägineten**
153	**Lobende und kritische Äußerungen zu den ergänzten Ägineten**
153	„Göttlich restauriert"
155	Der „kunstverlassene Mann"
163	**Abnahme der Ergänzungen und Neuaufstellung**
163	Der Untergang der klassizistischen Glyptothek
170	Die neue Glyptothek
175	Lob und Kritik

187	**Wiederherstellung der klassizistischen Ägineten**
205	**Deutung der Giebelgruppen**
207	Ostgiebel
213	Westgiebel
223	**Die Farbigkeit der Ägineten**
226	Der polychromatische Sekretär
228	Farbphantasien
232	Neue Funde – neue Erkenntnisse
238	Die Farbverwitterung wird wiederentdeckt
240	Bunte Götter
247	Sprangtechnik statt Missoni
250	Die Sprangtechnik (Dagmar Drinkler)
253	*Die Gewandung des Bogenschützen*
256	Logik der Farbverwitterung
262	**Anhang**

Vorwort

Im April 1811, vor nun 200 Jahren, wurden die Giebelskulpturen des Aphaiatempels von Ägina, seitdem „die Ägineten" genannt, entdeckt. Ganz zufällig stieß eine Gruppe von Bauforschern, darunter der fränkische Baron Carl Haller von Hallerstein und der Engländer Charles Robert Cockerell, beim Vermessen der Tempelruine auf Fragmente der Giebelskulpturen. Sie wurden ausgegraben, den dortigen Behörden abgekauft und nach Athen gebracht. Was sollten die Ausgräber jetzt mit den Funden tun? Museen oder ähnliche Einrichtungen gab es damals in dem von Türken beherrschten Griechenland nicht. Wie schon seit Jahrhunderten üblich, wurden antike Skulpturen noch zu dieser Zeit oft zu Kalk verbrannt bzw. aus Unverstand der Bevölkerung zerstört, verstümmelt oder als Souvenir an Durchreisende verkauft. Das wussten die Bauforscher, die schon länger im Osmanischen Griechenland gereist waren, und brachten deshalb ihre Funde in Sicherheit. Es war die einzige Möglichkeit, sie zu erhalten.

Die Ausgräber unterließen es, was durchaus nahegelegen hätte, den Fundkomplex zu zerstückeln und die Skulpturen unter sich aufzuteilen. Vielmehr entschloss man sich zu einer öffentlichen Versteigerung (01.11.1812) auf Zante (Zakynthos). Trotz der schwierigen politischen Lage – man denke an die Heeresfolge Bayerns in Napoleons Russlandfeldzug – entschloss sich der antikenbegeisterte Kronprinz Ludwig, der spätere König Ludwig I., den Erwerb mit allen Mitteln zu betreiben. Mit viel Glück gelang Ludwig der Ankauf. So kamen die Ägineten, wie Charles Robert Cockerell später schrieb, „in the hands of a prince who is surpassed by none in his enlightened patronage of the fine arts, and of Grecian skill, in a country renowned for its devotion to such glorious and elevating studies". Die Ägineten befeuerten Ludwigs Begeisterung für Griechenland, für dessen Befreiung er „glühte". Mit den Propyläen am Königsplatz, nahe bei der Glyptothek mit ihren Ägineten, hat später der „Philhellene auf dem Thron" der griechischen Befreiung ihr größtes Erinnerungsdenkmal gesetzt.

Schon die Ausgräber ahnten, dass die Ägineten den ‚Kampf um Troja' darstellen. An dieser Deutung ist auch später kaum noch gezweifelt worden. Dagegen schien das Problem, die richtige Komposition der Gruppen, ihre ursprüngliche Aufstellung in den Tempelgiebeln zu ergründen, lange Zeit fast unlösbar. Ludwig hatte nämlich die Figuren in Rom von dem damals so berühmten dänischen Bildhauer Bertel Thorvaldsen ergänzen lassen. Die Ergänzungen wurden anfangs hoch gelobt, später wenig geachtet. Noch mehr kritisierte man die Art der Aufstellung in dem von Leo v. Klenze prachtvoll ausgestatteten ‚Äginetensaal'.

Schon zu Beginn des 2. Weltkriegs wurden die Skulpturen der Glyptothek an sichere Orte ausgelagert. Der prächtig dekorierte Äginetensaal, in den die ergänzten Ägineten eingebunden waren, ging 1944 im Bombenhagel zugrunde. Als man sich zu einer Neukonzeption der Glyptothek ohne klassizistischen Dekor entschloss, sah der damalige Direktor Dieter Ohly 1962/63 die Möglichkeit, auch die Ägineten aus ihrer „klassizistischen Umarmung" zu befreien. Dank früherer Forschungen und neuer Funde und Beobachtungen konnte er die Figuren in ihrer ursprünglichen, antiken Komposition aufstellen. Eine große Leistung.

Die Neuaufstellung fand viele Bewunderer, aber es gab auch Kritik, dass Thorvaldsens klassizistische Interpretation eines griechischen Kunstwerkes untergegangen sei. Das ist nicht unverständlich. Und so haben wir in den letzten Jahren Thorvaldsens Ergänzungen an Kunstmarmorabgüsse der Figuren wieder angesetzt und die klassizistische Komposition neu erstehen lassen. Diese Rekonstruktionen erlauben uns, Thorvaldsens Leistung in neuem Licht zu betrachten.

Viel Aufmerksamkeit haben in den letzten Jahren Bilder erregt, die Abgüsse der Ägineten in bunten Farben zeigen. Die Frage nach der ursprünglichen Farbigkeit der antiken Figuren bewegt nun schon seit 200 Jahren die Gemüter vieler, die an der Antike interessiert sind. Einen wichtigen Anstoß zu dieser Diskussion haben die Ägineten gegeben. In einer fruchtbaren Zusammenarbeit der Glyptothek mit dem Bayerischen Nationalmuseum (Dank an Renate Eikelmann) hat sich die Möglichkeit eröffnet, im interdisziplinären Austausch von Textilrestauratoren, Antikenrestauratoren und Archäologen neue Ergebnisse zu Form und Farbe antiker Kleidung zu gewinnen. So bekam der sogenannte Paris statt eines gemalten ein echtes wollenes, farbiges Gewand.

Eine Ausstellung, die vor allem Rekonstruktionen zeigt, ist ohne die engagierte Mitarbeit der Restauratoren des Museums nicht möglich. So gilt mein erster Dank Alfons Neubauer und Olaf Herzog, Bildhauer und Restauratoren an der Glyptothek. Sie teilen meine Bewunderung für die künstlerische und handwerkliche Leistung, die Thorvaldsens Ergänzungen zeigen, und haben sich auch bei allen Untersuchungen und Diskussionen zur ehemaligen Farbigkeit der Ägineten enorm engagiert. Dagmar Drinkler ließ sich begeistern, einem antiken Bogenschützen ein neues Gewand zu ‚sprangen'. Es ist ihr Werk. Cornelia Knörle-Jahn fertigte die Weste. Die Herstellung der Farbaufnahmen lag in den bewährten Händen von Renate Kühling, zahlreiche UV- Fotos fertigte Roy Hessing.

Der Aufbau der Ausstellung – es musste ein ganzer Saal geräumt werden – erforderte auch von den Wissenschaftlern viel Umsicht. Die zeigte Christian Gliwitzky, der auch, wie Matthias Steinhart, das Manuskript des Begleitbuchs kritisch las. Die Transkriptionen der vielen zeitgenössischen Briefe sichtete und ordnete kundig Annette Hojer. Yvonne Schmuhl führte in souveräner Art die Redaktion des Begleitbuches durch. Die Gestaltung lag in den bewährten Händen von Marc Brandner. Ihnen allen gilt mein besonderer Dank.

Abb. 1
Carl Haller von Hallerstein, einer der Ausgräber der Ägineten. Zeichnung von Otto Magnus von Stackelberg, 1814. München, Staatliche Antikensammlungen.

Entdeckung und Ankauf der Ägineten

Carl Haller von Hallerstein

Im Juni 1808 wandert der Architekt Carl Haller von Hallerstein von Nürnberg nach München.[1] Er ist Bauinspektor in Nürnberg, mit 500 Gulden Jahresgehalt und hat die Genehmigung zu einer Studienreise nach Italien erhalten. In München möchte er das noch ausstehende Jahresgehalt von 300 Gulden reklamieren. Was er in wenigen Tagen erledigen zu können glaubt, dauert über zweieinhalb Monate. Das ständige Warten, Behördengänge und das Antichambrieren vor Höflingen sind für ihn erniedrigend. Glücklicherweise lernt er in München aber einige dort tätige Künstler und Architekten kennen: Carl von Fischer, damals Königlicher Baudirektor, den Direktor der Akademie, Peter von Langer, den Hofbauintendanten Andreas von Gärtner und andere Architekten. Und er macht die Bekanntschaft von Johann Martin Wagner, der später in seinem Leben eine so unglückliche Rolle spielen soll. Schließlich gelingt es ihm auch, eine Audienz bei König Max I., der Königin und bei Kronprinz Ludwig zu erlangen. Haller wird überall freundlich empfangen, aber es bleibt bei unverbindlichen Gesprächen. Die entscheidende Audienz bei dem allmächtigen Innenminister Graf Montgelas verläuft unglücklich. Hallers berechtigter Wunsch nach Zahlung des ausstehenden Gehalts wird nicht erfüllt. Man weist darauf hin, dass diese Sache in Nürnberg entschieden werden müsse. Er hat wieder einmal Pech. Ein Pech, das ihn schon von Jugend auf verfolgt und ihm bis zum Tod treu bleiben wird.[2]

Carl Haller von Hallerstein (Abb. 1) entstammt zwar einer alten Nürnberger Patrizierfamilie, aber deren einstiger Glanz war mit dem allgemeinen wirtschaftlichen Niedergang Nürnbergs im 18. Jahrhundert erloschen. Carl, als achtes von zehn Kindern am 10. Juni 1774 in Hilpoltstein bei Nürnberg geboren, wird schon als 14-Jähriger an den Hof von Nassau-Saarbrücken gegeben, um ihm über die Stellung eines Hofpagen den Weg für eine spätere militärische Laufbahn zu eröffnen. Nachdem er dort einige Jahre als Fähnrich im Hofbataillon gedient hat, schickt ihn der Fürst zum Architekturstudium an die Hohe-Karls-Akademie in Stuttgart. Dort kommt er mit den bedeutendsten Vertretern des „Stuttgarter Klassizismus", mit Heinrich Dannecker und Gottlieb Schick, in Berührung. Einen Studienabschluss kann Haller an der Akademie nicht mehr erlangen, da sie im April 1794 aufgelöst wird. Haller gerät in die Wirren der Französischen Revolution: Der Saarbrücker Hof, dessen Erbprinz Heinrich ihm das Studium ermöglicht, ist inzwischen von den französischen Revolutionsheeren aus seinen Saarbrücker Ländereien vertrieben worden. Aber es soll für Haller noch schlimmer kommen. Prinz Heinrich verunglückt tödlich auf einer Reise nach Berlin, wohin ihn Haller begleitet. Mit dem Tod seines Protektors scheint für Haller, der von Haus aus völlig mittellos ist, eine Weiterführung des Architekturstudiums ausgeschlossen zu sein. Mit der ihm eigenen unerschütterlichen Beharrlichkeit, einem seiner dominanten Charakterzüge, setzt er aber seinen Plan durch, in Berlin bei dem berühmten Architekten Friedrich Gilly zu studieren. Es hilft ihm dabei ein Stipendium des Nürnberger Rats von 150 Gulden jährlich. Haller ist einer der ersten Schüler der Bauakademie, die 1798 in Berlin eröffnet wurde, und gehört auch der „Privatgesellschaft junger Architekten" an, die Friedrich Gilly Anfang des Jahres 1799 gegründet hat. In diesem Kreis begegnet er Friedrich Schinkel und auch schon Leo von Klenze, der später sein Konkurrent werden soll. Alois Hirt, Ästhetikprofessor an der Akademie der Künste und Begründer der sog. archäologischen Schule in der Berliner Architektur, ist ein weiterer Lehrer Hallers.

Nach Abschluss des Studiums kehrt Haller nach Nürnberg zurück und nimmt dort eine Bauinspektorenstelle an. Bauen darf er nur wenig, denn die Stadt Nürnberg ist damals arm und kann keine größeren „öffentlichen" Aufträge vergeben. Haller entwirft einige Privathäuser und bewährt sich bei der Umgestaltung vorhandener Bauten. Schon beim Antritt der Inspektorenstelle hat er gebeten, eine Studienreise nach Italien unternehmen zu dürfen.

Jetzt ist es so weit. Es fehlt nur noch das Geld. In München stellt er den Antrag auf ein Stipendium. Er wird abgelehnt. Haller ist sich bewusst, dass er an der unglücklichen Situation nicht ganz unschuldig ist: Seine Schüchternheit, seine Ungeschicklichkeit im Auftreten erlauben es ihm nicht, seine Anliegen überzeugend darzulegen. Trotz der misslichen Lage hält er aber an seinem Reiseplan fest. Am 24. August 1808 bricht er zu Fuß von München auf. Das Gepäck übergibt er einer Speditionsfirma nach Trient. Als er am 27. September dort ankommt, erfährt er, dass Straßenräuber seinen Koffer gestohlen haben. Alle Papiere, Zeugnisse und auch seine Leutnantsuniform sind weg. Der Spediteur will nicht haften. Haller strebt einen Prozess an und hätte wohl Erfolg gehabt, aber da er im Gerichtsgebäude beim Anblick eines wegen Straßenraubs verurteilten Bauern vom Mitleid ergriffen wird, verzichtet er auf weitere Schritte. Ein ‚weiches Herz' ist die zweite dominante Eigenschaft dieses Mannes. Sie hat ihm viele Freunde verschafft, aber ihm das Leben auch nicht leicht gemacht. Über Vicenza, Padua führt sein Weg nach Venedig. Er bewundert die Kirche San Marco und bedauert, dass Napoleon kurz zuvor die berühmten antiken Rosse von der Fassade von S. Marco entfernt und nach Paris gebracht hat. Haller erinnert sich dabei der wechselhaften Geschichte dieser Pferde, die einst von Griechenland nach Konstantinopel und später bei der Eroberung Konstantinopels durch die Kreuzritter nach Venedig kamen und jetzt nach Paris entführt worden sind. Er sieht darin ein hohes Kompliment für diese Werke der Griechen, dass „der Stolz und die Ruhmsucht der Heroen alter und neuer Zeit" die Kreuzritter dazu ver-

Abb. 2
Hebe von Antonio Canova, 1796. Berlin, Alte Nationalgalerie.

führte, sich „mit ihrer Eroberung ein bleibendes Monument zu setzen".³ Im Palazzo Albrizzi sieht er Canovas „Hebe" (Abb. 2). Haller ist hingerissen von dieser Figur, er rühmt ihre Zartheit und Anmut, die Grazie ihrer Körperhaltung: „Alles lebt an ihr, alles ist Bewegung." Zwei Jahre zuvor hat Kronprinz Ludwig von Bayern beim Anblick der Hebe ein ähnlich tiefes Erlebnis gehabt. Über Florenz, das er nur ganz kurz besichtigen kann, kommt Haller nach Rom. Am 12. November 1808 durchschreitet er sichtlich bewegt die Porta del Popolo.

Wie für einen Architekten üblich, versucht Haller durch Zeichnen von Bauten, Architekturdetails und Skulptur die Schönheiten Roms zu erfassen. Er lebt zurückgezogen. Seine geringen Mittel erlauben es ihm nicht, sich standesgemäß zu kleiden, und so bleiben ihm, dem Adeligen, die Salons der vornehmen römischen Gesellschaft verschlossen. Bei seiner Zeichentätigkeit in römischen Museen begegnet er bald anderen „nordischen" Künstlern. Auch die Häupter dieser Künstlergemeinde, den dänischen Bildhauer Bertel Thorvaldsen und den Maler Johann Anton Koch, lernt er kennen. Von Koch beeinflusst übt er sich jetzt im Zeichnen von Stadtansichten und Landschaften. Eine Tätigkeit, in der er bald einen eigenen, selbstständigen Stil entwickelt. Was er anfangs als künstlerische Ausbildung pflegt, wird bald zum Zwang. Denn solche Veduten kann er an wohlhabende Reisende verkaufen und somit sein spärliches Einkommen etwas aufbessern. Sein ganzes weiteres Leben wird Haller zu diesem für ihn so zeitraubenden Veduten-Zeichnen gezwungen sein.

In den römischen Künstlerkreisen begegnet Haller auch dem schwäbischen Maler Jacob Linckh (Abb. 3) und kunstinteressierten Reisenden, wie dem livländischen Baron Otto Magnus von Stackelberg und den beiden dänischen Gelehrten Peter O. Brøndstedt und Georg Köes. Sie werden bald zu Freunden. Die beiden Dänen haben die kühne Idee, eine Reise nach Griechenland zu unternehmen. Haller, dessen genehmigter Urlaub verstrichen ist und der nicht mehr in die Enge der Nürnberger Bauinspektorenstelle zurückkehren will, fasst nun den in seiner Situation fast tollkühnen Entschluss, mitzufahren. Jacob Linckh, der Sohn des Ochsenwirts in Cannstatt, schließt sich ebenfalls an.⁴

Im Frühjahr 1810 reisen die Freunde von Rom ab. Das Unternehmen erregt in der römischen Künstlerkolonie großes Aufsehen. Mancher wäre gerne mitgefahren. „Dem Bildhauer Rauch zuckten die Füße", schrieb später Caroline von Humboldt, doch er hat kein Geld.⁵ Das fehlt noch mehr Haller, der nur mittels eines Kredits vom Bayerischen Gesandten am Heiligen Stuhl, Bischof Häffelin, die notwendigsten Reisekosten bestreiten kann. Die Rückzahlung des Kredits erhofft sich Haller aus dem Erfolg eines Buches. Als Zweck dieser Reise ist nämlich eine neue „Darstellung von Griechenland und von den Denkmälern seiner Kunst und Geschichte" geplant.⁶ Ein ehrgeiziges Unterfangen, das aber bei gutem Gelingen auch finanziell lohnend sein kann, denn in Europa wächst zu dieser Zeit mehr und mehr das Interesse an Griechenland.

Die Fahrt geht zuerst nach Neapel, dann nach Paestum, wo Haller zum ersten Mal die Schönheit eines griechischen Tempels erlebt, dann weiter über Bari bis

Abb. 3
Jacob Linckh, Zeichnung von C. Ch. Vogel v. Vogelstein, 1819. Dresden, Kupferstichkabinett.

nach Otranto, wo die Reisegruppe am 14. Juli 1810 eintrifft. Die Überfahrt nach Griechenland ist wegen der politischen Situation schwierig: Der Krieg zwischen Napoleon und England hat auch diesen Teil Europas nicht unberührt gelassen. Wenige Wochen zuvor sind nämlich die Ionischen Inseln (Zante, Leukas, Ithaka usw.), die seit 1800 Frankreich unterstanden, von England besetzt worden. Nur Korfu blieb unter französischer Herrschaft, die Insel wird aber zu dieser Zeit von den Engländern blockiert. Englische Schiffe bekämpfen Blockadebrecher, im Mittelmeer herrscht Kaperkrieg. Trotzdem wagen die fünf am 22. Juli eine Überfahrt mit einer kleinen Flottille von Barken, die französische Soldaten nach Korfu bringen soll. Abends wird losgefahren, um in der Dunkelheit durch die englische Blockade zu gelangen. Weit kommen sie nicht. Kaum in See gestochen, treibt sie der Wind schon auf die ufernahen Klippen. Nur mit Mühe können sie aus Schiffsnot gerettet werden. Ihr Mut sinkt, man denkt an Umkehr. Nur Brøndstedt hält unbeirrt an dem Plan der Griechenlandreise fest. Er kann die zweifelnden Freunde wieder umstimmen. Als wenig später ein Kurierboot nach Korfu ausläuft, kommen sie zum Einschiffen zu spät. Haller, Stackelberg und Linckh verlässt jetzt gänzlich der Mut, sie wollen zu Fuß wieder nach Neapel zurückkehren. Nur die beiden Dänen suchen unbeirrt nach einer neuen Gelegenheit zur Überfahrt. Am nächsten Tag finden sie eine Barke, die Knoblauch nach Korfu transportiert. Die glückliche Gelegenheit stimmt die Zweifelnden wieder um. Unbehelligt von englischen Schiffen kommen sie am 26. Juli in Korfu an.

Schon in den ersten Tagen muss Haller erfahren, wie die Bedingungen im türkischen Griechenland sind. Der schon vor Langem in Konstantinopel beantragte Ferman (Schutzbrief) für Reisende im Osmanischen Reich liegt nicht vor. Warten hat keinen Sinn, er wird auch nicht mehr kommen. Dann erkrankt Stackelberg. Drei Wochen muss er gepflegt werden. Er hat die größten Schwierigkeiten mit dem Klima. Schließlich geht es mit dem Schiff über Patras weiter nach Krisa,

Abb. 4
Gehöfte um den Apollontempel von Korinth, Zeichnung von Carl Haller von Hallerstein, 1810. vHFSt.

Abb. 5
Otto Magnus von Stackelberg, Zeichnung.
Rom, Deutsches Archäologisches Institut.

der kleinen Hafenstadt unterhalb Delphis. Tief beeindruckt von Delphi, schreibt Haller an seinen Bruder: „Noch nie habe ich die Natur mehr in ihrer Großheit als hier gesehen. Man fühlt es recht tief, dass hier der Aufenthalt der rechten Gottheit Griechenlands war."[7] Eine hohe Empfindsamkeit für die Naturschönheiten Griechenlands tritt in vielen Äußerungen Hallers zutage. Oft versucht er seine Eindrücke in schwärmerischen Worten seinem Bruder in Deutschland zu vermitteln.

Von Delphi geht es nach Korinth. Die Überreste des dortigen Apollontempels werden von Haller genauestens vermessen und beschrieben (Abb. 4). Dabei bedauert er, wie so oft, ihren traurigen Zustand: „Sie bestehen gegenwärtig, im September 1810, nur noch aus sieben Säulen, nachdem ein barbarischer Türke sich auf der

Abb. 6
Korinth, Zeichnung von Carl Haller von Hallerstein, 1811. vHFSt.

Abb. 7
Die Festung Akrokorinth, Zeichnung von Carl Haller von Hallerstein, 1811. vHFSt.

Stelle dieses Tempels angebaut und dabei vor ungefähr 8 Jahren vier von den Säulen … niedergeschmissen und mitverbaut hat."[8] Stackelberg gibt uns eine anschauliche Schilderung, wie schwierig es damals war, in Griechenland zu forschen, denn allein schon jegliches Zeichnen erregte Missfallen (Abb. 5): „Nur verstohlen und oft mit Lebensgefahr wagten wir es, die schöne Gegend zu zeichnen. Von den Türken überrascht, verfolgten sie uns mit Geschrei und Schimpfreden. Am unerträglichsten waren die Mohrensklavinnen, von denen es hier eine Menge gab. Sie schrien entsetzlich, hetzten die Kinder auf, kamen dann wieder lächelnd und liebäugelnd näher, wie höllische Weiber. Haller konnte zuletzt gar nicht mehr ausgehen, ward mit Kot und Steinen beworfen und jeden Abend von einem großen schwarzen Gassenjungen nach Hause begleitet."[9] (Abb. 6 und 7)

Von Korinth geht es über Ägina zum Piräus, damals ein bloßer Anlegeplatz für Athen. Das erste, was sie sehen, sind Kisten mit Skulpturen des Parthenons, die Lord Elgin hat abbauen lassen und die hier für ihren Abtransport nach England lagern. Durch einen schönen Olivenhain führte damals der Weg nach Athen. „Mir klopfte das Herz vor heiligem Entzücken", schrieb Stackelberg in sein Tagebuch, „als ich durch das neue Thor der Stadt ging und ihren klassischen Boden mit den Füßen berührte."[10]

Schon am Tag der Ankunft besuchen sie den französischen Konsul in Athen, Louis François Sebastien Fauvel (Abb. 8). Er kam schon vor 30 Jahren zum ersten Mal nach Griechenland, bereiste die ganze Levante und ist seit Langem künstlerischer Beauftragter des Comte de Choiseul-Gouffier, für den er als Kaufagent und auch als ‚Ghostwriter' fungiert. Fauvel ist der beste Kenner des antiken Athens und für die „Milordi", wie die Fremden zu dieser Zeit in Griechenland genannt werden, ein gefragter Führer durch die Stadt. In Athen lebt auch Georg Gropius, britischer Vizekonsul, den Haller schon als Student in Berlin kennengelernt hat. Die beiden Diplomaten sollen später beim Verkauf der Giebelskulpturen des Tempels von Ägina eine entscheidende Rolle spielen.

In Athen, wie im ganzen Osmanischen Reich, geben um 1800 englische Reisende den Ton an. Die politische Lage in Europa hat dazu beigetragen. Der Krieg mit Napoleon verwehrt den unternehmungslustigen englischen „Milordi" die Grand Tour, die berühmte Reise über Frankreich oder Deutschland und die Schweiz nach Italien. Und ohne solch eine Reise in das klassische Land gilt man in der englischen Gesellschaft nur wenig. Da Italien jetzt verschlossen ist, entwickelt sich Griechenland zum neuen klassischen Reiseland. In vornehmen englischen Kreisen wird es nun „fashionable", den Parthenon gesehen, seinen Namen auf griechische Säulen gekritzelt und im Eurotas gebadet zu haben. Und so wie die „Sirs" einst auf ihrer Italienreise gerne antike Kunst sammelten, so gilt jetzt ihr Interesse Antiken aus Griechenland. Einige dieser Reisenden und Sammler geben später oft prachtvoll illustrierte Bücher über ihre Fahrten heraus und wecken so im gebildeten Europa das Interesse an diesem Land und seiner versunkenen Kultur. Unter den Griechenlandreisenden dieser Zeit sind neben jungen und später sehr erfolgreichen englischen Architekten, wie Henry W. Inwood, Charles Barry

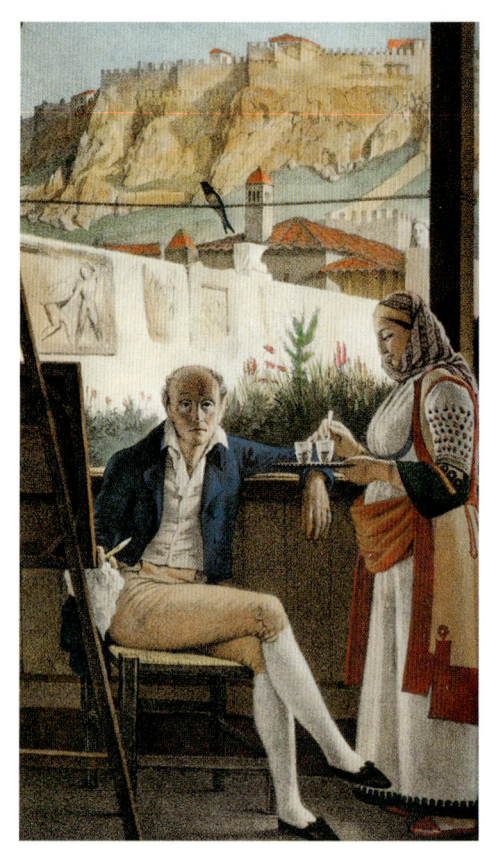

Abb. 8
Der französische Konsul Fauvel, Ausschnitt aus einer kolorierten Lithografie von Louis Dupré, 1819. München, Staatsbibliothek.

und Robert Smirke, vor allem junge Adelige, von denen sich manche später der Politik zuwenden, wie zum Beispiel der Earl of Aberdeen, der es bis zum Amt des Premierministers bringen sollte.[11]

Manche dieser Adeligen wollen auch in dem armen und wirtschaftlich völlig unentwickelten osmanischen Griechenland auf den gewohnten Luxus nicht verzichten: So bereist Lord Sligo mit einem eigens gemieteten Schiff und 50 Mann Besatzung die griechischen Inseln und wenn er zu Pferd mit einer ganzen Schwadron von Begleitern über Land reitet, duldet er in Fragen der standesgemäßen Kleidung keine Konzessionen: Seine englischen Diener müssen selbst bei griechischer Sommerhitze die damals modischen ledernen Kniebundhosen tragen. Solche Extravaganz imponiert Lord Byron, der von 1809–1811 seine erste Griechenlandreise unternimmt (Abb. 9).

In Griechenland treffen die „Sirs" auch französische Gelehrte und Dichter, deren Blick auf die Situation des Landes durch die Ideen der Französischen Revolution geschärft ist. Bei allen verbindet sich die Bewunderung der Reste des antiken Griechenlands auch mit Trauer und Empörung über den heutigen Zustand des Landes. Die Engländer sind aber zu dieser Zeit im ganzen Osmanischen Reich nicht nur häufig anzutreffen, sondern auch gern gesehen, und dies verdanken sie wiederum Napoleon: Er war 1798 in Ägypten eingefallen, das unabhängig regiert wurde, aber nominell zum Osmanischen Reich gehört. Der Sultan, traditionell Frankreich, seinem bisher engsten Verbündeten, zugetan, ist davon ebenso schockiert wie England, das den Seeweg nach Indien bedroht sieht. In dieser Situation entsandte 1799 die englische Krone Thomas Bruce, den siebten Earl of Elgin und elften Earl of Kincardine, als Botschafter an die Hohe Pforte nach Konstantinopel (Abb. 10). Er sollte auf diplomatischem Weg beim Sultan auf eine gemeinsame militärische Aktion gegen Napoleon hinwirken. Elgin hat aber diplomatisch wenig zu tun. Als er in Konstantinopel ankommt, sind die Würfel schon gefallen: Das Osmanische Reich kämpft an der Seite Englands.

So konnte sich Elgin jetzt einem persönlichen Vorhaben widmen, das ihn tief bewegte und das er schon vor seiner Abreise in England geplant hat: Er wollte in Athen Abgüsse und Zeichnungen antiker Skulptur und Architektur sammeln und sie nach England bringen, um dort den Kunstgeschmack zu fördern. Dazu ließ er sich von seinem Privatsekretär eine entsprechende Mannschaft zusammenstellen: Es waren zwei Gipsformer, einige Zeichner und der neapolitanische Hofmaler Giovanni Battista Lusieri. Als es Elgin gelang, an der Hohen Pforte ein amtliches Schreiben (Ferman) zu bekommen, das ihm erlaubte, auch Steine „with inscription and figure" von der Akropolis mitzunehmen[12], war es Lusieri, der im Auftrag Elgins die Skulpturen abbaute. Dabei erwies er sich als flinker und skrupelloser Organisator. In kurzer Zeit war eine beträchtliche Zahl von Skulpturen entfernt. Von dem Lord bestärkt, trieb er die Arbeiten voran. Um die Metopen herauszunehmen, musste das darauf liegende tonnenschwere Gesims heruntergeworfen werden – eine barbarische Maßnahme, die den Tempel völlig entstellte. Augenzeugen, wie der Maler Edward Dodwell oder der Griechenland-

Abb. 9
Lord Byron in albanischer Tracht, Ölgemälde von Thomas Phillips. London, National Portrait Gallery.

Abb. 10
Lord Elgin, nach Anton Graff, Ausschnitt aus einer Zeichnung.

reisende Edward Daniel Clark, drückten ihr Entsetzen darüber ebenso aus wie der türkische Festungskommandant, der zeitweilig den Abbau stoppen ließ. Selbst Lusieri musste seinem Auftraggeber gestehen, „… I have been obliged to be a little barbarous."[13] So war in kurzer Zeit zerstört, was über zwei Jahrtausende aller Unbill des Menschen und der Natur getrotzt hatte.

Als Haller und seine Freunde nach Athen kommen, sind sie beim Anblick des beraubten Parthenons entsetzt über diese Barbarei. „Jetzt gleicht", so schreibt sein Freund Stackelberg, „die Akropolis einem ungeheuren Trümmerfeld, das sich die kleinen Türkenbuben zum Spielplatz erwählt haben, wo sie muthwillig die schönen Bruchstücke vollends zerschlagen. Fast scheint es unglaublich, wie die Menge der umherliegenden Marmorblöcke noch nicht aufgebraucht ist, da der feinkörnige Stein schon seit vielen Jahren zum Kalkbrennen verwandt wird. Beim Anblick dieser Zerstörung erfaßte uns Wehmuth und Trauer. Solcher Unfug auf der Stätte, die Phidias und Perikles zum geistigen Mittelpunkt Griechenlands erhoben, ist eine Schmach für das Volk!"[14]

Ähnlich denken auch Lord Byron und sein Freund John Hobhouse. Sie sind schon geschockt, als ihnen ein Arbeiter lachend erzählt, dass er für einen Hausbau auf der Akropolis Statuen und Säulen zu Kalk verbrannt hat. Und als sie bemerken, dass in den zwei Wochen zwischen ihrem ersten und zweiten Besuch auf der Akropolis „zwei größere Stücke des Parthenon"[15] herabgestürzt waren, prophezeit Hobhouse: „Sollte der Verfall so schnell voranschreiten wie nun schon seit mehr als 100 Jahren, so wird in wenigen Jahren dort, wo sich nun der Parthenon befindet, kein Marmorblock auf dem anderen stehen."[16]

Den für den desaströsen Zustand des Parthenons hauptverantwortlichen Maler Lusieri, mit dem sich Byron trotz seines Hasses auf Lord Elgin gut versteht, lernt Haller ebenfalls in Athen kennen. Lusieri malt jetzt, im Auftrag Elgins, Stadtansichten. Er geht dabei aber so langsam zu Werk, dass im Lauf seiner Arbeit wachsende Bäume ihm die Gebäude verdecken, die er mit größter Genauigkeit aufzuzeichnen versucht. Und so hat er, wie Fauvel einmal spottete, die Hälfte seines Lebens auf seinen Blättern gezeichnet, die andere Hälfte darin radiert.[17]

Neben diesen schillernden Gestalten arbeiten in Athen auch ernsthafte Altertumsforscher, wie die englischen Architekten Charles Robert Cockerell (Abb. 11) und John Foster, die sich zum Ziel genommen haben, die berühmte Publikation der „Antiquities of Athens" von James Stuart und Nicolas Revett zu erweitern und zu verbessern. Cockerell lernt Haller durch Gropius kennen, und bald schwören sich die beiden „eternal friendship".[18] Sie sind höchst unterschiedlich: Cockerell stammt aus wohlhabendem Hause, das gute Beziehungen zu höchsten politischen Kreisen hat, und ist trotz seiner 22 Jahre schon gewandt im Auftreten und vor allem von bestem Aussehen. Im Pass von Cockerell ließ Stratford Canning, britischer Botschafter an der Hohen Pforte in Istanbul, unter der Rubrik „physical pecularities" den Eintrag machen: „Occhi, negri e splendenti; naso fino … fronte di marmo … in somma Apollo lui stesso".[19] Haller hingegen ist schon 36 Jahre alt, mittellos, schüchtern und leidet zeitlebens unter seinem nicht so

Abb. 11
Charles Robert Cockerell, Zeichnung von
O. M. Freiherr von Stackelberg. München,
Antikensammlungen.

ansprechenden Äußeren. Aber er ist, wie Cockerell seinen Schwestern schreibt, „of very superior merit ... very scientific in his profession & as an artist more compleat than I can hope to be, he knows no pleasure but in the pursuit of his science ... as a True German he naturally borders on the phlegmat/e & in fits of melancholy which occur moralizes & sometimes worse is as dull as a Tombstone."[20] Der zur Melancholie neigende Haller ist zudem ein Romantiker und vor allem ein wahrer Philhellene: Er schwärmt nicht nur für die antiken Reste Griechenlands, sondern auch für die Natur und Menschen dort. Cockerell und Haller unterhalten sich auf Französisch, denn keiner versteht die Sprache des anderen.

Gemeinsam zeichnen sie auf der Akropolis, forschen in Sounion und anderen Orten Griechenlands. Das Ganze ist kein billiges Unternehmen. Den Philhellenen wird ihre Begeisterung für die Antike nicht leicht gemacht. Allein die Erlaubnis, die Akropolis zu besuchen, kostet viel Geld, und ebenso müssen sie für jeden Stein, den man umwendet, erst die Erlaubnis dazu erkaufen. Für eine viertelstündige Besichtigung des Erechtheions erhebt der stellvertretende Kommandant der Akropolis die „unbillige Forderung eines Douceur [Trinkgeld] von 50 Piastern".[21] Das ist den Altertumsfreunden doch zu viel. Zudem erscheinen damals den Türken die „nichtswürdigen Franken", die zeichnen und malen, ohnehin als sehr suspekt. Nur unter größten Schwierigkeiten kann Haller mancherorts zeichnen.

Durch Cockerell wird die Reisegruppe auch bei Lord Byron eingeführt: „Mit fünf Teutonen & Cimbern, Dänen und Deutschen stehe ich auf gutem Fuße", schreibt Byron damals an einen Freund in England.[22] Gemeinsam reisen sie nach Sounion. Byron, wie immer, mit großer Begleitung: Diener, Dolmetscher, Freunde, wie zum Beispiel Lusieri. Nichtsahnend entgeht die Reisegruppe dort nur knapp der Entführung durch Piraten, die Lösegeld zu erpressen suchten. Nur Byrons albanische Diener – die Albaner waren damals wegen ihrer Wildheit bei den Griechen gefürchtet – haben die Räuber von dem geplanten Überfall abgehalten. Das leidenschaftliche Kunstinteresse dieser „Cimbern und Teutonen", ihre Neugier für die antike und auch für die heutige Welt Griechenlands faszinieren den damals 23-jährigen Dichter, der auch an P. O. Brøndstedt, dem jungen „hübschen Philosophen", Gefallen fand. Haller und „Lynch" – so schreibt Byron den Namen Linckh – bekommen Aufträge für Zeichnungen, die der Lord zur Erinnerung an das „Klassische Land" nach Hause bringen will. Auch Lord Sanford Graham bestellt bei Haller Zeichnungen.

Ausgrabungen in Ägina

Das Unternehmen, das Haller berühmt machen sollte, hat ganz zufällig seinen Anfang genommen. Cockerell schreibt in seinem Tagebuch (22. April 1811): Sie „hatten vor, eine Reise in die Morea (Peloponnes) zu machen, beschlossen aber, vorher die Überreste des Tempels auf der Insel Aegina zu besichtigen, die drei Stunden zu segeln gegenüber Athen gelegen ist ..."[23] Haller kannte diese Tempelruine schon von Zeichnungen, die ihm 1805 Gropius in Berlin gezeigt hatte. Den Beginn der Reise, an der neben Haller und Cockerell auch J. Linckh und J. Foster teilnehmen, stimmen sie mit dem Abfahrtstermin von Byron ab, der über Malta nach England heimreisen will. Sie begleiten ihren Freund an Bord der „Hydra", die – welch Ironie – die letzten Kisten der Elgin-Marbles geladen hat. Mit nach Malta fährt auch Lusieri. Als Haller und seine Freunde am nächsten Morgen zum Piräus kommen, um nach Ägina zu segeln, liegt dort wegen dauernder Flaute die „Hydra" noch immer im Hafen. Man rudert in die Nähe des Schiffes, und Linckh stimmt eines der Lieblingslieder Byrons an, „worauf" – wie Cockerell schreibt – „er aus dem Fenster schaute und uns heraufbat. Dort tranken wir mit ihm, Colonel Travers und zwei englischen Offizieren ein Glas Portwein, und er erzählte von drei englischen Fregatten, die vor Korfu fünf türkische Fregatten und eine Kriegsschaluppe aus Korfu angegriffen und drei

Abb. 12
Im Hafen von Ägina, 1826, Zeichnung von Karl Krazeisen (1794–1878). Athen, Pinakothek.

davon in Brand gesteckt hätten". Solch eine Geschichte erwärmte die Herzen der Philhellenen (Abb. 12).

Am Hafen von Ägina standen damals nur wenige Häuser. Zwei Tempelsäulen zeugten von der einstigen Größe dieser in der Antike so berühmten Handelsstadt. Sie ist im Mittelalter – aus Angst vor Seeräubern – ins Innere der Insel verlegt worden. Von diesem Städtchen, heute Palaeochora genannt, sind jetzt nur noch die Kirchen erhalten. Die Häuser sind verfallen, nachdem um die Mitte des 19. Jahrhunderts die Stadt Ägina wieder an den Hafen verlegt wurde. Aber auch damals, als sie noch ‚Hauptstadt' war, machte Ägina auf die Reisenden keinen großen Eindruck.

Haller schreibt: „Die Stadt Aegina ist unansehnlich und hat ihre Lage an einem steilen Felsbergrücken hin, welcher ihr von der entgegengesetzten Seite ein malerisches Ansehen gibt. Hier blieben wir nur so lange, um zu frühstücken, und uns zu reinigen, da uns die Ungeduld nach dem Tempel zu sehr plagte. … Der Weg dahin ist sehr interessant, und man bekommt sehr bald die Säulen auf der Bergeshöhe zu sehen. Ich war überrascht, als wir denselben erstiegen hatten und vor dem Tempel angekommen waren über das Herrliche seiner Ruine und seiner himmlischen Lage. Man übersieht von da einen großen Theil der Insel, welcher in sehr schönen theils bebauten, theils von der Natur bewachsenen Parthien in größeren und kleineren Hügeln sich unter einem ausbreitet und von dem Meere begrenzt wird. Vorzüglich macht sich die Aussicht gegen die Stadt hübsch. Die Gebirge von Attika, Salamis, Phokis und an dem Isthmus hin, über welchem wieder der Acrocorinth im Nebel hervorblickt, zeigen ganz herrliche

Formen und es ist ein unbeschreiblicher Genuss, die Acropolis in einer schönen Beleuchtung mit ihren Umgebungen herblinken zu sehen. Ich entdeckte bald auch den Tempel auf Sunium, und erinnerte mich lebhaft der angenehmen Tage, die ich im vorigen Herbst mit Cockerell dort unter unseren architektonischen Untersuchungen hinbrachte."

Der Aphaiatempel, zu dieser Zeit als Tempel des Jupiter Panhellenius bekannt, hatte damals nicht das heutige Aussehen (Abb. 13). Nur 14 Säulen der Ostseite und wenige der Westfront standen noch, das Übrige war vom Erdbeben schon vor Langem zu Boden geworfen (Abb. 14 und 15). Bäume und Sträucher wuchsen über die Ruine. Im Tempelbezirk lag ein kleines Getreidefeld. Die Freunde warben in dem Städtchen Ägina Arbeiter an, die den Tempel wieder freilegen sollten (Abb. 16 und 17). Arbeiter zu finden war nicht schwer, arme Bauern gab es genug, und der Besitzer des Grundes um den Tempel erlaubte gern gegen Bezahlung, dass die Fremden dort gruben. Schwieriger war es schon, sich gegen die überall verbreiteten Räuber zu wehren. Die „Milordi" hielten sich zum Schutz einen türkischen Gendarm (Janitschar) und wechselten sich in der Nacht beim Wachestehen ab. Über den Verlauf der Forschungen an diesem Tempel, die erste wissenschaftliche Ausgrabung in Griechenland überhaupt, sind wir genauestens informiert. Neben zahlreichen Briefen haben sich auch die Tagebücher von drei

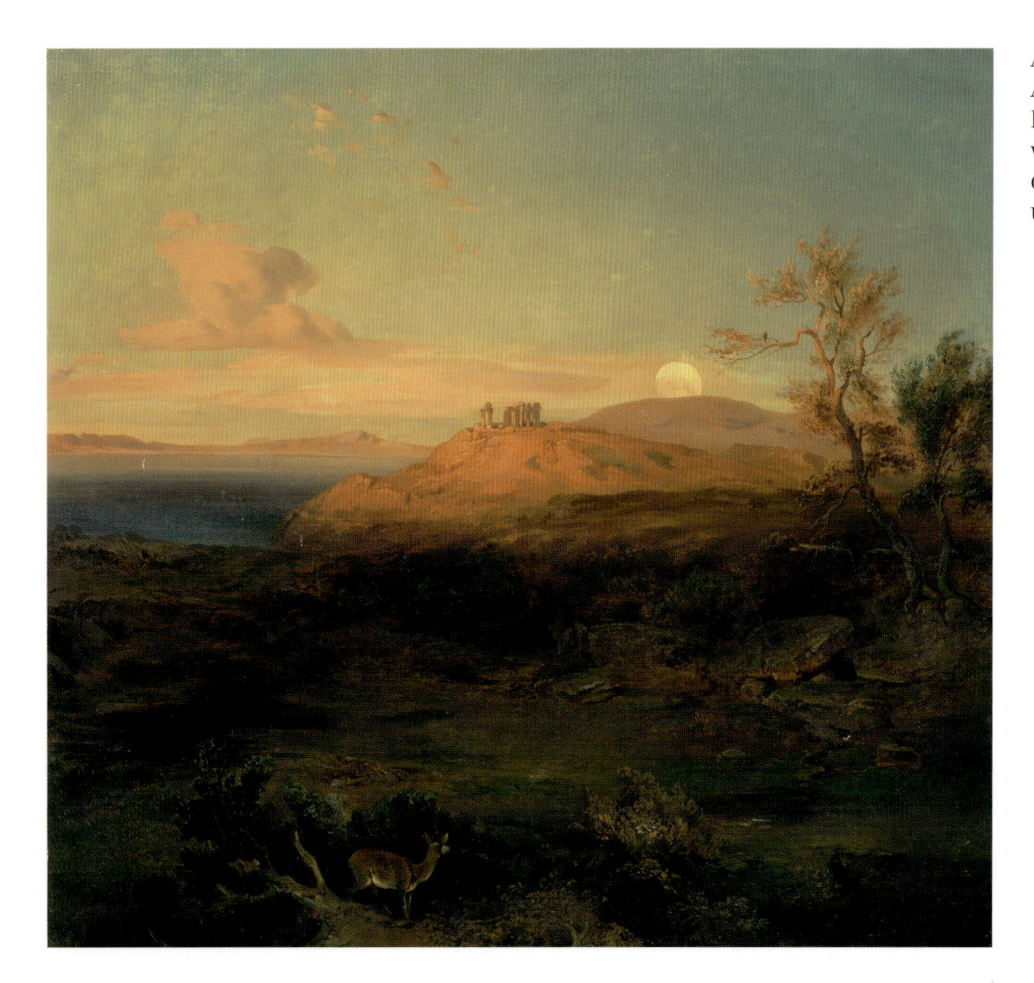

Abb. 13
Ansicht von Ägina, Gemälde von Carl Rottmann (1797–1850). Glyptothek (Erworben mit Unterstützung des Vereins der Freunde und Förderer der Glyptothek und der E.-v.-Siemens-Stiftung).

Abb. 14
Ansicht von Ägina, Zeichnung von Jacob Linckh. München, Antikensammlungen.

Abb. 15
Ansicht von Ägina, April 1812, Zeichnung von Jacob Linckh. München, Antikensammlungen.

Abb. 16
Ansicht des Aphaiatempels, Zeichnung von Carl Haller von Hallerstein, 1811. Straßburg, Staats- und Universitätsbibliothek.

Abb. 17
Ansicht des Aphaiatempels, Zeichnung von Carl Haller von Hallerstein, Mai 1811. Straßburg, Staats- und Universitätsbibliothek.

Ausgräbern, nämlich von Cockerell, Haller und Linckh erhalten. Aus ihnen ist leicht zu ersehen, von welch wissenschaftlichem Eifer und Ernst die Forscher beseelt waren, und wie abwegig es ist, sie als Antikenjäger oder Raubgräber zu bezeichnen, wie heute in manchem tendenziösen oder oberflächlich recherchierten Buch zu lesen ist.[24]

Am ersten Tag wurde der Tempel von Gestrüpp befreit, und man fing an, ihn zu studieren (Abb. 18): Die Aufgaben waren klar verteilt, Cockerell versuchte, den Aufbau zu rekonstruieren, Haller und Foster nahmen den Grundriss auf. Linckh malte Veduten und kümmerte sich um die Arbeiter. Haller schreibt in seinem Tagebuch: „Ich hatte mich lange auf die Untersuchung des dortigen Jupiter

Panhellenius-Tempels gefreut, die ich nun mit einem größeren Eifer vornahm, nachdem ich meinen Sinn durch die genauere Kenntnis der dorischen Baukunst an den herrlichen Monumenten zu Athen geweitet hatte. Ich sah bald, dass sich mir hier ein großes Feld zur Erweiterung meiner Kenntnisse darbot, als ich die Ruinen, die ich bisher nur durch oberflächliche Schilderungen und malerische Darstellungen kannte, in ihrer Wirklichkeit anschaute, und wir waren bald einstimmig, keinen Mut und keine Kosten zu sparen, um eine deutliche Erkenntnis von der Beschaffenheit dieses herrlichen alten Tempels in seiner Vollendung zu erhalten." Um diese Erkenntnisse gewinnen zu können, scheuten sie keine Kosten. „Wir haben", so schreibt Linckh am 24. April in sein Tagebuch, „heute mehr Leute zum Graben angenommen. Wir fanden Stücke von Vasen, Dachziegel vom Tempel, den Fußboden, der von Stucco und roth gemalt ist, besonders auch ganz besondere Stücke von einer Art Gips, die prismatische Formen haben." Nach der Tagesarbeit wurde gefeiert: Sie kauften von den Hirten Lämmer, schossen Rebhühner, die es dort in Mengen gab, und veranstalteten mit den Einheimischen „ein großes Braten über loderndem Feuer unter der Begleitung der einheimischen Musik, der Gesänge und Tänze".

Abb. 18
Zelt beim Aphaiatempel, Zeichnung von Carl Haller von Hallerstein, 1811. vHFSt.

Der Tempel ist aus Porosstein gebaut. Im Gegensatz zu Marmor ist Poros zum Kalkbrennen nicht geeignet, und deshalb war damals und ist noch heute ein großer Teil der Bauglieder erhalten. So fiel es den erfahrenen Bauforschern nicht schwer, die Architektur des Tempels zu ergründen. Für diese Arbeiten mussten natürlich die übereinander gestürzten Bauglieder freigelegt, geordnet und oft umgedreht werden. Dabei ergab sich, wie Cockerell schreibt, „ein aufsehenerregender Vorfall, der uns alle in den höchsten Grad der Aufregung versetzte. Am zweiten Tag traf einer der Ausgräber, der im Inneren des Portikus arbeitete, auf ein Stück parischen Marmors, der – denn das Bauwerk selbst ist aus Stein – unsere Aufmerksamkeit erregt. Es stellte sich als der Kopf eines behelmten Kriegers heraus, vollendet in jeder Hinsicht (Abb. 19 und 20). Er lag mit dem Gesicht nach oben gewandt, und als die Gesichtsteile allmählich herauskamen, kann man sich den Grad des Entzückens und der Aufregung nicht vorstellen, von dem wir erfasst waren. Hier offenbarte sich ein völlig neuer Anreiz, der uns von nun an bewegte, mit Lust und Liebe zu Werke zu gehen."[25] Man hob den Marmor heraus und erkannte den Kopf eines behelmten Kriegers (es war der Kopf des rechten Sterbenden, Ostgiebel VII). Wie unerwartet dieser Fund war, geht auch aus Hallers Tagebucheintragung hervor: „Wir hatten durch unsere emsigen und genauen architektonischen Nachforschungen bald die äußerste Überraschung, unter den Trümmern ein paar Köpfe von Marmor hervorzugraben …" Die Bedeutung des Fundes wurde sofort erkannt. Jetzt erfasste sie das Grabungsfieber. Linckh, den – wie er später schrieb – eine „innere Stimme" davon abgehalten hatte, als Ochsenwirt in Cannstadt zu enden, schlug die große Stunde. Er, der als Maler am wenigsten mit den architektonischen Problemen vertraut war, wurde mit der Organisation der Grabung beauftragt. Am 26. April, also schon am vierten Tag nach ihrer Ankunft in Ägina, schrieb er in sein Tagebuch: „Unsere Grabungen sind ganz enorm, außer einer Menge Fragmente von Figuren fanden wir drei fechtende Krieger; es scheinen die Figuren von fronton zu sein."

Und im Eintrag vom 27. April liest man: „Da unsere Grabungen so ganz ungeheuer vonstatten gehen, so riet ich der Gesellschaft, die Zahl der Grabenden zu verdoppeln, die bereits gefundenen Statuen bereitzuhalten und sie gleich heute nach Athen zu bringen. Wir fanden heute wieder viel, daß mir eigentlich schwindelt und ich gar nicht weiß, wie die Sache sicher einzuleiten ist. Meine Prophezeihung traf ein: gegen 10 Uhr morgens kamen zwei Abgeordnete von der Stadt Aigina und machten im Namen des Orts eine Ansprache auf unsere Antiken. Da ich morgens früh um 4 Uhr schon aufgestanden war, nur um die gehörigen Maßregeln zu treffen, um die Sachen an einem kleinen, nahegelegenen Hafen [das heutige Agia Marina] einzuschiffen, so war gegen 11 Uhr die Barke schon angekommen. Die ganze Einrichtung lag mir ob, und ich brachte mit Hilfe von 20 Personen und 6 Eseln gegen 1 Uhr nachmittags alles in das Schiff, wo wir jetzt, Foster und ich, sind. Wir brauchen kaum zwei Stunden von Aigina nach Athen. Unser Transport, den wir in dem Schiffe haben und welcher teils gestern abend,

Abb. 19
Kopf des Sterbenden, Ostgiebel VII.

Abb. 20
Kopf des Sterbenden, Ostgiebel VII,
Zeichnung von Carl Haller von Hallerstein.
Berlin, Kunstbibliothek.

teils heute gefunden wurde, besteht aus fünf Torsos, wovon zwei noch die Köpfe haben; der eine ist ein alter Krieger mit einem Helm [Laomedon, Ostgiebel XI (Abb. 21)], der bis auf die Spitze der Nase herabgeht, der andere ist ein junger Krieger [‚Knappe', Ostgiebel IV (Abb. 22)], der keinen Helm hat und dessen Haare künstlich gekräuselt sind. Der dritte Torso ist geharnischt, hat aber keinen Kopf [Herakles, Ostgiebel V, der Kopf wurde später noch gefunden (Abb. 23)]. Die beiden anderen sind nackt und ganz vortrefflich gearbeitet [rechter Vorkämpfer und sein Gegner, Ostgiebel II, III (Abb. 24 und 25)]. Ich halte den mit den gekräuselten Haaren für die beste Figur. Sie wurden vor der Fassade gegen Morgen gefunden; zuerst wurde der alte gefunden, dann die beiden ohne Köpfe, dann der geharnischte und zuletzt der schöne Junge mit den gekräuselten Haaren. Die beiden

Abb. 21
Sog. Laomedon, Ostgiebel XI, Zeichnung von Carl Haller von Hallerstein. Berlin, Kunstbibliothek.

Abb. 25
Gegner des rechten Vorkämpfers, Ostgiebel III, Zeichnung von Carl Haller von Hallerstein. Berlin, Kunstbibliothek.

Abb. 22
Sog. Knappe, Ostgiebel IV, Zeichnung von Carl Haller von Hallerstein. Berlin, Kunstbibliothek.

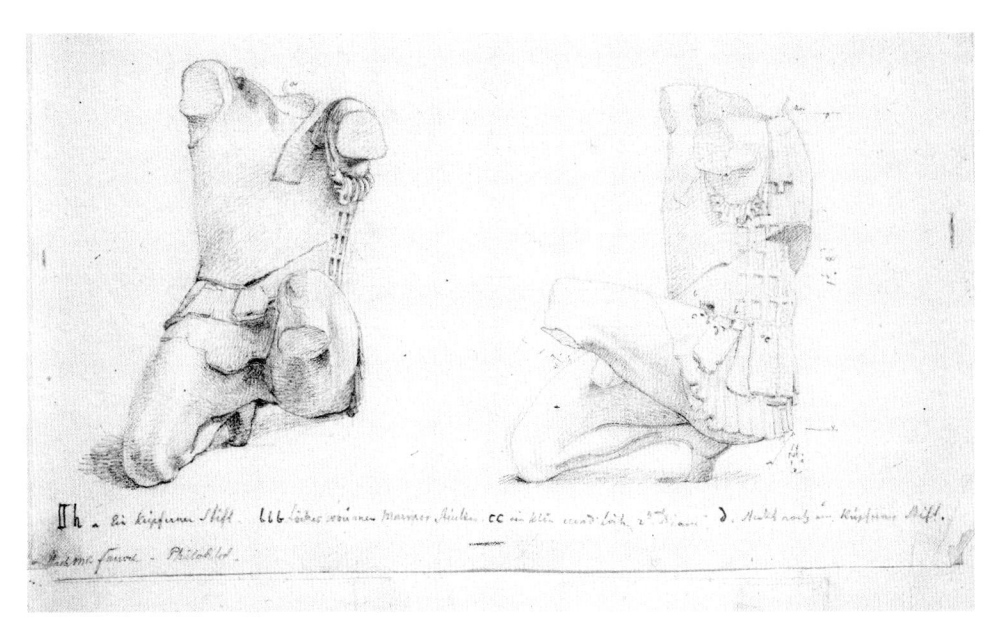

Abb. 23
Herakles, Ostgiebel V, Zeichnung von Carl Haller von Hallerstein. Berlin, Kunstbibliothek.

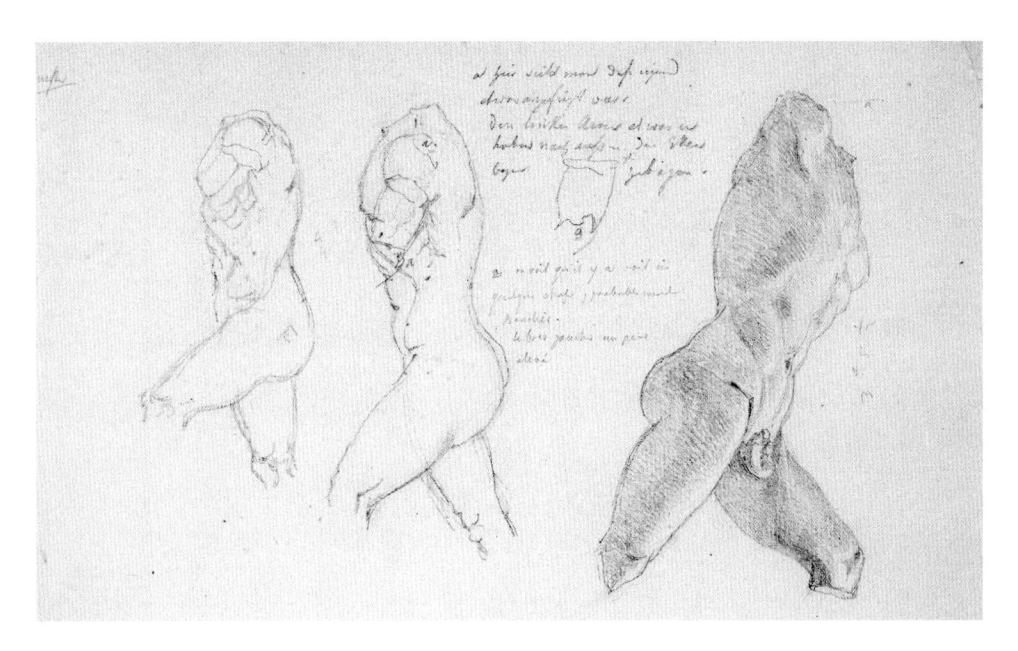

Abb. 24
Rechter Vorkämpfer, Ostgiebel II, Zeichnung von Carl Haller von Hallerstein. Berlin, Kunstbibliothek.

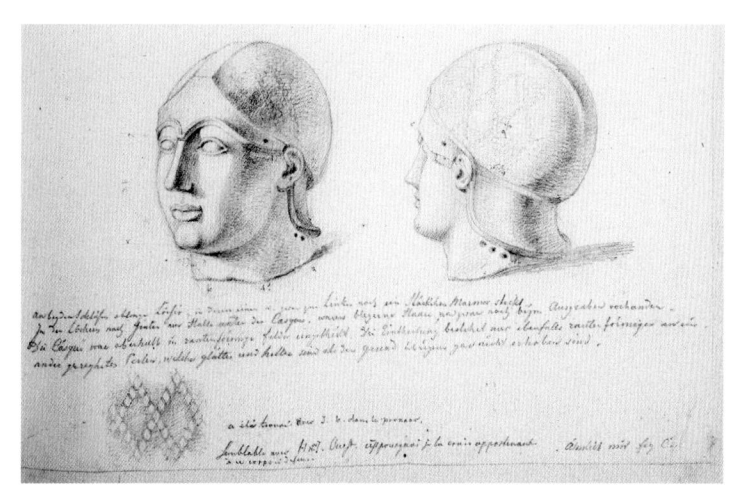

Abb. 26
Kopf des sog. Knappen, Ostgiebel IX, Zeichnung von Carl Haller von Hallerstein. Berlin, Kunstbibliothek.

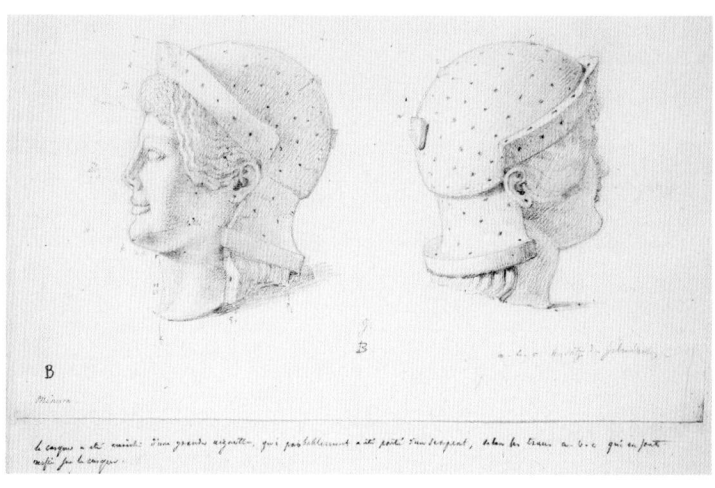

Abb. 28
Kopf der Athena, Ostgiebel I, Zeichnung von Carl Haller von Hallerstein. Berlin, Kunstbibliothek.

einzelnen Köpfe wurden vorgestern gefunden, zuerst der kleinere [Kopf des Sterbenden, Ostgiebel VII (vgl. Abb. 19)], dann der größere, an welchem noch die Farben waren [Kopf des anderen ‚Knappen', Ostgiebel IX (Abb. 26)]. Wir haben eine sehr große Menge Arme, Füße, Hände usw."

Der von Linckh geschilderte Transport umfasste die Funde der drei ersten Grabungstage, in denen praktisch alle Skulpturen des Ostgiebels – soweit sie noch erhalten waren – ausgegraben wurden. In Athen angekommen, suchte Linckh den erfahrenen Griechenlandkenner Fauvel auf, um sich über die weiteren Unternehmungen zu beratschlagen. Fauvel „war erstaunt, als er die herrlichen Arbeiten sah und entschloß sich" – wie Linckh schon vorher vermutete – „gleich nach Ägina mitzukommen". Am Morgen des 29. April liefen sie im Hafen von Ägina wieder ein. Cockerell kam ihnen in großer Eile entgegen (Abb. 27). Vor lauter Aufregung fiel er gleich hin, bevor er den zurückkehrenden Freunden sagen konnte, dass man am Tempel schon wieder „einen wunderschönen Torso, welcher weit schöner ist als der in Athen" gefunden habe. Dazu war noch ein „sehr edler Kopf der Minerva, mit ihrem Helm, ein Uliß, ein anderer Torso" aufgetaucht. Am selben Tag, so schreibt Linckh weiter, entdeckten sie noch „eine andere Figur, die mit einem lederen Panzer und einer lederen Mütze über dem Helme gewaffnet ist, zwei liegende Torso, die Figur der Minerva, den grossen Fleuron auf dem Frontispiece mit zwei kleineren weiblichen Figuren, die in dem Stil der Hetrurischen Bildsäulen bekleidet sind (Abb. 28–30). Wir fanden heute noch fünf Köpfe …" Folglich war fast der gesamte Westgiebel in diesen zwei Tagen aus dem Boden gekommen. Der unerwartete Fund zwang die Architekten, einige Tage von ihrer Vermessungsarbeit abzusehen. Die Skulpturen wurden von ihnen eigenhändig ausgegraben, um Beschädigungen durch die für diese Tätigkeit ungeübten Arbeiter zu vermeiden. Ganz wissenschaftlich wurde der Fundort jeder einzelnen Skulptur notiert. Das war noch Jahrzehnte später bei vielen

Abb. 27
Charles Robert Cockerell in Eleusis, Zeichnung von Carl Haller von Hallerstein, 1811. vHFSt.

Abb. 29
Sog. Paris, Westgiebel XI, Zeichnung von Carl Haller von Hallerstein. Berlin, Kunstbibliothek.

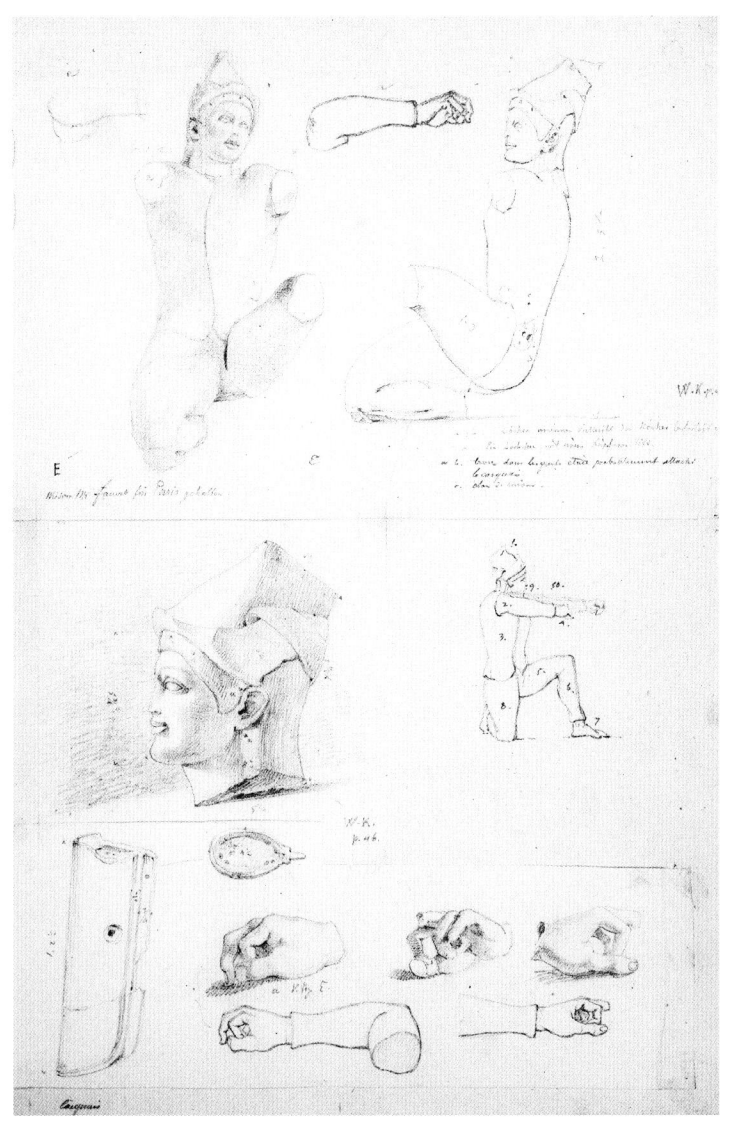

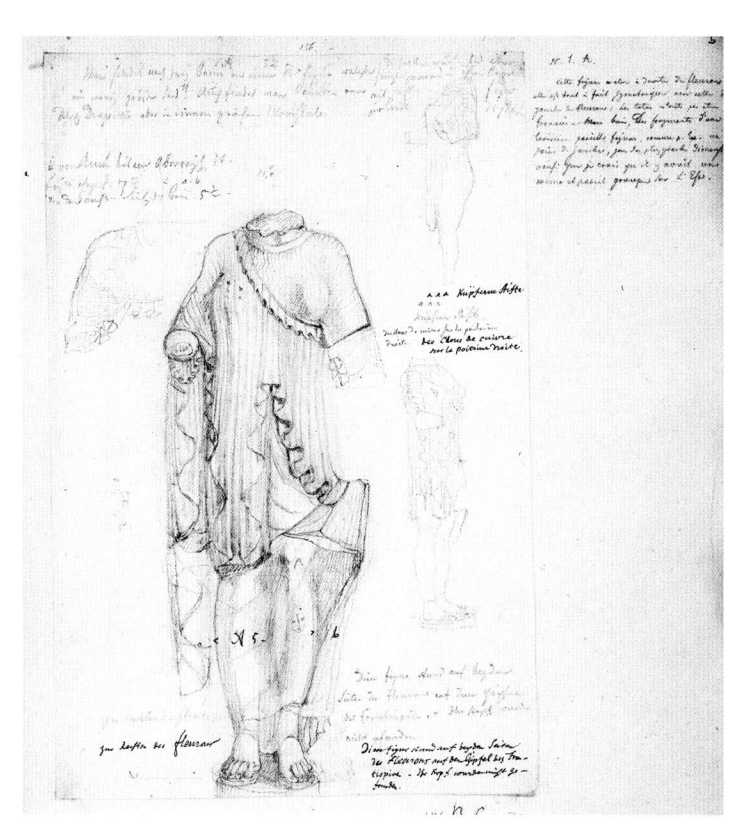

Abb. 30
Athena, Westgiebel I, Zeichnung von Carl Haller von Hallerstein. Berlin, Kunstbibliothek.

‚wissenschaftlichen Ausgrabungen' nicht die Regel. Die Kunde von den Skulpturenfunden verbreitete sich schnell auf der Insel. Regierungsvertreter der Insel, die sogenannten Primati, kamen und „verlasen", wie Cockerell schreibt, „eine vom Rat der Insel verfasste Erklärung, in der er uns bat, von unserer Tätigkeit abzusehen, denn allein der Himmel wüsste, welches Unglück über die Insel im allgemeinen und das umliegende Land im besonderen hereinbrechen würde, wenn wir weitermachten. Diese dürftige Vortäuschung einer abergläubischen Angst war unverkennbar die simple Entschuldigung, um Geld von uns zu fordern." Und Cockerell setzt noch eine alte, immer gültige Lebensweisheit hinzu: „Wenn auch noch so viele Leute ihre Besitztümer vernachlässigen, sobald sie merken, dass andere danach gelüstet, beginnen sie sie zu schätzen."[26] Dennoch waren alle überzeugt, dass neben dem Eigentümer des Grundes, der schon bezahlt war, auch die Inselbehörden Anspruch auf Bezahlung hätten, um die Funde abtransportieren zu dürfen. Die Verhandlungen überließ man einem Griechen namens Dimitri, der Cockerell als Dolmetscher diente. Er machte es gut: Die anfänglich geforderte Summe von 10 000 türkischen Piastern konnte er bis auf 1000 herunterhandeln. Es ging zu wie auf einem Basar. Linckh gab Dimitri 500 Piaster, „um ihnen", wie Linckh schreibt, „anfänglich 500 Piaster anzubieten und wenn es nicht anders zu machen wäre, bis auf die Summe von 1000 Piaster, welche sie verlangten, zu gehen. Kurz, er sollte nicht zurückkommen, ohne den Contract abgeschlossen zu haben (Abb. 31). Er kam und war mit den Primaten der Insel für 800 Piaster übereingekommen. Er brachte einen schriftlichen Empfang über 800 Piaster, welche ich ihm gab, mit, war aber so dumm, aus einem knechtischen Eifer für seinen Herrn, bloß die Namen von Cockerell und Foster setzen zu lassen, worauf ich gleich drang, dass es geändert werden müsse." Linckh wurde in die Stadt geschickt, wie Cockerell schreibt, „um den Fehler zu beheben. Das war aber nicht so einfach. Der Rechtsgelehrte war ein listiger Halunke." Er wollte für die Ausfertigung der weiteren Quittungen mehr Geld. Mit 20 Piastern Trinkgeld wurde er zum Schreiben ermuntert. Er schrieb langsam und Linckh nutzte die Zeit zum Frühstücken. Diese kleine Pause musste er bereuen. Als er in das Haus des Rechtsgelehrten zurückkam, traf er ihn nicht mehr an. Die Primati waren mit ihm in eine „Vigne" gegangen, um sich mit dem so leicht erworbenen Geld zu amüsieren. Linckh suchte sie „und fand sie mit zwei Türken in einem Garten; es waren fast alle schon besoffen". „Der Türke", so schreibt Linckh weiter, „empfing mich sehr jovial und gut, wie es alle Türken sind, wenn sie bei einer Lustpartie sind. Während sie genießen, so wollen sie, dass alle daran Teil nehmen, und laden alle Vorübergehenden ein, Teil an ihrer Freude zu nehmen."

Abb. 31
Türkische Piaster
Die Piaster stammen aus der Regierungszeit osmanischer Herrscher vor 1811. Da die Piaster gerade in den Provinzen oft lange Zeit im Gebrauch waren, sind hier ausgewählt: Piaster von Mustafa III. (1757–1774), Abd al-Hamid (1774–1789), Selim III. (1789–1807). Die arabische Beschriftung: auf der Vorderseite die Tughra, das heißt der Namenszug des Sultans, darunter „geprägt in Konstantinopel" und die Jahreszahl in Arabisch. Rückseite: Sultan der zwei Kontinente und Khagan der beiden Meere, Sultan, Sohn des Sultans (Geschenk Gorny & Mosch).

Solch ein Fest mochten sie durch lästiges Quittungschreiben nicht gestört wissen. Linckh war es aber nicht zum Feiern zumute. Sein Drängen, endlich diese Belege auszufertigen, blieb ungehört. Man fing wieder zu feilschen an. Der Rechtsgelehrte forderte nochmals 150 Piaster. Schließlich einigte man sich auf die Zahlung von weiteren 30 Piastern, und endlich war der Kaufvertrag ausgeführt. An den folgenden Tagen wurde hauptsächlich gezeichnet. Haller, Cockerell und Foster waren ehrgeizige Bauforscher. Die Skulpturenfunde, das kann man an Hallers Briefen gut erkennen, spielten bei diesem Unternehmen nicht die entscheidende Rolle. Die Architekten wollten eine perfekte Bauaufnahme des Tempels erarbeiten. Nichts beleuchtet dies deutlicher als der kleine Streit, den L. S. Fauvel, der französische Konsul, auslöste. Er kam, elektrisiert von der Nachricht über diese Funde, nach Ägina, nahm sich sofort ein paar Arbeiter und wollte auf eigene Faust ein „bißchen graben". Die Freunde gestanden ihm dies zu. Als er aber gleich am besten Platz, im Zentrum vor dem Tempel, wo gerade Cockerell grub, beginnen wollte, machte man ihm wegen seiner Rücksichtslosigkeit Vorhaltungen. Fauvel gab nach, ärgerte die Architekten aber noch mehr, als er anfing, „das oberflächlich zu messen, was Haller und Cockerell mit der größten Genauigkeit gemessen hatten".

Um die Figuren zu erhalten, mussten sie abtransportiert werden. Haller, Cockerell und die anderen wussten zu gut, dass von dem Augenblick an, da solche Marmorfiguren gefunden sind, sie bewahrt werden müssen „vor dem Unverstand der Muselmanen", aber auch der Griechen, die den Wert der Werke damals nicht erkannten. Haller war nach einem Jahr Aufenthalt in Griechenland klar, dass viele Antiken aus Unverstand von der Bevölkerung zerstört, verstümmelt oder bruchstückweise als Souvenirs an Reisende verkauft wurden. Manch wertvolles antikes Fragment diente als Mühlstein oder als Trog für das Vieh. Lag ein antikes Denkmal schon am Boden, dann endete es zu dieser Zeit leicht im Kalkofen. Das galt auch für den Tempel in Ägina: Haller und Cockerell glaubten, dass die Giebelfiguren vollständig erhalten seien, aber da irrten sie: Weit mehr als die Hälfte des reichen Skulpturenschmucks des Heiligtums war zu dieser Zeit schon in den Kalkofen gewandert – eine Sitte, die bis ins 19. Jahrhundert in den Ländern des östlichen Mittelmeerraums sehr üblich war und wohl am meisten zum Untergang antiker Skulptur beigetragen hat. Manches mag auch nur mutwillig zerschlagen worden sein. So war von dem großen Firstakroterblock des Tempels, einen großen Palmettenbaum darstellend, der von einem Löwen gestützt wird – Haller hat ihn noch gesehen und gezeichnet (Abb. 32) –, schon wenige Jahre später der Löwe verschwunden. Haller hatte diesen mächtigen Block aus Gewichtsgründen in Ägina zurückgelassen. Ebenso berichteten 1853 Einwohner Äginas dem Architekten Charles Garnier, zwei Jahre vor den Ausgrabungen von Haller sei eine Art Löwe, d. h. einer der Greifen, mit roten Tatzen gefunden, von ihnen in Stücke zerbrochen und verkauft worden.[27] Auch manches früher am Tempel gefundene Skulpturenfragment ist heute offensichtlich nicht mehr erhalten: So liest man in Richard Chandlers Publikation der

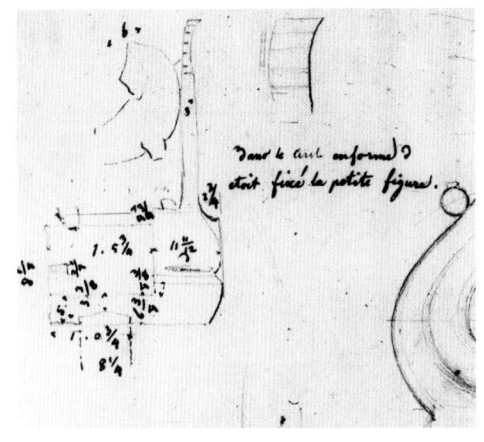

Abb. 32
Löwe der westlichen Firstbekrönung, Zeichnung von Carl Haller von Hallerstein. Straßburg, Staats- und Universitätsbibliothek.

„Antiquities of Ionia" (London 1797): „Digging by a column of the portico of the Naos we discovered a fragment of a fine sculpture: it was the hind part of a greyhound of white marble; and belonged, it is probable, to the ornament fixed on the frieze."[28]

Am 9. Mai war das Unternehmen am Aphaiatempel, die erste große Grabung in Griechenland, beendet. Die Freunde brachten die Funde nach Athen. Ein Sturm, der das Schiff auf die Klippen von Salamis trieb, hätte beinahe alles zunichte gemacht. Mehr Angst hatten sie freilich noch vor französischen Schiffen auf Kaperfahrt. Die Situation entbehrte nicht der Komik: Linckh hatte sich einen Teil des für die Grabung benötigten Geldes von dem französischen Kaufmann Roque geliehen. Der verdiente sich sein Einkommen durch Spekulation mit der Prise französischer Korsaren. Und da man in weiter Entfernung ein Schiff kreuzte, das man für ein Kaperschiff hielt, war es auf der kurzen Reise von Ägina nach Athen, wie Linckh belustigt schrieb, „unsern lieben Engländern nicht ganz froh zumute". Sie ängstigten sich umsonst: Das Schiff, das sie für einen französischen Korsaren hielten, gehörte Lord Sligo.

In Athen wurden die Antiken geordnet und in einem eigens gemieteten Haus, gleich einem Museum, aufgestellt (Abb. 33). Nun erkannten Haller und Fauvel auch das Thema der Darstellung: den Kampf der Griechen gegen die Trojaner. Alle Kunstfreunde Athens, die sie sahen, „betrachteten", wie Cockerell schreibt, „die Figuren als nicht geringer als die Reste des Parthenon und nur einen Rang hinter dem [Belvedere] Torso (vgl. Abb. 53), Laokoon und anderen berühmten Statuen."[29]

Fauvel fertigte mit eigener Hand einige Abgüsse für seine Sammlung an. Bei dieser Arbeit – so schrieb Haller damals an seinen Bruder – lernten wir „immer mehr und mehr ihren hohen Werth einsehen, so wie wir auch überzeugt wurden, dass ihre Vereinzelung denselben sehr vermindern würde: wir wurden daher unter uns einig, sie an einen Liebhaber, der uns eine anständige Summe bieten würde, zu veräußern..." Aber wie? Solch ein großer Fund brachte natürlich auch Probleme. Manch ein Reisender und Altertumsfreund in Athen wurde ganz neidisch. Und die Freunde wussten nicht, was am besten zu tun wäre. Die im Orient erfahrenen Diplomaten L. S. Fauvel und G. Gropius spielten jetzt die entscheidenden Rollen: Auf den Rat von Fauvel setzten sie einen Vertrag auf, in dem sie sich verpflichteten, dass der Verkauf nicht ohne einstimmige Einwilligung erfolgen könne. Gropius, völlig überrascht von diesem Sensationsfund, beglückwünschte sie voller Begeisterung mit den Worten: „welch Kismet, welch Kismet! So geleitet manchmal das ungerechte Glück den Verdienst, der es nicht sucht..." Er riet den Freunden, die Skulpturen, „solche wertvollen Schätze nicht in der Höhle des Löwen zu lagern. Ich fürchte keine großen Ereignisse", so schreibt er weiter, „aber kleine, um so ärgerlichere, weil man nicht einmal wagt, sich darüber zu beklagen." Aus Gropius' Bemerkung geht hervor, dass offizielle Stellen in Athen von diesem Fund wussten. In Athen konnten die Skulpturen nicht bleiben: Private Sammler gab es dort nicht. Und Museen oder ähnliche

Abb. 33
Die Zeichnung aus Linckhs Skizzenbuch zeigt die Aufstellung des schönen Jünglings mit den gekräuselten Haaren in Fauvels Haus. Privatbesitz.

Einrichtungen waren damals im türkischen Griechenland nicht vorhanden, und keiner konnte glauben, hoffen oder ahnen, dass solche Einrichtungen in näherer Zukunft entstehen würden. Und schließlich hatten die Finder große Unkosten gehabt, wollten in Griechenland weiterforschen und brauchten Geld. Sie mussten verkaufen. Die Frage war nur, an wen? Bei allen erwachten patriotische Gefühle. Linckh schrieb an die württembergische Regierung. Haller ließ über Kardinal Häffelin einen ausführlichen Brief dem Kronprinzen Ludwig zukommen (Abb. 34). Fauvel wandte sich an den französischen Minister. Cockerell benachrichtigte den britischen Botschafter an der Hohen Pforte. Bevor diese Briefe ihren Bestimmungsort erreichten, gaben durchreisende Engländer schon die ersten Gebote. Doch Haller und Linckh ließen sich zu keinem Verkauf überreden, da ihrem Vaterland – wie Linckh meinte – „Zeit gelassen werden müsste, um sich um die Sache bewerben haben zu können".

Ähnlich dachte Haller. Er schrieb an seinen Bruder: „Unter mehreren durchreisenden Engländern kamen die Herren Fazakerley und Knight, zwey sehr wohlhabende Edelleute, von ihrer Reise aus Egypten an, und ließen Linckh und mir für unsere Hälfte der Sammlung 2 000 Pfd. Sterling bieten, mit der Bedingung, sie zuvor in Sicherheit gebracht zu haben. So außerordentlich wohlthätig für mich eine so bedeutende Summe seyn musste, um so mehr da meine Reisekosten, durch die Kosten, die jene Marmore machten, bedeutend vermehrt worden, und da ich mit derselben sorgenfrey den fernem Verfolg meiner Reise

Abb. 34
Kronprinz Ludwig von Bayern, Marmorbüste von Bertel Thorvaldsen, 1821. Glyptothek.

unternehmen könnte, so konnte ich mich doch unmöglich entschließen, jenen Akkord einzugehen, um nicht meinem Gouvernement die Möglichkeit zu benehmen die Kunstschätze für unsere Akademie zu acquirieren."[30]

Das Warten ist den beiden Deutschen nicht leicht gefallen. Sie waren hochverschuldet, und bei den griechischen Geldverleihern herrschten damals raue Sitten: 20 bis 30 Prozent betrug der Zinssatz für geborgtes Geld, und diese Prozente wurden von der auszuzahlenden Summe gleich abgezogen. Allein, diese missliche Lage und die Lockungen des englischen Geldes konnten Linckhs „patriotischen Schwabensinn nicht zum Sinken bringen".[31] Er wartete umsonst auf Nachricht aus seinem Land. Ebenso erging es Haller: Sein Brief an den bayerischen Kronprinzen brauchte allein fünf Monate, um von Griechenland nach Italien zu gelangen. Doch das war nicht so schlimm. Kronprinz Ludwig war seit seiner Italienreise im Jahr 1804 ein großer Kunstfreund. Sein augenöffnendes Kunsterlebnis war der Anblick von Canovas „Hebe", also derselben Figur, die auch Haller so beeindruckt hatte. Seitdem sammelte Ludwig Antiken und hatte zu diesem Zweck einen Kunstagenten, nämlich Johann Martin Wagner, nach Rom geschickt (Abb. 35). Darüber hinaus ließ sich Ludwig alles vorlegen, was in Zeitungen an Neuigkeiten aus den klassischen Ländern berichtet wurde. Und so las er am 20. Mai 1811 in der Augsburger Allgemeinen Zeitung eine kurze Notiz über Funde in Griechenland. Er notierte sich das Wichtigste heraus und schrieb einige Tage darauf an Wagner: „Selbst in der Türkei, wo die Vorwelt bis auf den letzten Schatten verschwand, wühlt man noch unter der Erde die Reste Griechenlands zu suchen. Besonders in Athen ist jetzt der dortige franz. Konsul Fauvel geschäftig. Bei den Ruinen von Aegina hatte man in der Tiefe eines Brunnens unweit des Hafens noch vor kurzem 2 Bildsäulen, 1 Büste u. ein Votiv Basrelief gefunden alles von Marmor ... Fauvel fand zu Salamis u. Aegina einige Gräber die er durchstöhrte. Der Pasche von Morea [= Peloponnes], Veli Pascha, ist bloß aus Begierde Fremde anzulocken, durch Nachwühlen im Schutt des Alterthums ein Antiquar geworden, wie es etwa ein Muselmann werden kann ... In Griechenland, Wagner, ist man, wie Erfahrung lehrt, fast sicher ausgezeichnet Schönes zu ergraben.

Demnach schreiben sie ab enthaltene Nachricht wörtlich, senden sie solche Archit. v. Haller mit dem Wunsche in m. Namen, dass er Nachricht mittheile, was daran überhaupt von Ausgrabungen ihm bekannt, was er von würdigen Bildhauerwerken wüsste, die kaufbar; wenn er beiläufigen Preis /je genauer, je besser/ dazu bemerken könne, wäre es sehr willkommen; ... Schreiben sie Haller, wie sehr ich Bildh. Werke liebe ... Die Sache liegt mir sehr nahe..."[32] Die Kunde von den großen Skulpturenfunden in Ägina war also zu diesem Zeitpunkt noch nicht zu Ludwig gedrungen. Diese wenigen Angaben genügten ihm jedoch, um sein Interesse nach Griechenland zu lenken. Am 31. Juli 1811 wurde Wagner noch einmal aufgefordert, sich mit Haller in Verbindung zu setzen. Die Anweisungen Ludwigs wurden immer bestimmter. Wagner schrieb am 20. August 1811 an Haller: „Es wird Ihnen nicht bekannt seyn, wie sehr seine Königliche

Abb. 35
Martin von Wagner, Zeichnung von Adam Klein, 1821. Wiener Museen.

Hoheit unser Kronprinz Werke alter Skulptur liebt, und zu sammeln sucht; doch nur Vortreffliches und ausgezeichnet Schönes strebt Er zu besitzen, mittelmäsiges genügt ihm nicht." Weiter heißt es in dem Brief: „Zu Nachgrabungen Antiker Skulptur bestimmen seine Königliche Hoheit Ihnen die Summe von vier tausend baierischen Gulden, welche Sie thätig zu betreiben, und nach Ihrem Gutdünken an jenen Gegenden und Ort zu bewerkstelligen haben, wo die grösste Ausbeute zu hoffen. Andere sieben tausend bai. Gulden bestimmen Höchst Dieselben zu Aufkaufen ausgezeichnet Schöner Werke der Bildhauerkunst..."[33] Einen Brief gleichen Inhalts schickte Ludwig Anfang August direkt an Haller. Und das war gut so, denn Wagners Schreiben erreicht Haller erst nach zwölfeinhalb Monaten. Dieser Brief Ludwigs vom August 1811, als er noch gar nichts wusste von dem Fund der Ägineten, blieb das einzige Schreiben des Kronprinzen, das Haller im Laufe der nächsten zwölf Monate erreichte. Kein Wunder bei den damaligen Postverhältnissen, wo die Briefe über Kaufleute und Handelshäuser erst nach Konstantinopel und dann von dort durch einen eigens zu bezahlenden, reitenden Tartaren nach Athen gebracht wurden. Bei den Engländern klappte es besser. Auf dem Seeweg ging es schneller. Cockerells Vater benachrichtigte den englischen Prinzregenten, und der schickte einen Frachter in Begleitung des Kriegsschiffs Pauline, um die Funde abzuholen. Es war eine erfahrene Crew, die der englische Kommandant Perceval befehligte. Sie hatten früher schon einmal Skulpturen für Lord Elgin transportiert. Aber diesmal kamen sie zu spät. Gropius hatte nämlich zuvor schon die Freunde überzeugt, nicht auf den nächsten Meistbietenden zu warten, sondern die Skulpturen in einer öffentlichen Versteigerung anzubieten. Das Ganze wurde vertraglich genau festgelegt: Auktionstermin 1. November 1812. Aufrufpreis 10 000 Zechinen (etwa 70 000 Gulden). Ein Viertel der Zuschlagssumme muss vom Käufer sofort vorgelegt werden. Jeder der Finder bekommt zudem einen Satz Gipsabgüsse aller Skulpturen. Die Versteigerung soll öffentlich in allen großen europäischen Zeitungen angekündigt werden. Auch der Text dieser Verlautbarung wurde genau festgelegt. Gropius war der allein Bevollmächtigte der Versteigerung. Er bestimmte auch den Ort der Auktion, nämlich die von den Engländern besetzte Insel Zante (das heutige Zakynthos, Abb. 36). Der geschickte Gropius wollte damit weitere Nachforderungen der Türken vermeiden. Ausdrücklich wurde festgelegt, dass Vertreter aller Nationen ein- und ausreisen durften, die Skulpturen frei auszuführen waren und man in jeder Währung zahlen konnte. Mit diesem Netz von Verträgen hoffte man trotz der damaligen Kriegslage in Europa eine ganz „neutrale" Auktion erreichen zu können. Deshalb brachten die Freunde die „Ägineten", in Säcke eingewickelt und in Körben auf Esel verpackt, von Athen über den Landweg zum Golf von Korinth. Haller hat in einer schwungvollen Zeichnung (Abb. 37) den Transport der Skulpturen über das Kithäron-Gebirge in die Bucht von Porto San Germano (Ägosthena) festgehalten. Von dort wurden sie nach Zante verschifft. Auf einer Zeichnung Linckhs kann man die in der Bucht zurückgelassenen Körbe noch sehen (Abb. 38). Als Captain Perceval mit seinen Schiffen im Piräus einlief, befanden sich die „Ägineten" schon in Zante. Er konnte nur die letzten Kisten der noch in Athen verbliebenen „Elgin-Marbles" mitnehmen. Als er nur mit diesen in London ankam, war die Begeisterung nicht groß.

In den folgenden Monaten erschienen in mehreren europäischen Zeitungen Berichte über die Skulpturen und die bevorstehende Auktion. Durch weitere Artikel, die Haller im „Morgenblatt für gebildete Stände" drucken ließ, und durch zwei ausführliche Briefe an den Kronprinzen, denen er noch Zeichnungen der Skulp-

Abb. 36
Zante (Zakynthos). 17.01.1812, Zeichnung von Carl Haller von Hallerstein. Straßburg, Staats- und Universitätsbibliothek.

Abb. 37
Transport der Ägineten von Athen nach Porto Germano, Aquarell von Carl Haller von Hallerstein. vHFSt.

Abb. 38
Porto Germano (Germeno) = Aigosthena nach der Verladung der Ägineten, Zeichnung von Jacob Linckh, 1811. München, Antikensammlungen.

turen beigab (Abb. 39 und 40), war Ludwig über das Aussehen der Ägineten und auch über jede Einzelheit der Verkaufsbedingungen informiert. Keine seiner Rückfragen erreichten jedoch Haller. Und so kam von diesem natürlich auch keine entsprechende Antwort. Das beunruhigte den ungeduldigen Ludwig sehr. Und Haller andererseits war zutiefst enttäuscht, dass von Ludwig keine Reaktion – wie er glauben musste – auf seine begeisternden Schreiben von den großen Funden erfolgte.

Im Herbst 1811 war Napoleon auf dem Höhepunkt seiner Macht. Die Engländer fürchteten „die Wegnahme von Zante samt den anderen jonischen Inseln", und so riet Cockerell, die Skulpturenfunde nach Malta bringen zu lassen.[34] Gropius, der Bevollmächtigte für den Verkauf, meinte, ein Transport direkt nach London sei besser, denn London wäre mehr „im Bereich der Liebhaber als in Malta, ich meine der Liebhaber vom Kontinent: ... In London könnten eure Statuen in der

Abb. 39
Anhang zu einem Brief Carl Haller von Hallersteins an Kronprinz Ludwig mit Entwürfen zum Giebel des Aphaiatempels, 23. Dezember 1811. GHA.

Abb. 40
Anhang zu einem Brief Carl Haller von Hallersteins an Kronprinz Ludwig mit einer Auswahl der gefundenen Köpfe, 23. Dezember 1811. GHA.

Hand erfahrener Leute hinterstellt werden, um mit aller Sorgfalt und aller nötigen Vorsicht gehandhabt zu werden …"[35] Und er setzte in ein paar Zeilen an Haller persönlich hinzu: „Was ich Ihnen für London sage, ist aufrichtig für Ihr Bestes. Nimmer wird der Englische Stolz und das Englische Gold diese Werke anderen überlassen: Geben Sie sich also in die Nothwendigkeit! – In London wird der Preis für Sie, wenigstens, glücklich ausfallen. Dies auch zu Freund Linkhs Beherzigung."[36]

Doch am Geld war Haller, trotz seiner Schulden, nicht interessiert. Er entschied, auch im Namen Linckhs, für einen Transport nach Malta, denn er fürchtete zurecht, dass, wenn einmal die Figuren in London sind, „wir" – wie er an seinen Bruder schreibt – „die Concurenz zu ihrem Ankauf damit verliehren; welches durchaus nicht eher riskire, bis ich weiß, ob mein König oder Kronprinz sie zu acquiriren nicht gesonnen sey."

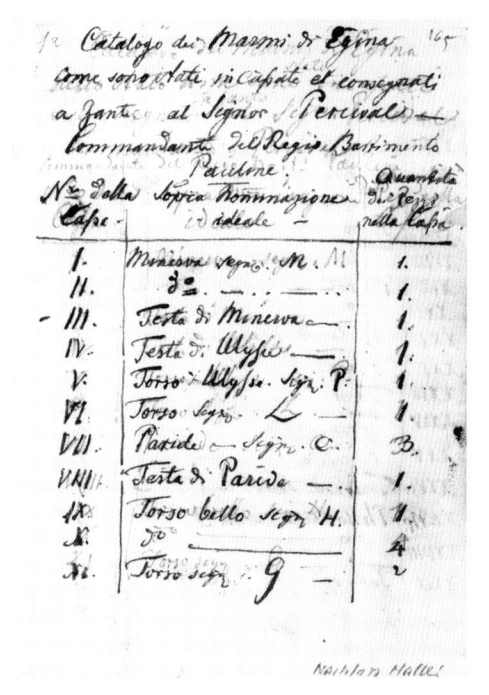

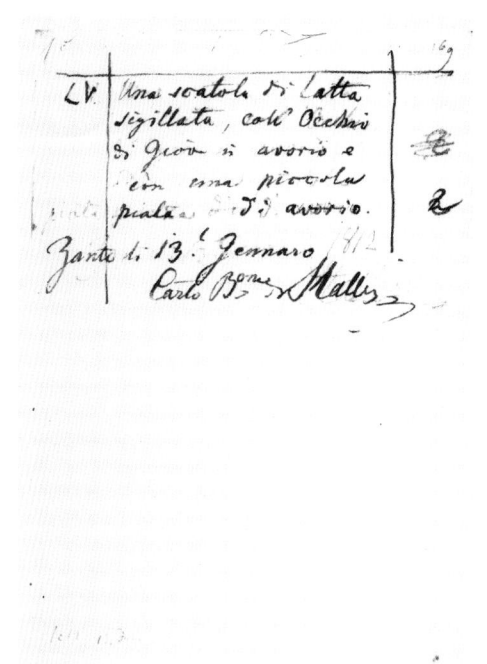

Abb. 41
Auszug des Verzeichnisses aus dem Nachlass Carl Haller von Hallersteins. Straßburg, Staats- und Universitätsbibliothek.

Abb. 42
Auszug des Verzeichnisses aus dem Nachlass Carl Haller von Hallersteins. Straßburg, Staats- und Universitätsbibliothek.

Da Haller als einziger von den Besitzern in Athen war, musste er jetzt noch einmal nach Zante reisen, um die Figuren für den Transport nach Malta zu verpacken. Das dauerte über drei Wochen, und Haller konnte noch einmal die Figuren genau studieren. Das von ihm aufgestellte Verzeichnis umfasste 53 Kisten und zwei Körbe mit insgesamt 972 Einzelteilen (Abb. 41 und 42). Zu diesem Zeitpunkt hatte er noch immer nicht erfahren, ob Ludwig an einem Ankauf der Ägineten interessiert sei.

Ausgrabungen in Bassae

Von Zante zurückgekehrt, reiste Haller mit seinen Freunden wieder nach Bassae. Sie waren nämlich das Jahr zuvor, unmittelbar nach den Grabungen in Ägina, im Herbst 1811 schon einmal in die Peloponnes aufgebrochen, um den Tempel des Apollon Epikurios in Bassae zu erforschen. Beim Vermessen des Tempels hatten sie damals zufällig eine Reliefplatte entdeckt. Man forschte weiter und fand eine zweite; an eine Ausgrabung war jedoch nicht zu denken, bevor nicht eine offizielle Erlaubnis von den türkischen Behörden vorlag. Gropius war es inzwischen mit seinen guten Beziehungen zum dortigen Pascha gelungen, die Genehmigung zu erlangen. Der Pascha hatte sich sogar gegen Überlassung eines Teils der Funde erboten, die Hälfte der Grabungskosten zu übernehmen.

Abb. 43
Die Freilegung des Tempels von Bassae
im Jahre 1812. Nach einer Zeichnung von
O. M. von Stackelberg.

Abb. 44
Friesplatte des Tempels von Bassae,
Zeichnung von Martin von Wagner.
Würzburg, Martin-von-Wagner-Museum.

An dieses zweite Forschungsunternehmen in Bassae schloss sich auch Baron Otto Magnus von Stackelberg an.[37] Trotz der Hilfe des Paschas fehlte es wie immer an Geld. Der Engländer Thomas Legh gab ein großzügiges Darlehen.[38] Neben Haller, der die bauhistorischen Untersuchungen leitete, waren Gropius, Foster, Linckh, Stackelberg und Brøndstedt mit von der Partie. Cockerell fehlte. Die Forschungen wurden jetzt im großen Stil betrieben: Über 60 Arbeiter halfen den Tempel freizulegen. Stackelberg gibt in seinem Buch eine farbige Schilderung dieser Grabungen.[39] Unter Flöten- und Trommelmusik wurden die Blöcke bewegt (Abb. 43). Bei abendlichen Festen mit Hammelbraten am Spieß schien den Forschern das antike Leben unter arkadischem Himmel neu erwacht zu sein. Eine ganze „Stadt" von Hütten und Zelten umgab den Tempel. „Frankopolis" nannten jetzt die Einheimischen den Ort. Nach fast zweimonatiger Grabung war der Tempel freigelegt, die Bauglieder gezeichnet, das Aussehen des Baus erforscht und der gesamte Innenfries, bestehend aus 23 Platten, geborgen. Schon nach den ersten Erkundigungen in Bassae hatte Haller, im Winter 1811, den Kronprinzen über das neue Unternehmen benachrichtigt und konnte ihn dafür begeistern. Ludwig antwortete sofort und überwies 3 000 Piaster für die Grabungen, setzte dabei aber die „Bedingung, daß bei der Unternehmung ... keine Basreliefs losgeschlagen werden, was Barbarei sei."[40] Die Anweisung zeigt, wie sehr sich Ludwigs Antikenbegeisterung von der des Lord Elgin unterschied. Seine Anweisung hatte freilich in Bassae keine Gültigkeit mehr, denn schon längst hatten Metallräuber die Verklammerung des Frieses und der Tempelquader gelöst, und der ganze Innenbau des Tempels war zusammengestürzt. Ludwigs Brief (abgeschickt am 22. April 1812) kam auch viel zu spät. Er erreichte Haller erst im Frühjahr 1813. Die Ausgräber hatten schon im Herbst 1812 die Hälfte des Fundes – gemäß dem Vertrag – zum Pascha nach Tripolis gebracht. Der war beim Anblick der Skulpturen enttäuscht; er hatte Reliefs aus purem Silber erwartet. Gegen 2000 Pfund wollte er die braun verwitterten Marmorreliefs den „Milordi" überlassen (Abb. 44). Die Skulpturen gehörten jetzt den Findern. Unter ungeheuren Schwierigkeiten wurden nun die Reliefs auf den Schultern von 150 Trägern über gefährliche Pfade ans Meer gebracht und von dort nach Zante verschifft.

Durch diese beiden Funde hatte sich die Situation für Haller geändert. Er hatte große Ausgaben und konnte nur hoffen, dass sie durch den Verkauf der Skulpturen wieder gedeckt würden. Das Erste war die Veräußerung der Ägineten. In seinem Bestreben, diese Werke seiner Heimat zu sichern, damit nicht alles nach England gelange, hatte er alles daran gesetzt, dass eine Auktion auf neutralem Boden zustande käme. Hilfe von Seiten Ludwigs gab es nicht. Denn die Nachrichtenverbindungen zwischen Griechenland und Bayern waren katastrophal. Wenn ein Brief erst nach zwölf Monaten ankam, hatten sich die Fragen und Antworten schon von selbst erledigt. So wurde zwar Haller schon im November 1811 von einem Brief Ludwigs, der noch nichts vom Äginetenfund wusste, überrascht, in dem er Haller zu seinem Kunstagenten in Griechenland bestimmte und ihm Geld für Grabungen und Ankäufe zur Verfügung stellte.[41] Andererseits hat kein Brief Ludwigs über den von ihm geplanten Ankauf der Ägineten Haller erreicht. Das musste zu Missverständnissen führen.

Ankauf der Ägineten

Allgemeines Erstaunen erregten die ersten Meldungen von dem Skulpturenfund und der bevorstehenden Auktion, die in mehreren Zeitungen Europas erschienen. So las man am 6. Dezember 1811 in der „Allgemeinen Zeitung" unter der Rubrik „Notizen aus Griechenland": „Weit unbezweifelter ist der Fund, der von deutschen Reisenden neuerlich auf der Insel Aegina ... gemacht wurde. Man fand daselbst 18 Marmorstatuen, etwas unter menschlicher Größe ... Nur durch den Fall beschädigt konnten sie leicht ergänzt werden ... Die oben erwähnten Statuen stellen alle Heldenfiguren aus dem Trojanischen Krieg vor, Hector, Ulisses, Helena, usw." Im „Morgenblatt der gebildeten Stände" vom 15. Januar 1812 wird schon ausführlich über diesen Fund berichtet. Es sei hier nur die Passage zitiert, in der die Figuren charakterisiert werden: „Das Nackende übertrift die eigensinnigsten Forderungen; es ist überall von vollendeter Schönheit und Ausführung, und verräth ein gründliches Verständniß, welches den Marmor zu beleben, ihm Fülle und Kraft der Jugend oder die geübtere Stärke und Sinnigkeit des Alters einzuhauchen, und durch richtig und schön geordnete Stellungen die innere, geistige Thätigkeit, den Willen, die Seele auszudrücken weiß. Sonderbar genug stechen dagegen die Köpfe ab. Sie haben wenig oder gar keinen Ausdruck, und in allen ihren Zügen herrscht eine gewisse Härte, die durchaus nicht zu dem Style der übrigen Theile der Figuren zu passen scheint; jeder Kenner und Kunstfreund würde sie, wenn er sie nicht mit dem Körper zusammen sähe und bemerkte, daß sie aus einem und ebendemselben Marmorblocke verfertigt wären, für einige Jahrhunderte älter halten. Eben so erstaunt man über die pedantische und sonderbare Anordnung des Haupt- und Barthaars, und die Lippen und Augen sind sehr hart umrissen. Letztere besonders haben in ihrer Stellung so etwas Egyptisches, daß man am ersten Augenblick nicht weiß, was man davon sagen soll, und in seiner Kunstgeschichte ziemlich irre gemacht wird."[42] Erstaunlicherweise wird wie selbstverständlich angegeben, „dass auf einigen Helmen und Schildern Spuren von Farbe, und, beynahe auf allen, von bronzenen Verzierungen vorhanden sind." Durch weitere Berichte, die Haller im „Morgenblatt für gebildete Stände" drucken ließ, und durch zwei ausführliche Briefe an den Kronprinzen, zu denen er noch Zeichnungen der Skulpturen beifügte, war Ludwig über das Aussehen der Ägineten und auch über jede Einzelheit der Verkaufsbedingungen informiert. Obwohl er auf keine seiner Rückfragen Antwort von Haller erhielt, entschloss sich Ludwig, die Figuren auf jeden Fall zu erwerben. Zwar tätigte er gerade in diesem Jahr die größten Ankäufe im Rom, dennoch wurde die geforderte Kaufsumme von 70 000 Gulden sofort bereitgestellt. Es fehlte nur noch der geeignete Agent.

Wagner schien in Rom, wo Ludwig jeden Tag mit dem Erwerb des Fauns, des Discobol und anderer Figuren rechnete, unabkömmlich. So fiel die Wahl wieder auf Johann Georg von Dillis, einen bewährten Kunstberater Ludwigs. „Benehmen Sie sich" – so wurde ihm aufgetragen – „daß [Sie] Urlaub und Pässe, solche ohne Aufsehen, auch ohne hiesigen Publikums Wissen bekommen, wenn ich, wie wahrscheinlich (doch nicht gewiß) in diesem Sommer [Sie] schicken werde nach Xante Äginas Fund betreffend. Da es in solcher Zeit der Unruhe des Krieges, würden die Menschen unfehlbar schreien, nicht bedenkend, dass alles auf meine eigenen Kosten, in Frieden wie Krieg meine Einnahme gleich sei. Denn erwerbe ich diese Sammlung, so will ich Preis wie Fracht und die anderen Kosten ganz ausschließlich auf eigene Rechnung haben".[43]

Die Geheimhaltung des Äginetenkaufs, dessen Preis durch die Zeitungen bekannt war, erschien Ludwig als das größte Problem des ganzen Unternehmens:

„… nicht die grosse Kaufsumme und nicht der beschwerliche Transport, was mich bekümmert, sondern wie zu machen" – meinte Ludwig zu Dillis – „daß sie Aufsehenlos von München hingehen … denn wenn … man es zu München erfahrt, giebts ein allgemeines Geschrei gegen mich und wenn dies vermeidbar, sehr rathsam. Sie kennen dies Publikum." Dillis (Abb. 45) warnte, „…wie leicht wird es den bösen Gemüthern seyn, gegen erst aufgefundene, bisher noch unbekannte und so schwär zu prüffende Gegenstände der Kunst die Leidenschaften rege zu machen." Der Kronprinz ließ sich dadurch nicht irre machen. Reihenweise wurden mit Dillis Briefe gewechselt und alle Einzelheiten der Zahlungsweise und des Transportes besprochen. Dillis zögerte jedoch vor dieser Reise; er fühlte sich der großen Aufgabe nicht gewachsen: „… für die Beurteilung der plastischen Kunstwerke habe ich zuwenig antiquarische Kenntnisse … es ist keine Kleinigkeit, wenn man für den Wert von 60 000 bis 70 000 fl. [Gulden] verantwortlich seyn muß." Und er klagte: „… es würden alle Künstler über mich herfallen und das bißchen mir erworbene Zutrauen untergraben, und der Giorgio

Abb. 45
Johann Georg v. Dillis, Gemälde von Moritz Kellerhoven, um 1793. München, Bayerische Staatsgemäldesammlungen.

Bavarese wird vor Gram bald sein mühevolles Leben endigen und seiner Familie die bisher geleistete Unterstützung entziehen müssen …" Dillis schlug vor, „… dem H. v. Haller selbst das Geschäft zu übertragen, von einer so alten ausgezeichneten und reichen Familie abstammend, selbst Unterthan und mit hinlänglicher Kenntnis und Ehrgefühl ausgerüstet, wird Haller sein eigenes Interesse dem v. seinem Fürsten unterordnen und die Unterhaltung und den Ankauf verbürgen, mehr als Giorgio Bavarese povero". Ludwig fand Dillis' Gründe der Ablehnung „triftig". Haller zu beauftragen, schien ihm jedoch zu unsicher. Ludwig hatte – wie schon ausgeführt – auf seine Anfragen an Haller keine Antwort erhalten. So meinte er zu Dillis, „ob er [Haller] noch in jenem Lande [Griechenland], ungewiss. Das wäre schlechte Oekonomie, von Reisekosten zu ersparen, Gefahr laufen, dass alles unterbliebe".[44] Der Bildhauer Rauch, an den Ludwig sich schon vorher gewandt hatte, war in diesen Monaten nicht verfügbar. So fiel die Wahl wieder auf Wagner. Doch auch dieser zögerte.

Durch Misshelligkeiten mit der bayerischen Gesandtschaft verärgert, fühlte er „sich gar nicht disponiert zu solchen Commissionen". Alle möglichen Gründe schützte er vor: mangelnde Sprachkenntnisse und seine angegriffene Gesundheit, die nicht den Strapazen solch einer Reise gewachsen sei. Das ganze Unternehmen betrachtete Wagner als unnütze Zeit- und Geldverschwendung, da er ohnehin nicht mehr glaubte, zum richtigen Zeitpunkt in Zante anlangen zu können. Zudem hatte er die offizielle Nachricht erhalten, dass „die Pforte allen europäischen Mächten ihre Häfen gesperrt habe". Aus neu eingetroffenen Briefen aus Griechenland ging außerdem hervor, dass „diese Gemäldesammlung" – so hießen im Briefwechsel die Ägineten – „an Kronprinzen von W. [= England] so gut als verkauft wären, und daß bereits die Schiffe angekommen wären, sie abzuholen". Schließlich versuchte Wagner den Kronprinzen an seinem wundesten Punkt, an seiner Sparsamkeit zu packen: „Sollte auch alles dieses glücklich bewerkstelligt werden können, so bin ich im Betreff des Kaufs der Meinung, daß man um daselbe Geld in Rom ebenso gute, vielleicht noch bessere Sachen erhalten könne, mit weniger Unkosten und Umständen verknüpft. Hier sind keine Engländer auf dem Marktplatz, dieß macht, daß die Sachen wirklich wohlfeileren Preises sind. Dorten erscheinen Engländer und setzen die Preise, welches einen großen Unterschied im Kaufe macht. – Die besseren Statuen Roms sind ebenso gut griechischen Ursprungs, als jene in Griechenland gefundenen, nur daß man bei jenen solches mit aller Gewissheit sagen kann." Alles nützte nichts. Wagner kannte Ludwig und wusste, dass sich dieser nur ungemein schwer von einem gefassten Plan abbringen ließ. So schloss er seinen Klagebrief mit den Worten: „Mein gegenwärtiges, so wie mein künftiges Loos lege ich in Höchstdero Hände, und schliese mit den Worten, die Christus am Oelberg gesprochen Herr nimm diesen Kelch des Leidens von mir: doch nicht wie ich will, sondern wie du willst."[45]

Und Ludwig wollte. Jedes Detail wurde besprochen. Dillis übermittelte die letzten Anweisungen, darunter hieß es: „Wagner soll sich genau erkundigen, wie die

Bildsäulen einander folgend gestellt waren."[46] Am 8. September 1812 brach Wagner mit einem Begleiter auf. Ludwig hatte ihm einen schriftlich formulierten Auftrag erteilt, in dem er einerseits durch detaillierte Instruktionen jede seiner Handlungsweisen genauestens vorschrieb, andererseits ihm aber weitestgehende Vollmachten über die zu zahlende Kaufsumme einräumte: „Mir liegt der Erwerb sehr am Herzen und sollte er auch den ganzen Kreditbrief betragen u. mehr noch, sehr theuer sein, ersteigern sie mir die Sammlung dennoch, selbst übertrieben darf der Preis, nur nicht lächerlich übertrieben lauten. Seien sie eingedenk, daß mein Gesichtspunkt anders als der eines Handelsmanns, auch anderen Privaten ist, der, wenn selbst keinen Gewinn, doch die für das Erworbene gegebene Summe in solchen enthalten will haben; mir aber um der Kunstwerke Besitz zu thun, wenn zur Erlangung nicht anders möglich, gerne mehr dafür gebe als sie werth. Solche Gelegenheit erleben wir wohl nicht mehr; wie würde mich reuen sie unbenutzt gelassen zu haben. Dieser Erwerb macht meine Sammlung zum ansehnlichsten Museum, welches durch ihren thätigen Eifer geworden. Anfrage dürfen sie mir hierüber thun, ich vertraue ihnen."

Die detaillierten Anweisungen Ludwigs werden durch die Fülle der Ereignisse, die auf Wagner einstürzen, bald überholt. Unter verschiedensten Gefahren, einmal als Eselstreiber agierend, um im Staube des Zugs an der Polizei vorbeizukommen, erreicht Wagner am 10. September Neapel. Dort gibt es Schwierigkeiten mit dem hohen Wechsel, der auf eine Bank in Korfu umgeschrieben werden soll. Wagner bekommt für seine 70 000 Gulden statt der zu fordernden 140 000 Franken, nur 100 000 Franken ausgezahlt. Der Rest wird als „Wechselspesen" berechnet. Trotzdem geht es in großer Eile weiter. Am 22. September erreicht er Barletta. Dort findet sich kein Kapitän, der es wagt, durch die englische Seeblockade nach Griechenland zu segeln. Wagner reist weiter nach Otranto. Bei Neumond, so heißt es, versuchen dort Getreideschiffe, auf die von den Franzosen besetzte Insel Korfu durchzubrechen. Es glückt. Vom Kanonendonner englischer Schiffe verfolgt, erreicht er am 1. Oktober Korfu. Hier bekommt er die nächste Schreckensnachricht: Der französische Polizeidirektor erzählt ihm, dass seine Regierung 150 000 Franken für die Ägineten geboten habe. Wagner hat nur einen Wechsel von 100 000 Franken bei sich. Trotzdem eilt er weiter. Zehn Tage später setzt er mit einem kleinen Schiff auf das Festland, zur Stadt Preveza über. Im türkischen Griechenland haben damals die Engländer das Sagen: „Ich fand mehrere Gelegenheiten mich weiter nach Zante einzuschiffen" – schrieb Wagner an Ludwig –, „allein der englische Vizeconsul wollte mich durchaus auf kein Schiffspatent einschreiben, aus Ursache weil ich unter franz. Protektion stände. Ich erklärte ihm die Ursache und Zweck meiner Reise, zeigte ihm die Publikation von Gropius vor, allein es half alles nichts. Ich sah mich endlich genöthigt, nachdem ich 9 Tage daselbst in größter Verzweiflung zu gebracht hatte, ein eigenes Schiff, koste was es wolle, zu miethen, um damit nach der nahegelegenen Insel St. Maura [= Leukas], dermalen von Engländern besetzt, überzuschiffen. Jedermann prophezeithe mir, daß ich als französischer Unterthan festgehalten, und als Gefangener würde behandelt werden."[47] Am 26. Oktober kommt Wagner auf Leukas an. Schwierigkeiten gibt es dort keine. Wagner erklärt dem englischen Gouverneur seinen Reisezweck, und der empfängt ihn freundlich. Weniger erfreut ist freilich Wagner, als ihm dieser erklärt, „daß die Antiken von Egina, wegen welchen ich [= Wagner] gekommen wäre, bereits an die Engländer verkauft, und nach Malta abgeführt seien". Jetzt zeigt sich Wagners Erfahrung. Er lässt sich nicht abschrecken. Er weiß aus römischen Kunsthandelspraktiken, „wie wenig man solchen Gerüchten zu trauen" hat, und drängt weiter. Zwei Tage später erreicht er Zante. „Ich dankte Gott" – schrieb er an Ludwig –, „Zante noch vor dem 1. November erreicht zu haben. Doch wurde meine Freude bald in etwas gemindert, als man uns gleich nach der Ankunft auf 7 Tage in das Lazareth einwieß, wo man mich zu 5 in eine Art von Stall zusammensperrte, ohne Licht, ohne Holz, ohne Essen ohne Trinken, und so wünscht man uns gute Nacht, und schloß den Stall zu; von Ungeziefer jeder Art waren wir schon voll bis über die Ohren."

Am nächsten Tag kommen Gropius, Haller, Linckh und Stackelberg zu Wagner in die „Quarantänestation" und erklären die Lage. Es trifft zu: Die Figuren sind auf Drängen von Cockerell und Foster, die einen französischen Überfall auf Zante und somit um ihren Besitz fürchteten, nach Malta verbracht worden. Captain Perceval ist auf seiner Rückreise von Athen über Zante gefahren und hat sie mitgenommen. Er wollte die Skulpturen am liebsten gleich nach London bringen, um dort die Versteigerung anzusetzen, doch dem widersetzten sich Haller und Linckh. Auch dem Transport nach Malta hatte Haller nur mit schwerem Herzen zugestimmt. Bedeutete es doch scheinbar, dass die Figuren fest in englischem Besitz wären. Neue Verträge waren auf Drängen Hallers ausgehandelt worden, in denen trotz der Kriegslage für jeden Käufer freie Ausfuhr der Antiken von Malta garantiert wurde. Wagner kann seinen Unmut über diese Situation nicht verbergen und macht allen Vorwürfe, dass sie „auf diese Weise das Publikum, welches sich ihrem Manifest zufolge nach Zante begeben förmlich geäfft und hintergangen hätten".[48]

Aus heutiger Sicht kann man sagen: Wagner verkannte total die Lage, denn glücklicher konnte die Situation gar nicht sein: Wie er vor seiner Abreise nicht mehr erfahren hatte, dass die Figuren in Malta waren, so war dem britischen Aufkäufer Taylor Combe nicht mehr zu Ohren gekommen, dass die Auktion weiterhin auf Zante stattfand. Er verließ sich auf die Mitteilung Captain Percevals und traf schon frühzeitig in Malta ein, wartete dort und versäumte die Auktion. Wagner war als einziger Käufer in Zante anwesend.

Von entscheidender Bedeutung war zudem, dass sich Haller und Linckh in Zante eingefunden hatten, während die beiden englischen Mitfinder – im festen Glauben, die Sache wäre ohnehin schon zu Englands Gunsten entschieden – nach Sizilien abgereist waren. Haller und Linckh beschworen Wagner, „diese so merkwürdigen, für die Altertumskunde so unendlich wichtigen Skulpturen ja doch für Bayern zu erwerben, damit dieselben in Deutschland verblieben und nicht nach dem unzugänglichen England hinübergebracht würden". Haller dürfte dies nicht leicht gefallen sein, denn Wagner überreichte ihm als erstes einen Brief Ludwigs, in dem er in barschem Ton aufgefordert wurde, alles bisher Erworbene und auch den verbliebenen Rest des überwiesenen Geldes an Wagner zu übergeben und das Auftragsverhältnis mit dem Kronprinzen ab sofort als beendet zu betrachten. Der Kronprinz, voller Ungeduld, hatte sich aus lauter Verärgerung, dass ihm von Haller keine Antwort auf seine drängenden Fragen zugekommen war, zu diesem brüsken Schreiben hinreißen lassen.[49] Wagner, der den Inhalt dieses Briefes kannte, fühlte sich in überlegener Position und ließ dies Haller deutlich spüren. Er verbreitete sogar das Gerücht, dass Haller mit dem Geld des Kronprinzen unredlich umgegangen wäre. Haller, der die Ursache von Ludwigs Sinneswandel nicht ahnen konnte und selbst auf ein Schreiben des Kronprinzen sehnsüchtig gewartet hatte, fühlte sich mit Recht schmählich behandelt und war tief getroffen. Durch die widrigen Postverhältnisse bedingt, entstand eine Stimmung des Misstrauens, fast eine Feindschaft Wagners gegenüber Haller, von der die Ankaufsgeschichte von nun an begleitet war.

Der getreue Haller setzte trotzdem alle Überredungskünste ein, um Wagner von dem Ankauf der Ägineten zu überzeugen, „damit sie nach Deutschland, namentlich nach Baiern kommen mögten". Haller und Linckh machten sich – wie Wagner schrieb – sogar „anheischig, daß wenn diese Werke E. Königl. Hoheit misfallen, oder diese Antiken ihre Beschreibung nicht entsprechen würden, sie E. K. H. das dafür erlangte Geld wieder zurückzahlen wollten".[50] Wagners Lage war nicht beneidenswert.

In seinem Reisebericht schrieb er später: „Daß S. K. H. es auf das eifrigste den Erwerb dieser so seltenen Bildwerke wünsche, dieß war mir wohl bekannt; daß heist, wenn solche dem hohen Kunstwerth entsprechen würden welchen ihnen die Verkäufer in ihrem Manifest beygelegt hatten. Daß Übertreibung oder Überschätzung dabey obwalte, konnte man menschlicher Weise voraussetzen. Um hierin sicher zu gehen, war also durchaus nothwendig diese Werke vorerst gesehen ... Da dieses aber unter gegenwärtigen Umständen nicht möglich, wenigstens für den heutigen Tag der Entscheidung auf keine Weise thunlich war, so schien es als ob an die Möglichkeit einer Übereinkunft nicht weiter gedacht werden könne. – Indessen erwog ich im Herzen, welch bittern Vorwürfen ich mich anderer Seits aussetzen würde, wenn diese Kunstwerke wirklich von solcher Bedeutung und Kunstwehrt seyn sollten, und ich diese mir aus allzu groser Aengstlichkeit und Gewissenhaftigkeit hätte entgehen lassen."[51] Der 1. November war da, eine Entscheidung musste fallen. Immer wieder wurden Nachrichten zwischen dem zum Verkauf bevollmächtigten Gropius und Wagner, der in Quarantäne saß, ausgetauscht.

Um den Zuschlag zu bekommen, musste Wagner das schriftliche Gebot der Franzosen übertreffen, das Fauvel eingereicht hatte. Es lautete auf 130 000 Franken für die Skulpturen plus weiterer 30 000 Franken, mit denen die Verkäufer die Transport- bzw. Assekuranzkosten zu bestreiten hatten, denn die Franzosen wünschten „Lieferung frei Haus", d. h. nach Marseille. Auch die Bezahlung sollte erst in Marseille erfolgen. Diese Kaufbedingung war für die Freunde nur schwer annehmbar, denn wer garantierte bei der damaligen Kriegslage gerade den englischen Mitfindern, ob sie noch ihr Geld bekommen würden, falls die Figuren einmal in französischer Hand wären. Anderseits lässt sich gut verstehen, warum Fauvel diese Bedingungen stellte. Im Mittelmeer herrschte damals ein erbitterter Kaperkrieg zwischen England und Frankreich: Eine ganze Sammlung von Altertümern, insgesamt 24 Kisten, die Fauvel im Auftrag seines Mäzens, des französischen Botschafters an der Hohen Pforte, Graf Choiseul-Gouffier, erworben hatte und im Jahre 1803 auf der Fregatte „L'Arabe" nach Marseille bringen wollte, war in London gelandet. Die Engländer hatten das Schiff aufgebracht und die Antiken als Kriegsbeute beschlagnahmt.[52] Fauvel wollte dieses Risiko nicht noch einmal eingehen.

Für Wagner war die Situation auch nicht leicht, denn er konnte ja – wie er sich ausdrückte – nicht „die Kaz im Sak" kaufen.[53] In diesem Augenblick erinnerten sich die Freunde daran, dass bei Fauvel in Athen einige Abgüsse der Skulpturen lagerten, die dieser mit eigener Hand für seine „Abgußsammlung" angefertigt hatte. Anhand dieser, so meinten sie, könnte Wagner die Qualität der Skulpturen beurteilen, und im weiteren würden ihm Hallers Zeichnungen genügend Auf-

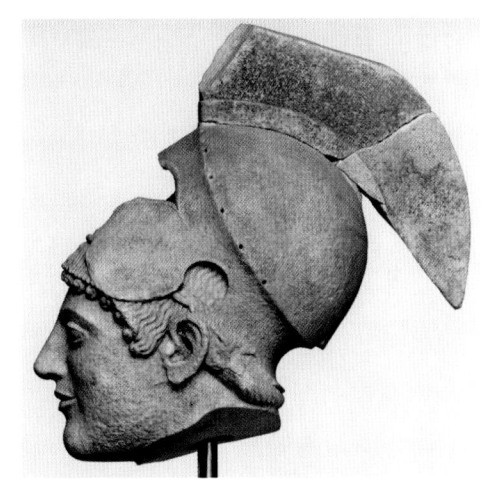

Kriegerkopf, Westgiebel III.

Abb. 46
Kriegerkopf, Westgiebel III, Zeichnung von Carl Haller von Hallerstein. Berlin, Kunstbibliothek.

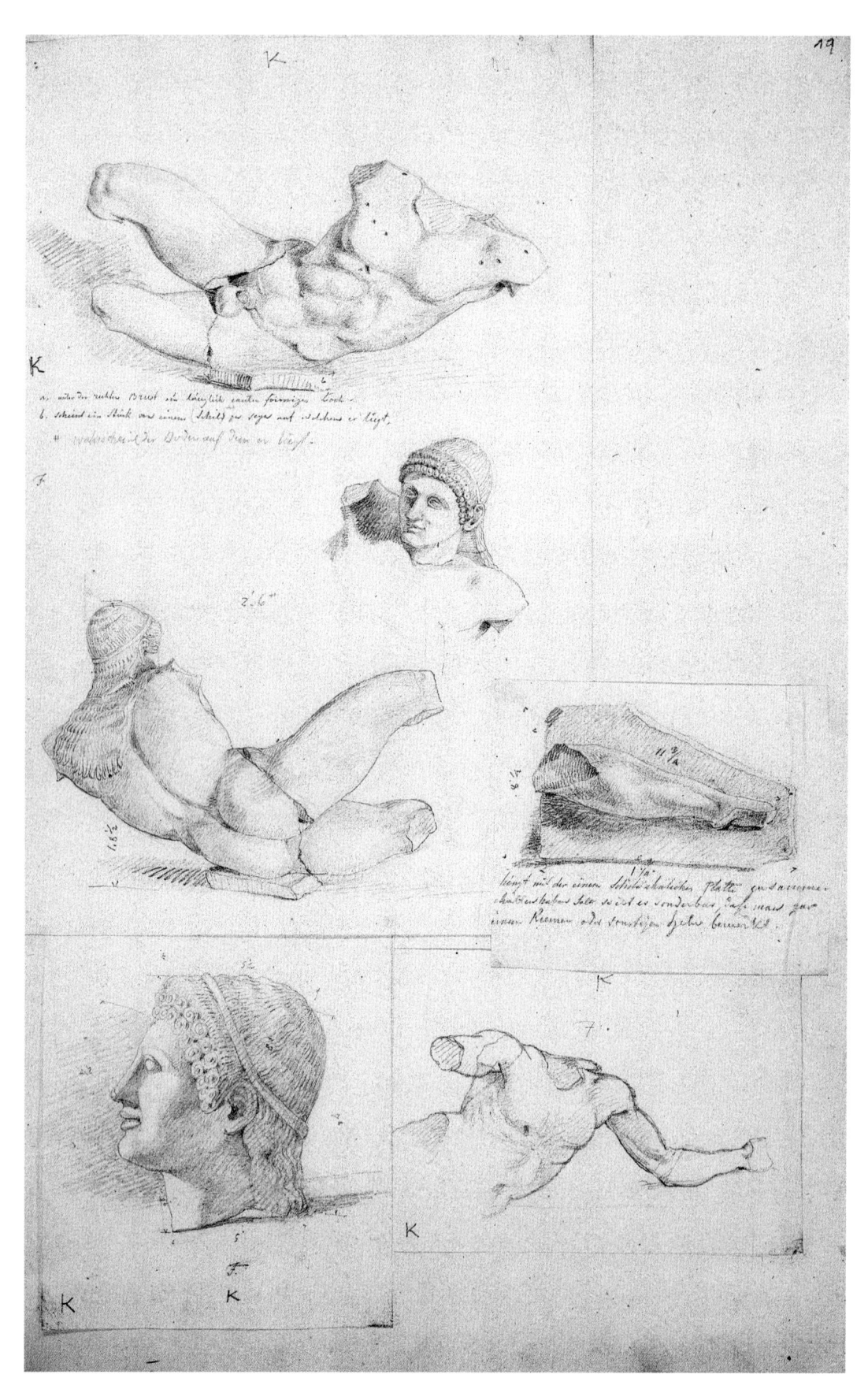

Abb. 47
Sterbender, Westgiebel VII,
Zeichnung von Carl Haller
von Hallerstein. Berlin, Kunstbibliothek.

schluss über das Aussehen der übrigen Figuren und den Umfang der ganzen Sammlung geben. Das war die Lösung (Abb. 46 und 47).

Ein raffinierter Vertrag wurde am Auktionstag ausgehandelt. Wagner verpflichtete sich, allein für die Skulpturen 135 000 Franken zu zahlen, und übertraf somit das Angebot Fauvels. Der Transport sollte gesondert berechnet werden. In einer eigenen Klausel wurde nun festgelegt, dass der Vertrag erst dann endgültig in Kraft treten sollte, wenn sich Wagner in Athen anhand der Gipsabgüsse von dem Wert der Skulpturen überzeugt hätte. Falls sie ihm nicht gefielen, könnte er vom Kauf zurücktreten. Gropius überschritt mit der Einräumung dieser Klausel nicht seine Kompetenzen und war auch nicht parteiisch, denn er erklärte Wagner ausdrücklich, dass auch andere schriftliche Angebote, die vor dem 1. November in Athen eingetroffen wären, berücksichtigt würden, und falls diese höher lägen, bekämen sie den Zuschlag.

Wenige Wochen später reisten sie nach Athen. Und wieder hatte Wagner Glück, es gab kein anderes schriftliches Gebot. Auch Fauvel erwies sich als fairer Partner und zeigte ihm freundlich seine Abgüsse. Wagners erster Eindruck von den Ägineten ist interessant. Er war von ihrem Aussehen offensichtlich überrascht und vermochte sie nicht nach den üblichen Qualitätskategorien einzuordnen. Er beschrieb sie in seinem Brief an den Kronprinzen (13.3.1813) mit folgenden Worten: „Die Körper, insofern sie unbekleidet sind, geben ein Muster einer schönen Natur ohne Ideal, so zwar, daß sie über schöne Körper geformt zu sein scheinen; ich kenne im Reiche der Skulptur kein antikes Werk, mit welchem ich diese Statuen in dieser Hinsicht vergleichen könnte; der Knabe im Museum von Paris, gewöhnlich der Dornzieher genannt [= die berühmte Statue, Rom, Konservatorenpalast], hat einige wenige Ähnlichkeit: Die Köpfe sind beynahe ohne Ausdruck, und eine Mischung des altgriechischen, oder sogenannten hetrurischen, mit dem egiptischen Styl, aus welchem ersterer entsprungen. Vorliegende Augen, und in die Höhe gezogene Mundwinkel sind das karakteristische davon; auch die äusseren Augenwinkel ziehen sich nach Oben, und erinnern in etwas an Chinesische Figuren. Die Hände und Füsse sind äußerst natürlich, doch scheinen sie etwas steif. Die Bekleidung, Waffen, Helme etc. sind mit der äußersten Sorgfalt und, wie es scheint, ganz nach der Natur gemacht, und zwar mit der grössten Gewissenhaftigkeit. Sie sind für die Alterthümerkunde von größter Wichtigkeit, indem sie ein treues Bild der alten Bekleidung und Bewaffnung gewähren, wovon wir, auser diesen Figuren, kein ähnliches Muster haben. Der verschiedenen sonderbaren Haarpütze, und anderen Ornamenten nicht zu gedenken, welche für die Archäologen ein unendliches Feld gewähren." Und dann folgt das höchste Lob: „Würde Winckelmann diese Werke gesehen haben er hätte wenigstens 2 Foliobände darüber geschrieben."[54]

Nachdem Haller, Foster und Gropius (Abb. 48) auf „ihre Ehre" versicherten, dass die übrigen Figuren von gleichem Zustand und Aussehen wären, wurde am 30. Januar 1813 der Kaufvertrag endgültig abgeschlossen. Der vorsichtige Gropius dachte jetzt daran, dass man in dem Manifest für die Auktion 10 000

Abb. 48
Georg Christian Gropius. Wien, Österreichische Nationalbibliothek.

Zechinen (= 140 000 Franken) als Mindestpreis angegeben hatte, und so „zwang „Gropius" – wie sich Wagner ausdrückte –, „mein Geboth noch auf 10 000 Zechini Veneti zu erhöhen, weil er kein Geboth unter dieser Summe, welches er in seinem Manifest angekündigt habe, annehmen könne. – Ich schloß nach unendlich contratiren und Differenzen über Art und Weise der Zahlung, den Kontrakt endlich ab."[55]

Man sollte glauben, jetzt wäre der Verkauf beendet gewesen. Damit fingen jedoch die Schwierigkeiten erst an. In den folgenden Monaten kam es zu heftigen Streitigkeiten, zu zahlreichen Protesten und schließlich sogar zu einem Prozess. Zu dieser unschönen Entwicklung hat Wagner kräftig beigetragen.

Ludwigs Unterhändler, der sich in Rom so glänzend bewährte, war offensichtlich dem aufreibenden Leben in Griechenland nicht gewachsen. Wagner machte nie einen Hehl daraus, wie schwer ihm die Reise und das ganze Unternehmen fielen. In keinem Brief an den Kronprinzen versäumte er, ein Klagelied über die unerträglichen Lebensbedingungen in Griechenland anzustimmen: „Ich kann E. K. H. übrigens nicht genügsam bezeugen, wie satt und überdrüssig ich dieser beschwerlichen und langwierigen Reise bin, und sehne mich herzlich nach Italien zurück. Griechenland ist schön, hat viele Reize für Geschichte und Kunst, allein die unendlichen Beschwerlichkeiten dieses mühseligen Reisens, und ein wahres Hundeleben, welches man in diesen türkischen Ländern führt, macht alle Reize verschwinden. Es ist mit einem Wort ein wahres Zigeunerland, in welchem man nicht anders als Zigeunerleben kann. Man ist genöthigt, Matraze, Deken, Lebensmittel, sogar einiges Küchengeschirr mit sich zu schleppen, wenn man nicht abendlich verderben will! Von der Verderbtheit der Griechen will ich nicht sprechen, man ist mit ihnen immer geprellt, man stelle sich wie man wolle."[56]

Der Aufenthalt in Griechenland wurde Wagner, der das schöne Rom gewöhnt war, von Tag zu Tag unerträglicher. „E. K. H. können versichert sein", meinte er zu Ludwig, „daß ich um keinen Preis der Welt eine ähnliche Commission übernehmen werde. Diese Reise kostet mir wenigst 5 Jahre von meinem Leben."[57]

Von den Strapazen der Reise gereizt, verlor Wagner in Athen vollkommen die Nerven und den Überblick. Er ärgerte sich schon immens, dass er die bewussten 5 000 Franken aufzahlen musste, und konnte nicht verstehen, wieso Haller und Gropius nicht mit sich handeln ließen. Er betrachtete sie als seine Gegner und verkannte dabei vollkommen die Situation, denn es steht fest: Allein die Erfahrenheit von Gropius im Umgang mit den türkischen Behörden, dann seine Korrektheit beim Vertragsabschluss und vor allem das uneigennützige und idealistische Verhalten Hallers hatten diesen Erwerb überhaupt möglich gemacht und sollten ihn auch bei den folgenden Schwierigkeiten sichern. Haller opferte nämlich viel Zeit und sehr viel Geld, damit dieser Verkauf glückte. Dabei war seine Lage inzwischen zum Verzweifeln: Auf der Rückfahrt von Zante nach Athen hatte er bei einem Schiffbruch fast sein gesamtes Gepäck verloren. Trotzdem fand er sich in Athen ein, unterzeichnete die Verträge, und vertrat dabei

Cockerell und Linckh, die verreist waren. Wagner hingegen machte es Haller und Gropius nicht leicht: Die erste Kaufrate der Ägineten, es waren 2 500 Zechinen, beglich er nicht mit dem mitgeführten Wechsel, sondern forderte – wie vom Kronprinzen in dem Schreiben angewiesen – von Haller den Rest des Geldes, der von Ludwig vor Langem an diesen überwiesen worden war, und zahlte damit. Haller war jetzt völlig mittellos. Eine Aufklärung über dieses Missverständnis, das, wie angeführt, sich allein aus den widrigen Postverhältnissen erklärte, schien Wagner nicht gesucht zu haben. Die von Haller übergebene Summe reichte nicht für die Deckung der ersten Rate. Für den noch übrigen Teil schrieb er einen Wechsel auf ein Augsburger Bankhaus aus. Gropius musste folglich selbst die immense Wechselgebühr zahlen, und natürlich dauerte eine solche Überweisung lange. Stolz berichtete Wagner dem Kronprinzen: „allein ich suchte die Zahlungstermine, so weit als thunlich hinaus zu dehnen, welches aber Gropius auf nicht weiter als ein Jahr hinaus zu gestehen wollte, indem, wie er sagte, alle diese Herren, und wie ich glaube er selbst, Schulden darauf gemacht hätten, und das Geld benöthigt wäre".[58] Gropius und Haller mussten Wagner sogar eine „Cauzion ausstellen, worin sie sich insgesamt mit ihrem Vermögen verbindlich machen, diese zum Voraus erlegte Summe, in Zeit von 6 Monathen in Constantinopel mit allen Interesen, Schaden und Unkosten wieder zurückzubezahlen, im Falle diese in Malta sich befindlichen Antiken von Egina nicht pünktlich consegniert, oder bey ihrer Transportierung auf dem Meere von den Engländern, oder englischen Corsaren weggenommen würden".[59] Gropius hoffte jetzt wenigstens den Transport der Figuren von Malta nach Wien übernehmen zu können. Doch Wagner lehnte auch dies ab. Die Forderung von 4 000 Piastern empfand er als weit überhöht, was – das zeigte sich später – nicht zutraf.

Die Stimmung zwischen Wagner und den Verkäufern war jetzt „eisig" geworden. Auch Gropius gab sich nun „stur". Er verweigerte die Herausgabe der Papiere zur Übergabe der Figuren, bevor nicht der Wechsel eingelöst und das ganze Geschäft abgeschlossen sei. Das konnte nicht rechtens sein. Die Lage spitzte sich zu. Nun begann auch Fauvel zu protestieren, dass man Wagner eine „Verlängerung" des Kauftermins eingeräumt hatte. Schließlich kehrte auch Cockerell, der erst jetzt erfuhr, dass Bayern den Zuschlag bekommen hatte, aus Sizilien zurück. Er fürchtete, man würde ihm in England Nachlässigkeit bei dem Verkauf vorwerfen, und reichte auch einen Protest ein.

Aller Zorn richtete sich gegen Gropius. Eine neue Verhandlung wurde auf Zante anberaumt. Am 15. März 1813 reiste auch Wagner – wie er schrieb – „verdrossen und verstimmt im höchsten Grade, beladen mit Papier, Protesten, Schriften und Abschriften, wie ein Advokat und Kanzleischreiber von Athen nach Zante ab".[60] Am 21. April 1813 wurde dort eine gerichtliche Untersuchung in höchst advokatischer und formeller Form durchgeführt. Die Situation konnte peinlicher kaum sein: Cockerell und die anderen wünschten, es möge auch Gropius nach Zante kommen, um sein Verhalten zu erklären. Wagner erklärte in seiner Wut, er wolle auf das Erscheinen von Gropius gar nicht warten. Haller war der ganzen Affäre fern geblieben; er hielt zu Gropius und erinnerte die Mitbesitzer in eindringlichen Schreiben an ihren gemeinsamen Freundschaftsbund. Der englische Konsul Spiridon Foresti leitete den Prozess. Es kam nichts dabei heraus. Gropius nahm man zwar die Prokura ab, der alte Kaufvertrag blieb jedoch bestehen und wurde, in fast unveränderter Form, nur auf neues Papier geschrieben. Kaum war dies geglückt, stand schon die nächste Auktion auf dem Plan: der Fries des Apollontempels von Bassae. Ludwig hatte von diesen Funden erfahren, wusste aber zu dieser Zeit noch nichts vom geglückten Kauf der Ägineten. Trotz dieser Ungewissheit entschloss er sich, auch den Bassaefries um jeden Preis zu erwerben. Er riskierte jetzt höchste Summen und schrieb an Wagner, er könne bei der Versteigerung am 1. Mai 1814 „wenn anders nicht möglich, bis zu 90 000 spanische Taler, selbst 100 000 bieten."[61] 100 000 spanische Taler – das war mehr als die Summe, die er bisher für alle Ankäufe in Rom aufgewandt hatte. Wagner kam dieser Brief sehr ungelegen. Er wollte keinen Tag länger in dem für ihn „so schrecklichen Griechenland" bleiben. Wagner reiste wenig später von Griechenland ab. Als er in Italien ankam, musste er sich für diesen Schritt bei Ludwig rechtfertigen. Er tat es, indem er in mehreren Briefen die Schwierigkeiten des Äginetenerwerbs ausführlich schilderte und dabei nicht versäumte, seine eigenen Leistungen in fast ungebührlicher Weise herauszustreichen. Ludwig war von dem geglückten Äginetenkauf entzückt. Sein Beifall war Wagner gewiss: „Wie Odysseus, viel geduldet haben Sie, Wagner" – schrieb er ihm am 14. September 1813 – „und das wegen meiner, deßen ich mein ganzes Leben eingedenk seyn werde."

In langen Briefen schildert Wagner Ludwig seinen Griechenlandaufenthalt. Die Tendenz dieser Briefe ist zweifellos, seine schnelle Abreise zu rechtfertigen. Er kritisiert dabei mit schärfsten Worten seine „Feinde", die Verkäufer der Ägineten. Am schlimmsten traf es Gropius: „Er ist seiner Gebuhrt nach ein Preuße, dieses sagt schon vieles im voraus; ein Mann von Kopf, ohne Herzlichkeit und Gefühl für Freundschaft."[62] Mit dieser Einleitung beginnt eine wahre Anthologie von Schmähungen, mit denen er Ludwig über die Niedertracht dieses Mannes aufzuklären suchte. An dem ungemein moralischen Haller konnte Wagner, trotz seiner Wut, kaum Negatives finden: „Haller ist ein rechtschaffener Mann, von äußerster Gewissenhaftigkeit, die bis ins Übertriebene geht, und von einer Reizbarkeit und Sentimentalität, so dass beinahe nicht mit ihm auszukommen ist. Seine Moralität treibt er bis zur Karikatur, und ins Lächerliche."[63] Daraus schloss Wagner, dass Haller „ein wahrer Einfaltspinsel" sei.

Bei diesem negativen Urteil über Griechenland und die dort agierenden Forscher ist es kein Wunder, dass auch die Reliefs vom Bassaetempel nicht verschont blieben: „Es sind darunter sogar einige Blatten, welche man wirklich sehr mittelmässig, trivial, wo nicht gar schlecht nennen kann." Das Ziel dieser Kritik ist klar: Wagner wollte auf keinen Fall noch einmal nach Griechenland reisen müssen zur Bassaeauktion am 1. Mai 1814. Ludwig vertraute auf Wagners Urteil und nahm von dem Ankauf Abstand.[64]

Ringen um den Besitz der Ägineten

Die Querelen um den Besitz der Ägineten fanden auch in Malta kein Ende. Obwohl gerichtlich festgestellt worden war, dass der Verkauf der Skulpturen an Martin von Wagner rechtmäßig war, musste Ludwig noch immer um seinen Besitz bangen. Denn die Skulpturen gehörten ihm bisher nur pro forma. Sie lagerten im englischen Malta, und dort dachte man nicht daran, sie herauszugeben. Cockerell musste sich in seinem Land gegen den Vorwurf wehren, er habe sich nicht genügend darum gekümmert, dass die Skulpturen ins Britische Museum kämen. Er beschuldigte Gropius, dass er parteiisch gewesen sei, was aber wenig einleuchtete, denn Gropius als englischer Vizekonsul hatte Haller sogar geraten, die Figuren nach England bringen zu lassen. Das Problem war ein anderes: Taylor Combe, der Aufkäufer des Britischen Museums, blieb in Malta, trotz der Mitteilung, dass die Auktion in Zante stattfände. Dafür musste er sich später manche Kritik gefallen lassen.

Nicht nur die Engländer, auch die französischen Konkurrenten zweifelten die Rechtmäßigkeit der Auktion an. Aber auch sie hatten keine zwingenden rechtlichen Gründe: Denn nicht nur den Bayern, sondern auch ihnen und anderen schriftlich Bietenden hatte Gropius eine Verlängerungsfrist zugestanden.

Das Ringen um die Ägineten verlagerte sich in England und Frankreich auf höchste Ebene. Fauvel schrieb an den französischen Innenminister Montalivet und erklärte ihm, dass der Zuschlag an die Bayern ungültig sei und die Figuren dem Musée Napoleon zustehen würden, da der Auktionstermin für Wagner willkürlich verlängert worden sei. Schuld daran wäre der Auktionator Gropius, der parteiisch sei und unter Einfluss Hallers, eines Untertans des bayerischen Königs, den Zuschlag an Wagner gegeben habe. Montalivet ersuchte Maret, den französischen Außenminister, in diesem Sinne am bayerischen Hof die Skulpturen für Frankreich zu reklamieren. Der Außenminister informierte Napoleon, gab aber in seinem Schreiben schon zu bedenken: „Da nun aber ein solches Verlangen an die bayrische Regierung, wie es der Minister des Innern vorschlägt, von dem Kronprinzen ein Opfer fordern heißt, das ihm recht schwer fallen könnte, so darf ich in dieser Sache nicht vorgehen ohne ausdrückliche Ordre Euerer Majestät."[65] Napoleon hatte kaum noch Zeit, seinem Bundesgenossen Order zu geben; wenige Wochen später trat, auf Drängen des Kronprinzen, Bayern auf die Seite der Gegner Napoleons.

Der „Rieder Vertrag" (geschlossen am 8.10.1813), mit dem Bayern am Vorabend der Völkerschlacht bei Leipzig das neue Bündnis besiegelte, hat auch den Erwerb der Ägineten gesichert. Der Kronprinz bekam nämlich dadurch ein „kleines Plätzchen" am Tisch der Sieger. Und das nützte er gut. Er intervenierte auf politischer Ebene auch in England. Der Plan Taylor Combes, des Direktors des Britischen Museums, die Figuren nach London bringen zu lassen und den Bayern den Kaufpreis zurückzuerstatten, war nicht mehr durchführbar. Aber dennoch dauerte es noch länger, bis die Werke herausgegeben wurden. Wagner sah alle

Schuld bei den Verkäufern, bei Haller und vor allem bei Gropius. Dabei waren die Verzögerungen zur Herausgabe der Figuren einmal durch den Ausbruch der Pest und vor allem durch politische Umstände bedingt. Da gemäß dem Kaufvertrag Ludwig die zweite bis vierte Rate der Kaufsumme in bestimmten Abständen erst bezahlen musste, nachdem die Figuren in Malta zur Ausfuhr übergeben waren, warteten die Verkäufer nach zweieinhalb Jahren noch immer auf ihr Geld. Davon sollten, nach Wagners Vorschlägen, noch die Lager- und Mautgebühren, die inzwischen in Malta angefallen waren, abgezogen werden. Schließlich wurde sogar dem in solchen Angelegenheiten so knausrigen Ludwig die Art, wie Wagner durch möglichst ungünstige Zahlungsmodalitäten die Verkäufer zu schikanieren versuchte, doch zu viel. Da diese, so wird Wagner in einem Schreiben vom 18. April 1815 zurechtgewiesen, an der Verzögerung „keine Schuld haben, sondern ihrer Seits mehr nicht thun konnten, als sie gethan haben, nämlich die Vollmacht zur Uebergabe der Statuen an den Depositor in Malta zu schicken, so will ich meiner Seits in Hinsicht der Zahlungen ebensowenig zurückbleiben ... Ich wünsche also, dass Sie gleich wie Sie Gelegenheit dazu haben" die zweite und dritte Rate auszahlen.[66] Ludwig war jetzt bereit, die letzte Rate des Betrags, falls sich die Übergabe der Figuren noch weiter verzögern sollte, mit 5 Prozent Verzugszinsen zu zahlen. Den Transport von Malta nach Rom musste Wagner persönlich durchführen, denn nur unter dessen „Obsicht u. Geschäftsführung u. Begleitung" war Ludwig „beruhiget". In Malta hatte man inzwischen nach Beendigung der Pest auf Befehl der Regierung die Figuren erneut gänzlich ausgepackt, und sie „von allen empfänglichen Krankheits Stoff gereiniget und von neuem bloß mit unempfänglichen Stoffe / Sägespäne Kleie, Hobelspäne / eingepakt".[67] Den Transportfrachter begleitete eine Flottille von englischen Kriegsschiffen. Damit war er gegen Seeräuber geschützt, und Ludwig konnte sich die Transportversicherung sparen. Im letzten Moment wären beinahe alle Bemühungen umsonst gewesen: Die Schiffe gerieten in einen Sturm, die Flottille zerstreute sich und nur mit viel Glück, so schreibt wenigstens Wagner, entkam der Frachter den Klippen von Ischia. Am 29. August erreichte Wagner Rom, war also, wie es Ludwig ausdrückte, „Jason Wagner im sichren Hafen gelandet und das goldene Vließ glüklich an Ort u Stelle gebracht".[68] Obwohl die Figuren unbeschadet ankamen, konnte es Wagner nicht unterlassen, bei Ludwig noch einmal auf seinen ‚Feind' einzuhacken: „Herr von Haller hat nemlich alles zusammengepackt, es mochte was taugen oder nicht, sey es ein Stük Backstein oder Marmor, oder Kalckbrocken, Dachziegel usf."[69] Der Bildhauer und Maler Wagner hat nicht verstanden, dass Haller ein Forscher war, den die gesamte antike Kunst interessierte. Ludwig erkannte dies schon. Ganz klar wird Wagner beschieden. „... geben Sie recht obacht, dass von dem Fund nichts, auch gar nichts wegkomme, gleichviel seyen es Marmor, Ziegel oder Kalkstüke ... alles Antike ist merkwürdig."[70]

Haller in Griechenland

Die wirtschaftliche Lage von Carl Haller von Hallerstein war immer schlechter geworden: Der Verkaufspreis der Ägineten, wovon ihm ein Viertel zustand, kam, wie oben geschildert, erst sehr spät in Athen an. Durch die vielen Reisen, Transportkosten usf. hatte Haller hohe Schulden, die bei den enormen Zinsen nur schwer zu tilgen waren. Das Gehalt, das ihm Ludwig für seine Tätigkeit in Griechenland zahlte, betrug zwei Taler am Tag. Das war auch dort damals sehr wenig. Haller hatte zudem das Pech, dass er auf der Rückreise von Zante bei einem Schiffbruch fast sein gesamtes Gepäck, Bargeld und vor allem viele Landschaftszeichnungen verlor, die er an Reisende verkaufen wollte. So blieb ihm nur die Hoffnung, durch die Publikation seiner wissenschaftlichen Arbeiten über Ägina und Bassae zum Erfolg zu kommen. Gemeinsam mit Cockerell, der sich schon mit dem Gedanken trug, nach England heimzukehren, arbeitete er an der Ausarbeitung ihrer Forschungsergebnisse.

Aber wiederum hatte Haller Pech. Das Bankhaus in Konstantinopel, über das die Zahlungen mit Ludwig abgewickelt wurden, ging in Konkurs. Haller musste nach Konstantinopel reisen, um die Interessen Ludwigs dort zu wahren. Ein Jahr musste er dort bleiben. In dieser Zeit entwarf er „ein Gebäude zur Aufstellung von Werken der Bildhauerkunst" (später Glyptothek genannt) und ein Haus zum „Andenken großer Deutscher". Dafür war von Ludwig ein Wettbewerb ausgeschrieben worden.[71] Haller konnte sich aber mit seinen Entwürfen nicht durchsetzen. Und obwohl auch kein anderer Konkurrent den ersten Preis erhielt, musste er aus der Zeitung erfahren, dass Leo von Klenze mit dem Bau der Glyptothek beauftragt worden war. Da nützte es ihm nichts, dass Ludwig ihm in einem Brief vom 12. April 1816 versicherte: „Ihre Pläne enthielten viel, recht viel Schönes."[72] (Abb. 49 und 50)

Auch die gemeinsam mit Cockerell geplante wissenschaftliche Publikation der Tempel von Ägina und Bassae schritt nicht genug voran. Die Freunde bedrängten ihn, endlich nach Rom zurückzukehren. Cockerell lud ihn zu sich nach Hause ein, um gemeinsam die Publikation zu vollenden: „Um wie viel besser würde die Sache gedeihen, wenn Sie auch für ein Jahr dabei wären, für Ihr Ansehen und die Bedeutung der Arbeit ebenso wie die Zeitersparnis."[73]

In einem weiteren Brief wiederholte Cockerell noch einmal seine Einladung und setzte fast beschwörend hinzu: „Lehnen Sie nicht ab, womit der Himmel uns zu überhäufen scheint, mit Glück und Ansehen gleichzeitig. Die Welt empfängt mit Hingabe die Ergebnisse unserer Arbeiten, unser Ruf ist begründet, wir haben das seltene Los einer sicheren Ernte." Und er fährt fort: „Denken Sie daran, wie Sie hier geliebt und geehrt werden. Ihre Zeit ist zu kostbar, um sie zu verlieren und Sie schulden der Welt viel. …" Schließlich setzt Cockerell noch die bissige, aber nicht unzutreffende Bemerkung über Ludwig hinzu: „… Denken Sie daran, lieber Freund, wie viel Jahre hat er Sie herumgetrieben von allem ferngehalten, was Ihnen lieb ist. Was verspricht er Ihnen als Gegenleistung?"[74]

Trotz dieser wohlmeinenden Ratschläge blieb Haller in Griechenland. Er konnte sich von diesem Land, das ihm so ans Herz gewachsen war, nicht mehr lösen. Der begeisterte Philhellene überlegte jetzt, wie er Ruinen schützen könne. So schreibt er nach seinen Forschungen in Melos an Ludwig: „Die Erfahrung hat mich gelehrt, daß dergl. Ruinen besonders wenn sie neuerdings ans Tageslicht gezogen worden sind, gar sehr der Zerstörung muthwilliger und habsüchtiger Menschen ausgesetzt sind … Außerdem benutzen die Einwohner dergl. Gegend schon Marmor um Kalch daraus zu brennen … Ich habe versucht, die Einwohner des hiesigen Ortes für die Erhaltung so heiliger Reste aus der Vorzeit ihres eigenen Landes einzunehmen, allein das sind so wie beynahe durchgehend die heutigen Griechen, für Kunst und für die Geschichte ihres Vaterlandes verstokte Menschen, die keinen Begriff mehr von Ehre haben, und nichts thun, was ihnen nicht unmittelbaren Geldgewinn zeigt."

Abb. 49
Grundriss zu einem Entwurf von Carl Haller von Hallerstein zur Glyptothek. München, Bayerische Staatsbibliothek.

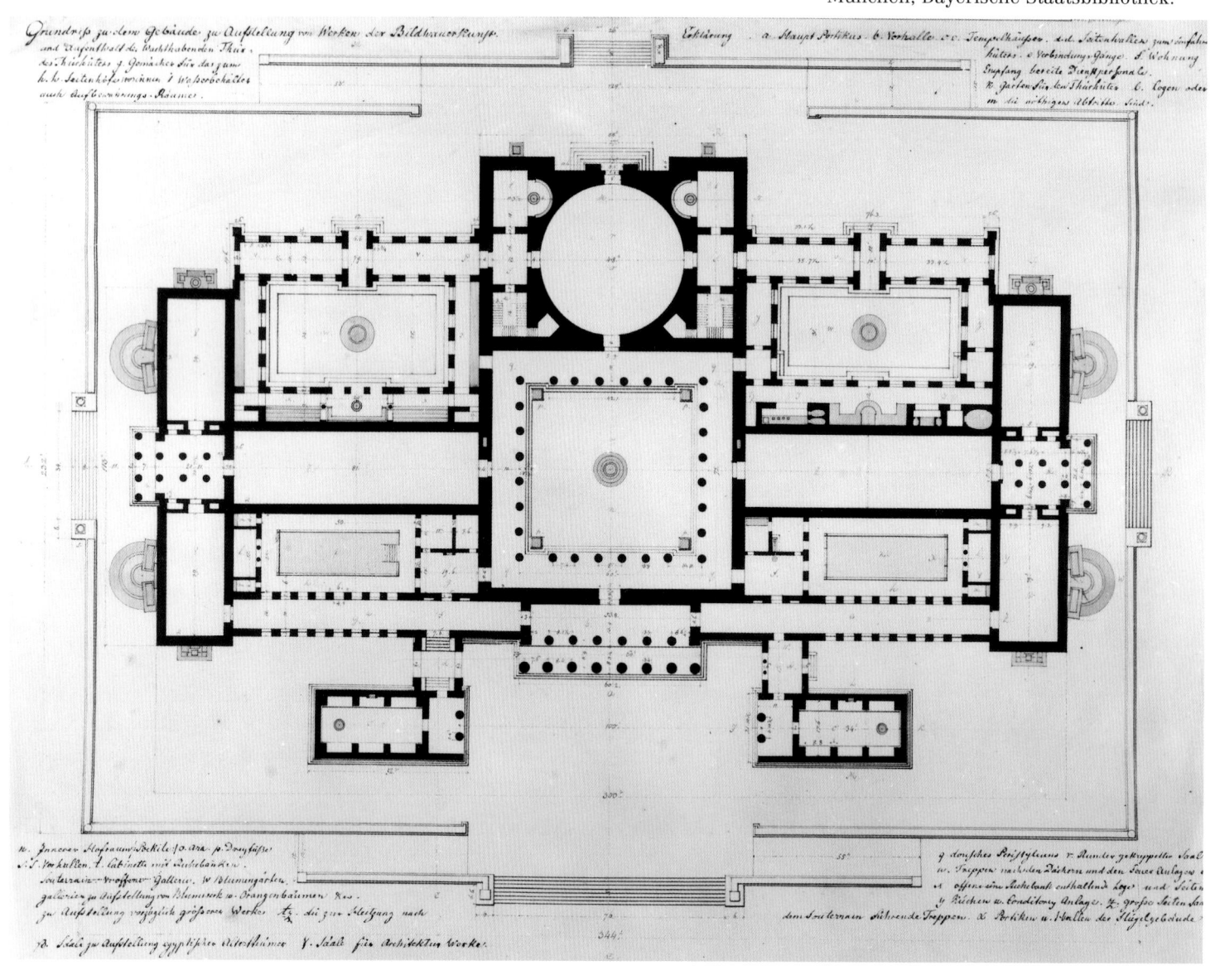

Abb. 50
Entwurf von Carl Haller von Hallerstein zur Glyptothek. München, Bayerische Staatsbibliothek.

Haller weiß auch schon eine Möglichkeit, wie man die Ruine vor Steinräubern bewahren könnte, und so liest man in einem Brief an Ludwig: „Ich glaube daß die Sicherung der Ruine alsdann am besten erreicht werden würde, wenn man sie nach deren Ausgrabung zu einer griechischen Kirche weyhen würde. ..."[75]
Ludwig stimmte ihm bei: „Bewirken Sie, daß Ihr Gedanke That werde ..."[76]
Von solch einer Sorge um die Erhaltung der Antiken liest man auch in einem Brief Hallers an seinen Bruder. Er schreibt, dass ihm bei seinem Besuch in Delphi ein vor kurzem ausgegrabener männlicher Torso gezeigt wurde: „... ich konnte ihn leider nur bey Nacht sehen, wo ich jedoch seine Schönheit zu erkennen glaubte. Ich konnte für seine Bewahrung leider nicht mehr thun, als dem Besitzer recht angelegentlich empfehlen, ihn unter Dache zu bringen, um ihn vor Beschädigungen der für die Kunst barbarischen Griechen zu sichern."[77]
Und so hatte Haller schon 1811 mit seinen Freunden, unter ihnen Cockerell, Brøndstedt, Linckh und von Stackelberg, einen Freundschaftsbund „XEINEION" gegründet, in dessen Aufnahmebedingungen steht (Abb. 51): „Jeder würdige Mann aus allen Ländern, jeder Religion und jeden Alters kann danach streben, XEINIOS zu werden und einzige grundlegende Eigenschaft, die er besitzen muß, ist die Begeisterung für Griechenland, für die Literatur, für die Schönen Künste der Alten."[78] Aus diesem Bund gingen zwei Jahre später die „Philomousoi" hervor. Eine Vereinigung von griechischen und westeuropäischen Altertumsfreunden, die sich um den Schutz antiker Denkmäler und um die Ausbildung junger Griechen im Ausland kümmerten. Haller und seine Freunde gehörten zu den Gründungsmitgliedern dieses Bundes. Er entsprach ihren Idealen. Sein später so fruchtbares Wirken, mit bald Tausenden von Mitgliedern, darunter auch Ludwig und Leo von Klenze, hat Carl Haller von Hallerstein nicht mehr erlebt. Er erlag am 4. November 1817 im Alter von 43 Jahren zu Ambelakia, am Fuße des Olymp, der Malaria.

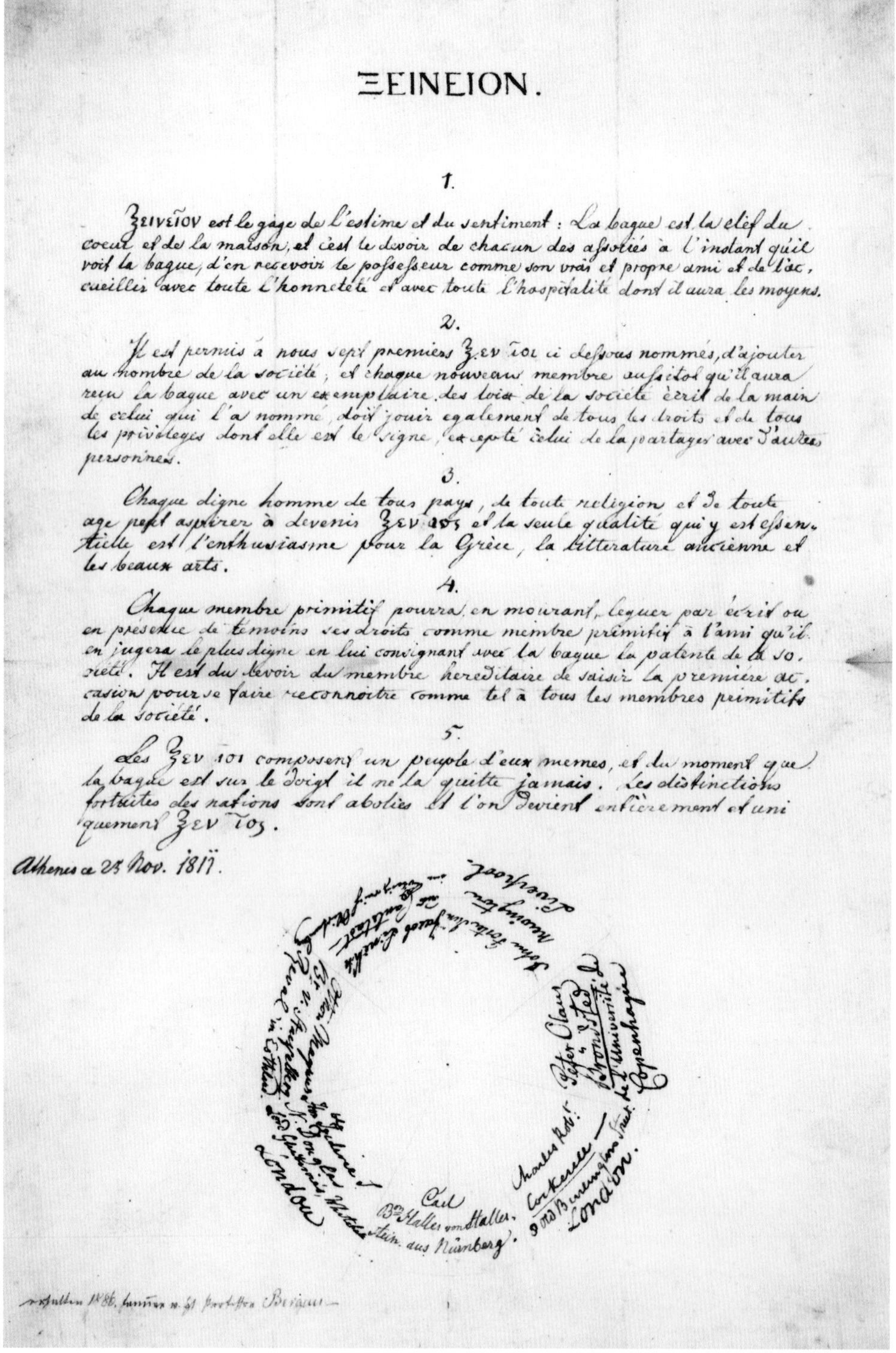

ΞΕΙΝΕΙΟΝ.

1.

Ξεινήιον est le gage de l'estime et du sentiment: La bague est la clef du coeur et de la maison, et c'est le devoir de chacun des associés à l'instant qu'il voit la bague, d'en recevoir le possesseur comme son vrai et propre ami et de l'ac. cueillir avec toute l'honnêteté et avec toute l'hospitalité dont il aura les moyens.

2.

Il est permis à nous sept premiers Ξεν ιοι ci dessous nommés, d'ajouter au nombre de la société, et chaque nouveau membre aussitôt qu'il aura reçu la bague avec un exemplaire des loix de la société écrit de la main de celui qui l'a nommé, doit jouir egalement de tous les droits et de tous les privileges dont elle est le signe, excepté celui de la partager avec d'autres personnes.

3.

Chaque digne homme de tous pays, de toute religion et de tout age peut aspirer à devenir Ξεν ιος et la seule qualité qui y est essen. tielle est l'enthusiasme pour la Grèce, la litterature ancienne et les beaux arts.

4.

Chaque membre primitif pourra, en mourant, léguer par écrit ou en présence de temoins ses droits comme membre primitif à l'ami qu'il en jugera le plus digne en lui consignant avec la bague la patente de la so. ciété. Il est du devoir du membre hereditaire de saisir la première oc. casion pour se faire reconnoître comme tel à tous les membres primitifs de la société.

5.

Les Ξεν ιοι composent un peuple d'eux memes, et du moment que la bague est sur le doigt il ne la quitte jamais. Les distinctions fortuites des nations sont abolies et l'on devient entièrement et uni quement Ξεν ιος.

Athenes ce 25 Nov. 1817.

Abb. 51
Xeineion. Patent eines Freundschaftsbundes. Feder. Signiert von C. R. Cockerell, P. O. Brøndstedt, J. Foster, J. Linckh, O. M. v. Stackelberg, N. Douglas, C. Haller v. Hallerstein. vHFSt.

Mit Haller, dem Philhellenen, verstarb der damals beste Kenner der Ägineten. Er als Einziger hat die Skulpturen detailliert gezeichnet und dazu noch viele wertvolle Beobachtungen notiert. Cockerell hat zwar einige Zeichnungen Hallers kopiert, aber er hat dessen Randbemerkungen nur zu einem geringen Teil übertragen. Leider blieben Hallers dokumentarische Erfassung der einzelnen Torsen, der wichtigsten Bruchstücke und wohl auch seine Skizzen, auf denen die anpassenden Fragmente schon zugewiesen waren, Martin von Wagner unbekannt. Die Ergänzungen in Rom wurden ohne die Dokumentation dieses besten Kenners der Figuren gemacht.[79] Denn der Nachlass Hallers blieb in Athen bei seinem Freund Gropius. Erst 1821 kam er an seine Erben nach Nürnberg. Zu dieser Zeit war das nächste Kapitel in der Geschichte der Ägineten, nämlich ihre Ergänzung und Aufstellung schon abgeschlossen.

Abb. 52
Der Äginetensaal um 1910.

Die Ergänzung der Ägineten

Historischer Hintergrund

Heute wissen nur noch wenige Besucher der Glyptothek, dass die Ägineten und so viele andere Skulpturen des Museums einst ergänzt waren. Man ist an den Anblick unvollständiger Skulpturen gewöhnt, denn in vielen großen Museen der Welt, wie zum Beispiel in London, Kopenhagen und vor allem in allen Museen Griechenlands und der Türkei sehen wir antike Skulpturen meist in einem unvollständigen, oft geradezu bruchstückhaften Zustand. Wir finden heute an Torsi und beschädigten antiken Skulpturen Gefallen und stören uns auch nicht an deren manchmal angewitterten oder beschlagenen Oberflächen. Der „Zahn der Zeit", der an diesen Werken genagt hat, ist für uns ein Zeichen ihrer Geschichte und ihres Alters. Das Unvollständige ist inzwischen geradezu ein Merkmal der antiken Skulptur. Und dieses Bewusstsein hatte man schon im ausgehenden 19. Jahrhundert. So reimt 1884 Wilhelm Busch in seiner Bildergeschichte über den Kunststudenten Kuno Klecksel, der sich „im herrlichen Antikensaale, dem Sammelplatz der Ideale", im Zeichnen übt:

„Der Alten ewig jungen Götter –,
Wenn manche auch durch Wind und Wetter
Und sonst durch allerlei Verdrieß
Kopf, Arm und Bein im Stiche ließ –
Ergötzen Kuno unbeschreiblich;
Besonders, wenn die Götter weiblich."

Hundert Jahre vorher hätte sich kaum jemand an einer kopf- oder beinlosen Göttin ergötzt. Man erwartete um 1800, dass ein Torso zu einer ganzen Figur vervollständigt würde.
Zentrum des Antikenergänzens war über Jahrhunderte hinweg – Rom. Auch die Ägineten wurden dort restauriert, und so sind diese Arbeiten der langen römischen Tradition des Antikenergänzens verpflichtet. In dieser Tradition spiegelt sich der Wandel des Antikenverständnisses wider. Eines sei vorausgeschickt: Schon in der Antike sind Skulpturen ergänzt worden. Der „Torso vom Belvedere" zeigt antike Klammer- und Dübellöcher, die zum Wiederansetzen abgebrochener Teile oder zur Anstückung von Ergänzungen (heute verloren) dienten (Abb. 53).[80]
An den Relieffriesen der sogenannten Domitiusara (Glyptothek) lassen sich die

Abb. 53
Torso vom Belvedere, römische Kopie augusteischer Zeit nach hellenistischem Vorbild. Rom, Vatikan.

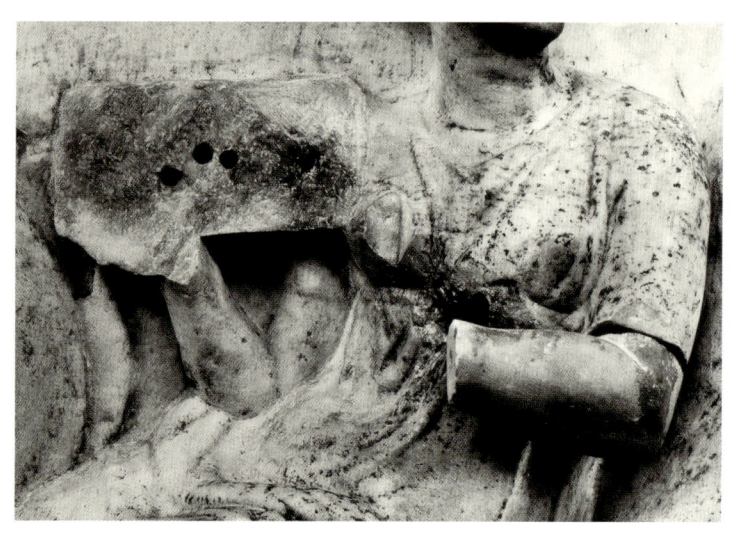

Abb. 54 und Abb. 55
Sogenannte Domitiusara, Hauptseite, Seethiasos. Geschenkbringende Nereide,
links: mit Kästchen (Ergänzung des 19. Jahrhunderts); rechts: nach Abnahme der
Ergänzungen des 19. Jahrhunderts und nach Anstückung des barocken Unterarms.
Glyptothek.

Zeichen zweier unterschiedlicher antiker Ergänzungsphasen feststellen. Bei der Wiederauffindung der Reliefs in Rom (um 1600) waren die antiken Ergänzungen offensichtlich schon verloren oder stark reparaturbedürftig und wurden deshalb durch neue barocke ersetzt. Ein Teil dieser barocken Anstückungen musste um 1820 neuen, klassizistischen weichen. Wie bei so vielen anderen Antiken, deren barocke Ergänzungen im Klassizismus wieder abgenommen wurden, so ist auch bei der Domitiusara das Aussehen der barocken Restaurierungen durch verschiedene Zeichnungen bzw. Stiche überliefert. Hingegen konnten die antiken Ergänzungsphasen erst nach Abnahme der klassizistischen bzw. barocken Anstückungen erkannt werden und zwar an der Zahl und dem unterschiedlichen Aussehen der vorhandenen Dübellöcher (Abb. 54 und 55).[81] Ein wohl extremes Beispiel für das wiederholte Austauschen der Ergänzungen ist der Barberinische Faun. Bei dieser vergleichsweise gut erhaltenen Statue können neben einer antiken Umgestaltung noch fünf nachantike Ergänzungsphasen festgestellt werden. Und so ist es sehr naheliegend anzunehmen, dass auch andere altbekannte Skulpturen eine ähnlich wechselhafte, manchmal schon in der Antike beginnende Restaurierungsgeschichte erlebt haben, nur ist diese ohne Abnahme der Anstückungen nicht ersichtlich. Wir können nämlich bei ergänzten Antiken frühere Restaurierungsphasen nur dann sicher belegen, wenn sie durch Zeichnungen, Stiche oder verkleinerte Nachbildungen überliefert sind. Das ist nur bei wenigen der Fall. Und so bleibt unser Wissen über dieses große Kapitel abendländischer Antikenrezeption noch immer recht bruchstückhaft, obwohl in den letzten Jahrzehnten viele Archivbestände erschlossen wurden, die uns oft detailliert über Kosten von Ergänzungsarbeiten informieren. Denn wir erfahren aus archivalischen oder anderen literarischen Quellen gewöhnlich nicht – eine der wenigen Ausnahmen ist die Äginetenergänzung –, nach welchen Vorgaben des Auftraggebers sich die Ergänzer richten mussten bzw. welche Hinweise eines beratenden Antiquars oder welche eigenen Vorstellungen den Bildhauer bei seiner Arbeit leiteten. Trotz dieser Einschränkungen lässt sich die Geschichte der nachantiken Ergänzungen, die wie alle geschichtlichen Entwicklungen, die mit Veränderungen von Anschauungen und Geschmack zu tun haben, keiner klaren Linie folgt, in etwa so skizzieren:

Die wenigen im Mittelalter bekannten antiken Skulpturen waren, als „Mirabilia" geschätzt und meist phantasievoll gedeutet, oft Hoheitszeichen von immenser politischer Bedeutung. Für ihre öffentliche Aufstellung bedurften sie gewisser Reparaturen oder Vervollständigungen. Auch die im späten 15. Jahrhundert erfolgten Reparaturarbeiten an der berühmten bronzenen Reiterstatue des Marc Aurel und an den bekannten römischen Triumphbögen dienten alle der Wiederherstellung der Würde Roms.

Dem Geist der Frührenaissance entsprechend, der die Verbindung der eigenen mit der antiken Zeit suchte, erprobten sich in Florenz berühmteste Bildhauer, wie Donatello (1386–1466) und Andrea Verrocchio (1436–1488) beim Ergänzen von Antiken. In Venedig hat Tullio Lombardo (1455–1532) eine hellenistische Musenstatue in der Sammlung Grimani mit Kopf, Füßen, Arm und Hand versehen. Das sind bekannte, aber im Ganzen gesehen doch recht seltene Beispiele früher Ergänzungsarbeiten.

In Rom hingegen blieben in den ersten Jahrzehnten des 16. Jahrhunderts neu gefundene antike Skulpturen meistens unergänzt: Zeitgenössische Stiche und Zeichnungen der Innenhöfe von vornehmen Häusern, wie der Casa Sassi und des Palazzo Santa Croce, zeigen nämlich Torsi und andere fragmentierte Antiken, die in dichter Fülle und malerischer Unordnung aufgestellt sind (Abb. 56). Auch auf einem Bild der berühmten Gärten der Familie Cesi sieht man am Wegesrand aufgereihte Torsi und unergänzte Statuen, die von Besuchern betrachtet oder von Künstlern studiert werden.

Abb. 56
Maarten van Heemskerck,
Hof des Palazzo Santa Croce.
Berlin (Nachzeichnung).

Als es jedoch ab der Mitte des 16. Jahrhunderts üblich wurde, Antiken zur Dekoration von Innenräumen, vor allem der Galerien von Villen und Palästen, zu verwenden, konnten diesen neuen repräsentativen Zweck nur unbeschädigte, also ergänzte Antiken erfüllen: Die vollständige Skulptur, am besten mit makelloser Marmoroberfläche, blieb bis zum Ende des 18. Jahrhunderts das Ideal jedes adeligen Sammlers, aber auch der Kunstkenner. Damit war die Arbeitsweise der Restauratoren festgelegt. Verändert haben sich im Laufe dieser Zeit nur die Vorstellungen, wie die Skulpturen restauriert werden sollten: Im 16. und 17. Jahrhundert wurden verstümmelte Antiken gewöhnlich nach künstlerischen Gesichtspunkten, also ziemlich frei ergänzt. Antiquarische oder bildhauertechnische Hinweise auf den antiken Zustand konnte man aufgreifen, aber auch vernachlässigen, denn das Ziel war nicht eine möglichst originalgetreue, sondern eine geistvolle, originelle Lösung. Mancher Ergänzer empfand den antiken Bildhauer, dessen verstümmeltes Werk er vervollständigte, nicht als überlegenen und nachahmenswerten Meister; vielmehr fühlte er sich ihm ebenbürtig oder sogar überlegen. Und so sollten seine Ergänzungen den eigenen, nichtantiken Stil zeigen. Gute Beispiele dafür sind die Ergänzungen von Gianlorenzo Bernini (1598–1680): Der berühmte Barockbildhauer war zeitweise für den Kardinal Ludovisi als Antikenrestaurator tätig. An der schon damals hoch geschätzten Statue des Ares Ludovisi ergänzte er den Kopf des Eros, der zwischen den Beinen des Gottes spielt (Abb. 57). Obwohl der antike Kopf des Ares unversehrt erhalten ist, er sich also an dessen Stil hätte orientieren können – immerhin ist die Statue eine römische Kopie nach einem Werk des berühmten Bildhauers Skopas –, bildete Bernini den Eroskopf in seinem für ihn so typischen Stil (Abb. 58). Aus heutiger Sicht könnte in Frisur, Haarbildung und jedem Detail der Gesichtsdarstellung der Kontrast zum Kopf des Ares nicht größer sein. Im 17. Jahrhundert hat man dies nicht so gesehen: Der römische Bildhauer und Restaurator Orfeo Boselli (1597–1667), der in seinem umfänglichen Traktat „Osservationi della Scoltura antica" von einer guten Ergänzung fordert, dass sie nach der „maniera antica" gemacht sei, führt unter den Beispielen gelungener Ergänzungen nach antiker Manier auch Berninis Eroskopf an. Und den Bildhauer François Duquesnoy (1597–1643) rühmte ein Zeitgenosse: „Er war in der Wiederherstellung der antiken Statuen sehr vollkommen, weil er fehlende Teile mit so vieler Genauigkeit und Ähnlichkeit ansetzte, dass man zweifeln musste, ob es Antiken oder moderne [Arbeiten] wären."[82] Das würde man heute anders beurteilen. Dieses ‚nicht mehr Unterscheidenkönnen' zwischen antiken und ergänzten Teilen – im 18. und 19. Jahrhundert das beliebte Standardlob für eine geglückte Hinzufügung – trifft nämlich für die meisten Ergänzungen des 17. Jahrhunderts nicht zu. Denn nicht nur die großen Barockbildhauer, wie Bernini oder Alessandro Algardi, die ohnehin nur selten ergänzt haben, sondern auch viele der zweit- bis drittrangigen Bildhauer, die gewöhnlich mit dieser Aufgabe befasst waren, haben sich kaum um eine „antike Manier" bemüht und eher ganz bewusst durch ihre Ergänzungen den Antiken ihren eigenen Stil aufgedrückt.

Abb. 57
Ares, ehemals Sammlung Ludovisi, Kopie römischer Zeit nach griechischem Vorbild des späten 4. Jahrhunderts v. Chr. Rom, Palazzo Altemps.

Abb. 58
Detail des Ares: Kopf des Erosknaben von Gianlorenzo Bernini (1598–1680).

Abb. 59
Gipsbozzetto des Barberinischen Fauns,
17. Jahrhundert. Harvard.

Abb. 60
Barberinischer Faun in seiner heutigen
Aufstellung, griechisch, um 220 v. Chr.

Als Beispiel sei der Barberinische Faun angeführt (Abb. 59 und 60). Ihm wurde 1679 von Giorgio Giorgetti und Lorenzo Ottone, Schüler von Bernini, ein rückwärtiger Sockel untergeschoben und neben dem linken Arm auch das rechte Bein in Gips (!) ergänzt. Dabei haben sie die Haltung des rechten Beins, dessen antike Bewegung durch den noch vorhandenen Ansatz der Ferse festlag, bewusst verändert: Sie setzten das Bein weiter vorne auf und mussten dafür an den Felsblock, auf dem der Satyr lagert, eine kleine ‚Felsspitze' anstücken. Damit sich dieser angefügte Teil besser in die Rundung des antiken Felsblocks einband, arbeiteten die Ergänzer einen Teil der Felsrundung ab. Die Veränderung der Beinstellung bezeugt, dass nicht eine Wiederherstellung des antiken Aussehens, sondern bewusst eine thematische Umgestaltung der Figur versucht wurde: Aus dem bequemen Lümmeln des Satyrs sollte ein mehr gesittetes Sitzen werden. Dies muss nicht eine Idee der Ergänzer, sondern könnte der Wunsch des Auftraggebers gewesen sein. Erstaunlich ist nur, dass Giorgetti und Ottone sogar bei der doch künstlerisch wenig relevanten Umgestaltung des Felsensitzes sich nicht nach dem antiken Vorbild richteten, sondern auch hierin dem antiken Werk ihren Stempel aufzudrücken versuchten: Während an dieser Seite der Figur der antike Fels buckelförmig gegliedert war und im hinteren Teil noch ist, haben die Ergänzer den vorderen, von ihnen überarbeiteten Teil des Felssitzes in der typisch barocken Manier der Felsgestaltung, nämlich mit Graten und Mulden gestaltet (Abb. 61).

Solche künstlerische Freiheiten waren den Ergänzern des 18. Jahrhunderts nicht mehr erlaubt. Kunstkenner und Sammler wünschten jetzt ein in bester „antiker

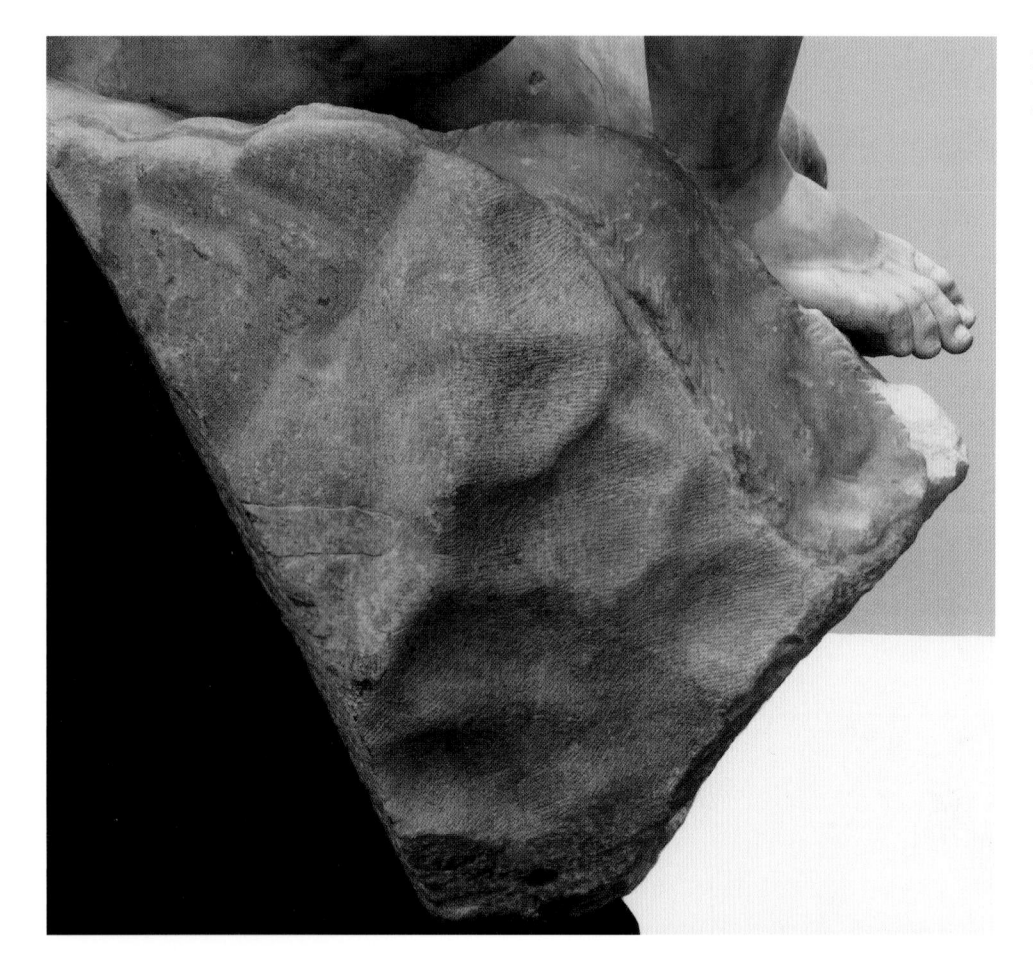

Abb. 61
In der Barockzeit umgestalteter Felssitz des Barberinischen Fauns.

Manier" komplettiertes Werk. Man beklagte nun, dass früher die Figuren so falsch ergänzt worden waren. Und so wurden in der zweiten Hälfte des 18. Jahrhunderts bei vielen Skulpturen die alten Ergänzungen wieder abgenommen und durch neue, ‚fachgerechtere' ersetzt. Zu dieser Zeit hatten sich in Rom, mangels anderer Aufträge, nicht wenige Bildhauer darauf spezialisiert, hauptsächlich Antiken zu ergänzen. Meist waren sie Bildhauer, Restaurator und Händler zugleich: Sie erwarben entweder neu gefundene, verstümmelte oder ‚falsch' ergänzte Antiken, meist um wenig Geld, ergänzten sie neu und verkauften sie mit hohen Gewinnen weiter. Solch ein Restaurator-Händler war Vincenzo Pacetti, dem es 1799 gelang, den Barberinischen Faun zu erwerben. Um ihn besser verkaufen zu können, korrigierte er, soweit es ging, die barocke Umgestaltung der Figur: Er nahm das im Barock ergänzte Bein wieder ab und ersetzte es durch ein neues, das in der Bewegung die antike Beinstellung wieder aufnahm. Diese zu erkennen, war nicht schwer, da – wie schon oben angeführt – der Ansatzpunkt der Ferse noch erhalten war. Bei vielen anderen Antiken war es nicht so leicht, und um diese richtig ergänzen zu können, musste der Bildhauer selbst antiquarisch erfahren sein oder sich eines gelehrten Beraters bedienen. Bartolomeo Cavaceppi (Abb. 62), der bedeutendste und einflussreichste Antikenergänzer des 18. Jahrhunderts, hatte Johann Joachim Winckelmann, den Gründerheros der

Abb. 62
Antikenrestaurator und Kunsthändler Bartolomeo Cavaceppi (1716–1799), nach einem Stich.

klassischen Archäologie, zum Freund und Berater. Cavaceppi äußert sich in seinem dreibändigen Werk „Raccolta D'Antiche Statue" (um 1770 erschienen) ausführlich zur Kunst des Ergänzens. Er formuliert, sich auf seine Erfahrung von über dreißigjähriger Tätigkeit als Bildhauer und Restaurator berufend, folgende Grundregeln für „die einzige und wahre" Art des richtigen Ergänzens: „Erstens, da es oft vorkommt, dass der Bildhauer das in einer Skulptur, die zu ergänzen ist, dargestellte Thema nicht kennt, so soll er sich, ehe er sich an die Arbeit macht, bei den Gebildeten informieren, die mit der Geschichte und der Mythologie vertraut sind ...

Zweitens würde ich nicht sagen, was eine der größten Ungehörigkeiten wäre, wenn sie nicht vorkäme, das heißt, dass zu beachten ist, aus welchem Marmor die zu ergänzende Figur ist ... ob aus parischem, oder griechischem großkörnigen, ob aus lunensischen ... und dass man denselben für die Ergänzung finden soll." Für ebenso selbstverständlich wie die Wahl des richtigen Marmors hält er, „dass nur der ein tüchtiger Ergänzer ist, der durch die lange Übung einen Stil erworben hat, der in allen Manieren versiert ist ... Denn das angemessene Ergänzen einer Skulptur besteht nicht darin, einen schönen Arm, einen schönen Kopf, ein schönes Bein zu machen, sondern in der Anpassung und Ausdehnung der Manier und Fähigkeit des antiken Bildhauers von jener Skulptur auf die Teile, die neu hinzugefügt werden." Einfacher ausgedrückt heißt dies: Die Ergänzung muss dem Stil des antiken Werks vollkommen angepasst sein.

„Drittens muss das moderne Stück unfertig dort an das antike angesetzt werden, wo die Fugen zu machen sind, und dann muss es ihm peu à peu angeglichen werden; und das, um zu vermeiden, was ich lieber nicht mehrfach gesehen hätte, dass aus Unterlassung dieser Umsicht von manchen an solchen Stellen das Antike selbst angerührt wurde. Was sage ich da? Die Aufgabe der Angleichung hat die Restauratoren bisweilen noch weiter geführt, nämlich bis dahin, dass sie in ihrer Weise einen großen Teil von dem umändern, was uns in dieser Skulptur von der antiken Meisterschaft erhalten ist." Diese von Cavaceppi geforderte „Umsicht" fehlte, wie man auch an Skulpturen der Glyptothek sehen kann, vielen Ergänzern: Man schliff über die Ansatzfuge hinweg auch den antiken Marmor, um ein genaues Anpassen des ergänzten Teils an die Antike zu erlangen.

„Viertens sollen die Ansatzfugen der Ergänzungen nicht glatt und gerade, sondern so geformt werden, dass sie zufällig und unregelmäßig erscheinen wie auch die Brüche des Antiken." Diese Forderung Cavaceppis bedeutete eine erhebliche Schonung der antiken Substanz. Oft vereinfachten sich nämlich die Ergänzer das Anfügen eines Arms, Beins oder Kopfs an einen Torso dadurch, dass sie die naturgemäß meist unregelmäßigen, an den Rändern ausgebrochenen Bruchflächen nicht nur glätteten, sondern den Bruch radikal beschnitten, um eine gerade Ansatzfläche zu schaffen, an die der neue Teil leicht anzustücken war (Abb. 63 und 64).

Im dritten Band seiner „Raccolta" wiederholt Cavaceppi noch einmal seine Forderung, dass eine antike Oberfläche nicht überarbeitet werden dürfe, und betont,

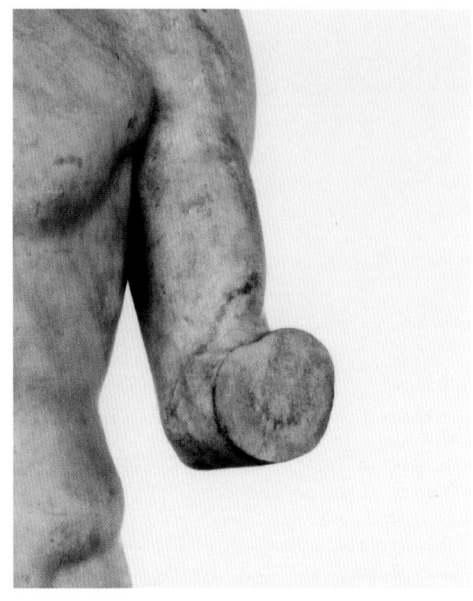

Abb. 63
Beschnittene Bruchfläche am Arm des
sog. Münchner Königs, heutige Ansicht,
Kopie römischer Zeit nach griechischem
Vorbild, um 440 v. Chr. Glyptothek.

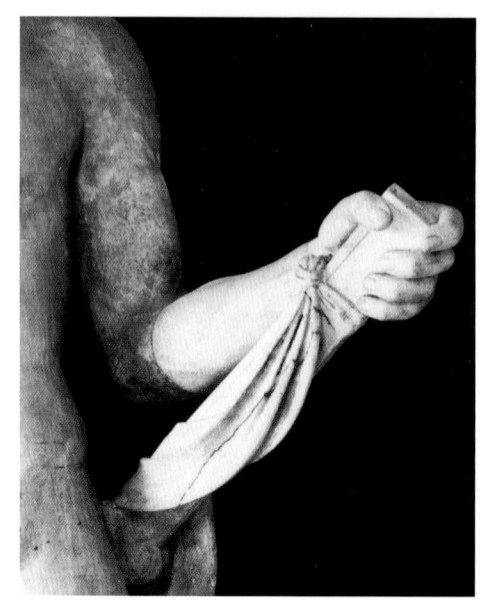

Abb. 64
Sogenannter Münchner König mit
ergänztem Arm.

dass niemand selbst korrodierten Marmor glätten dürfe, weil diese Art der Reinigung dem Werk die letzte und kostbarste Eleganz des erfahrenen antiken Künstlers nehme, die sogar im teilweise zerstörten und verwitterten Zustand durchscheine.[83]

Konsequenterweise haben Cavaceppi und auch andere Ergänzer deshalb bei manchen Antiken die hinzugefügten Ergänzungen künstlich korrodiert, um sie den Originalen anzupassen. Dabei ist heute nur schwer zu entscheiden, ob sie dies wirklich nur aus ästhetischen Gründen taten, oder ob sie durch diese „Corrosion" ihre Ergänzungen als ‚antik' erscheinen lassen wollten. Schließlich setzt Cavaceppi noch hinzu, dass nach seiner Ansicht bei einem ergänzten Stück wenigstens zwei Drittel antik sein müssten.

Es ist leicht nachzuweisen, wie auch schon getan, dass sich Cavaceppi bei seinen eigenen Ergänzungsarbeiten oft nicht an die von ihm geforderten Regeln hielt. Sie sind ein Ideal und somit schwer zu erfüllen: Denn leicht war nur, einen beratenden Gelehrten zu finden; für eine Skulptur aus griechischem Marmor den exakt passenden Stein für die Ergänzung zu bekommen, war selbst im Rom dieser Zeit schon schwerer; am schwersten ist es gewesen, auch wenn dies Cavaceppi als selbstverständlich empfand, sich in den Stil des antiken Meisters einzufühlen. Und die von ihm geforderte „bruchförmige" und genaue Anpassung einer Ergänzung an die Antike, ohne deren Oberfläche stärker zu bearbeiten, ist technisch möglich, aber sehr zeitaufwendig, also kostspielig. Deshalb fiel dieses Ideal ebenso oft geschäftlichen Überlegungen zum Opfer wie das Ideal der antiken, von moderner Hand unberührten Oberfläche. Denn eine antike, meist angewitterte Marmoroberfläche missfiel damals noch vielen Antikensammlern: Sie wünschten Skulpturen mit makelloser Oberfläche, und so bekamen sie diese auch von den Ergänzern und Händlern serviert.

Auch seine Forderung, dass wenigstens zwei Drittel einer ergänzten Figur antik sein müssten, hat Cavaceppi selbst nicht immer erfüllt. Viel fataler war jedoch, dass er und die meisten anderen Restauratoren dieser Vorgabe, die natürlich ein Wunsch vieler Kunden war, oft dadurch zu entsprechen versuchten, dass sie Bruchstücke verschiedener Antiken zu einem neuen ‚stimmigen' Ganzen zusammenfügten. Wenn sie einem Torso einen zwar nicht zugehörigen, aber zumindest im Typus und Stil passenden antiken Kopf aufsetzten, so fand dies damals auch bei Kennern noch volle Zustimmung, obwohl beim Verbinden zweier nicht zusammengehöriger Stücke die unterschiedlichen Bruchflächen meist radikal abgearbeitet werden mussten. Selbst Winckelmann störte sich nicht daran, dass der große Kunstsammler Kardinal Alessandro Albani von zwei unvollständig erhaltenen Faun-Satyr-Gruppen jeweils die besser erhaltenen Figuren erwarb, um sie zu einer Gruppe zu arrangieren.[84] Der Grundgedanke zur Herstellung solcher Pasticci war, mit möglichst wenig neuen Hinzufügungen aus unvollständig erhaltenen Antiken ein verständliches und ästhetisch ansprechendes Ganzes zu machen. Dabei nahmen aber manche Ergänzer massive Eingriffe in die antike Substanz in Kauf, um nicht Zusammengehöriges einander anzupassen.

Im ausgehenden 18. Jahrhundert wurde diese Restaurierungspraxis immer mehr kritisiert. Der Archäologe Georg Zoëga (1755–1809) schildert sichtlich empört, wie Pacetti eine von ihm aus Adelsbesitz gekaufte weibliche Statue, als Hygieia (Göttin der Gesundheit) restauriert, zu einer Statue der Friedensgöttin Eirene umgestaltete. Für solch eine Ergänzung sprach nichts, außer dem Markt: Da bei dem antiken Reiseschriftsteller Pausanias die Statue einer Friedensgöttin von der Hand des Bildhauers Kephisodot (4. Jahrhundert v. Chr.) erwähnt wird, musste folglich eine so ergänzte weibliche Figur für einen gebildeten Antikenliebhaber viel interessanter und attraktiver sein als eine Hygieiastatue, von der es viele gab. Und so machte, wie Zoëga schreibt, Pacetti aus „zwei Stücken, in Marmor und Arbeit ganz verschieden, und aus einem anderen alten Frauenzimmerkopfe der sicher nicht zu diesem Torso gehörte, die hochgepriesene Gruppe. Die Arme hat er hinzu gethan …. Das Ganze ist mit einer Art Patina überstrichen, so daß die verschiedenen Marmore der neue und der alte eine Farbe bekommen. Und nun wird der Liebhaber erwartet, welcher angelockt durch die gelehrte und zierliche Beschreibung … diese wohl conservierte Antike kaufe. Es ist ohne Zweifel interessant zu wissen, wie man hier zu Werke geht, um neue und wichtige Monumente zu erschaffen, mit welchen theils die hiesigen Museen vermehrt, theils und noch mehr die auswärtigen Sammler versehen werden …"[85] Über ähnlich skrupellose Ergänzungspraktiken wird damals häufig berichtet und beklagt, dass jetzt der Ergänzer dem Fälscher oft sehr nahe kommt.[86] Und so urteilten nicht nur Fachleute. Da die Restaurierungswerkstätten auch als Verkaufsstudios dienten, waren sie nämlich vielen Interessierten zugänglich und gehörten zum Reiseprogramm des gebildeten Rombesuchers. Nicht wenige von ihnen konnten nach solch einer Erfahrung ihre Verwunderung über diese Restaurierungspraxis nur noch mit Spott ausdrücken. „Diese Besuche bei den römischen Wiederherstellern", bemerkt die deutsch-dänische Reiseschriftstellerin Friederike Brun (1750–1811), „sind äußerst amüsant: Zoëga führte uns hinauf in die Vorratskammern dieser Antikenfabrik; hier lagern Köpfe, Arme, Beine, Hände, Füße, Rümpfe in den Winkeln aufgehäuft, wie Korn in der Tenne, aus allen Zeitaltern, von allen Stylen, aus allen Marmorarten. Da werden nun zu einer Art vorzeitiger Auferstehung die zerstreuten Marmorgebeine zusammengerufen und, Gott weiß wie, zusammengesetzt, sodass wol oft der Kopf eines Mannes auf den Rumpf seines Todfeindtes passen muss und der einer Furie auf die Schultern einer Grazie. Wir erblicken dann die Resultate in den Kabinetten der Kenner."[87] Und ebenso liest man bei ihrem Freund, dem Schweizer Schriftsteller Carl Victor von Bonstetten (1745–1832): „Nichts macht einen sonderbarern Eindruck, als diese Werkstätten der Restaurateurs. Man geht über zerbrochene und zerstümmelte Körper, die Erde ist, wie ein Schlachtfeld, mit Gliedmaßen übersäet; hier sind ein Haufen Köpfe, die meisten ohne Nasen; dort verstümmelte Körper, an einer andern Stelle abgebrochne Arme und Füße. Weiterhin scheinen ... wieder ergänzte Körper unter den Händen des Wiederherstellers neu aufzuleben. Der Konsul nimmt seine Würde wieder an, Pallas ihren Stolz, Venus ihre Grazie, Jupiter seine Blitze. Ist die Schöpfung vollendet, so kommt die Stunde der Taufe. Dies soll ein Brutus seyn – hört man sagen – jenes dort Scipio, Julius Caesar oder Agrippine: und sie alle erscheinen mit erborgten Nasen, Füßen, aber mit berühmten Namen."[88]

Es war vor allem diese verantwortungslose Restaurierungspraxis, in der antike Fragmente und Ergänzungen zusammengeklittert und Alt von Neu nicht zu unterscheiden war, die schon damals wiederholt zu der Forderung führte, dass Ergänzungen gekennzeichnet werden müssten. So schreibt 1779 der Göttinger Philologieprofessor und Archäologe Christian Gottlob Heyne, Cavaceppi habe seine „Raccolta" – das oben schon mehrfach zitierte dreibändige Stichwerk – „fast so gut als unbrauchbar gemacht", da er seine Ergänzungen nicht angab. Dabei lehnte Heyne diese nicht generell ab. Im Gegenteil: „Die Ergänzung", so schreibt er, „muss in der Tat so geschickt angebracht seyn, dass das Auge nicht beleidiget, sondern getäuscht wird." Und setzt hinzu: „Aber der ergänzende Künstler ist kein Falsarius, welcher die gute Treue und Glauben anderer hintergehen soll; er kann mit völliger Ehre anzeigen, was er beygefüget hat, und muß es thun, wo er dazu aufgefordert wird, oder selbst auftritt, wie in einem öffentlichen gedruckten Buch."[89] Man kann Heyne verstehen: Er war nie in Rom. Nur wenige Antiken hat er selbst gesehen, unergänzte Skulpturen kannte er nicht. Wären in Büchern die Ergänzungen genau beschrieben oder auf den Stichen angezeigt gewesen, dann hätte er wie jeder andere Interessierte auch ohne Autopsie die Skulptur im Geiste „entrestaurieren" und ein eigenes, nicht durch irrige Ergänzungen verfälschtes Bild der antiken Skulptur gewinnen können.

Tatsächlich entrestaurierte Skulpturen sah Friederike Brun bei ihrem Besuch (1797) der Werkstatt des Restaurators Carlo Albacini. Dieser war schon seit zehn

Abb. 65
Sogenannte Flora Farnese, 1. Jahrhundert n. Chr. Neapel, Nationalmuseum.

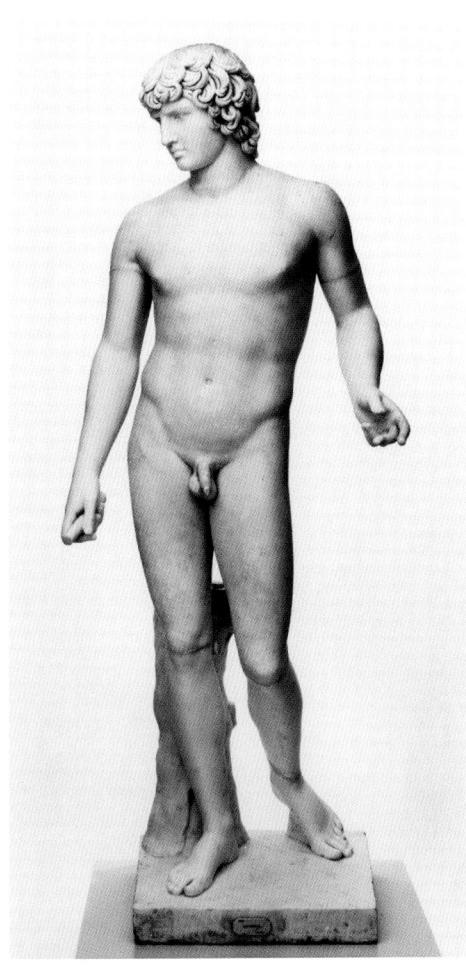

Abb. 66
Sogenannter Antinous Farnese, hadrianisch. Neapel, Nationalmuseum.

Jahren im Auftrag des bourbonischen Königshauses damit beschäftigt, einen Großteil der Skulpturensammlung Farnese neu zu ergänzen, bevor sie nach Neapel transportiert wurde. Dazu zählten so berühmte Stücke wie der Herakles, die Flora (Abb. 65) und der Antinous Farnese (Abb. 66). Brun sah in Albacinis Werkstatt die Figuren gerade zu dem Zeitpunkt, als dieser die Ergänzungen des 16. Jahrhunderts, manche von dem berühmten Bildhauer Guglielmo della Porta ausgeführt, schon von den Figuren abgenommen hatte und dabei war, seine neuen anzusetzen. Sie schreibt: „Kolossale Flora Farnese. ... Der neue Kopf ward ihr eben aufgesetzt, und es wird ein lächerliches Composé herauskommen! Denn man setzt ihr ein steifes Junohaupt auf, mit weit aufgerissenen Ochsenaugen ..." Über den entrestaurierten Antinous schwärmt sie: „Dieser Torso ist in seiner Art das Schönste was man sehen kann ..." Und setzt hinzu: „Mir scheint, dieser Restaurator [ist] ein bloßer Handwerker und ich möchte den Antinous lieber als Torso, als von ihm bearmt und bebeint, sehen ..."[90] Bruns Wunsch ging nicht in Erfüllung: Albacini, den man „im Zorn der Minerva zum Antikenwiederaufhelfer (Ristoratore) ernannte", wie damals gehöhnt wurde, hat den Antinous wieder vervollständigt.[91]

Die Kritik an schlechten Ergänzungen nimmt um 1800 immer mehr zu, aber die Stimmen, die Ergänzungen grundsätzlich ablehnen, sind noch selten. Bei Antiken, die zur Aufstellung im öffentlichen oder im repräsentativen Rahmen bestimmt sind, wird auch im ersten Jahrzehnt des 19. Jahrhunderts noch immer erwartet, dass sie vollständig sind.[92] Da gibt es nur wenige Andersdenkende. Einer davon ist Fürst Pückler-Muskau.[93] Am bekanntesten wurde aber das Urteil von Antonio Canova. Der Bildhauer lehnte zwar nicht generell das Ergänzen ab, er hat ja selbst solche Maßnahmen durchgeführt, aber seine Weigerung, die Parthenonskulpturen zu ergänzen, gilt heute als der Wendepunkt in der Geschichte der Antikenrestaurierungen. Seine Worte „it would be sacrilege in him and or any man to presume to touch them with a chisel" werden viel zitiert, aber nur selten im historischen Zusammenhang gesehen.[94] Und dieser ist Folgender: Giovanni Battista Lusieri, der im Auftrag von Lord Elgin die Skulpturen vom Parthenon entfernte, schreibt am 20. Oktober 1801, also ganz am Beginn dieser Aktion, an den Lord, dass man sich an diesen Skulpturen nur erfreuen könnte, wenn sie ergänzt würden. Lusieri setzt hinzu, diese Arbeit könne nur in Rom geschehen „under the direction of Mr. Canova, the most famous sculptor of our age".[95] Nicht alle in der Umgebung Elgins sind von diesem Vorhaben überzeugt. William Richard Hamilton, Elgins Sekretär und Vertrauter, rät dem Lord in einem Brief (8. August 1802) dringend davon ab, diese wertvollen Monumente nach Rom zu bringen „in a place where all that is precious is every moment in danger of falling into other hands". Hamilton verweist hier auf die gespannte politische Lage zwischen England und Frankreich sowie auf die vielen Kunstwerke, die Napoleon aus Rom nach Paris entführte. Nachdem er in diesem Brief auch noch die hohen Kosten und die lange Dauer solcher Ergänzungsarbeiten erwähnt, fügt er hinzu. „... it may be said that few would be found who would set a higher value on a work of Phidias or one of his Scholars, with a modern head and modern arms than they would in their present state."[96] Davon ist Elgin offensichtlich nicht überzeugt. Er reist im April 1803 nach Rom, um mit Canova über eine mögliche Restaurierung zu reden. Der Bildhauer kennt die Parthenonskulpturen, ob Giebelfiguren oder Reliefs, weder von Abgüssen noch im Original. Elgin kann ihm nur Zeichnungen der Skulpturen zeigen. Da Canova danach urteilt, dürfte sich seine hohe Wertschätzung vor allem am Namen des Phidias, des uns in der antiken Literatur überlieferten Meisters dieser Skulpturen, orientiert haben. Wir kennen Canovas Begründung für die Ablehnung der Ergänzungsarbeiten nur durch eine Schrift Elgins. In einem sieben Jahre später mit Hamilton verfassten Memorandum führt nämlich Elgin die Ablehnung Canovas als Beweis für die Qualität der Skulpturen an, die damals von manchen noch bezweifelt wurde. Elgin schreibt in Erinnerung an das Gespräch mit Canova: „The decision of that eminent artist was conclusive. He declared that however greatly it was to be lamented that these statues should have suffered so much from time and barbarism yet it was undeniable that they have never been retouched; that they were the work of the ablest artists the world had ever seen … that he should have had the greatest delight and derived the greatest benefit from the opportunity Lord Elgin offered him of having in his possession and contemplating these inestimable marbles, but (his expression was) it would be sacrilege in him or any man to presume to touch them with a chisel."[97] Elgin vergisst hinzuzufügen, dass Canova zu dieser Zeit solch einen Auftrag nie hätte übernehmen können. Canova lebt in Rom, wo Frankreich dominiert, und es sind unruhige Zeiten. Elgin muss sie am eigenen Leib erfahren: Schon im darauffolgenden Monat wird er auf der Rückreise nach England festgesetzt und ist drei Jahre in französischer Gefangenschaft. Er hätte, so schreibt Hamilton später, seine Freiheit sofort erlangen können, wenn er seine „Marbles" an Frankreich verkauft hätte.[98] Kaum kommt Elgin frei, betreibt er weiter den Plan der Ergänzungen. Canova hat ihm, falls er die Skulpturen ergänzen wollte, den englischen Bildhauer John Flaxman, einen seiner Schüler, empfohlen und meinte, dieser könne die Arbeit genauso gut wie er selbst übernehmen. Flaxman war, wie so viele englische Künstler, 1799 beim Einmarsch der Franzosen aus Rom geflohen – in sein Atelier zog Bertel Thorvaldsen ein.

Wir kennen keine direkte Äußerung Flaxmans auf dieses Angebot von Elgin. Es gibt jedoch einen Brief Hamiltons vom 23. Juni 1807, in dem er dem Lord über ein diesbezügliches Gespräch mit Flaxman vor den Skulpturen berichtet: „When I reminded him of your wish that he should direct and superintend the Restorations, he said it would be a most difficult and laborious Undertaking, that if attempted to any extent, it must be done in toto, and that he feared it would be a Work of very great length of time and enormous expence, he mentioned even, above 20 000 L."[99] Flaxman setzt hinzu, dass die Ergänzungen schlechter als die Originale sein werden und unter den Künstlern immer ein Disput bleiben werde, ob die Ergänzungen richtig sind und all die Arbeit den Wert der Skulpturen eher mindert als steigert. Sicherlich wird Elgin bei den von Flaxman veranschlagten Restaurierungskosten etwas geschluckt haben. Dennoch gibt er seinen Plan nicht auf, denn er weiß, dass nicht wenige der so einflussreichen Mitglieder der Society of Dilettanti, wie Richard Payne Knight, oder bekannte Sammler, wie der Earl of Aberdeen, den fragmentierten Zustand der Parthenonskulpturen bedauern und darin eine große Wertminderung sehen.[100] Der damals recht einflussreiche Maler, Kritiker und Kunstmäzen Sir George Beaumont empfiehlt aus rein ästhetischen Gründen, sie zu ergänzen, da die Torsi und Armstümpfe beim gewöhnlichen Betrachter eher Abscheu als Vergnügen erregen würden (Abb. 67).[101] 1808 will Elgin junge englische Bildhauer für diese Restaurierung begeistern und erwägt, Preise für die besten Vorschläge auszusetzen. Doch Benjamin Robert Haydon, Künstler und glühender Verehrer der Skulpturen, gibt dem Lord zu bedenken, „… to restore the mutilated parts of any figure, as they ought to be restored, presupposes a thorough knowledge of the remains. This could not be expected from students on their first admission." Und das wäre nun wirklich der Gipfel gewesen, wenn englische Bildhauerstudenten an den Parthenonskulpturen das Restaurieren gelernt hätten! Haydon fährt dann fort: „I would venture, therefore, to propose that a thelvemonth should be given to them to model and investigate before they commenced restoring, and then I think your Lordship would have a better chance of their succeeding …"[102] Doch dieser Ratschlag überzeugt Elgin offensichtlich nicht. Es passiert nichts. Den Plan, die Parthenonskulpturen zu komplettieren, gibt Elgin auch in den folgenden Jahren nicht auf. Im Sommer 1814 – Napoleon ist gestürzt und Paris zum ersten Mal von den Alliierten eingenommen – lädt er den berühmten Archäologen Ennio Quirino Visconti (Abb. 68), ehemals Direktor der päpstlichen Sammlungen und seit 1799 Conservator am Museé Napoléon (Louvre), nach London ein, um (gegen Bezahlung) von ihm Rat

Abb. 67
Figur eines Heros, Westgiebel des Parthenon in Athen. London, Britisches Museum.

zu bekommen über den Wert der Sammlung und „as to what parts of it are susceptible of restoration".[103] Visconti rät von einer Ergänzung ab. Er preist die Qualität der Sammlung und bestätigt, was damals so viele bezweifelten, dass die Skulpturen aus der klassischen, perikleischen Zeit stammen. Elgin dürfte jetzt hauptsächlich das Qualitätsurteil interessiert haben, denn er hat Schulden, muss hohe Zinsen zahlen und will die Skulpturen möglichst schnell an den Staat verkaufen. Über 75 000 Pfund hat er für seine „Marbles" aufgewendet. Nach langen Debatten werden sie ihm im Juni 1816 für 35 000 Pfund abgekauft.

Zu dieser Zeit arbeitet Bertel Thorvaldsen schon seit zwei Jahren im Auftrag von Kronprinz Ludwig an der Ergänzung der Ägineten.

Man hat sich oft gefragt, warum die Ägineten ergänzt wurden, die Parthenonskulpturen aber unergänzt blieben. So hat der französische Archäologe Antoine-Chrysostome Quatremère de Quincy die Ablehnung Canovas, Hand an die Parthenonskulpturen zu legen, gepriesen, die Ergänzung der Ägineten dagegen als richtig empfunden.[104] Aus kunsthistorischer Sicht glaubte man feststellen zu können, „dass der Wert der Äginaskulpturen für die Generation, die sie entdeckte, und für fast das ganze 19. Jahrhundert vor allem in ihrer entwicklungsgeschichtlichen Bedeutung lag". Hingegen verhielt man sich den Parthenonskulpturen „gegenüber vorwiegend bewundernd, und vor diesem Höhepunkt der Entwicklung verloren alle historischen Aspekte ihr Interesse. Vor dieser Vollendung wurde auch jeder Impuls zu restaurieren vernichtet".[105] Diese wohlklingende geistesgeschichtliche Erklärung trifft aber nicht zu, was leicht zu belegen ist: Ludwig war ein großer Bewunderer der Parthenonskulpturen. Er sah sie im Juni 1814, also bevor sie Visconti und Canova im Original begutachten konnten, in London. Begeistert schrieb er an Wagner über den Parthenonfries und die Metopen: „Edlere Umrisse sah ich noch an keinen solchen Werken, in einiger Entfernung müssen sie gesehen werden, leider sind sie durch Verwitterung sehr angegriffen, besser noch gerettet als auf dem Parthenon verlöscht … Verstümmelt mehr oder weniger jedes Stük u. mehr als eines zerbrochen … doch meistens ergänzbar … .Schönere [Reliefs] sind wohl in Marmor nicht gebildet worden, wenigstens nicht auf uns gekommen als die des Parthenons." Und zu den Giebelskulpturen meint er: „… alle verstümmelt, aber über die Hälfte der Figuren leicht ergänzbar."[106] Offensichtlich dachte Ludwig, man könne nur die einigermaßen gut erhaltenen Werke ergänzen und das Übrige fragmentiert lassen. Bei der damaligen Aufstellung der Skulpturen vermochte er die Zusammenhänge des fortlaufenden Frieses und die Komposition der Giebelgruppe nicht zu erkennen. Flaxman hatte schon recht: Wenn man einmal zu ergänzen anfing, konnte es nur „in toto" sein.

Es sind meines Erachtens vor allem drei Gründe, warum die Parthenonskulpturen nicht ergänzt wurden: Erstens war Rom, das Zentrum der Restaurierungskunst, gerade in der Zeit, als über dieses Problem diskutiert wurde, aufgrund der politischen Situation für Elgin nicht zugänglich. Zweitens konnte die stark verwitterte Oberfläche fast aller Skulpturen natürlich nicht überschliffen, sondern

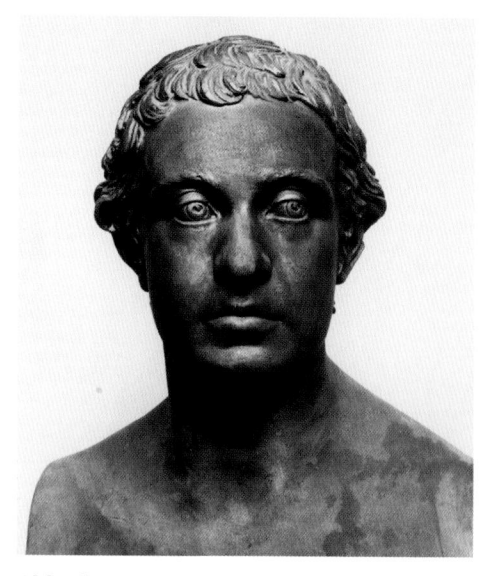

Abb. 68
Ennio Quirino Visconti (1751–1818).
Rom, Deutsches Archäologisches Institut.

musste bei den Ergänzungen nachgeahmt werden. Damit hätte man ihnen ebenfalls diese braune, ‚verwitterte' Oberfläche geben müssen, die man als Manko der Parthenonskulpturen empfand. Und drittens stiegen die Kosten solch einer Maßnahme in eine Dimension, die nicht nur Elgins Möglichkeiten überstieg und sofort Fragen nach dem Nutzen dieser aufwendigen Operation aufwarf.

Dass dies die Hauptgründe waren, erweist die Geschichte der im Louvre befindlichen Parthenonreliefs. Sie stammen aus dem Besitz des Grafen Choiseul-Gouffier; das eine wurde schon 1792 beschlagnahmt und stand, von Visconti unbeachtet, seit 1798 im Depot des Louvre (Abb. 69 und 70). Das Relief ist an der Oberfläche, wie auch Ludwig bei einem späteren Besuch bewundernd bemerkte, ungewöhnlich gut erhalten, nur ist die obere Reliefpartie und damit auch die Darstellung einiger Köpfe abgebrochen. Als Napoleon hörte, dass es ein Werk des Phidias sei, wünschte er, dass es ausgestellt würde. Visconti wendete dagegen ein, dass es verstümmelt sei und erst ergänzt werden müsse. Trotzdem wurde

Abb. 69
Friesplatte des Parthenon.
Paris, Louvre.

Abb. 70
Friesplatte des Parthenon, Zeichnung von Clarac mit Ergänzungen.

Abb. 71
Metope des Parthenon. Paris, Louvre.

Abb. 72
Metope des Parthenon, Zeichnung von Clarac mit Ergänzungen.

es auf Napoleons Befehl öffentlich präsentiert, und Visconti ließ an einem Gipsabguss erste Ergänzungsversuche erproben. Als der Louvre 1818 noch eine Parthenonmetope aus der Sammlung Choiseul-Gouffier erwerben konnte, wurden 1819/20 beide Reliefs von dem Bildhauer Lange in Marmor ergänzt (diese Hinzufügungen sind inzwischen wieder abgenommen) (Abb. 71 und 72). Für die Marmorergänzung mussten die Bruchflächen der antiken Reliefs geglättet werden. Offensichtlich glaubte man in Paris noch um 1820, dass diese auch an der Oberfläche gut erhaltenen Reliefs des „Phidias" durch Vervollständigung in ihrem ästhetischen Wert gewinnen könnten.[107]

Thorvaldsens Ergänzung

Es gibt keine Antikenergänzung, die von vielen so hoch gerühmt und von anderen so heftig kritisiert wurde wie die Restaurierung der Ägineten (Abb. 73). Das war schon im 19. Jahrhundert so. Als 1963–65 die Ergänzungen Thorvaldsens abgenommen und die Figuren in neuer Gruppierung wieder aufgestellt wurden, entfachte sich die Diskussion erneut. 1971, ein Jahr vor der Wiedereröffnung der Glyptothek, wurde mit dem Thema „Antikenergänzung und Entrestaurierung" eine Arbeitstagung von Archäologen, Kunsthistorikern und Restauratoren

Abb. 73
Die Statue von Bertel Thorvaldsen an der Ostfassade der Glyptothek.

veranstaltet. Sie brachte keine Klärung, die Meinungen blieben kontrovers. Die einen sahen Thorvaldsens Arbeit an den Ägineten als den „dunklen Punkt" in der Geschichte dieser Skulpturen und wiesen auf die vielen Fehler und Missverständnisse hin, die ihm unterlaufen waren.[108] Dagegen hoben andere hervor, dass es sich bei der Äginetenergänzung nicht, wie bei so vielen anderen Antiken, „um das Ergebnis eines langen historischen Wachstumsprozesses" handelt, sondern „um einen einheitlichen Wurf nach einem einheitlichen Konzept". Gerade darin hat man die Einmaligkeit und die historische Bedeutung dieser Ergänzungen gesehen und sprach „von der durchdachtesten Antikenergänzung, die jemals durchgeführt wurde".[109]

Mit Superlativen muss man generell vorsichtig sein. In einer Hinsicht scheinen sie mir jedoch auf die Äginetenergänzung zuzutreffen: Es gibt keine zweite, in ihrer Bedeutung vergleichbare Aktion, die auch nur annähernd so gut dokumentiert ist. Dies erlaubt uns, nicht nur die Geschichte und die Problematik dieses Unternehmens, sondern auch die unterschiedlichen Intentionen der daran Beteiligten darzustellen.

Ein Studium der bisher unzureichend ausgewerteten zeitgenössischen Quellen macht deutlich, dass die heutigen Urteile über diese Ergänzungen, gleichgültig ob Lob oder Tadel, dem historischen Sachverhalt kaum gerecht werden. Die wichtigsten hier ausgewerteten Quellen sind: Zeichnungen, Briefe und Tagebücher der Finder der Skulpturen; der Briefwechsel des Kronprinzen Ludwig von Bayern, Auftraggeber der Ergänzungsmaßnahmen, mit Bertel Thorvaldsen, Leo von Klenze und vor allem mit Johann Martin von Wagner, der die Arbeiten geleitet hat. Das Problem der Äginetenergänzung lässt sich nur verstehen, wenn man das antike Aussehen des Aphaiaheiligtums kennt und sich noch einmal kurz der Geschichte der Auffindung und des Verkaufs der Skulpturen erinnert.

Das Heiligtum der Aphaia

Im ausgehenden 6. Jahrhundert v. Chr. begannen die Ägineten der Göttin Aphaia einen neuen Tempel zu errichten (Abb. 74). Für die beiden Giebelfelder wurden Figurengruppen entworfen, ausgeführt und am Tempel versetzt. Auf der Rückseite des Tempels war der trojanische Krieg dargestellt, der von Homer besungen wurde, also mit den Helden Ajas, Hektor usf. Diese Westgiebelfiguren sind wohl um 500/490 v. Chr. zu datieren. Während des Tempelbaus gab es möglicherweise eine Bauunterbrechung. Erst ein Jahrzehnt später setzte man die Arbeiten fort. Im Zuge der neuen Baumaßnahmen wurde die schon versetzte Ostgiebelgruppe wieder herausgenommen und durch eine neue ersetzt. Dargestellt ist in dem jüngeren Ostgiebel ein früher, uns nur in Sagenfragmenten überlieferter Trojanischer Krieg, an dem Herakles und auch Telamon, Vater des Ajas und Heros des äginetischen Geschlechtes, teilnahmen. Dieser zweite Ostgiebel lässt sich stilistisch gut vom Westgiebel scheiden; er ist um 490/480 v. Chr. entstanden.

Der ursprüngliche Ostgiebel hingegen war in demselben etwas ‚altertümlicheren' Stil wie der Westgiebel gebildet. Er wurde nach der Abnahme vom Tempel nicht zerstört, sondern am Altarplatz des Tempels, also unterhalb des neuen Ostgiebels, nochmals aufgestellt. Neben diesem älteren Ostgiebel befand sich noch eine weitere Figurengruppe, den Raub der Nymphe Ägina darstellend, auf dem Altarplatz. Auch diese Gruppe war in dem älteren Stil gehalten, ist also um 500/490 v. Chr. entstanden. Diese beiden nur noch sehr fragmentarisch erhaltenen Figurengruppen werden heute in der Forschung gewöhnlich als Altarplatzgruppen bezeichnet.

Im Zusammenhang der Äginetenergänzung ist es nicht wichtig zu klären, warum ein fertig versetzter Giebel wieder abgebaut worden ist und ob auch die Figurengruppe mit dem „Raub der Nymphe Ägina" einst für den Tempel gedacht war. Denn selbst wenn man annimmt, dass keine der Altarplatzgruppen einst am Tempel versetzt war, ändert dies nichts an der durch neue Grabungen erwiesenen Tatsache, dass man in der Antike im Osten des Tempels drei Figurengruppen

Abb. 74
Modell des Heiligtums der Aphaia auf Ägina. Glyptothek.

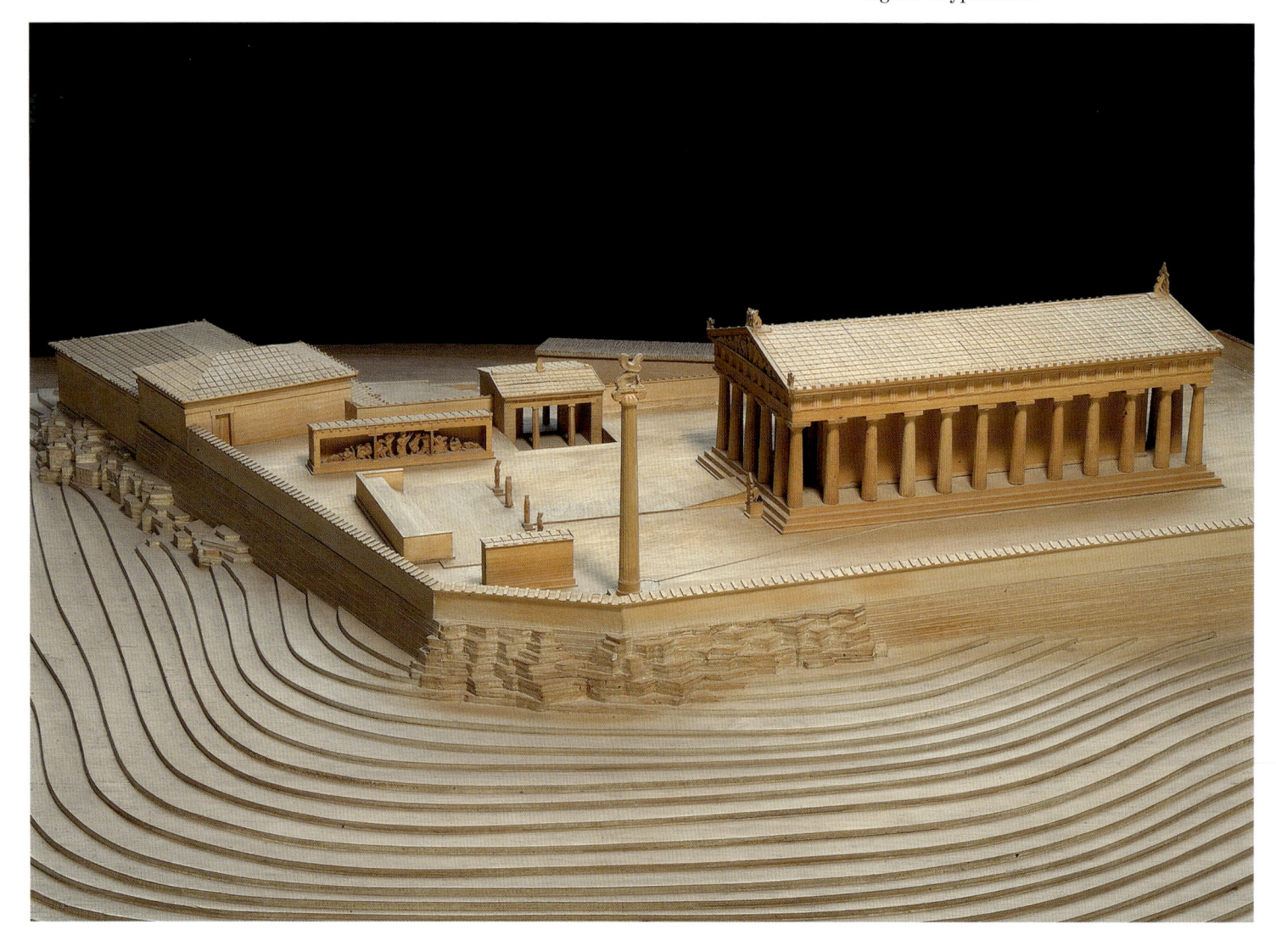

Abb. 75
Aphaiatempel von Nordosten; über dem Architrav sind die messenden Architekten zu sehen, Zeichnung von Carl Haller von Hallerstein. Privatbesitz.

sah: die Ostgiebelgruppe des Tempels und am Altarplatz zwei Figurengruppen.[110] Und ebenso ist unbestreitbar, dass die Ostgiebelfiguren stilistisch etwas ‚fortschrittlicher' sind als die Altarplatzgruppen, die stilistisch ähnlich ‚altertümliche' Merkmale zeigen wie die Westgiebelfiguren an der Rückseite des Tempels. Das behält seine Richtigkeit, auch wenn man eine andere zeitliche Einordnung oder Deutung der Skulpturen vertritt.

Wohl schon am Ende der Antike wurden die Giebelgruppen ihrer Metallverzierungen beraubt. Das Gleiche gilt für die Figurengruppen am Altarplatz. Da Metallräuber auch aus der Tempelarchitektur die mit Blei vergossenen Eisenklammern herausschlugen, brachen infolge von Erdbeben Teile des Tempels zusammen. Zwischen diesen Trümmern lagen die heruntergefallenen Giebelskulpturen teilweise geschützt. Für die über zehn Meter vom Tempel entfernt aufgestellten Gruppen galt dies nicht. Sie waren leicht erreichbare Beute für die Kalkbrenner, die in nachantiker Zeit das Heiligtum heimsuchten. Daraus erklärt sich wohl, warum die Altarplatzgruppen weit bruchstückhafter erhalten sind als die Giebelgruppen.

In späteren Jahrhunderten hat sich an der Ostseite des Tempels, auf der ebenen Fläche zwischen Tempel und Altar, soviel Erdreich angesammelt, dass Bauern hier ein kleines Getreidefeld anlegen konnten (Abb. 75). Jedenfalls fanden 1811 Haller und Cockerell dort solch ein Feld vor. Die Bauern werden, wenn sie bei der Feldarbeit auf Skulpturenfragmente stießen, sie als ‚störende Steine' zur Seite geräumt haben, das heißt, eine Vermischung der einst getrennten Fundlagen von Altarplatzgruppen und heruntergefallenen Ostgiebelfiguren ist zu erwarten. Weniger wahrscheinlich ist, dass ein Torso oder ein anderer gewichtiger Figurenteil von der Westgiebelseite auf die Altarplatzseite oder umgekehrt von Ost nach West verschleppt wurde.

Problematik der Ausgrabung und des Ankaufs

Wie oben ausführlich dargestellt, stießen 1811 die Bauforscher Charles Robert Cockerell und Carl Haller von Hallerstein bei ihren Untersuchungen am Tempel ganz zufällig auf die Skulpturen: Sie fanden im Osten des Tempels Teile des heruntergefallenen Giebels und darunter gemischt einige Fragmente der einst hier am Altarplatz aufgestellten Figurengruppen. Im Westen des Tempels entdeckten sie allein die heruntergestürzten Figuren des Westgiebels. Alle Skulpturen, die sich heute in München befinden, wurden damals, in Hunderte von Bruchstücken zerschlagen, in nur elf Tagen ausgegraben. Für eine längere Grabung hatten die von dem Fund überraschten Architekten nicht genug Geld. Trotz der Eile machten die Ausgräber gute Aufzeichnungen, wo sie die Torsen und wichtige Bruchstücke, wie die Köpfe, gefunden hatten. Cockerell und Haller entwarfen schon die ersten Rekonstruktionsskizzen der beiden Giebel (Abb. 76 und 77).[111] In Athen wurden die Skulpturen geordnet, und es gelangen viele Anpassungen von Fragmenten an die Torsi, sodass man einen ersten Eindruck vom Aussehen der Figuren gewinnen konnte. Cockerell schreibt dazu in sein Tagebuch: „Einige Figuren sind schon wieder hergestellt und machen einen herrlichen Eindruck." Haller hat wohl schon jetzt die Torsi und manche Fragmente genauestens gezeichnet. Er entwarf sicherlich schon zu dieser Zeit die ersten Restaurierungsskizzen, auf denen den Torsi die anpassenden Glieder zeichnerisch zugefügt sind (Abb. 78, 1–12).[112] Haller ist zweifellos der führende Kopf in dieser Gruppe gewesen. Und er hatte auch am meisten Umgang mit den Originalen. Nicht nur ist er dabei, als die Figuren erneut verpackt, nach Zante transportiert, dort ausgepackt und provisorisch aufgestellt werden. Er ist auch der

Abb. 76
Westgiebel des Aphaiatempels, Zeichnung von Carl Haller von Hallerstein. Berlin, Kunstbibliothek.

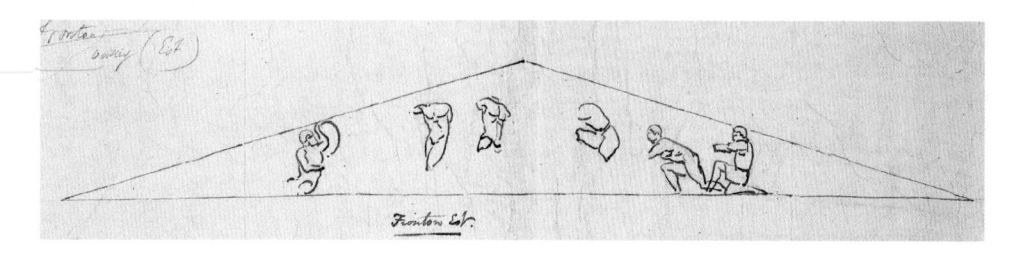

Abb. 77
Ostgiebel des Aphaiatempels, Zeichnung von Carl Haller von Hallerstein. Berlin, Kunstbibliothek.

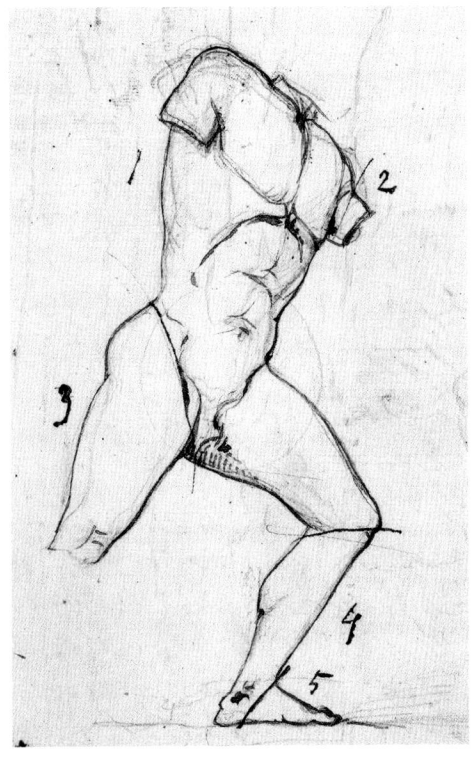

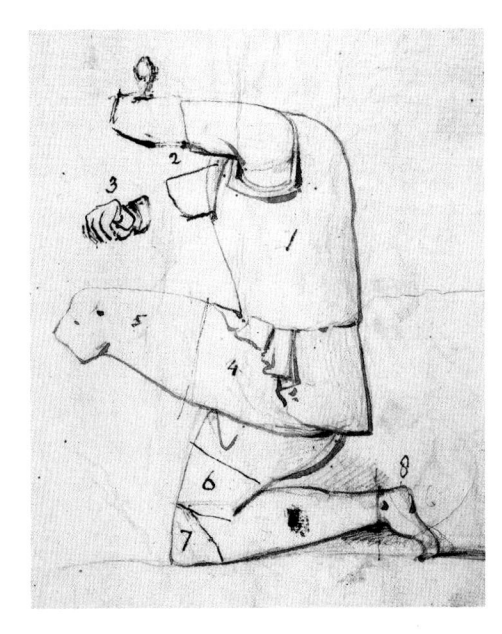

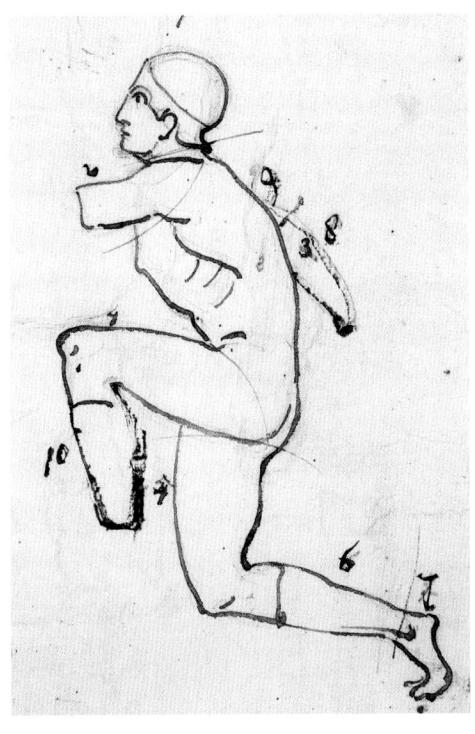

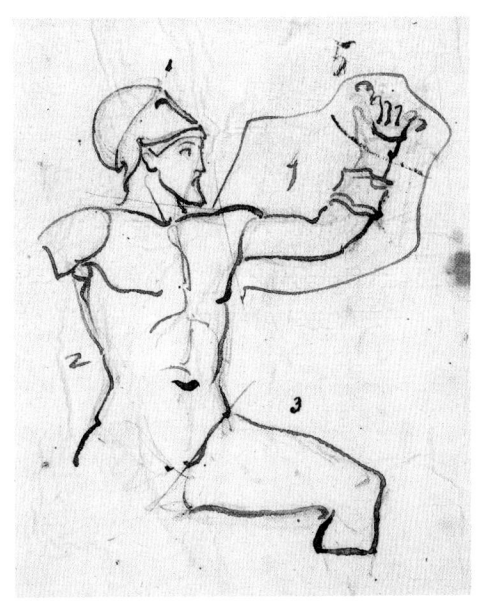

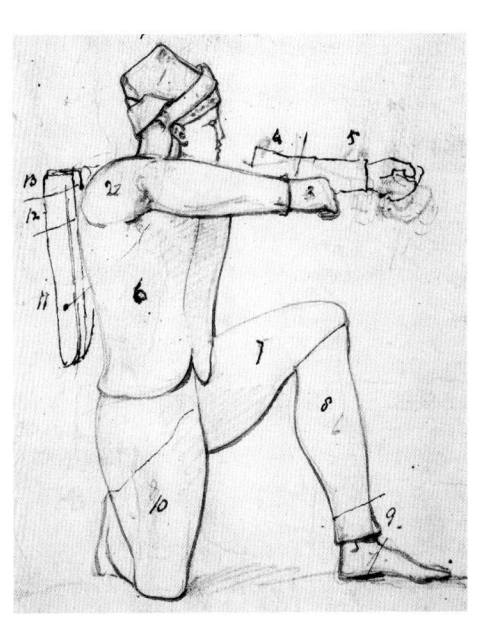

Abb. 78, 1–6
Restaurierungsskizzen der Giebelfiguren, Zeichnung von Carl Haller von Hallerstein. Berlin, Kunstbibliothek.

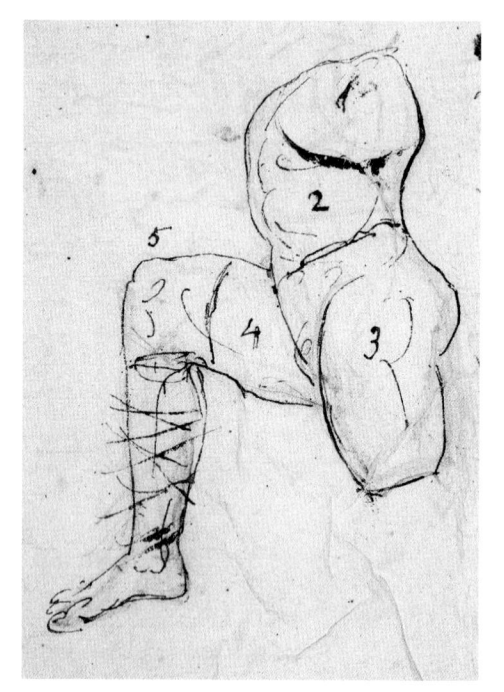

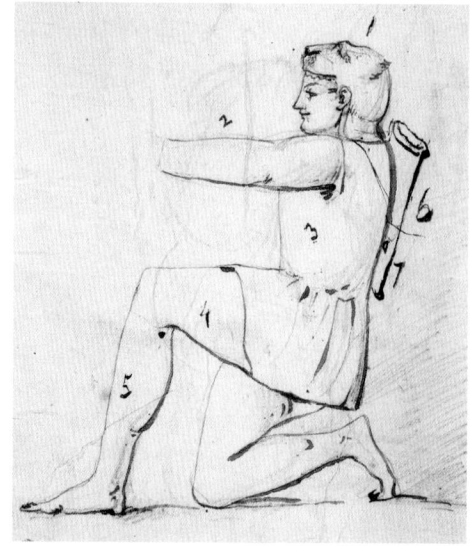

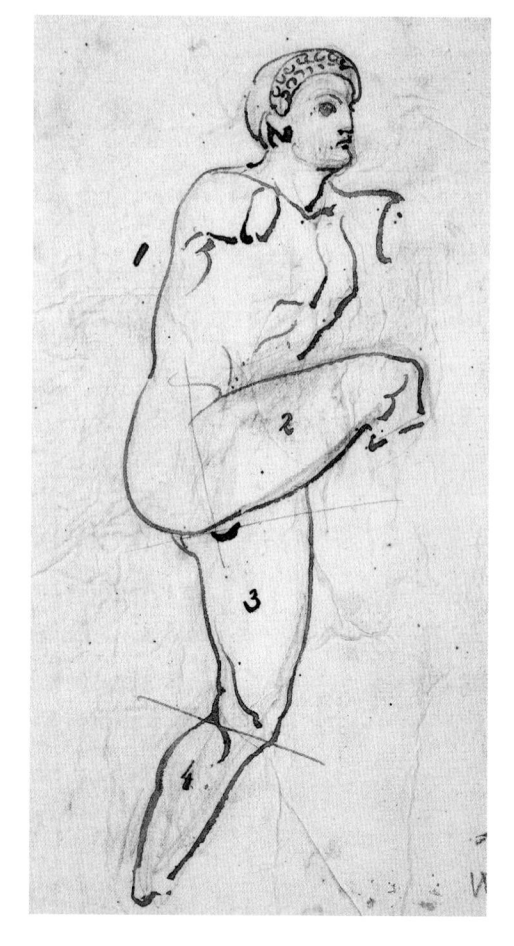

Abb. 78, 7–9
Restaurierungsskizzen der Giebelfiguren,
Zeichnung von Carl Haller von Hallerstein. Berlin, Kunstbibliothek.

Einzige der vier Auffinder, der noch einmal nach Zante reist, um die Werke dort wieder zu ihrem Transport nach Malta einzupacken. Ob er bei dieser Gelegenheit neben den erhaltenen Verpackungslisten auch noch weitere Zeichnungen anfertigt oder auf schon vorhandenen Zeichnungen zusätzliche Beobachtungen notiert, wissen wir nicht. Jedenfalls sind Hallers Zeichnungen und Notizen weit detaillierter und sorgfältiger als die von Cockerell und Foster.

Ludwig, der Auftraggeber

Als Ludwig 1812 Wagner zum Ankauf der Ägineten nach Zante schickt, gibt er ihm sogleich den Auftrag, Marmor für die Ergänzung zu kaufen. Er schreibt: „Da gewiß viele Theile fehlen, also ergänzt werden müssen, es mit gleichem Marmor, sehen sie dann sogleich nach, / aber ja Transport mit in Anschlag gebracht / von Rom, wenn solcher da habbar, oder Griechenland zu beziehen nach München,

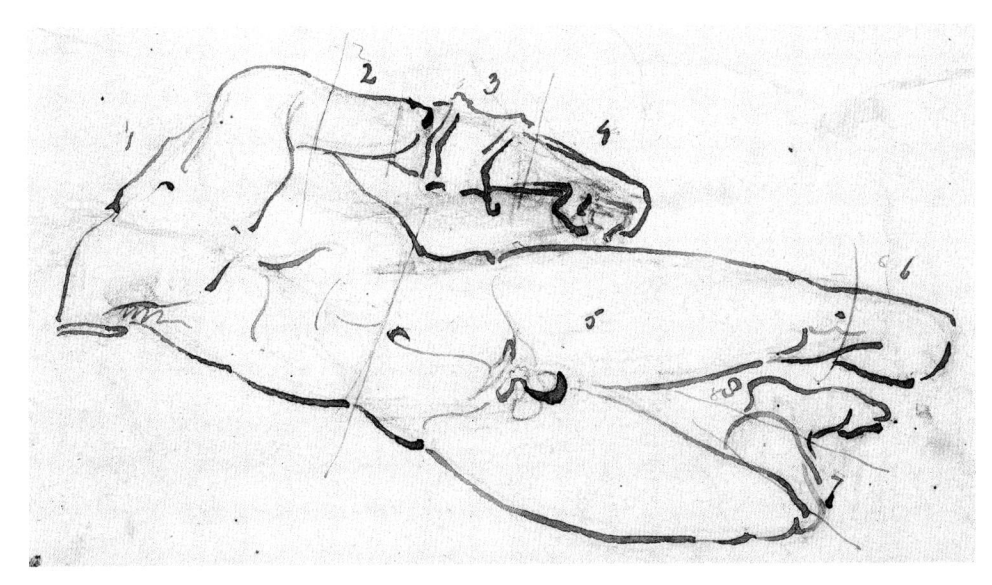

Abb. 78, 10–12
Restaurierungsskizzen der Giebelfiguren, Zeichnung von Carl Haller von Hallerstein. Berlin, Kunstbibliothek.

wo ich ergänzen lasse, leicht möglich durch Rauch. Wenn Griechenland vorteilhafter, bringen sie den zu den Werken nöthigen Marmor für Ergänzungen gleich mit."[113] Marmor für Ergänzungen bringt Wagner nicht mit, aber ihm glückt unter schwierigen Umständen der Ankauf der Figuren. Bei den Kaufverhandlungen führt sich Wagner jedoch, wie oben geschildert, so ‚hemdsärmelig' auf, dass die Verkäufer ungemein verärgert sind. Es herrscht zwischen ihnen und Wagner ein Misstrauen, fast eine offene Feindschaft, die die ganze Ergänzungsgeschichte begleiten und in gewisser Weise auch beeinflussen soll.

In den folgenden drei Jahren, als die Figuren in englischem Gewahrsam in Malta liegen, diskutieren Ludwig und Wagner ausführlich darüber, wie man die Ägineten ergänzen müsse. Als Erstes wird geklärt, aus welchem Marmor das geschehen soll. Ludwig fragt an: „Was halten Sie für besten den zu ergänzen nötigen Marmor betreffend? Daß ich solchen in Paros brechen lasse oder ist dessen in Rom zu haben? Oder Carrarischen zu nehmen?"[114] Zu dieser Zeit erhält auch Haller von Ludwig Order, in Griechenland passenden Marmor zu suchen. Wagner überzeugt Ludwig, dass es viel zu teuer sei, Marmor aus Griechenland kommen zu lassen, da es keine geeigneten Häfen gebe und die Fracht solch große Kosten verursachen würde, dass es weitaus günstiger wäre, den Marmor in Rom zu besorgen. Zugleich fügt er hinzu, dass die Ägineten aus dem grobkörnigen Marmor seien, und nicht aus dem feinen pentelischen Marmor, und dass gerade dieser grobkörnige Marmor in Rom leicht zu haben sei.

Ludwig plant zu dieser Zeit, die Ägineten in München zusammensetzen und ergänzen zu lassen und fragt bei Wagner an: „welche Künstler und Arbeiter schlügen Sie mir vor?"[115] Früher hat er an Christian Daniel Rauch gedacht, aber Wagner klärt ihn jetzt auf, dass dieser keine Erfahrung hätte in dem „Anfügen, Ankitten und den übrigen mechanischen Teil der Sache", sondern dies durch andere Arbeiter machen lassen müsste. Wagner meint: „Er thut überhaupt bei der Ergänzung nichts anderes, als dass er das Modell in Ton korrigiert, dann in Gips abformen und endlich durch einen anderen in Marmor ausführen lässt, wobei er nur manches Mal nachsieht, ob die Arbeit dem gipsernen Muster gemäß verfertigt wird." Und solche Spezialisten in der Marmorausarbeitung (Scarpellini) gibt es in München nicht. Zudem fügt Wagner hinzu, dass in München nur kleine und unbedeutende Ergänzungen vorgenommen werden könnten, da man dort sicher auch Mühe hätte, den richtigen Marmor zu finden.[116]

So tritt Ludwig, der zuerst erwog, solche Scarpellini nach München kommen zu lassen, immer mehr Wagners Ansicht nahe, dass man die Figuren in Rom zusammensetzen und ergänzen lassen sollte. Schon zu dieser Zeit wird Wagner aufgetragen: „Ein jedes Fragment sey es auch nur ein Stük Zehen, was zu einer dieser Bildsaeulen gehört muß ihr angesetzt werden."[117] Ludwig unterstreicht diesen Satz, der ja nur bedeuten kann, dass die Figuren vollständig ergänzt werden müssen. Ein Problem ist zu dieser Zeit noch, dass man bisher von der päpstlichen Regierung keine zollfreie „Erlaubnis freier Ein- und Ausfuhr" für die Ägineten erhalten hat.

Als dies schließlich geregelt und Wagner gerade im Begriff ist nach Malta zu reisen, um die Figuren abzuholen, verlangt Ludwig von ihm eine Schätzung, wie viel Zeit zur Ergänzung nötig sei und was sie ungefähr kosten würde. Wagner geht in seiner Antwort auf die entscheidende Frage ein: „Es kommt darauf an, ob Euer Königliche Hoheit die vorhandenen Stücke bloß wollen zusammengesetzt oder auch noch überdies die fehlenden Teile wollen ergänzt haben … Sollten bloß die vorhandenen Teile gehörig wieder zusammengesetzt werden, so könnten, wie ich glaube, acht Monate hinreichend sein. Im anderen Falle aber auch die fehlenden Teile zu ergänzen, möchten vielleicht kaum 18 Monate genug sein."[118] Kaum sind die Figuren in Rom, will Ludwig erneut einen Überschlag aller Kosten zur Zusammensetzung und der in Marmor auszuführenden Ergänzungen. Und fügt als Maßregel für die zukünftige Ergänzung gleich hinzu: „Jedes auch das kleinste zu einer dieser Bildsäulen gehörende Bruchstück soll angewandt werden, u. wenn sich zum Beispiel nur ein Finger vorfände, soll an der notwendig werdenden neuen Hand dieser Finger, oder auch Stück dieses Fingers / wenn das übrige selbst nicht mehr wäre / angesetzt werden. Dieses ist mein bestimmter Wille."[119] Um keine Widerrede zu hören, hat Ludwig die letzten Worte noch unterstrichen. Diese Entscheidung fällte Ludwig, ohne bei Wagner, der jetzt zum ersten Mal die Skulpturen im Original gesehen hat, eine genauere Beschreibung ihres Zustands und einen Rat über die Notwendigkeit bzw. über die verschiedenen Möglichkeiten des Ergänzens einzuholen.

Thorvaldsen an der Arbeit

Auf Vorschlag von Wagner, der mit Thorvaldsen (Abb. 79) die Skulpturenfragmente studiert hat, wird jetzt diesem die Ergänzung anvertraut.[120] Dafür gibt es mehrere Gründe: Wagner und Ludwig kennen Thorvaldsen seit Jahren; er berät sie schon seit Längerem beim Ankauf von Antiken, und er hat auch schon früher Restaurierungen für Ludwig durchgeführt. Anders als manchmal geschrieben wird, trifft es jedoch nicht zu, dass Ludwig mit dem Auftrag der Äginetenergänzung Thorvaldsen nach München ziehen oder unbedingt nur von ihm die Ägineten restauriert sehen wollte.[121] Im Gegenteil, als Wagner ihm mitteilt, dass Thorvaldsen möglicherweise die Ergänzung nicht übernehmen könne, wird gar nicht versucht, den Meister zu bedrängen. Ludwig fordert Wagner auf, sich sofort nach einem anderen geeigneten Bildhauer umzusehen. „Sofort", „sogleich", das sind beliebte Worte in den Briefen Ludwigs. Er konnte nicht warten, war immer ungeduldig. Und so begleitet ein immenser Zeitdruck von Anfang an die Ergänzungsarbeiten.

Ludwig ist, trotz des zuvor Gesagten, zweifellos sehr glücklich gewesen, dass der von ihm so hochgeschätzte und damals so berühmte Künstler die Ergänzung übernahm. Thorvaldsen hat sich nicht danach gedrängt: Ein paar Jahre früher hätte er diesen Auftrag sicher freudiger angenommen, denn damals hatten die

Abb. 79
Bertel Thorvaldsen mit der Büste von Horace Vernet, Gemälde von Horace Vernet (1789–1863). New York, Metropolitan Museum of Art.

napoleonischen Kriege die zahlungskräftigen Engländer aus Rom vertrieben, und für alle Künstler in der Stadt war in den Kriegszeiten die Auftragslage dünn. Mit dem Sturz Napoleons aber hatte sich dies wieder radikal geändert: Thorvaldsen wurde nun mit Aufträgen geradezu überhäuft und kam seinen Verpflichtungen kaum hinterher. Er hatte zahlreiche Mitarbeiter und unterhielt ein fünf Räume umfassendes Atelier an der Piazza Barberini. Dort ließ er die von ihm in Ton und im kleinen Format entworfenen Figuren, sog. Bozzetti, von seinen Mitarbeitern im Großformat modellieren. Dann formten sie die Tonfiguren mit Gipsschalen ab und konnten aus diesen Formen Gipsmodelle gießen. Nach diesen Modellen fertigten, falls von einem Kunden ein entsprechender Auftrag erteilt war, spezialisierte Mitarbeiter seiner Werkstatt eine Marmorkopie. Der Meister selbst hat bei der Ausarbeitung der Marmorfiguren gewöhnlich keinen Handgriff getan. Den Arbeitsablauf in dieser ‚Skulpturenfabrik' zu beobachten, war für viele Kunstinteressierte höchst spannend. Und da Thorvaldsen die Werkstätten „für jeden anständigen Fremden zugänglich" machte, gehörten sie in dieser Zeit zu einer der Touristenattraktionen Roms. Sie waren, wie ein damaliger Besucher schreibt, „von Morgens bis Abends von Fremden überlaufen".

Die Ägineten konnte man freilich dort nicht sehen; sie waren nie in Thorvaldsens berühmten Werkstätten.[122] Wagner hat für die Ergänzungsarbeiten auf Ludwigs Kosten eine eigene Werkstatt (am Corso, in der Nähe der Piazza del Popolo) gemietet und begann mit dem Bildhauer Antonio, einem Spezialisten auf diesem Gebiet, die zerbrochenen Figuren wieder zusammenzusetzen. Um die Zusammengehörigkeit der beschädigten Teile leichter zu erkennen, hat Wagner „von den einzelnen Figuren kleine Hülfsmodelle angefertigt".[123] Im April 1816 war man mit dem Zusammensetzen fertig.

Der Philosoph Friedrich Wilhelm Schelling (1775–1854) regte Wagner an, seine bei dieser Arbeit gewonnenen Beobachtungen über die Ägineten und ihren Stil schriftlich niederzulegen, und da Ludwig ohnehin wünschte, eine „umständlichere Beschreibung der Figuren zu erhalten", verband Wagner beides zu einem Buch, das Schelling mit etwas weitschweifigen kunstgeschichtlichen Bemerkungen herausgab.[124] Über ein einzelnes Monument fast 250 Seiten zu schreiben, war für die damalige Zeit recht ungewöhnlich, aber Wagners Schrift ist auch noch heute wegen der guten Beobachtungen zu Aussehen, Stil und Bemalung der Skulpturen interessant und auch originell. Nur in der Frage der ursprünglichen Aufstellung der Figuren ist Wagner wenig originell: Er vertraute ganz auf Hallers Rekonstruktionsskizzen der Giebel, die dieser an Ludwig und Kasimir Häffelin, den bayerischen Gesandten in Rom, geschickt hatte und die wahrscheinlich Wagner schon in Griechenland beim Ankauf der Skulpturen erhalten bzw. sich dort kopiert hat (Abb. 80 und 81). Aus diesen Skizzen geht hervor, an welcher Seite des Tempels, ob im Osten oder Westen, und in welcher Lage die einzelnen Torsi bzw. gut erhaltenen Figuren gefunden worden waren. Cockerell, der kurz vor der Drucklegung nach Rom kam, konnte dies noch bestätigen.[125]

Abb. 80
Westgiebel des Aphaiatempels, Zeichnung von Carl Haller von Hallerstein. Berlin, Kunstbibliothek.

Abb. 81
Ostgiebel des Aphaiatempels. Zeichnung von Carl Haller von Hallerstein. Berlin, Kunstbibliothek.

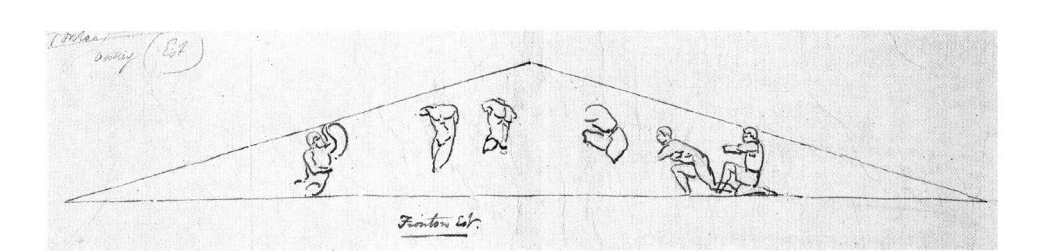

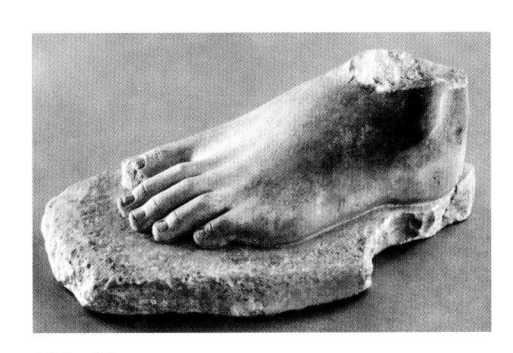

Abb. 82
Fuß des Gegners des linken Vorkämpfers, Westgiebel X.

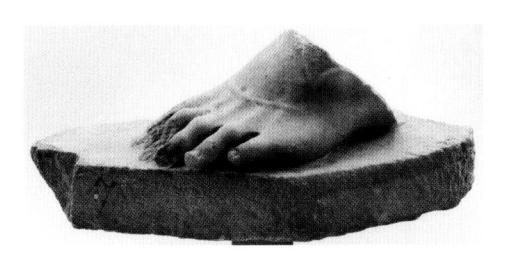

Abb. 83
Fuß des Gegners des rechten Vorkämpfers, Ostgiebel III.

Bei der Arbeit des Zusammensetzens erkannte Wagner jedoch den stilistischen Unterschied zwischen den Ost- und den Westgiebelfiguren. Er schreibt, dass die Ostgiebelfiguren etwas größer, die Westgiebelfiguren hingegen detaillierter bearbeitet sind.[126] Eine Beobachtung, die bei der damaligen Kenntnis von archaischer Kunst schon eine bemerkenswerte Leistung ist.[127] Er wertete diese stilistischen Differenzen aber nicht als Folge einer unterschiedlichen zeitlichen Entstehung, sondern glaubte vielmehr, es seien verschiedene Meister am Werk gewesen. Eine Ansicht, die 100 Jahre später auch Adolf Furtwängler vertrat.

Nach rein technischen Kriterien konnte Wagner die Füße der West- und Ostgiebelkrieger unterscheiden: Alle Figuren sind nämlich in einem Stück mit Plinthen (Standplatten) gearbeitet. Diese dünnen Plinthen sind natürlich beim Sturz der Figuren aus dem Giebel meist gebrochen und bei der Auffindung der Skulpturen oft nur noch bruchstückhaft erhalten gewesen. Die Plinthen erlaubten den Figuren das freie Stehen, denn damit waren sie in die Bodenplatten des Giebels (Geison) eingelassen und befestigt. Nun sind aber die Plinthen der Ostgiebelfiguren eineinhalb Zentimeter dicker als die der Westgiebelkrieger und auch der Figuren der beiden Altarplatzgruppen (Abb. 82 und 83). Aufgrund dieser Unterschiede konnte Wagner Ost- und Westgiebelfüße unterscheiden. Aus der Zahl der Füße, Arme, Hände und Köpfe ließ sich die Mindestzahl aller Figuren erschließen. Er kam auf dreißig, die auch die Finder schon früher errechnet hatten. Davon waren gemäß Hallers Zeichnung neun an der Westseite und sechs an der Ostseite des Tempels gefunden worden.

Zur völligen Verwirrung trug bei, dass neben den Köpfen der Athenen noch zwei weitere weibliche Köpfe vorhanden waren, dazu Füße für vier weibliche Figuren sowie Arm- und Gewandfragmente, die nur zu Frauen gehören konnten. Man hat damals nicht erkannt, dass der weibliche Kopf (Abb. 84) nicht zu einer Frau,

Abb. 84
Kopf der Sphinx von der Nordostecke
des Tempeldachs.

sondern zu einem Mischwesen, zu einer Sphinx, gehörte, von denen je eine auf
den Ecken des Tempeldachs saß. Von diesen vier als Eckakrotere dienenden
Sphingen ist auch ein relativ gut erhaltener Körper, also der typische geflügelte
Hundeleib, gefunden worden. Nur passen die beiden erhaltenen Fragmente
(Frauenkopf und Hundekörper) nicht Bruch an Bruch aufeinander: Der Hundekörper gehört nämlich zu der Sphinx, die einst auf der Nordwestecke des Daches
saß, deren Kopf aber verloren ist, während der schöne weibliche Kopf (Abb. 85)
aus verschiedenen Gründen der Sphinx der Nordostecke, deren Körper nicht
erhalten ist, zugewiesen werden kann. Solch einen geflügelten Hundekörper hat
auch ein anderes Mischwesen, nämlich der Greif. Da er häufig in der griechischen Kunst dargestellt wird, glaubten Cockerell und Haller, dass die Eckakrotere des Tempels von dieser Form gewesen seien, und so findet sich schon

auf einem der ersten Rekonstruktionsentwürfe Cockerells dieser Hundekörper zeichnerisch zum Greif ergänzt. An der Richtigkeit dieser Annahme zweifelten auch Wagner und Thorvaldsen nicht, und so wurde später dieser geflügelte Hundekörper zum Greifen vervollständigt. Damit blieb es aber für Wagner und Thorvaldsen ein Rätsel, wie man diesen weiblichen Kopf, der kleiner als die Köpfe der Giebelfiguren ist, in eine sinnvolle Komposition der Giebelgruppen einbauen konnte. Erst über 100 Jahre später wurde die richtige Deutung des Kopfes erkannt.

Ebenso wenig konnte sich Wagner die Fragmente weiblicher Figuren erklären (Abb. 86), die zu den beiden Athenen nicht passt. Aus diesen Fragmenten die erwähnten Altarplatzgruppen zu erschließen, lag damals außerhalb jeder Möglichkeit der Erkenntnis. Und das galt auch noch drei Generationen später: A. Furtwängler meinte noch 1900, dass es aus methodischen Grundsätzen nicht erlaubt sei, einzelne der durch Stil, Material, Technik und Art der Erhaltung eng zusammengehörigen Fragmente den Giebeldekorationen abzusprechen.

Nach der methodisch völlig richtigen Untersuchung der Skulpturen war es für Wagner klar, dass der Ostgiebel, von dem nach Angaben der Ausgräber sechs Torsi unterhalb der östlichen Tempelfront gefunden worden waren, höchst fragmentarisch ist und auch der Westgiebel mit neun Torsi so unzulänglich erhalten sei, dass man die ursprüngliche Aufstellung und Komposition beider Giebel nicht mehr rekonstruieren könne. Denn er zählte ja konsequenterweise zu den Giebelgruppen auch alle Fragmente, die sich von den Altarplatzgruppen erhalten hatten. Angesichts der vier erhaltenen Frauenköpfe erschien auch eine inhaltliche Deutung der Giebel unmöglich. Als man in Rom wenig später einen Torso, der in Cockerells und Hallers Zeichnung als im Osten gefunden angegeben wurde, aus stilistischen Gründen dem Westgiebel zuweisen konnte, war Wagners ohnehin geringes Vertrauen auf die Angaben der Ausgräber gänzlich dahin.

Aus den oben geschilderten Gründen waren sich Wagner und Thorvaldsen einig, dass jede Figur einzeln und als ein für sich gültiges Kunstwerk präsentiert wer-

Abb. 85
Ergänzte Sphinx der Nordwestecke des Tempeldachs.

Abb. 86
Füße einer Nymphe von der sog. Altarplatzgruppe des Heiligtums von Ägina.

Abb. 87
Entwurf der Glyptothek, Schnitt durch die Mitte des Gebäudes, aquarellierte Zeichnung von Carl Haller von Hallerstein. München, Bayerische Staatsbibliothek.

den sollte. Ludwig, der zuvor in Briefen an Haller und Wagner immer betont hatte, dass er die Figuren „wie einst im Giebel gestanden" in der Glyptothek aufgestellt zu sehen wünschte, stimmte jetzt Wagner ohne weiteres Nachfragen zu und forderte, dass gleich in Rom für jede Figur der einzelne Sockel bestimmt werde.[128] Erstaunlicherweise hat schon zwei Jahre zuvor der in Griechenland lebende Architekt Haller in seinem Entwurf zum Bau der Glyptothek die Äginaskulpturen in einem langgestreckten Raum „einzeln so aufgestellt, dass sie durchaus gehörig studiert werden können"[129] (Abb. 87). Gemäß dieser als gültig empfundenen Form der Aufstellung wurden die Figuren restauriert.

Man ging systematisch vor: Zuerst wurden die Liegenden, dann die Gebückten und Knienden und schließlich die Stehenden restauriert. Es stellte sich nur die Frage: Wie viel sollte man ergänzen?

Eine Ergänzung in Gips war nie diskutiert worden und wäre auch technisch nicht durchwegs möglich gewesen. Ein fehlendes Bein, das einen Teil des Gewichts eines marmornen Rumpfes tragen musste, konnte allein aus statischen Gründen nicht in Gips hinzugefügt werden. Die diesbezüglich oft zitierte Aussage von Aloys Hirt, der für eine Ergänzung in Gips plädierte, bezieht sich nicht auf die Ergänzung der erhaltenen Figuren, sondern Hirt meinte, man sollte die fehlenden Figuren in Gips modellieren.[130]

Obwohl Ludwig schon ganz bestimmt entschieden hatte, dass die Figuren vollständig ergänzt und jedes einzelne Fragment verarbeitet werden müsste, stellte ihm Wagner, so als habe er Ludwigs Antwort vergessen, noch einmal die Frage, wie weit man ergänzen sollte (7.10.1815): „Es kommt darauf an, ob E. K. H. diese Fragmente vollständig, das heißt alle und jegliche Theile wollen ergänzen lassen, oder bloß die unumgänglich notwendigen. Dieses verstehe ich nämlich also, zum Beispiel eine freistehende Hand, ein fehlender Kopf, kann entbehrt werden, wenn man nicht absolut alles vollständig ergänzen will; ganz anders verhält es sich zum Beispiel mit einer Hand, wenn sich der Körper darauf stützt, oder mit einem fehlenden Fuß, weil ohne solche der übrige Theil nicht bestehen kann. So auch bey Ermanglung eines Mittelstücks des Beines, wenn der untere und der obere Theil vorhanden ist, in welchem Falle man durchaus genötigt ist, solche Theile zu ergänzen, um den Zusammenhang der übrigen vorhandenen Teile wiederherzustellen – hierauf also wird es ankommen, ob E. K. H. solche wollen vollständig ergänzen lassen, oder bloß, wie gesagt, nach Nothdurft."

Ludwig, der die Figuren erst im Frühjahr 1818 im Original sehen sollte, blieb bei seiner alten Entscheidung und forderte eine vollständige Ergänzung. Es ist aufgrund der wiederholten Anfrage und auch der Diktion des Briefs meines Erachtens unbezweifelbar, dass Wagner und auch Thorvaldsen, der in diesem Brief Wagners als Berater zitiert wird, die andere Lösung bevorzugt hätten. Und dieser Gedanke einer nur partiellen Ergänzung bewegte Wagner noch länger: Ende des Jahres 1816, als schon acht Figuren komplettiert waren, schrieb er an Ludwig, dass von einer Figur des Westgiebels der Rumpf ergänzt sei, „das heißt, was die daran abgesprungenen Teile betrifft, nicht aber die fehlenden Gliedmaßen, da ich nicht wusste, ob solcher vollständig soll ergänzt werden, oder als Fragment zu verbleiben, da ihm viele Teile fehlen". Und er fügte nach einer Aufzählung all der zu ergänzenden Teile hinzu: „Dieses Bruchstück an und für sich betrachtet, würde ich, da soviele Teile daran fehlen, raten, bloß als Fragment aufzustellen." Wagner war klar, „dass die Figur ein Teil eines Ganzen ausmacht" und deshalb „nicht übel geraten sei, solche auch vollständig ergänzen zu lassen", aber dennoch gab er Ludwig noch einmal die Möglichkeit, seine ständige strikte Forderung nach einer vollkommenen Ergänzung in diesem Fall zu überdenken: „Ich erwarte also den Willen E. K. H. ob solches als Bruchstück zu verbleiben oder vollständig ergänzt werden soll."[131] Ludwig blieb bei seinem Entschluss. Er war der Einzige unter allen Beteiligten dieses Unternehmens, der eine vollständige Ergänzung wünschte: So forderte er später, dass die Waffen und alle Verzierungen, die man aus den vorhandenen Dübellöchern erschließen konnte, in Bronze bzw. Blei ergänzt würden. Wagner beriet sich mit Thorvaldsen und versuchte mit Hinweis auf dessen künstlerische Autorität, Ludwig von diesem Gedanken wieder abzubringen. Wagner begründete dies sehr geschickt. Da die äginetische Skulptur in Form und Bekleidung so ungewöhnlich sei, könne man erwarten, dass auch die Waffen ungewöhnlich seien, und deshalb „die Form und Beschaffenheit dieser fehlenden Attribute schwerlich sich bestimmen lasse". Wagner plädierte dafür, „solche lieber durchgängig fehlen zu lassen und es dem mehr oder weniger geübten Auge des Anschauers zu überlassen, das Fehlende nach dem Maße seiner antiquarischen Kenntnisse sich selbst dazu zu denken."[132] Wagner und Thorvaldsen konnten sich nur zum Teil durchsetzen: Eine Ergänzung in Metall unterblieb, aber die Waffen wurden auf Ludwigs Wunsch später in bronziertem Holz ergänzt – sozusagen eine didaktische Lösung.

Im Sommer 1816 machte sich Thorvaldsen daran, die Modelle der Ergänzungen zu fertigen. Neben zahlreichen Gliedmaßen mussten Köpfe ergänzt werden. Von Anfang an war Wagner klar, dass Thorvaldsen nicht die Marmorausführung übernehmen sollte. In einem Brief an Ludwig heißt es: „Thorvaldsen ist unstreitig der tauglichste Künstler, nur hat er den Fehler, daß er zu saumselig und zu schläfrig ist, und die Bearbeitung des Marmors gänzlich seinen Arbeitern überläßt. Bei dieser natürlichen Schläfrigkeit seines Charakters, würde man wohl 6 Jahre warten müssen, ehe das ganze zustande käme."[133] Es steht fest: Thorvaldsen selbst hat keinen Meißelhieb an den Ergänzungen getan. Die Marmorarbeiten, das geht aus den Briefen und Abrechnungen hervor, wurden von einer Gruppe von Bildhauern, darunter Pulini, Pinciani (Piggiani), Giuseppe Franzoni und Peter Kauffmann, ausgeführt.[134] Carlo Finelli, den Wagner als den geschicktesten Marmorbildhauer ansah und dem er diese Arbeiten gerne übertragen hätte, lehnte den Auftrag ab. Er fand es unter seiner bildhauerischen Würde nach Modellen von Thorvaldsen zu arbeiten.

Arbeitsablauf und Technik

Der Ablauf der Ergänzungsarbeiten wird von Wagner genau beschrieben. Erstaunlich ist: Thorvaldsen hat nicht vor den Originalen, also nicht in der von Wagner gemieteten Werkstatt gearbeitet. Er ließ sich also nicht im Anblick der Originale, die ihm in ihrem archaischen griechischen Stil fremd sein mussten und, so möchte man glauben, doch eines ständigen Einsehens bedurften, zur Formgebung seiner Ergänzungen anleiten. Der Künstler arbeitete stattdessen in seiner Privatwohnung, in der Casa Buti, die direkt unterhalb der Villa Malta an der Via Sistina gelegen war (Abb. 88). Diese Wohnung umfasste drei Zimmer. Ihr Aussehen wird von der Malerin Louise Seidler anschaulich geschildert: Neben dem ersten Raum, dem kleinen Atelier, hatte er in dem anschließenden, noch schmaleren Schlafzimmer am Bett einen Modelliertisch, im nachfolgenden Wohnzimmer befand sich seine kleine Antikensammlung.[135] Wir wissen, dass Thorvaldsen seine bildhauerischen Entwürfe am liebsten zu Hause gezeichnet und die kleinformatigen Tonmodelle seiner Figuren, die Bozzetti, oft in seiner Privatwohnung modelliert hat. Ich kenne aber keinen Brief oder eine andere literarische Quelle, die seine Modellierarbeit an den Ägineten in der Casa Buti erwähnt, obwohl der Meister auch dort nicht die kreative Einsamkeit pflegte, sondern häufig Gäste empfing. Man brauchte nur seine Visitenkarte abgeben und bekam meist problemlos Zutritt zur Wohnung und konnte Thorvaldsen beim Modellieren zusehen.

Weiterhin erfahren wir aus den Briefen Wagners, dass Thorvaldsen ein Gipsabguss des zu ergänzenden Torsos und dazu Gipsabgüsse von anderen originalen Teilen, zum Beispiel Kopf, Arme, Füße, Beine, die als Vorbild dienen sollten, nach Hause geliefert wurden. Einige dieser Teilabgüsse sind noch heute im Thorvaldsen Museum, Kopenhagen, erhalten (Abb. 89). Bei einer Kopfergänzung wählte der Bildhauer, wohl in Absprache mit Wagner, den passenden antiken Kopf aus, der als Vorbild für den neu zu gestaltenden diente. An dem Gipsabguss model-

Abb. 88
Karikatur Thorvaldsens beim Verbessern eines Tonmodells, 1838. Zeichnung von Edward Matthew Ward (1816–1879). Kopenhagen, Thorvaldsen Museum.

Abb. 89
Thorvaldsens Teilabgüsse der Ägineten.
Kopenhagen, Thorvaldsen Museum.

lierte Thorvaldsen die fehlenden Teile, also Kopf, Beine oder Arme, an. Jede Figur wurde isoliert gemacht ohne Bezug zu einem möglichen Gegenüber. Denn aufgrund des für Wagner und Thorvaldsen so lückenhaft erscheinenden Erhaltungszustands der beiden Giebelgruppen hielt man es offensichtlich für unmöglich, auch nur für zwei oder drei Figuren den ursprünglichen Zusammenhang zu erschließen.

Die von Thorvaldsen in Ton modellierten Ergänzungen wurden von einem seiner Mitarbeiter in Gips abgegossen. An den Gipsen wurden die wichtigsten plasti-

Abb. 90
Gipsmodell einer Büste des Dichters Ludwig Holberg (1684–1754), 1839.
Kopenhagen, Thorvaldsen Museum.

Abb. 91
Gipsmodell eines Selbstbildnisses von Antonio Canova (1757–1822), um 1812.
Possagno, Gipsoteca Canoviana.

Abb. 92
In Rohform herausgearbeitetes Marmorwerk. Kopenhagen, Thorvaldsen Museum.

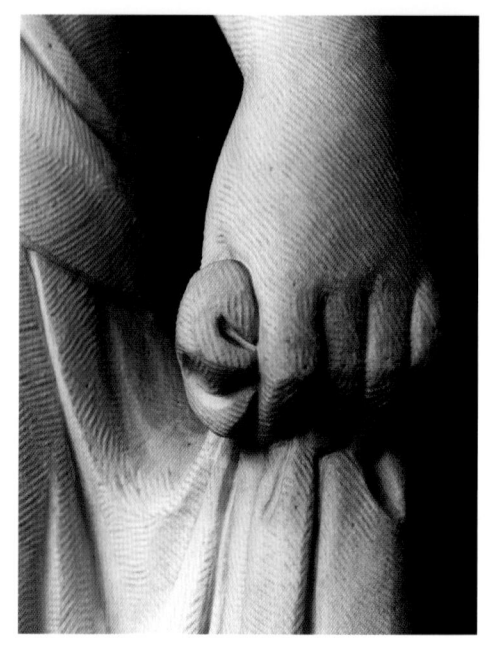

Abb. 93
Mit dem Scharriereisen bearbeitete Oberfläche. Kopenhagen, Thorvaldsen Museum.

schen Punkte durch Kreuzchen markiert (Abb. 90). Es wäre auch möglich gewesen, wie es in der Canova-Werkstatt üblich war (Abb. 91), die Punkte zu nageln. Anhand dieser Kreuzchen bzw. Nägel konnte der Marmorbildhauer die Maße auf den Marmorblock übertragen, aus dem er den Kopf fertigte. So wurde zuerst das Werk in Rohform in Marmor herausgearbeitet (Abb. 92). Nachdem die Oberfläche mit dem Scharriereisen durchgearbeitet und vereinheitlicht war (Abb. 93), wurde schließlich mit Bimsstein, Asche usf. die Oberfläche geglättet.

Keines der originalen Gipsmodelle hat sich offensichtlich erhalten. Auch die Bildhauer arbeiteten nicht in Wagners Werkstatt, sondern kopierten bei sich zu Hause oder in einer der Werkstätten Thovaldsens. Den fast fertigen Kopf brachten sie in Wagners Werkstatt, wo er dem Original angepasst wurde. Die letzten Feinarbeiten an der Ergänzung – dazu gehörte deren künstliche Verwitterung – führte unter Wagners Aufsicht Peter Kauffmann durch. Nach dessen Abgang als Hofbildhauer nach Weimar übernahm Franzoni diese Aufgabe.

Beim Ansetzen einer Ergänzung kannte man damals verschiedene technische Verfahrensweisen, die den Bildhauern natürlich geläufig waren: Die raffinierteste Art der Anstückung war die sog. ‚Bruch auf Bruch'-Ergänzung. Sie wurde, um ein Beispiel aus der Münchner Glyptothek zu nennen, drei Jahrzehnte später von Ludwig Schwanthaler bzw. seiner Werkstatt am Arm des Apoll von Tenea durchgeführt (Abb. 94 und 95). Aber schon im 18. Jahrhundert ließ Kardinal Albani den berühmten Faun mit den Flecken auf eine moderne Büste setzen, und dabei blieb die Bruchfläche des Faunskopfs völlig unberührt (Abb. 96 und 97). Die technische Ausführung ist leicht erklärt: Man gießt die Bruchfläche des Originals ab und meißelt sozusagen die negative Form in der Ergänzung nach. Wobei man sich die Arbeit dadurch erleichtert, dass an der Anstückungsfläche der Ergänzung nur der äußere Rand bruchgenau gearbeitet wird, während man den inne-

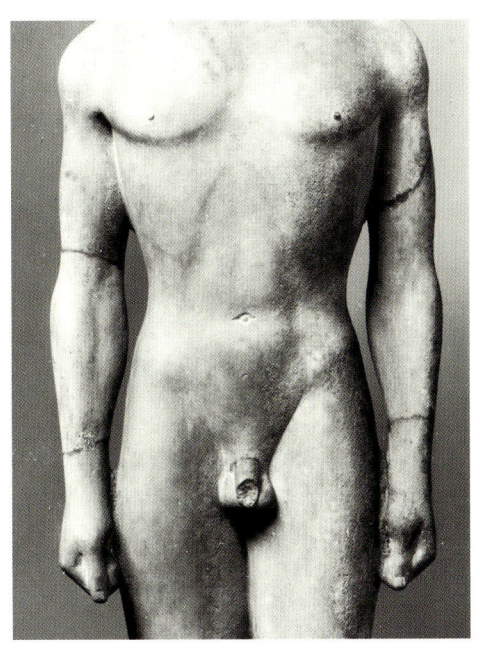

Abb. 94
Sogenannter Kuros von Tenea, griechisch, um 560/550 v. Chr., mit ergänztem Arm. Glyptothek.

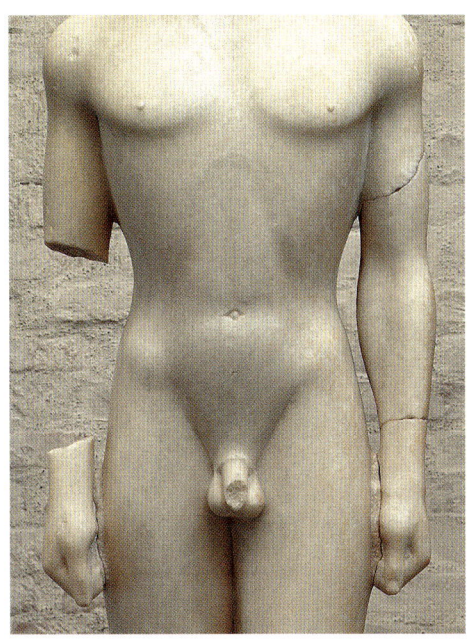

Abb. 95
Sogenannter Kuros von Tenea, heutige Ansicht.

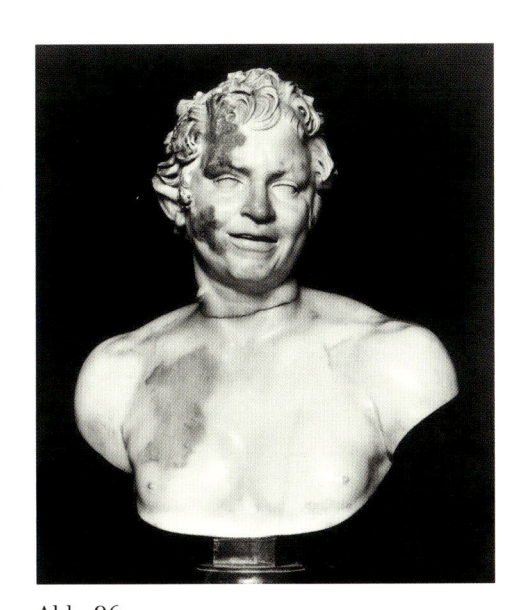

Abb. 96
Kopf eines Satyrs mit ergänzter Büste, um 100 v. Chr. Glyptothek.

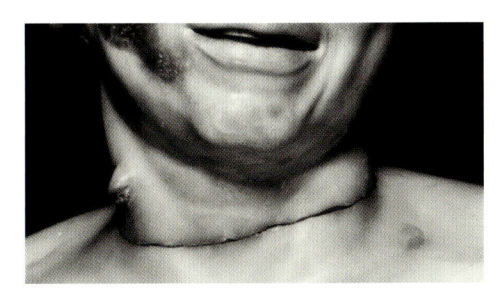

Abb. 97
Detail des Satyrs.

ren Teil etwas tiefer legt, so dass er die antike Bruchfläche nicht berührt.[136] Den Hohlraum füllt man mit Klebstoff aus. Diese Art der Anstückung ist sehr zeitaufwendig und hätte die von Ludwig gewünschte vollständige Äginetenergänzung enorm verteuert. Wohl deshalb wurde sie von Wagner und Thorvaldsen nicht erwogen. Jedenfalls gibt es von ihrer Seite keinen Hinweis darauf.

Die bildhauerisch einfachste und auch billigste Methode der Anstückung ist, den antiken Bruch nicht nur zu einer glatten Fläche, sondern auch den meist schrägen Bruch zu einem geraden Schnitt abzuarbeiten, denn dies reduziert den Arbeitsaufwand zur Herstellung und Anpassung des ergänzten Teils enorm. Diese Anstückungstechnik war im 18. Jahrhundert sehr beliebt. Sie führte stets zu erheblichen Verlusten an antiker Form. Nicht selten wurden sogar von zwei zusammengehörigen antiken Fragmenten, deren Bruchflächen so stark beschlagen waren, dass sie nur noch in einer kleinen Partie aufeinanderpassten, die Brüche zu einem glatten Schnitt abgearbeitet und die beiden Fragmente mittels eines neu gefertigten Zwischenstücks miteinander verbunden. Damit sparte man sich das umständliche ‚Flicken' der ausgebrochenen Bruchflächen. Diese Stückungsmethode bedeutete nicht nur einen erheblichen Verlust originaler Oberfläche, sondern lässt uns heute in manchen Fällen nicht mehr sicher entscheiden, ob die beiden Fragmente ursprünglich wirklich zusammengehörten, denn auch zwei in der Form passende, aber ursprünglich nicht zusammengehörige antike Stücke wurden oft auf diese Weise miteinander verbunden. Diese Technik der radikalen Beschneidung der Bruchflächen ist bei der Äginetenergänzung nie angewandt worden.

Wagner und Thorvaldsen wählten eine Methode, die den Mittelweg zwischen den beiden genannten Anstückungstechniken darstellt. Es ist eine Methode, die Cavaceppi, wie oben ausgeführt, als die einzig richtige angesehen hat, auch wenn

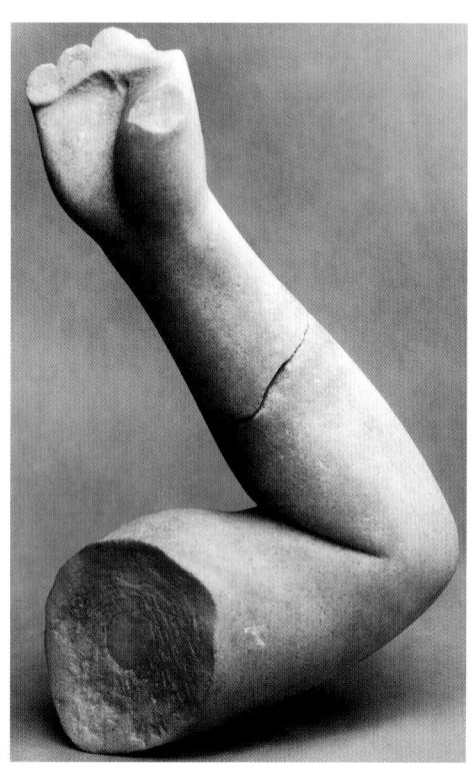

Abb. 98
Arm des rechten Vorkämpfers,
Westgiebel II.

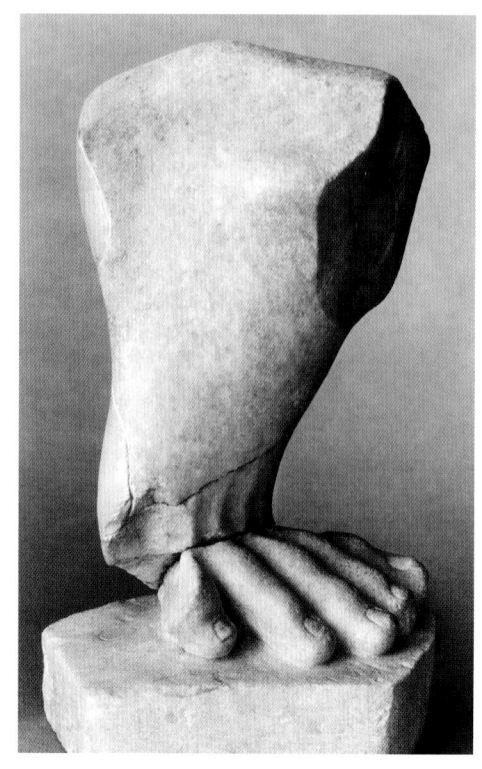

Abb. 99
Rechter Fuß eines Knienden,
Altarplatzgruppe.

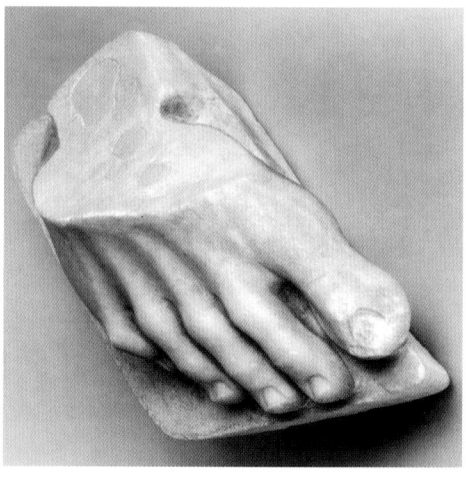

Abb. 100
Fuß des Gegners des rechten
Vorkämpfers, Ostgiebel III.

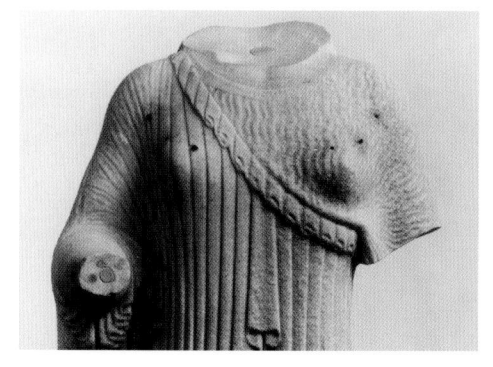

Abb. 101
Firstakroter des Westgiebels, linke Kore.

er sich selbst oft nicht daran hielt. Bei dieser Art der Anstückung wurde nämlich die Unregelmäßigkeit eines natürlichen Bruchs nicht durch einen glatten Schnitt beseitigt, sondern man versuchte, die natürliche unregelmäßige Form beizubehalten und nur durch Glättung der Ansatzfläche das Anpassen zu erleichtern. Dadurch ergeben sich zwar glatte, aber meist, wie es einem natürlichen Bruch entspricht, in Kurven geführte Bruchränder, an deren Verlauf die Stückungsflächen der Ergänzungen angepasst werden müssen (Abb. 98, 99, 100 und 101). Eine organisch-gekurvte Bruchlinie sicherte zudem, neben den eingesetzten Dübeln, die angestückte Ergänzung vor einem Verdrehen. Und so genügten bei dieser Stücktechnik relativ dünne Bronzedübel, um die Ergänzung an das Original fest zu binden. Als Klebstoff verwendete man das damals so übliche Kolophonium.

Obwohl man die natürliche Rauheit einer Marmorbruchfläche begradigte, was wir heute sehr bedauern, muss man anerkennen, dass die Bildhauer in Wagners Werkstatt sich bemühten, dabei möglichst wenig von der bearbeiteten antiken Oberfläche abzunehmen, und auch an der unbearbeiteten Marmorsubstanz nur so viel abmeißelten, wie es für eine sichere Anbringung der Ergänzung nötig war. Bei anderen Ergänzungsarbeiten dieser Zeit sind die Eingriffe oft viel schwerwiegender gewesen. Wie rücksichtsvoll die Ergänzer die Anpassungen

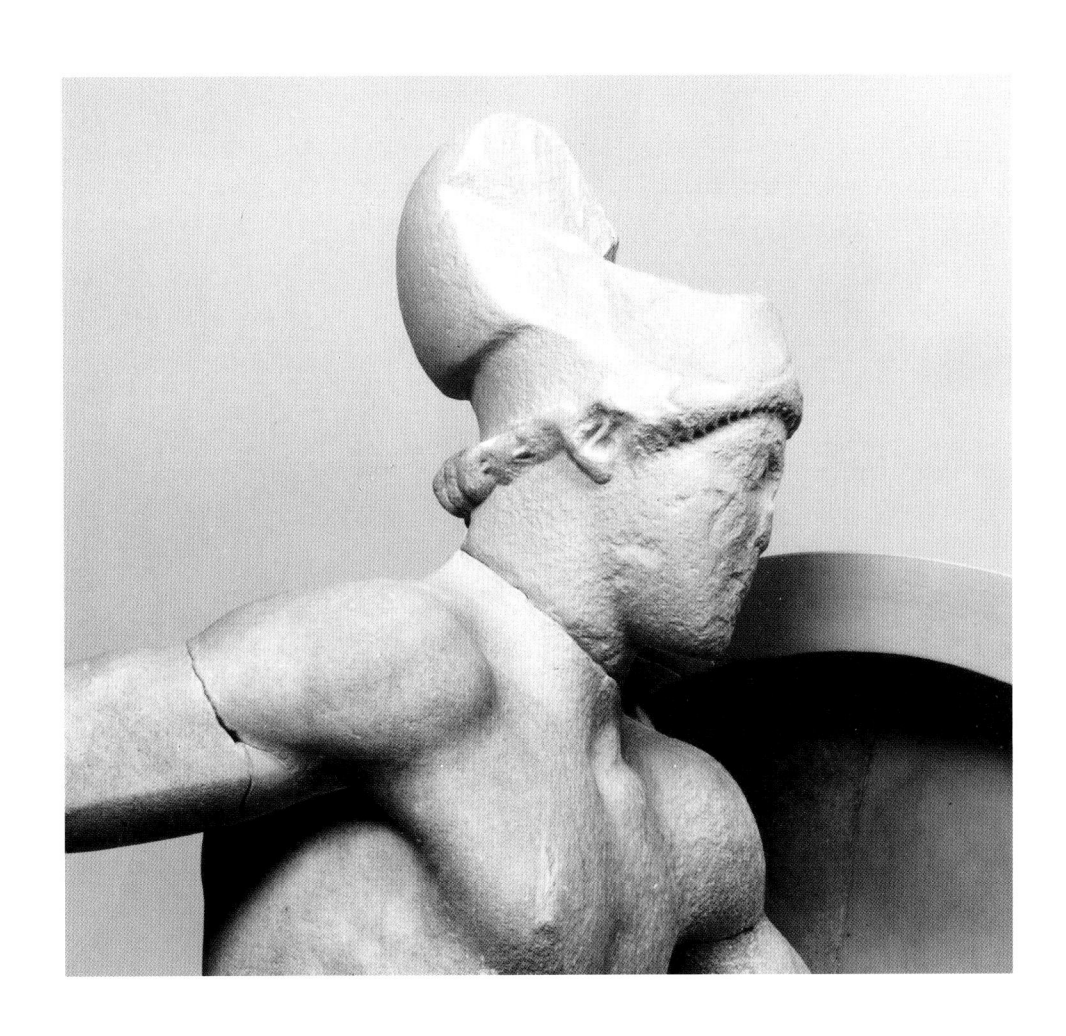

Abb. 102
Der rechte Vorkämpfer, Ostgiebel II.

ansetzten, erkennt man an einem Krieger des Ostgiebels (Abb. 102). Sein fehlender Kopf war von Thorvaldsen ergänzt worden. Der originale Kopf wurde 1902 bei den Grabungen von A. Furtwängler am Aphaiatempel gefunden. Als man 1963–1965 die Ergänzungen Thorvaldsens abnahm, konnte ein Gipsabguss des 1902 gefundenen Kopfes (Original im Nationalmuseum, Athen) ganz sicher angepasst werden. Ein Beweis dafür, dass der Verlust originaler Substanz auch bei der Glättung der Bruchfläche relativ gering war. Die gleichen Beobachtungen lassen sich auch an anderen von den Ergänzern überarbeiteten antiken Bruchflächen machen: Selbst bei sehr bizarr geformten Bruchflächen hat man von einer Begradigung zur Erleichterung der Anstückung abgesehen und lieber Flicken eingesetzt, um möglichst wenig von der bearbeiteten antiken Oberfläche zu opfern (Abb. 103). Dies lässt sich gut beurteilen, wenn man die wenigen noch erhaltenen Abgüsse, die vor der Ergänzung gemacht wurden, und die Zeichnungen Hallers mit dem heutigen Zustand der Figuren vergleicht.[137]

Noch eindeutiger ist festzustellen, dass auch ein anderes von Cavaceppi vehement gefordertes, aber auch von ihm oft nicht befolgtes Restaurierungsgebot von Wagner und seiner Werkstatt strikt eingehalten wurde: Die antike Oberfläche der

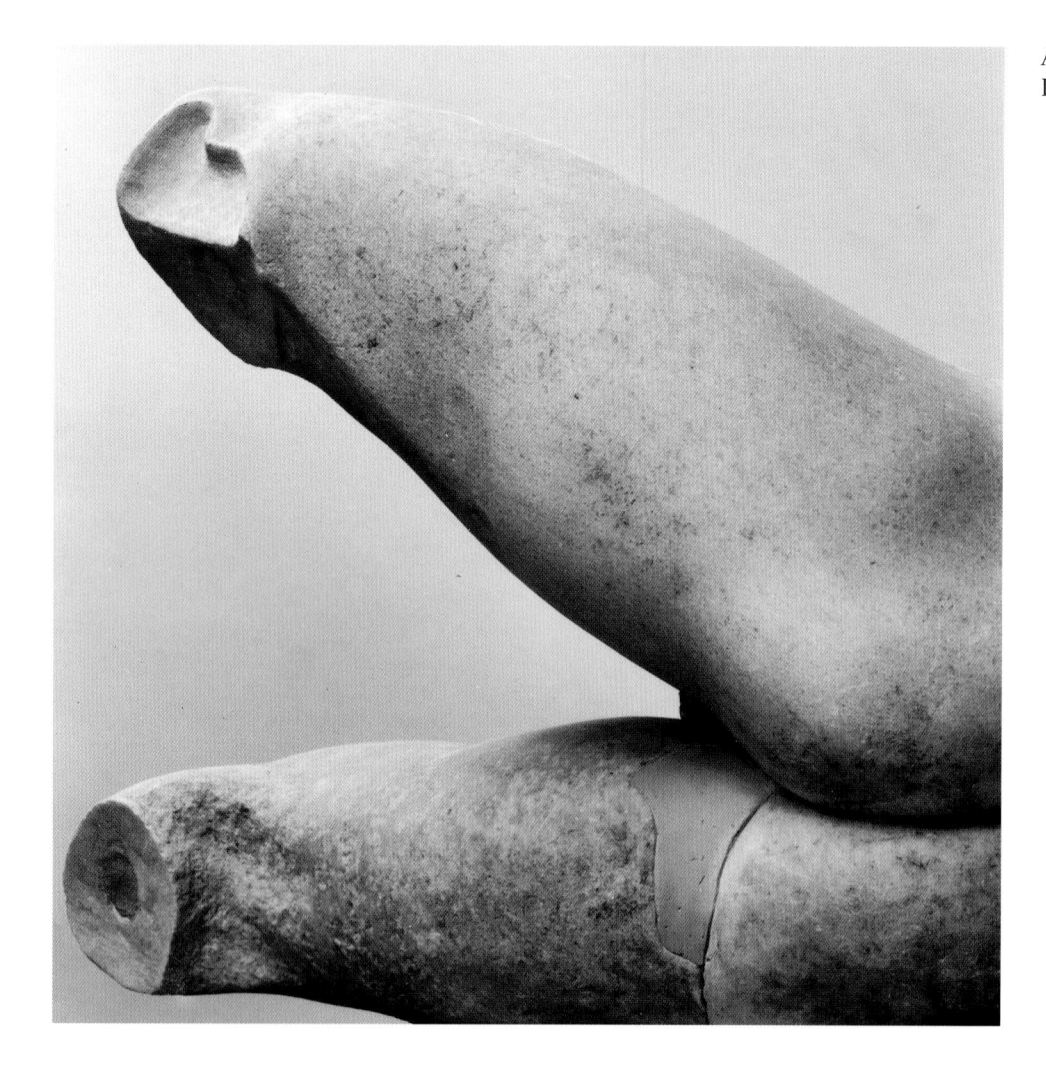

Abb. 103
Der linke Sterbende, Westgiebel XIV.

Figuren darf nicht berührt werden. Das Alter und die ‚Geschichte' der Skulpturen, die dem Marmor oft eine raue, angewitterte Oberfläche gaben, hat man nicht durch ein Überschleifen und Glätten des Marmors, so wie es Jahrhunderte lang bei so vielen Antiken geschah, wieder ausgelöscht. Bei den Ägineten ist nicht, wie manchmal geschrieben, die antike Marmoroberfläche überarbeitet und somit ‚verschönert' worden, sondern es wurden die Ergänzungen „auf alt getrimmt".[138] Auch die Art, wie man die Ergänzungen an die antiken Teile ansetzte, zeugt von einer hohen Sensibilität der Ergänzer. Bei der Anpassung einer ergänzten Form an das Original besteht nämlich immer die Schwierigkeit: Wie erreicht man einen bruchlosen Übergang von ‚Alt zu Neu'? Viele Ergänzer dieser Zeit erleichterten sich diese diffizile Arbeit, indem sie über die Stückungsfuge hinweg mit dem Bimsstein den Marmor überschliffen und so ‚Alt und Neu' anglichen. Das ist bei den Ägineten nicht geschehen.[139]

Aber Ludwigs Forderung nach einer vollständigen Ergänzung stellte Wagner und seine Werkstatt zuweilen vor Probleme, für die Lösungen gefunden werden mussten, die wir heute bedauern: So ist bei dem Torso eines Kriegers eine größere Partie an der rechten Schulter- und Brustseite, wohl durch den Fall aus dem Giebel, so stark geprellt und abgesplittert gewesen, dass die bildhauerische Form verloren war. Hallers Zeichnung zeigt die Bruchflächen, die sich auch auf Schulter-, Arm- und Halsansatz erstrecken (Abb. 104). Für Wagner entstand nun das Problem: Der Kopf fehlte, musste also ergänzt werden. Erhalten war aber ein rechter Arm, der in Größe und Bewegung bestens zu dem Torso passte und höchstwahrscheinlich dazu gehörte. Offensichtlich war der Arm beim Sturz der Figur abgebrochen. Da aber die Schulter der Figur stark beschlagen war, konnte der Arm nicht mehr Bruch-auf-Bruch an den Torso angepasst werden. Um den antiken Arm, der im Gegensatz zur Schulter auch an der Oberfläche gut erhalten war, und den ergänzten Kopf organisch an den Oberkörper anpassen und somit die Figur zu einem harmonischen Ganzen zusammenfügen zu können, musste an den beschlagenen Partien die fehlende Modellierung ergänzt werden. (Abb. 105). Dazu bedurfte es erheblicher Eingriffe in die Substanz der Figur, um einerseits den Ergänzungen das nötige Volumen zu geben, damit sie überhaupt in Marmor gemeißelt werden konnten, und andererseits Bettungen für eine sichere Anbringung der Ergänzungen zu schaffen (Abb. 106). Diese Maßnahme führte bei diesem Krieger zu einer ‚Höhlung' am Oberkörper, deren ‚muschelartige' Form nach Abnahme der Ergänzung so aufdringlich wirkte, dass sie mit einem

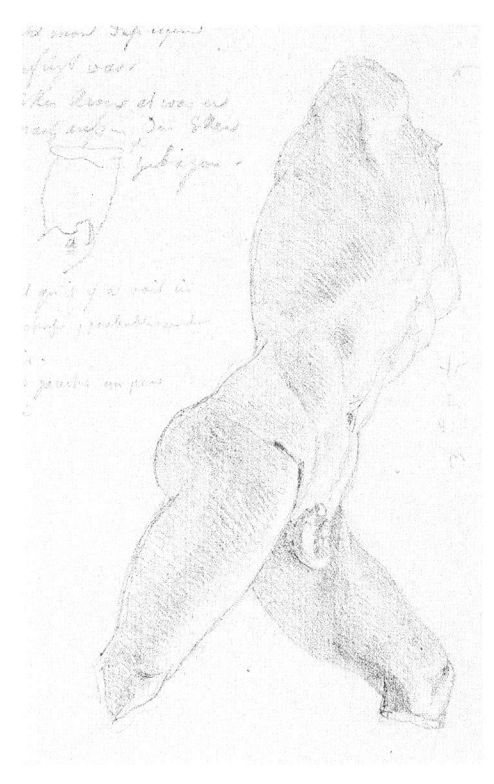

Abb. 104
Rechter Vorkämpfer, Westgiebel II, Zeichnung von Carl Haller von Hallerstein. Berlin, Kunstbibliothek.

Abb. 105
Rechter Vorkämpfer mit Ergänzungen, Westgiebel II.

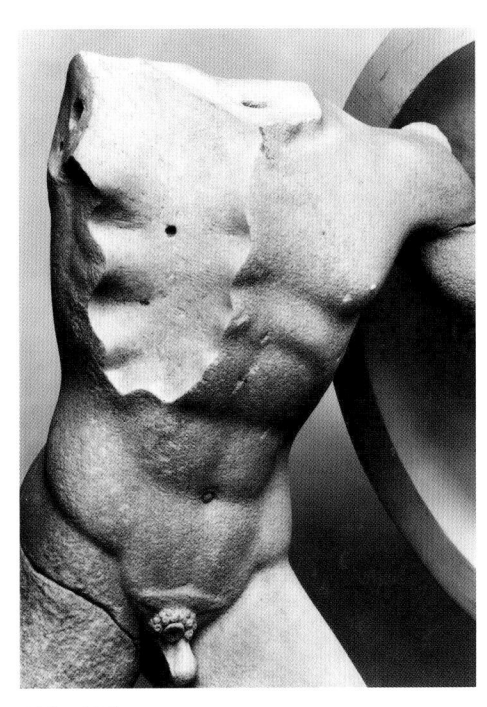

Abb. 106
Rechter Vorkämpfer mit Bettungen für die Ergänzungen, Westgiebel II.

Abb. 107
Rechter Vorkämpfer, Bettungen mit Gipsauftrag kaschiert, Westgiebel II.

Gipsauftrag kaschiert werden musste (Abb. 107). Ähnliche Eingriffe erlitten auch der fallende und der sterbende Krieger des Westgiebels. Bei dem fallenden Krieger waren am Oberkörper ein Teil der rechten Brust, die rechte Schulter und der Ansatz des Halses beschlagen (Abb. 108). Schon Haller hat erkannt, dass von diesem an seiner Rückseite perfekt erhaltenen Torso, damals von ihm „le beau torse" genannt, noch der linke Arm, in drei Fragmente zerbrochen, erhalten ist. Die römischen Ergänzer konnten noch den gut erhaltenen rechten Arm identifizieren. Um den Arm an Schulter und Brust organisch anpassen zu können, mussten diese ergänzt werden (Abb. 109). Der Torso bekam einen antiken Kopf, dessen Zugehörigkeit nur zweifelhaft sein konnte, da am Torso und am Kopf der Halsansatz fehlte.[140] Um möglichst wenig Stückungsfugen zu haben, wurde aus einem einzigen Stück Marmor die Ergänzung von Brust und Hals gefertigt und diese künstlich so verwittert, dass es einen ‚natürlichen' Übergang von der stärker verwitterten antiken Oberfläche der Brust zu dem besser erhaltenen rechten Arm ergab (Abb. 110). Nach Abnahme der Ergänzungen ist die Abarbeitungsfläche durch Gipsauftrag kaschiert worden (Abb. 111). Noch krasser sind die Gegensätze beim rechten Sterbenden des Westgiebels: Sein Oberkörper war nach dem Sturz aus dem Giebel stark angewittert, während der mehrfach ge-

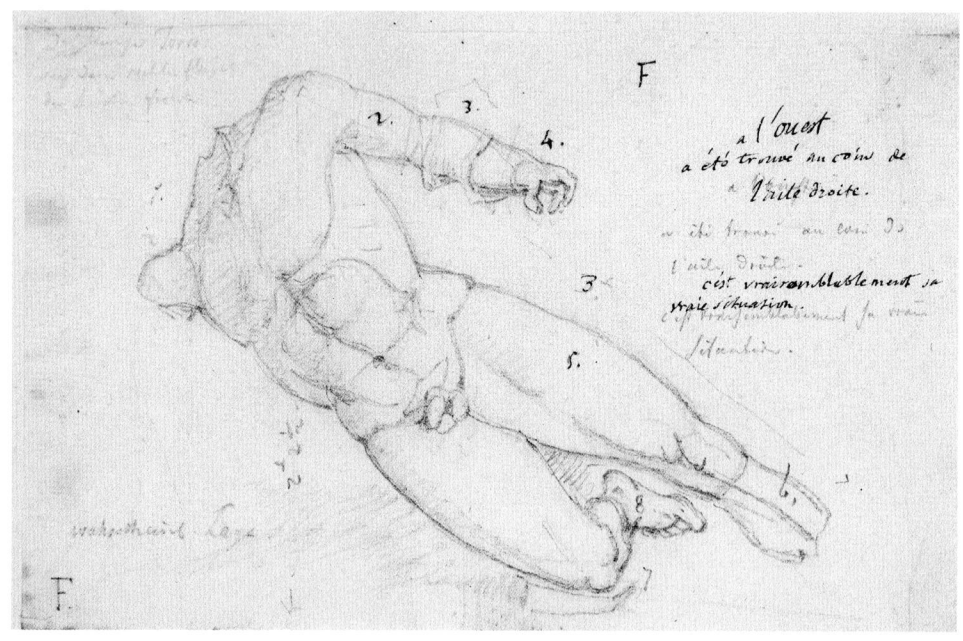

Abb. 108
Fallender, Westgiebel VIII, Zeichnung von Carl Haller von Hallerstein. Berlin, Kunstbibliothek.

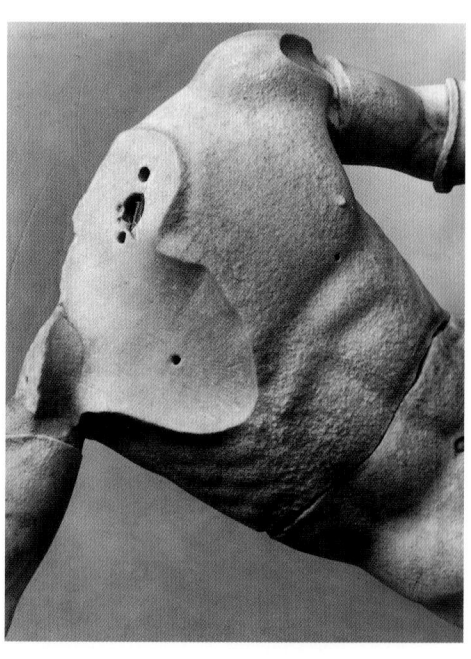

Abb. 109
Fallender mit Bettungen für die Ergänzungen, Westgiebel VIII.

Abb. 110
Fallender mit Ergänzungen,
Westgiebel VIII.

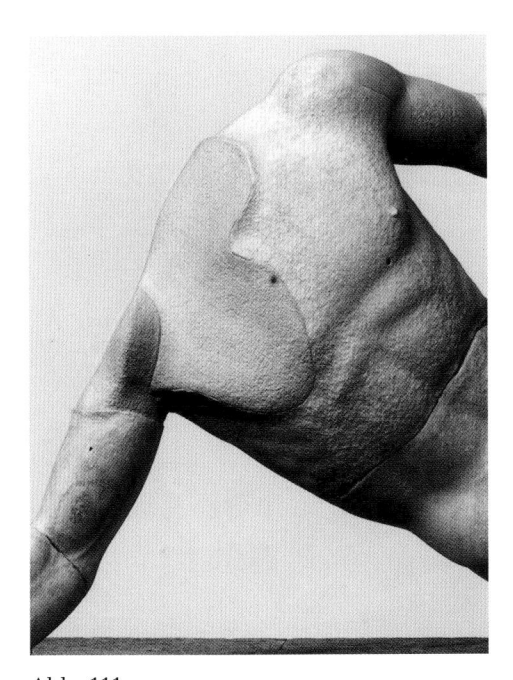

Abb. 111
Fallender, Bettungen mit Gipsauftrag
kaschiert, Westgiebel VIII.

brochene und gesplitterte rechte Arm offensichtlich so günstig unter den Trümmern zu liegen kam, dass sich seine Oberfläche gut erhielt (Abb. 112 und 113). Die Ergänzer haben den Marmorflicken, der die abgesplitterte Schulter ergänzte, an seiner Oberfläche teilweise aufgeraut, um einen natürlich erscheinenden Übergang zwischen den beiden so unterschiedlich erhaltenen Oberflächen von Brust und Arm zu schaffen (Abb. 114 und 115). Aus der Zeichnung Hallers und auch aus der Abarbeitung der Restauratoren zur Einpassung der Ergänzung geht deutlich hervor, dass an dieser Stelle zwar die Oberfläche abgewittert war, aber nicht sehr tiefgreifend Substanz verloren gewesen sein konnte (vgl. Abb. 113). Und so fragt man sich hier, wie bei so vielen anderen Fällen, ob nicht an dieser Stelle, wo auch keine statischen Gründe eine Marmorergänzung erforderten, das Fehlende nicht leichter in Gips ergänzt worden wäre? Denn Wagner ließ an anderen Figuren bei leicht ausgebrochenen Brüchen oft Gipsflickungen anbringen, und klaffende Ansatzfugen sind durchwegs mit Gips verschmiert worden. Da später diese Gipsergänzungen herausfielen und nicht mehr ersetzt wurden, zeigen viele Aufnahmen von 1920 bis 1960 die Skulpturen mit offenen Ansatzfugen und Bruchkanten, die ursprünglich nie zu sehen waren. Wenn Wagner sich entschied, Aussplitterungen in Marmor zu ergänzen, mussten für diese kleinen marmornen Flickstücke Bettungen ausgemeißelt werden, was wir heute sehr bedauern (Abb. 116). Es ist offensichtlich, dass Aussplitterungen am Körper eher

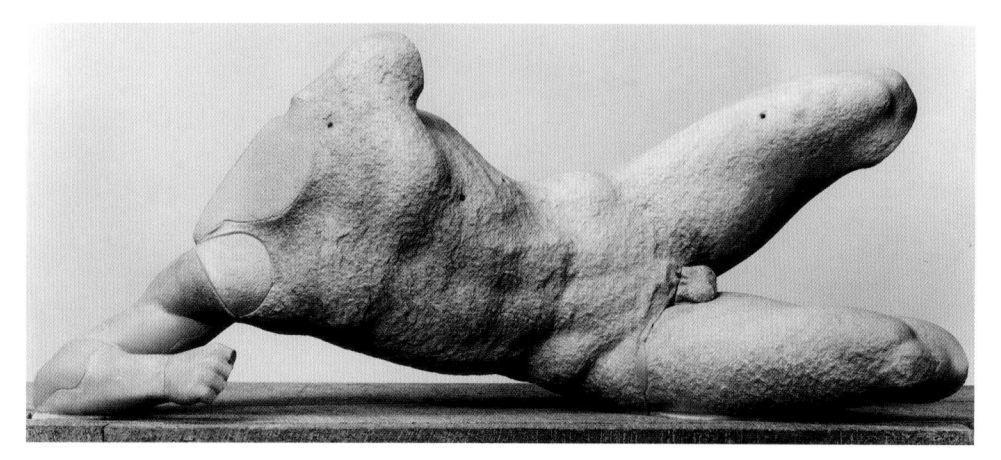

Abb. 112
Sterbender, heutige Ansicht,
Westgiebel XIV.

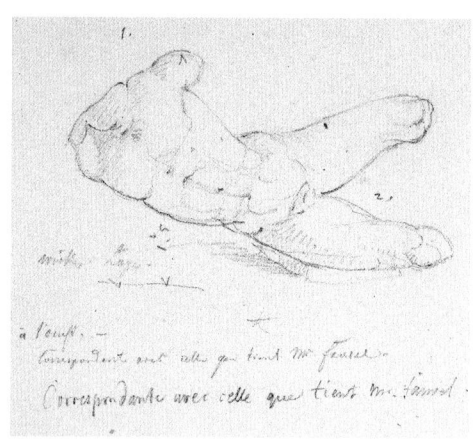

Abb. 113
Sterbender, Westgiebel XIV, Zeichnung
von Carl Haller von Hallerstein. Berlin,
Kunstbibliothek.

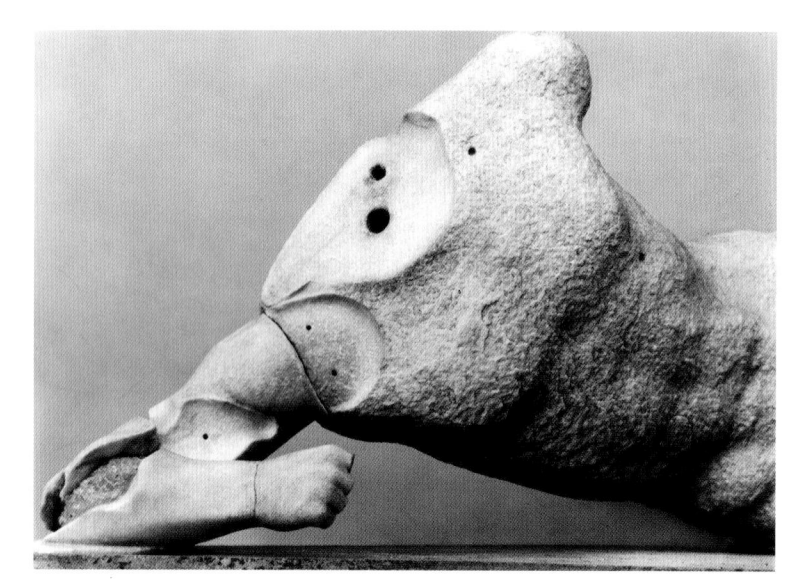

Abb. 114
Sterbender mit Bettungen für die
Ergänzungen, Westgiebel XIV.

Abb. 115
Sterbender mit Ergänzungen,
Westgiebel XIV.

mit Gips gefüllt und kleine Bestoßungen am Kopf, ob am Helm oder an der Nasenspitze, generell in Marmor ergänzt wurden (Abb. 117). Dabei musste die Bruchkante geglättet und für die Ergänzung eine gewisse Größe erreicht werden, um es in Marmor überhaupt ausführen zu können. In all diesen Fällen wäre es viel leichter und für das Original wesentlich schonender gewesen, wenn man mit Gips ergänzt hätte, aber solch eine Gipsflickung hielt man offensichtlich damals bei einem Äginetenkopf nicht für angemessen.

Abb. 116
Bogenschütze, Ostgiebel V.

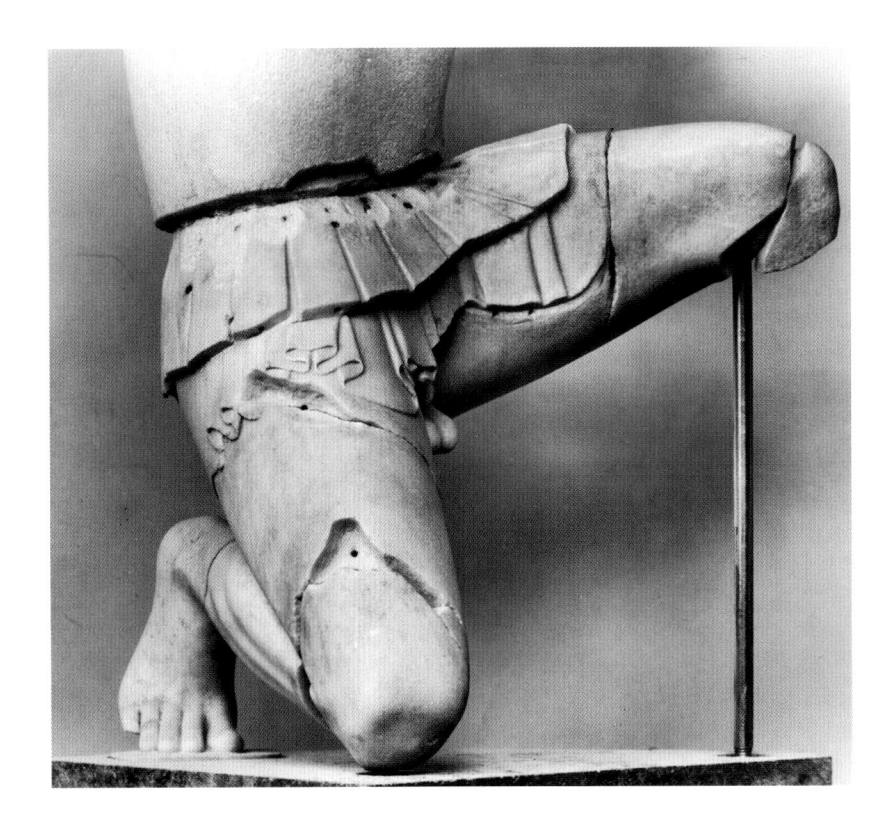

Abb. 117
Athena, Ostgiebel I.

Dem ausdrücklichen Wunsch Ludwigs, dass alle antiken Fragmente für die Ergänzung verwendet werden müssten, stand neben Wagner auch Thorvaldsen recht kritisch gegenüber. Er hielt es für günstiger, solch eine Flickarbeit zu meiden: So wollte er einen Schild, von dem nur verschiedene antike Fragmente erhalten waren und andere Teile fehlten, gleich gänzlich neu machen und auf die Verwendung der originalen Bruchstücke verzichten. Obwohl Wagner, der Thorvaldsens Wunsch Ludwig mitteilte, noch ausdrücklich betonte, dass dies weniger zeitintensiv und folglich kostengünstiger wäre, was für Ludwig immer ein wichtiger Faktor bei allen Entscheidungen war, wich er von seiner Forderung, auch die kleinsten originalen Teile bei der Ergänzung zu verwenden, nicht mehr ab.[141]

Da der bruchfrische Carraramarmor, aus dem die Ergänzungen gearbeitet sind, sich durch seine feine Körnung und vor allem durch seine weiße Färbung von dem gröber gekörnten und durch die Jahrhunderte gelblich patinierten parischen Marmor der Originale stark unterscheidet, wurden die Ergänzungen durch Farbauftrag (damals Tinte genannt) den Originalen angeglichen. Für diese Tinte verwandte man zu dieser Zeit gewöhnlich Tee, Tabaksoße, Urin usf., wobei die jeweiligen Künstler und Werkstätten oft ihre eigene Mixtur entwickelten.[142] Mittels dieser Tinktur waren antike und ergänzte Partien an der farblichen Differenz nicht mehr zu unterscheiden. Solch eine täuschende Angleichung der Ergänzungen an die Originale war der ausdrückliche Wunsch Ludwigs, was aber schon damals unzeitgemäß war und kritisiert wurde.[143]

Pasticcio

Wie neuere archäologische Forschungen zeigen konnten, haben die Ergänzer bei manchen Figuren ein nicht zugehöriges antikes Bruchstück, beispielsweise einen Kopf, einen Arm oder ein Bein, an den Torso angesetzt. So bekam auch der fallende Krieger des Westgiebels einen Kopf, der nicht ihm gehört (Abb. 118), sondern der dem Gegner des rechten Vorkämpfers zuzuschreiben ist, von welchem freilich der Rumpf nicht erhalten ist. Später haben manche Archäologen die Ergänzer gescholten, dass sie dies nicht erkannt hätten. Aber das ist falsch. Sie waren sich der Problematik wohl bewusst. In einem Brief Wagners an Ludwig heißt es: „Eine andere zweifelhafte Frage habe ich hier Eurer Königlichen Hoheit zu Entscheidung vorzulegen. Die Sache ist diese. Es finden sich nemlich Bruchstüke unter der Masse der äginetischen Fragmente, welche der einen oder der anderen dieser 17 Figuren anzugehören scheinen, allein, bei genauerer Untersuchung fand sich's, daß zum Beispiel ein Arm oder ein Bein, welches ich anfänglich dieser oder jener Figur anzugehören glaubte, oft nur einer Kleinigkeit wegen seiner zugedachten Stelle zu widerstreben scheint, übrigens aber sowohl seiner Proportion als Bewegung gemäß, vollkommen mit der Figur übereinstimmt. Ich frage nun, ob es erlaubt sei, ein solches zweifelhaftes Bruchstück mit dieser oder jener Figur zu vereinigen, wenn übrigens das Ganze wohl zusammenpaßt, und sowohl Bewegung als Proportion gut mit dem übrigen Körper übereinstimmt; oder ob man dieses Zweifels wegen dieses oder jenes Bruchstück, obschon es übrigens sowohl in Hinsicht seiner Maaße und als Bewegung wohl zu passen scheint, nicht gebrauchen soll, sondern vorzuziehen sei, stattdessen ein neues anzusetzen; ich erwarte von E. K. H. die Entscheidung darüber."[144]
Wagner legt Ludwig die Antwort schon in den Mund, wenn er hinzufügt: „Ich würde mich meines Erachtens gemäß in einem solchen Fall folgendermaßen verhalten. Ist das Bruchstück von der Art, daß es schicklich der Figur sowohl seiner Bewegung als Maase wegen angehören kann, obschon es im Zweifel steht, ob es wirklich das ursprüngliche sei, so würde ich kein Bedenken tragen, es der Stelle anzueignen, welcher es anzugehören scheint, wenn es nur dahin gehören könnte. Den es ist immer ein Gewinnst für die Figur, wenn der fehlende Teil durch ein antikes Bruchstück schicklich kann ersetzt werden, und weit ratsamer als solches durch ein modernes zu ergänzen. Das Ergänzte ist ewig nur eine Ergänzung, und die beste Ergänzung wird immer noch weniger passend sein, als eines jener zweifelhaften Antiken Bruchstücke; hiermit will ich jedoch nicht gesagt haben, dass man ein Bruchstük einer Statue anpassen soll, wenn es nicht das seinige zu sein scheint. Das Bruchstük, welches hierauf Anspruch machen kann, muß von der Art sein, dass es zuwenigst das fehlende Stük sein könnte, wenn es solches auch wirklich nicht sein sollte. Hier muß das Auge des Künstlers entscheiden."[145]
Ludwig billigte diesen Vorschlag. So wurde dem fallenden Krieger ein Kopf aufgesetzt, von dem Wagner schon damals zu Recht vermutete, dass er nicht

Abb. 118
Fallender Krieger des Westgiebels mit nicht zugehörigem Kopf.

dazugehören konnte. Solch ein Pasticcio aus nicht zusammengehörigen Antiken erscheint uns heute fremd. Aber selbst Johann Joachim Winckelmann, Ludwigs Lehrmeister für die Antike, hielt diese Art der Ergänzung für gerechtfertigt.

Metallstützen

Eines der großen Probleme der Ergänzung war, „wie man den Figuren den nötigen Halt oder Stärke geben könnte". Wagner und Thorvaldsen rätselten, „wie die Figuren nach den natürlichen Gesetzen der Schwere sich haben aufrecht erhalten können, denn sie sind so leicht und ohne alle Stütze gearbeitet und nicht,

Abb. 119
Krieger des Westgiebels (IX)
mit Metallstütze.

Abb. 120
Sogenannter Knappe mit Metallstütze,
Ostgiebel IV.

wie man solche bei anderen Statuen zu mehrerer Stärke angewendet findet, nemlich, dass man zur Verstärkung des Standfußes hinten einen Tronk oder sonst eine Stütze von Marmor stehen ließ". Wagner erschien es „unbegreiflich, wie diese Statuen auf ihren zarten Beinen auf diesen schmalen und dünnen Platten, bey der übrigen Schwere der Körper samt der Last von Schilden auch nur eine Stunde halten konnten, ohne zusammenzubrechen."[146] Auch heute, obwohl uns inzwischen eine Fülle griechischer Skulptur bekannt ist, sind die Ägineten noch immer ein vielbewundertes Beispiel für selten kühne Bildhauertechnik, die es wagte, die Belastbarkeit des Marmors bis an die Grenzen auszuloten. Sind aber solch fragile Figuren einmal gebrochen, wird die Reparatur zum Problem. Mit eingeführten bronzenen Dübeln ließen sich die einzelnen Bruchstücke nicht mehr so fest verbinden, dass die Figuren hätten sicher stehen können. Eisendübel verboten sich aus restauratorischen Gründen. So entschloss man sich, das Gewicht des Körpers durch zusätzlich außen angebrachte bronzene Stützen abzufangen. Diese Stützen waren absolut notwendig: Es gab zu dieser Zeit noch keinen Edelstahl, der bei geringem Durchmesser, wie es „die zarten Beine" der Figuren erforderten, so belastbar gewesen wäre, dass er die einzelnen gebrochenen Teile sicher verbunden hätte. Zur Anbringung der Stützen musste durch die antike Oberfläche ein kräftiges Loch in die Figur eingetrieben werden.[147] Dass diese Stützen unschön sind und manche Figuren wie „Dreibeiner" wirkten, ließ sich nicht vermeiden (Abb. 119 und 120). Andere damals gebräuchliche Restaurierungsmethoden, wie das Verbinden gebrochener Teile durch außen angesetzte kräftige Klammern, die über die Brüche greifen, hätten noch stärkere Eingriffe in die Skulptur zur Folge gehabt. Solche Außenstützen wie bei

Abb. 121
Kuros von Tenea mit alter, rückwärtiger Stütze. München, Glyptothek.

Abb. 122
„Münchner Kuros" mit alter, rückwärtiger Stütze. München, Glyptothek.

den Ägineten sind auch später noch zur Festigung statisch problematischer Figuren üblich gewesen. So bekam 1850 der Apoll von Tenea eine Außenstütze und sogar noch 1910 sicherte man den Münchner Kuros durch eine in den Rückenansatz eingeführte kräftige Metallstütze (Abb. 121 und 122).

Die Metallstützen der Ägineten übertrugen das Gewicht auf moderne, meist rechtwinkelig geschnittene Marmorplatten, auf denen die Figuren montiert bzw. mit den erhaltenen Resten ihrer antiken Standplinthen eingelassen und mit Dübeln befestigt waren.[148] An den antiken Standplinthen hat man die Bruchränder gerade geschnitten, um sie einfacher in die modernen Standplatten einpassen zu können.

Der Streit um die richtige Aufstellung

Als im Oktober 1816 Klenzes Grundrissplan der Glyptothek Wagner zur Beurteilung vorgelegt wurde, kritisierte dieser als Erstes die in seinen Augen unzureichende Beleuchtung der Museumsräume durch Seitenfenster, was ja, wie er meinte, dazu zwinge, die Figuren auf Drehgestelle zu montieren, sodass man folglich „den Antiken zumutet nach der Pfeife des Architekten zu tanzen".[149] Wagner wünschte Oberlicht.[150] Noch problematischer für Klenze war es, dass Wagner an dem schon begonnenen Bau auch den Grundriss bemängelte: Die von Klenze vorgesehene Länge des Äginetensaals von 13,5 Metern erschien ihm völlig unzureichend (Abb. 123). Er drang nach mehrfachen Berechnungen schließlich auf eine Länge von fast 23 Metern. Diese unterschiedlichen Raumforderungen sind leicht erklärbar. Klenze wie auch Ludwig gingen davon aus, dass man die Figuren in einer Komposition, die der ursprünglichen Giebelgruppe zumindest nahekommt, aufreihen könnte. Wagner lehnte dies vehement ab: „Diese Statuen aufstellen zu wollen, wie sie ursprünglich gestanden", so schreibt er an Ludwig, „ist zwar ein schöner Gedanke, allein eine unausführbare unmögliche Sache. Erstlich weil beinahe die Hälfte der Figuren fehlt, wie ich schon in meiner Abhandlung hierüber gezeigt habe, wodurch natürlicherweise diese beiden Gruppen ihre Verbindung verloren; denn es ist klar, sowie man von einer nahe geschlossenen Gruppe, wie diese war, von etwa 12 Figuren 5 hinweg nimmt, so löst sich die Verbindung, und die Gruppe hört auf Gruppe zu sein. Dies ist der erste Grund, der zweite ist ebenso wichtig, ob nicht noch wichtiger; nämlich da man gezwungen war, allen diesen Figuren neue Plinthen zu geben, um sie aufrecht stehen zu machen, und um ihnen den gehörigen Halt und Stärke zu geben, so wird dadurch unmöglich gemacht, die Figuren so nah aneinander zu reihen, um sie miteinander zu verflechten wie sie es ursprünglich gewesen." Da nach Wagners wissenschaftlich absolut korrekten Überlegungen (siehe oben und nachfolgend) bei beiden Giebeln viele Figuren nicht erhalten und somit die ursprünglichen Kompositionen nicht zu erschließen waren, hielt er es für richtig, die Statuen „in zwei Reihen jedoch freistehend aufzustellen damit man bequem um sie herumgehen und solche von allen Seiten betrachten könne".[151] Dadurch ergaben sich die große Raumlänge und die Notwendigkeit eines Oberlichts (Abb. 124, vgl. 138). Ludwig konnte der Analyse Wagners nicht widersprechen. Sicherlich war er etwas enttäuscht, hatte er doch geglaubt, dass zumindest eine der beiden Giebelgruppen nahezu vollständig erhalten und in ihrer ursprünglichen Anordnung wiederaufzustellen sei. Dies wusste Wagner, und so fügte er hinzu: „Um jedoch soviel als tunlich, diese Absicht zu erreichen, das heißt einigermaßen eine anschauliche Idee vom Ganzen zu geben, so würde ich vorschlagen, im Falle einmal diese Figuren in München sollten von neuem geformt werden, zu versuchen, wenigstens in Gips diese Figuren wieder zusammenzustellen, so wie, den vorhandenen Anzeigen und Mutmaßungen zufolge, solche ursprünglich konnten gestanden haben. Um das Ganze so anschaulich wie möglich zu

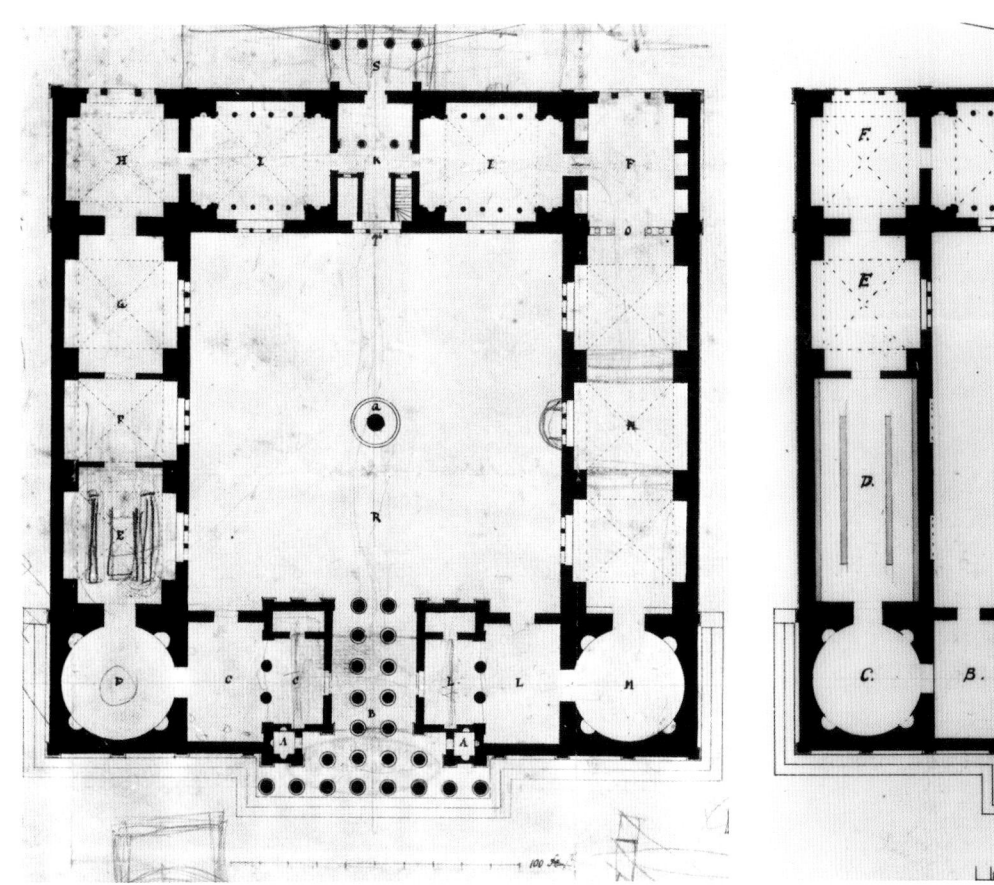

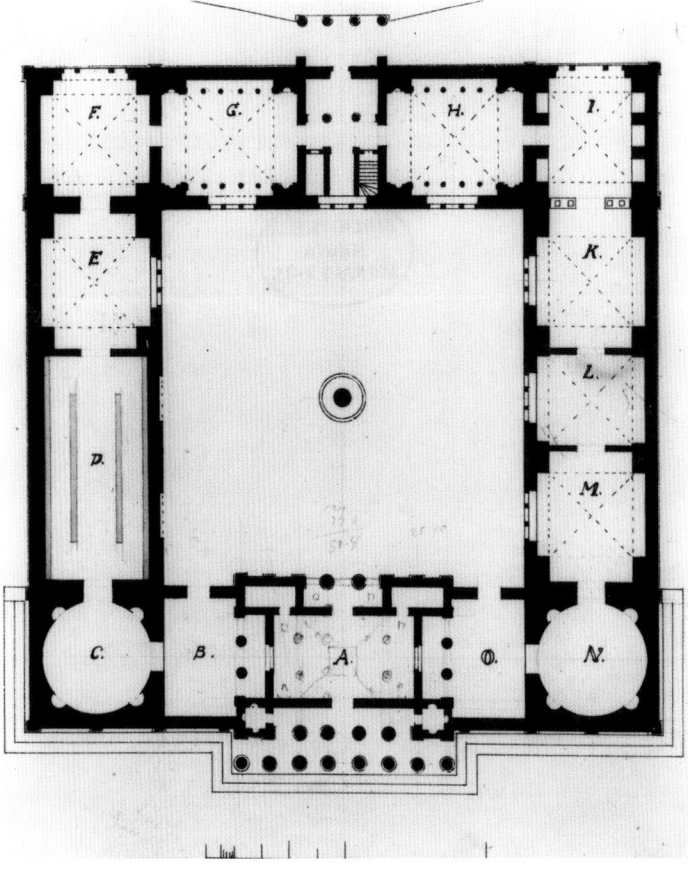

Abb. 123
5. Zwischenentwurf von Leo von Klenze zum Grundriss der Glyptothek. Würzburg, Martin-von-Wagner-Museum.

Abb. 124
Durch Wagner korrigierter Klenze-Grundriss der Glyptothek. München, Staatsbibliothek.

machen, und die ursprüngliche Aufstellung dieser Kunstwerke soviel als nur immer tunlich in Abbildung wiederzugeben, da solches in Marmor zu tun nicht mehr möglich ist, so könnte man an den beiden Seitenwänden desselben Saales in dessen Mitte die Originale aufgestellt, die Frontone oder Giebel genau nach ihrem Maßen in Stuck aufführen, ihnen die Farbe des Steins geben, wie auch die Verzierungen farbig anbringen sowie man sie an den Fragmenten des Tempels selbst entdeckt hat. In diesen beiden von Stuck nachgeahmten Giebeln, welche von den beiden größeren Seitenwänden des Saals zu stehen kämen, würden sodann die gipsernen Figuren, nach ihrer mutmaßlichen ursprünglichen Ordnung aufzustellen sein; dem Gipse könnte man die Farbe des antiken Marmors, wie auch die anderen Farben wiedergeben, sowie man an dem Original die Spuren davon hier und da entdeckt hat, welche künstliche Darstellung bei dem von oben einfallenden Licht gewiß eine ganz eigene Wirkung tun müsste. Auf diese Weise könnte man in einem Saale sowohl das Ganze in Gips vereinigt in seiner ursprünglichen Form und Farbe vor Augen haben, wie auch zu gleicher Zeit die Originale einzeln nach aller Bequemlichkeit von allen Seiten betrachten und nach Willkür untersuchen ... Sollte der Versuch der vielen Figuren wegen nicht gänzlich gelingen, so wäre dabei soviel auch nicht verloren, in dem er doch auf keinem Falle ganz ohne Wirkung ausfallen könnte."[152]

Ludwig leuchteten Wagners Vorschläge ein. „Wenn thunlich des Aiginischen Sahles Länge zu vermehren", forderte er wenig später Klenze auf.[153] Der antwortete Ludwig: „Ich werde in dieser Hinsicht das Meinige tun, um der Notwendigkeit und der Sache Genüge zu leisten."[154] Aber mit einer kleinen Plankorrektur war da nichts zu machen. Wagner klärte Ludwig Ende April 1817 noch einmal darüber auf, „daß der für die äginetischen Werke zu erbauende Saal um vieles größer zu halten sei". Für Klenze wurde es jetzt schwierig: Dem selbstbewussten Architekten gefiel es nicht, nach der ‚Pfeife' Wagners und seiner Antiken zu tanzen. Und man kann es verstehen: Um für die Ägineten Platz zu schaffen, blieb Klenze nichts anderes übrig, als den Apollosaal aufzugeben und ihn mit dem Äginetensaal zu einem einzigen langgestreckten Saal zu verbinden. Genau dies hat Wagner in seinem 4. und letzten Gutachten zur Glyptothek vorgeschlagen (Abb. 124):[155] Allein der Grundriss zeigt schon, dass mit einem verlängerten Äginetensaal die rhythmische Raumgliederung des Westflügels des Gebäudes zerstört gewesen wäre. Und Wagners Forderung eines Oberlichts für den Äginetensaal hätte, da alle anderen Räume, außer den Rundsälen, Seitenlichter besaßen, auch die Harmonie des Gebäudes empfindlich beeinträchtigt. Man kann deshalb nachvollziehen, dass Klenze diese Planänderungen mit allen Mitteln zu vermeiden suchte. Und das Glück war ihm hold.

Cockerells Forschungen

Ende 1816 hatten sich die Auffinder der Ägineten, Charles Robert Cockerell, John Foster und Jacob Linckh, in Rom getroffen. Nur Carl Haller von Hallerstein fehlte. Er, der die genauesten Zeichnungen und Notizen besaß, war in Griechenland geblieben. Cockerell und seine Freunde, die jetzt zum ersten Mal die Figuren zusammengesetzt und einige schon im ergänzten Zustand sahen, waren „äußerst erstaunt, diese Statuen so vollständig wiederzufinden, so wie sie sich wirklich nicht träumen ließen."[156] Cockerell zeichnete sie wiederum und beschäftigte sich nun in Rom erneut mit dem Problem der ursprünglichen Aufstellung im Giebel. Sein Ausgangspunkt waren die ersten Rekonstruktionsskizzen, die er und Haller anhand der Notizen von den Fundorten der Torsi schon 1811 in Athen bei der ersten Sichtung der Funde entworfen hatten.[157] Diese ersten Rekonstruktionsskizzen sind schon damals mehrfach von Cockerell und Haller nachgezeichnet und manchmal auch geringfügig verändert worden. Haller schickte diese Zeichnungen bereits 1811 zu Ludwig nach München und zum bayerischen Gesandten Kasimir Häffelin nach Rom. Eine dieser Skizzen, von denen heute noch mehrere erhalten sind, war auch Wagner bekannt.
Diese ersten Rekonstruktionen (vgl. Abb. 125 mit 126), so hat sich mittlerweile herausgestellt, kommen der von der Archäologie erschlossenen antiken Aufstellung erstaunlich nahe. Beim Westgiebel stimmen von neun gezeichneten Figuren sieben in der Position: Athena, die beiden Sterbenden, die beiden

Abb. 125
Westgiebel des Aphaiatempels, Zeichnung von Carl Haller von Hallerstein. Berlin, Kunstbibliothek.

Abb. 126
Westgiebel des Aphaiatempels, heutige Aufstellung.

Bogenschützen, ein Stecher und ein Vorkämpfer. Nur ein stehender Krieger, den Haller links von Athena zeichnet (die Seitenangaben sind vom Beschauer aus gesehen), kämpfte im Giebel zu ihrer unmittelbaren Rechten. Solch eine Verschiebung der Fundlage wäre meines Erachtens unschwer damit erklärbar, dass die Figur aus dem Giebel auf einen Trümmerhaufen gefallen und dann etwas zur Seite gerollt ist. Hingegen überzeugt eine solche Erklärung nicht bei der Figur des Fallenden, die in der Giebelkomposition neben dem Sterbenden der linken Giebelecke positioniert war, die aber in Hallers Zeichnung rechts neben die Athena gesetzt ist. Die Lösung dieses Problems ergibt sich aus den Fundnotizen Hallers und Cockerells: So hat Cockerell zu diesem Torso als Fundlage „northwest" notiert, was der linken Giebelecke entspricht, und bei Haller, der wie Cockerell die Seitenangaben stets vom Tempel aus gesehen angibt, liest man unter der Zeichnung dieses Torsos: „a été trouvé à l'ouest au coin de l'aile droite; c'est vrai semblement sa vraie situation"[158] (Abb. 127 und 128). Die Fundangaben entsprechen also genau der heute erschlossenen antiken Komposition. Dass sich Haller und Cockerell bei diesen ersten Rekonstruktionsskizzen nicht immer genau an ihre eigenen Beobachtungen hielten, erklärt sich wohl aus dem Zweck dieser frühen Zeichnungen: Sie sollten Kaufinteressenten einen Eindruck von der Komposition und Vollständigkeit der Giebelgruppen geben, und so hat man jegliche zeichnerische Überschneidung, wie sie die Einpassung des ‚Fallenden' in die linke Giebelhälfte ergeben hätte, vermieden.

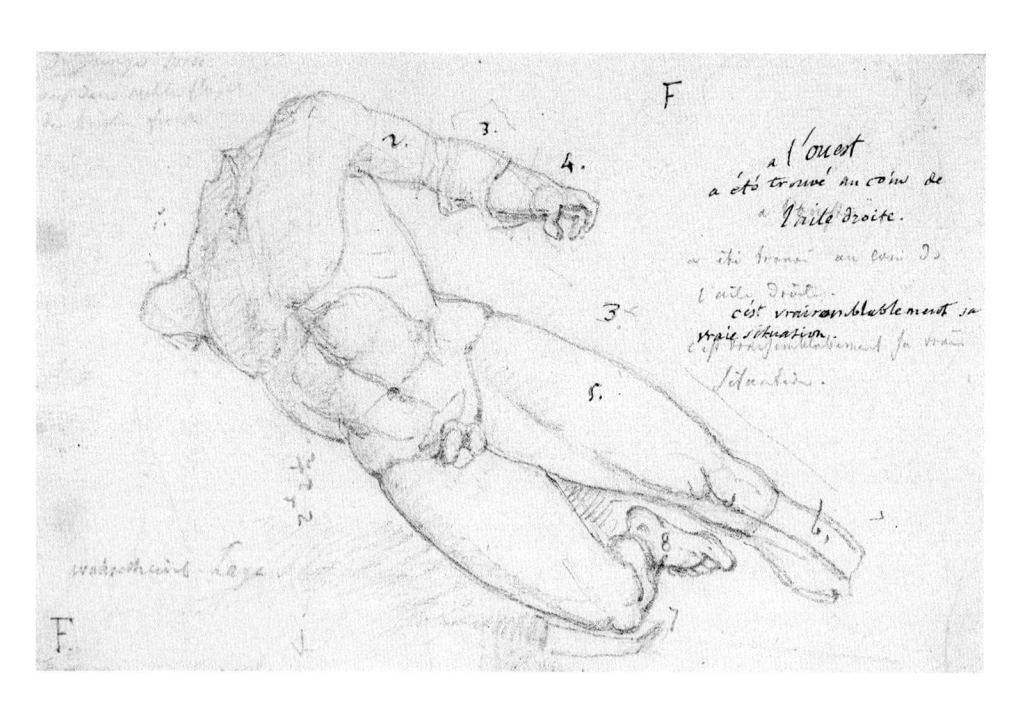

Abb. 127
Krieger des Westgiebels (XIII), Zeichnung von Carl Haller von Hallerstein.
Berlin, Kunstbibliothek.

Abb. 128
Krieger des Westgiebels (XIII), Zeichnung von Carl Haller von Hallerstein.
Berlin, Kunstbibliothek.

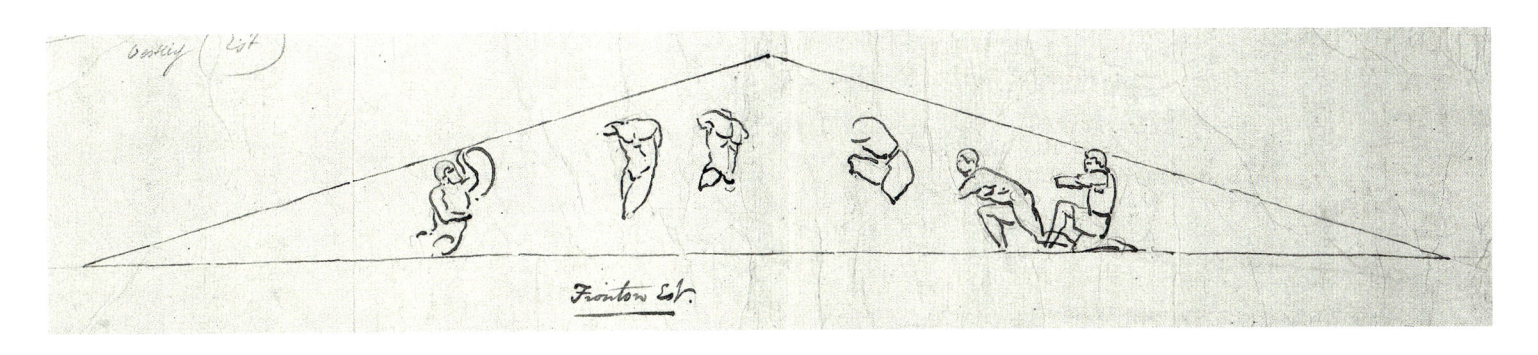

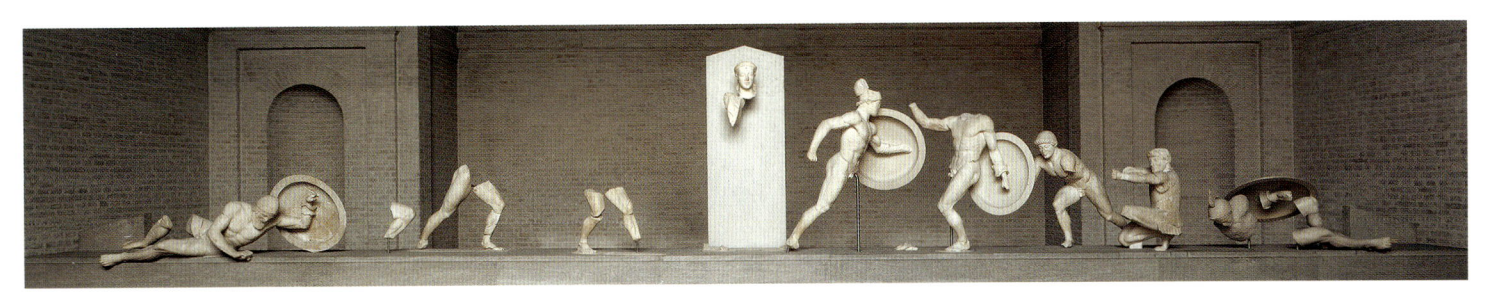

Abb. 129
Ostgiebel des Aphaiatempels. Zeichnung von Carl Haller von Hallerstein. Berlin, Kunstbibliothek.

Abb. 130
Ostgiebel des Aphaiatempels, heutige Aufstellung.

Im Ostgiebel sind von sechs gezeichneten Figuren vier ziemlich zutreffend positioniert (vgl. Abb. 129 mit 130): Der bogenschießende Herakles und die vor ihm weit ausschreitende, leicht geduckte Figur (sog. Helfer) sind geradezu exakt in der ursprünglichen antiken Position in das Giebelfeld eingepasst. Für uns heute ist es kaum verständlich, wieso Haller und Cockerell die liegende Haltung des rechten Sterbenden (Laomedon) nicht erkennen konnten und den sterbenden Krieger in einer so merkwürdigen, sich aufrichtenden Bewegung zu rekonstruieren versuchten. Von den drei übrigen Figuren sind die beiden stehenden Torsi in Haltung und Positionierung einigermaßen zutreffend, während der in eigenartiger, fast springender Bewegung gezeichnete Krieger gar nicht in den Ostgiebel gehört: Es ist der geduckt, vorwärts agierende Stecher des Westgiebels (vgl. Abb. 278 XII). Diese falsche Zuweisung muss Haller wenig später erkannt haben, denn er notiert unter seine detaillierte Zeichnung (Abb. 131): „ich bin mir nicht sicher, ob dieser Torso nicht im Westen gefunden worden ist. Weil er in jeder Hinsicht demjenigen ähnelt, der mit dem neuen Zeichen C bezeichnet worden ist."[159] Diese Zeichnungen und Notizen Hallers kannte aber, wie schon oben ausgeführt, Wagner nicht. Ihm stand nur die von Haller gleich nach der Auffindung gefertigte Rekonstruktionszeichnung zur Verfügung (Abb. 129).

Als Cockerell in Rom die Ägineten studierte, wurde er mit Wagners Ansicht konfrontiert, dass die Giebelgruppen höchst unvollkommen erhalten, die ursprünglichen Kompositionen nicht mehr sicher zu erschließen seien und deshalb die Figuren einzeln, ohne kompositionellen Bezug aufgestellt werden müssten. Dies leuchtete Cockerell nicht ein. Er ging davon aus, dass der Westgiebel mit seinen neun durch Fundlage für diesen Giebel gesicherten Figuren fast vollständig erhalten sei. Nun lernte Cockerell von der Werkstatt Wagners, dass die Vorder-, also die Ansichtsseite der Figuren im Giebel, anhand der Verwitterung leicht festzustellen sei: Die Marmoroberfläche der Skulpturen ist nämlich an der dem Regen zugewandten Seite, also an der Vorderseite, etwas rauer als an der dem Wetter abgewandten Rückseite. Gemäß dieser Erkenntnis hätte Cockerell konsequenterweise seinen Entwurf (Abb. 132), der sich nach der Sturzlage der Figuren richtete, insoweit korrigieren müssen, dass er alle Figuren entsprechend der Ansichtsseite ausrichtete, was bei einigen von ihnen eine Drehung um 180 Grad bedeutet hätte: Die beiden Bogenschützen und Stecher agieren dann nicht mehr zur Giebelmitte, sondern zu den Giebelecken hin. Damit konnte nicht ein zentriertes Kampfgeschehen um einen in der Giebelmitte liegenden Gefallenen dargestellt gewesen sein, wie es Cockerell schon in seinem ersten Rekonstruktionsversuch vorschwebte. Wir wissen nicht, warum er trotz der neuen Erkennt-

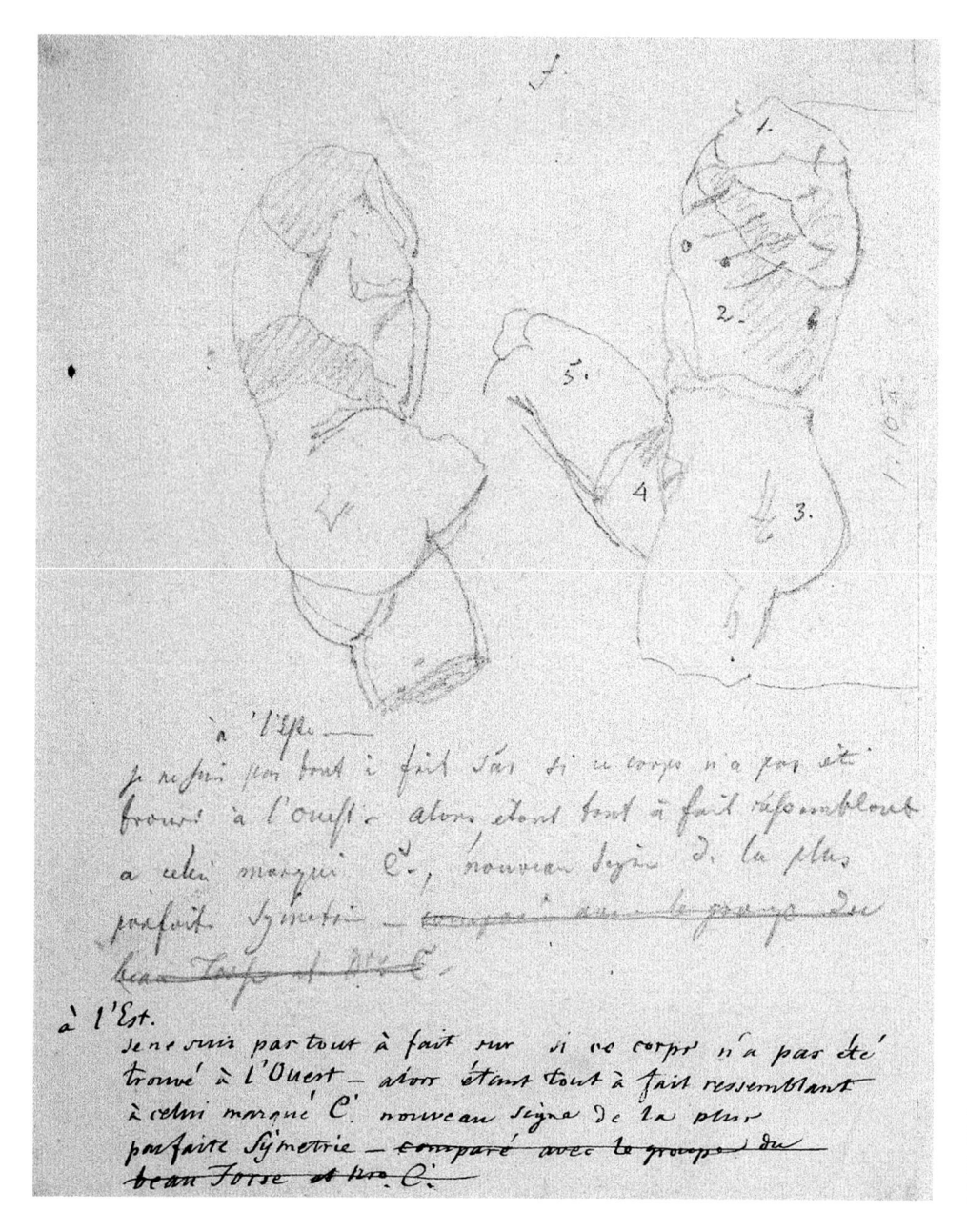

Abb. 131
Sogenannter Stecher des Westgiebels (XII). Zeichnung von Carl Haller von Hallerstein. Berlin, Kunstbibliothek.

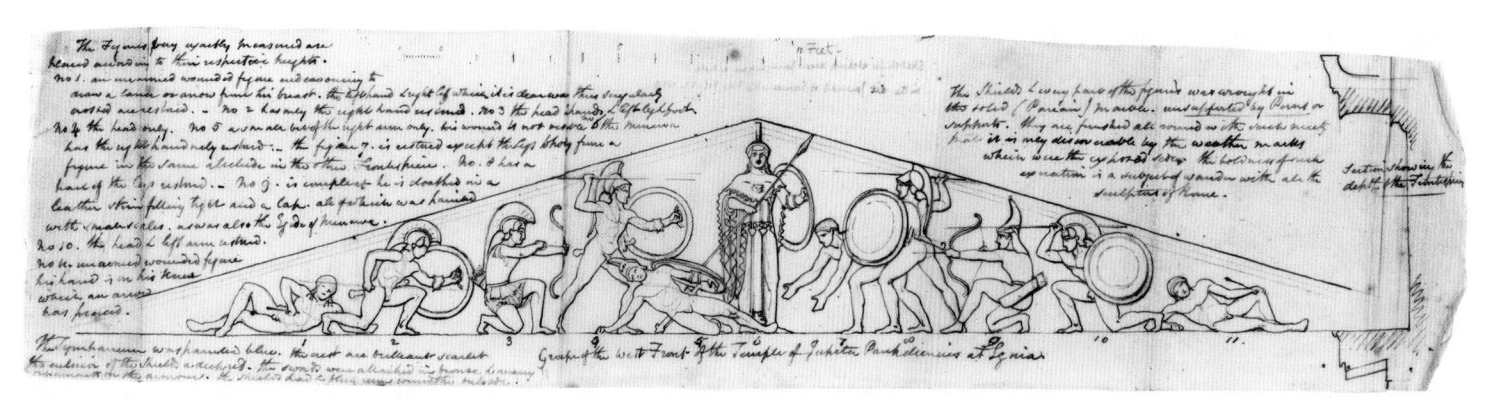

Abb. 132
Westgiebel, Zeichnung aus dem Nachlass von Charles Robert Cockerell.

Abb. 133
Westgiebel des Aphaiatempels, Zeichnung von Charles Robert Cockerell. London, Britisches Museum.

nisse über die Vorderseite der Figuren an seiner Vorstellung festhielt. War es der Einfluss von Aloys Hirt? Der damals bekannte Berliner Archäologe war zu dieser Zeit auch in Rom, nahm an den Diskussionen über die Giebelkompositionen teil und glaubte, für beide Giebel die richtige Deutung gefunden zu haben. Die von ihm vertretene Deutung des Westgiebels als Kampf um die Leiche des Patroklos erforderte ein zentriertes Kampfgeschehen.

Wie stark auch immer der Einfluss Hirts gewesen sein mag, eines steht fest: Zugunsten dieser thematischen Erklärung ließ Cockerell nun seine Notizen über die Fundorte der Figuren des Westgiebels völlig außer Acht und gruppierte die knienden, geduckten und auch liegenden Figuren um (Abb. 133). Während bei allen bisherigen Entwürfen, die sich nach der Fundlage der Skulpturen richtete, der skythische Bogenschütze in der linken Giebelhälfte und sein Gegenüber in der Rechten kniete, mussten die beiden jetzt die Plätze tauschen, damit die raue Ansichtsseite und die These vom Kampf im Zentrum übereinstimmten. Auch der geduckte Krieger, der in der rechten Hälfte kämpfte, musste jetzt auf die andere Seite und sogar die beiden in den Ecken liegenden Sterbenden tauschten die Plätze.

Schon Adolf Furtwängler, der Cockerells Zeichnungen und Notizen bestens kannte, war es unbegreiflich, dass der Ausgräber auf so wichtige Anhaltspunkte wie die Fundlage der Figuren völlig verzichtete. Furtwängler führt als mögliche

Entschuldigung an, Cockerell habe vielleicht seinen Aufzeichnungen nicht mehr getraut, da er in Rom feststellen musste, dass er in seiner Zeichnung versehentlich eine Figur des Westgiebels (und zwar den Stecher, Abb. 134) dem Ostgiebel zugewiesen hatte. Auf diesen Fehler, den Haller, wie oben angeführt, schon erahnte, wurde Cockerell in Rom aufmerksam gemacht: In Wagners Werkstatt erkannte man nämlich die Ähnlichkeit dieser Figur mit ihrem Gegenüber aus dem Westgiebel.[160] Demgemäß hätte Cockerell in den ersten, in Athen gefertigten Rekonstruktionsentwurf, der sich an der Fundlage der Figuren orientiert (vgl. Abb. 125), eigentlich nur noch den Stecher sinnvoll in die von ihnen erkannte symmetrische Komposition einfügen und alle Figuren entsprechend ihrer Ansichtsseite ausrichten müssen. Es gibt aber keine Zeichnung von ihm, in der er dies auch nur ansatzweise versuchte. In dem neuen Rekonstruktionsentwurf Cockerells hat der Westgiebel zehn Figuren – neun waren erhalten, der Zugreifende neben der Athena ist frei erfunden. Alle übrigen Fragmente, die in dieser Rekonstruktion nicht unterzubringen waren, wies er dem Ostgiebel zu.

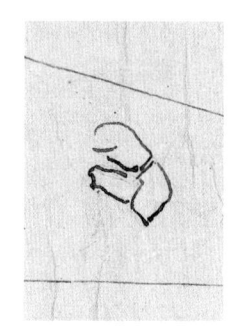

Abb. 134
Detail der Haller-Zeichnung des Ostgiebels mit dem sogenannten Stecher des Westgiebels.

Ende April 1817 reisen Cockerell und Hirt von Rom nach München und berichten Klenze – Ludwig war zu dieser Zeit in Wien – von ihren neuen Erkenntnissen. Klenze ist beglückt (Abb. 135). Ihm eröffnet sich eine unerwartete Chance: Für eine Giebelkomposition mit zehn in der ‚ursprünglichen' Komposition aneinandergereihten Figuren wäre die Länge seines geplanten Äginetensaals ausreichend, sein Grundrissplan der Glyptothek gerettet und Wagners Kritik endlich vom Tisch. Und so kann Klenze, obwohl ihm Cockerell nicht einmal eine Skizze seiner neuen Giebelrekonstruktion in München vorlegt, von dessen neuen ‚Erkenntnissen' nur höchst begeistert sein, denn ihm geht es nicht um die Ägineten, ihm geht es nur um seinen Bau, um die Glyptothek. Klenze ist sich bewusst, dass diese Haltung zur direkten Konfrontation mit dem von Ludwig so geschätzten Wagner führen muss – seinem erbitterten Gegner. Dennoch wagt er die Machtprobe. Der „Fuchs der Füchse", wie Klenze damals genannt wird, ist nämlich nicht nur ein begnadeter Höfling, der sich der Hoheit anschmiegen kann, sondern er kennt auch bestens Ludwigs Stärken und Schwächen.

Kaum ist Cockerell abgereist, schreibt Klenze am 10. Mai 1817 nach Wien an Ludwig und berichtet, mit welch „großer Freude" er die „persönliche Bekanntschaft" Cockerells gemacht habe, rühmt zuerst dessen „Bescheidenheit und tiefe Kenntniß der Anticke", um dann Ludwig zu versichern, Cockerell habe von „den Figuren, welche im Besitz Ew. Königlichen Hoheit sind" einen „Giebel wiederhergestellt, wie die Ordnung würklich war".[161] Auf diese bloße Behauptung Klenzes antwortet Ludwig sofort: „Schön wäre es nach Cockerells Angaben, wie sie in jedem Giebel gestanden, die Aigin. Statuen in der Glyptothek aufzustellen".[162] Klenze bittet jetzt Cockerell, er möge ihm seine Erkenntnisse zur richtigen Aufstellung und Deutung der Giebel schriftlich mitteilen, damit er Ludwig informieren könne. Cockerells Brief ist uns leider nicht erhalten.[163] Er muss aber Ludwig völlig überzeugt haben. Denn nur wenig später schreibt dieser an Wagner: „Jetzt ist es ja gefunden, was die Bildsäulen vorstellen; zweier Ajakithen Taten, des

Abb. 135
Leo von Klenze, 1856. Foto von Franz Hanfstaengl (1804–1877).

einen Giebels den Streit um Patroklos Leiche, des andern eine Tat des Herkules von welchen viele Statuen mangeln; von ersterem aber keine, und sie sollen wie sie an des Tempels Giebel dichte gestanden in meine Glyptothek zu stehen kommen; nicht als einzelne Bildsäulen, daß die Gruppen nicht ferner noch näher kommen, als sie ursprünglich waren, danach sollen ihre Plinten eingerichtet werden, und wäre dieses aus zwingendem Grund in Rom noch nicht ratsam zu tun, lasse ich es in München vornehmen, wo sie das Licht Mitte von oben bekommen werden."

Dem fügt Ludwig noch eine Überlegung hinzu, die wenig später Aloys Hirt schriftlich äußerte und die deshalb bisher als dessen Idee galt. Möglicherweise ist aber dieser Gedanke schon im Brief von Cockerell erwogen und von Klenze befürwortet worden. Auf jeden Fall nimmt ihn Ludwig auf: „Nach den vorhandenen Bildsäulen, aus der Analogie, ließen sich wenigstens ein Teil der fehlenden, wenn auch die Rümpfe mangeln, mit Beihilfe der sich vorfindenden Bruchstücke von ihnen, welche da anzubringen wären, verfertigen, darum bis ich Ihre und durch Sie gleichfalls Thorvaldsens Meinung darüber erfahre, lassen Sie kein Bruchstück mehr befestigen als selbstständiges Werk. Die Antwort mit Angabe beiläufigen Zeit und Kosten-Bedarfs wünsche ich bald zu erfahren, mich darüber entscheiden zu können."[164]

In einfachem Deutsch heißt dies: Ludwig schlägt jetzt vor, die fehlenden Figuren des Ostgiebels, von dem nur fünf Torsi erhalten waren, unter Verwendung der zahlreichen überzähligen Fragmente in Marmor ergänzen zu lassen.

Wagner und Thorvaldsen sind über dieses Vorhaben entsetzt. Mit allen Mitteln versuchen sie, Ludwig davon abzubringen. Thorvaldsen, gewöhnlich sehr schreibfaul, rafft sich sogar zu einem Brief auf: „Da mir durch Herrn Profeßor Wagner der Plan Euer Königlichen Hoheit mitgeteilt ist, die äginetischen Statuen nicht einzeln, sondern zum Ganzen vereint, in der muthmaslich ursprünglichen Gruppierung aufzustellen und nach meinem Bedenken dieses mehrere Schwierigkeiten finden würde, so nehm ich mir unterthänigst die Freiheit Euer höchst derenselben meine unmaßgebliche Meinung darüber vorzustellen.

1. Sind die Statuen mit eisernen Stäben an den Plinthen befestigt und es wäre zu befürchten wenn diese verkleinert würden, daß die Figuren leicht ihr Gleichgewicht verlieren könnten, um so mehr da die meisten nicht in aufrecht stehender Stellung sondern stark bewegt sind.

2. Sind diese Statuen von allen Seiten gleich vollendet und so ausgeführt, daß sie als Kunstwerke verdienen jede einzeln ganz gesehen und genoßen zu werden. Da hingegen durch Zusammenstellung eine die andere mehr oder weniger bedekken und verstekken würde.

3. Da an der ganzen Gruppe immer noch mehrere fehlen würden von denen nur einige unbedeutende Fragmente vorhanden sind, so wird die Zusammenstellung doch immer modern sein, da man nicht mit Gewissheit sagen kann, wie sie ursprünglich zum Ganzen vereinigt waren.

Ich glaube, Eure Königliche Hoheit werden diese Gründe billigen, die ich noch mehr auseinander setzen würde, wenn ich das Glük haben könnte mit höchst derenselben persönlich über diesen Gegenstand mich zu unterhalten; wozu man mir Hoffnung gemacht hat, deren Erfüllung ich sehnlichst wünsche. Da aber Euer Königliche Hoheit als ein zusammengehörendes Ganzes aufgestellt haben wollen, so wäre mein Vorschlag dieses mit den Gipsabgüßen zu thun mit welchem dieses sehr leicht ausführbar wäre.[165] Was die Restauration der übrigen Bruchstücke betrifft, so sind diese nicht bedeutend genug um etwas Ganzes daraus zu machen, es würden moderne Statuen daraus entstehen, an denen nur ein geringer Theil antik seyn würde."[166]

Drei Tage später schreibt Wagner an Ludwig und legt in diesem Brief die Gründe dar, die gegen Cockerells Rekonstruktionsentwürfe sprechen. In der Genauigkeit seiner Beobachtungen und in der Logik seiner Ausführungen erweist sich Wagner nicht nur Cockerell, sondern auch noch vielen Archäologen, die sich im 19. Jahrhundert mit den Ägineten beschäftigten, als weit überlegen. Deshalb werden seine Ausführungen hier ausführlich zitiert:

„Aus allerhöchstderoselben allergnädigsten Schreiben ersehe ich, daß E.K.H. gesonnen sind, diese äginetischen Statuen sowie sie zu dem einen oder anderen Giebel gehören in eine Gruppe vereinigt, sowie sie ursprünglich gestanden, aufstellen zu lassen; allein dies ist meiner Meinung nach eine unausführbare ganz unmögliche Sache, wie allerhöchstdieselben aus folgenden wichtigen Gründen am besten ersehen werden. Erstens, um diese Figuren so aufzustellen, wie sie ursprünglich gestanden, müsste man notwendigerweise mit Genauigkeit angeben können, welches ihre ursprüngliche Zusammenstellung gewesen. Dies würde sich vielleicht mit einiger Gewißheit tun lassen, wenn zum wenigst die Figuren des einen Giebels vollständig besäßen, dies ist aber nicht der Fall, und man hat E.K.H. fälschlich berichtet, wenn man angegeben, daß von dem einen Giebel keine Figur mangle. Von dem einen Giebel, nämlich den der Rückseite (Westgiebel), besitzen wir 10 Figuren; von dem Vorder- oder Hauptgiebel (Ostgiebel) aber nur 5. Daß weder die Figuren des Vorder- noch des Hintergiebels vollständig oder vollzählig sind, ergibt sich auf das klarste aus den noch übrigen dahingehörigen Bruchstücken. Herr Cockerell hat zwar die aus 10 Figuren bestehende Gruppe des Hintergiebels für vollständig angenommen und daraus ein höchst willkürliches Ganzes gebildet, ohne im geringsten auf die noch übrigen Bruchstücke Rücksicht zu nehmen, die unstreitig noch zu diesem Giebel gehören. Unter diesen zu dem Hintergiebel gehörigen Bruchstücken befinden sich 5 rechte Füße und 5 linke Füße, zum Teil noch mit ihren Beinen und Plintenansätzen, unter welchen auch ein weiblicher Fuß begriffen ist. Aus diesen Bruchstücken von Füßen erhellet deutlich genug, daß der Figuren des Hintergiebel zum wenigst 4–5 müssen mehr gewesen sein.

Man könnte mir zwar hier die Frage stellen, auf welche Weise man die zu dem einen oder dem anderen Giebel gehörigen Bruchstücke so genau unterscheiden könne? Dieser Zweifel ist leicht zu beheben. Da alle zu dem Vordergiebel ge-

Abb. 136
Fuß des Gegners des rechten Vorkämpfers, Ostgiebel III.

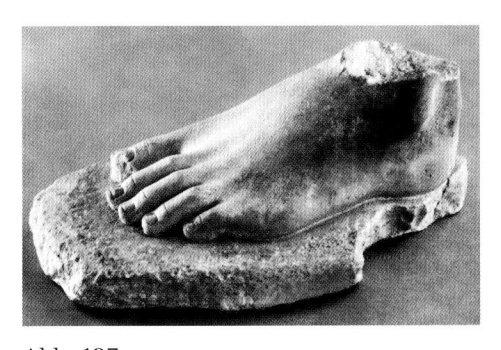

Abb. 137
Fuß des Gegners des linken Vorkämpfers, Westgiebel X.

hörigen Figuren um ein merkliches größer sind, als die des Hintergiebels, so ist es ein leichtes, die zu dem einen oder dem anderen Giebel gehörigen Bruchstücke aus der Verschiedenheit ihrer Verhältnisse zu erkennen, und voneinander zu unterscheiden. Außerdem findet sich noch ein anderes Unterscheidungszeichen, nämlich die an den Figuren des Vordergiebels erhaltenen Plinten sind noch einmal so dick als die des Hintergiebels (Abb. 136 und 137). Jene haben gewöhnlich 2 Zoll ihrer Dicke, da die des Hintergiebels aus 1 Zoll in der Dicke haben. Auch herrscht zwischen den Figuren dieser beiden Giebel ein kleiner Unterschied in dem Machwerk selbst wodurch sie sich auch hierdurch unterscheiden lassen.

Da nun also die Bruchstücke des einen Giebel sich von jenen des anderen durch solche ganz bestimmte Kennzeichen unterscheiden lassen, so kann kein Verdacht der Verwechslung stattfinden. Wenn sich nun aus den zu dem Hintergiebel gehörigen Bruchstücken ergibt, daß außer den vorhandenen 10 Figuren noch 5 weitere rechte und 5 linke Füße übrig sind, die ihrer Proportion und oben benannten Kennzeichen gemäß unwiderleglich zu diesem Giebel gehören, so kann es nicht mehr in Zweifel gezogen werden, daß auch vom Hintergiebel noch 4–5 Figuren fehlen. Fehlen nun von dieser Gruppe, von welcher wir 10 Figuren besitzen noch 4 oder 5 andere, wie kann es möglich sein, die Verbindung der Gruppe zu finden. Dies ist umsoweniger zu hoffen, da sich aus den vorhandenen Bruchstücken an Füßen gar kein Schluß auf die Stellung dieser fehlenden Figuren machen ließ. Es ist also schon aus dieser Ursache unmöglich den Zusammenhang oder ehemalige Verbindung mit Gewißheit anzugeben.

Zweitens ist eine so gedrängte Zusammenstellung, so wie die dieser Figuren war, bei dem jetzigen Zustand dieser Figur auch in mechanischer Hinsicht nicht mehr möglich weil es, wegen den eisernen Stangen und Stützen, die man den Figuren zu ihrer Festigkeit und Aufrechthaltung zu geben genötigt war, nicht mehr geschehen kann. Auch die neuen Plinten die man den Figuren geben mußte, um die aus sovielen alten und neuen Stücken zusammengesetzten Figuren einigermaßen zusammenzuhalten und Festigkeit zu geben, lassen sich nicht verringern, ohne die gänzliche Auflösung der vielen zusammengesetzten Teile befürchten zu müssen. Was anderes war es, als diese Figuren neu und noch aus einem Stücke waren; da war noch eher etwas zu wagen, allein was damals möglich war macht ihr jetziger Zustand unmöglich. Was man dem Jünglinge zumuten konnte, das leistet der Greis nicht mehr. Über diesen Punkt kann ein Künstler von Profession wie Herr von Thorvaldsen die beste Auskunft geben. Und wollte man je einen Versuch der Zusammenstellung wagen, so ließe sich solche ja weit leichter und zweckmäßiger durch Abgüsse aus Gips bewerkstelligen wie ich solches schon früher unmaßgeblich geraten hatte."

Bei Ludwigs Vorschlag, ob man nicht aus Fragmenten ganze Figuren machen könnte, schlägt Wagner eine härtere Tonart an, die seine Erregung offenbart: „Hochunstatthafter und unausführbarer würde es sein, diese beiden Giebelgruppen aus den wenigen und unzulänglichen Bruchstücken ergänzen zu wollen. Es

würde sonderbar scheinen zu einem Fuß oder Hand, einen halben Kopf eine ganze Figur dazu machen zu lassen, um so mehr da man von so einem unbedeutenden Teil noch gar nicht auf die Stellung der ganzen Figur schließen kann. Es würde am Ende an diesen beiden Gruppen bei weit über die Hälfte modern sein, die antiken Teile würden dabei noch all ihren antiquarischen Wert verlieren, und man würde das wenige Antike unter dem vielen Modernen gar nicht mehr zu finden wissen.
Wer allerhöchstdieselben diesen Rat gegeben hat, meint es weder redlich mit E.K.H. noch mit der Kunst selbst. Bevor E.K.H. einen solchen Entschluß fassen so wünsche ich, daß Allerhöchstdieselben vorerst diese Werke sehen möchten. Auch die von Herrn Hofrat Hirth gefaßte Meinung, daß die Gruppe des einen Giebels den Streit um den Leichnam des Patroklos, und die andere den Herkules im Gefechte mit Laomedon vorstellen soll, ruht auf sehr seichten Gründen oder um richtiger zu sagen auf gar keinen. Denn mit gleichem Rechte hätte man jede andere Heldentat darin suchen und finden können. Der vermeinte Hektor, Ajax und Patroklos sehen sich am Körper und an Waffen vollkommen ähnlich. Alle haben argolische Schilde und griechische Helme, ich sehe daher nicht ein, warum gerade der eine ein Hektor, der andere ein Ajax oder Patroklos sein soll, da sich nicht das Geringste vorfindet welches uns zu diesem Schluß berechtigen könnte. Auch jenen Bogenschützen, der in allem und allem den übrigen Bogenschützen ähnlich ist, bloß deswegen zu einem Herkules machen zu wollen, weil die Vorderseite seines Helms mit der Larve eines Löwen verziert ist, dies geht doch gar zu weit. Ich versprach mir wirklich etwas mehr Spührsinn von unserem antiquarischen Hirthen."[167]
Mit all seinen Beobachtungen und Bemerkungen hat Wagner auch aus dem Blickwinkel heutiger archäologischer Methoden vollkommen recht: Er konnte nicht ahnen, dass die überzähligen Füße nicht zur Westgiebelgruppe, sondern zu den Altarplatzgruppen gehörten. Auch in seiner Ablehnung der gerade in der Frühzeit der Archäologie so beliebten phantasievollen Deutungen antiker Figuren war er seiner Zeit weit voraus. Ludwig, der wenige Tage, bevor ihn die Briefe Thorvaldsens und Wagners aus Rom erreichten, seinem Architekten noch zu dessen großer Freude als definitive Entscheidung mitgeteilt hat: „Die Aiginischen Werke werden nach ihrem Vorschlag aufgestellt …", ist nach der Lektüre dieser Schreiben etwas verunsichert. „Was schlagen sie mir jetzo vor", fragt er fast hilfesuchend Klenze und lässt ihm die Briefe mit den Worten zukommen, „leider ja leider nur zu erheblich" und „beachtungswerth". Ludwig ahnt, wie Klenze auf die Briefe reagieren wird, und versucht ihn zu beschwichtigen: „Nicht auf den Vortrag, sondern auf den Inhalt sehen Sie, den es nicht treffen kann, da W.[agner] nicht weiß, von wem der Vorschlag kam, vielleicht von Hirt ihn vermutet."[168] Wen auch immer Wagner dahinter vermutet hat, Klenze fühlt sich zutiefst getroffen. Da er, der die Figuren nie gesehen hat, nur schwer sachlich argumentieren kann, wird er persönlich: „Höher als H. Wagener [die Namen seiner Gegner absichtlich falsch zu schreiben, ist bei Klenze Methode] die Gall- und Parteisucht in dem mir

von Ew. Königlichen allergnädigst mitgetheilten Briefe treibt, läßt sie sich wohl nicht bringen; Gegen wen die Dyatribe [Streitschrift] auch gerichtet sein mag, so ist es unverzeihlich den, der in einem reinen Kunstgegenstande nicht des H. Wageners Meinung ist der Unredlichkeit gegen Ew. Königliche Hoheit anzuklagen. Obwohl eine beßere Erziehung und die Gewohnheit mit Menschen umzugehen mich gelehrt haben, ihre Fehler und Unarten zu ertragen, so gestehe ich doch, daß mich diese Ansicht der Sache empört hat. Indem ich Ew. Königliche Hoheit um gnädige Entschuldigung bitte, wenn ich meinen gerechten Unwillen nicht habe unterdrücken können, so wage ich, wie es sich übrigens schon von selbst versteht, zu versichern, daß ich das Geheimniß der von mir Höchstdenselben mitgetheilten Briefe zu bewahren weiß, und also auch dieses nie Erwähnung thun werde. Ich werde mich nun bemühen auf die der Idee einer ursprünglichen Aufstellung gemachten Vorwürfe soweit es mir ohne Kenntniß der Gruppen möglich ist zu antworten." Klenze argumentiert nun sehr geschickt: Man solle die Plinthen der Figuren nicht in Rom, sondern erst in München beschneiden, dann gäbe es beim Transport keine Statikprobleme. Schließlich rechnet er, was Ludwig nur schwer nachprüfen kann, auf Fußmaß und Zoll genauestens aus, dass die Länge des von ihm geplanten Äginetensaals ausreicht, und versichert Ludwig, dass der Westgiebel durch die „richtige Zusammenstellung" Cockerells nicht „verlieren" würde. Danach fährt er fort mit der persönlichen Attacke gegen Wagner: „Indem ich durch das obengesagte, was weitläufiger ich mir bey Ew. Königlichen Hoheit vorbehalte, gezeigt, daß meine Meinung, welche der von Männern nachgebildet war welche die Sache kennend urheilten und die der schaale Witz des H. Wagener ebenso wenig verschont als berührt, wenigstens nicht unredlich ist, so weis ich doch recht wohl zu erkennen daß H. Wagener und besonders H. Thorwaldson durch die nähere Kenntniß und Ansicht der Sache sehr vieles vor mir voraus haben, und daß ich nicht wagen werde über die mechanischen Hinderniße abzusprechen ehe ich die Figuren gesehen habe. Was die übrigen antiquarischen Gründe anbelangt, die H. Wagener gegen die Sache anführt, so sind sie meiner unmaßgeblichen Meinung nach, um nicht mehr zu sagen, anmaaßungsvoll und irrig; denn mich deucht, wo ein Mann wie Cockerell, deßen antiquarische Kenntniße wenigstens fast ganz Europa anerkennt, der griechische Kunst und Art jahrelang an Ort und Stelle sah, gesprochen, wo Hirt deßen Ruf als Antiquar, Phylologe und Critiker schon seid einem vierthel Jahrhundert besteht und wächst entschieden, da sollte H. Wagener wenigstens nicht spötteln und witzeln, und seine Meinung mit geziemender Bescheidenheit sagen."[169] Damit er sich mit Wagners Argumenten nicht auseinandersetzen muss, erklärt schließlich Klenze, dass dessen Ablehnung der ‚Erkenntnisse' Cockerells und Hirts nur auf persönlicher Feindschaft beruhe. Den Streit scheinbar beruhigend, setzt Klenze hinzu: „Die Sache hat meiner unmaßgeblichen Meinung keine Eile …" Der kühle Taktiker will jetzt auf Zeit spielen. Er weiß: Wenn der Äginetensaal im Rohbau steht, haben sich Wagners Forderungen nach einem größeren Raum von selbst erledigt.

Ende November 1817 kommt Ludwig nach Rom und sieht zum ersten Mal die Ägineten. Wagner und Thorvaldsen können ihn im Anblick der Originale „von der Unmöglichkeit dieselben in ihrer ursprünglichen Gruppierung aufzustellen" überzeugen, und nun sieht auch Ludwig ein, „dass Cockerells Ideen hierüber eine grundlose Hypothese sei".[170] Dies teilt Wagner triumphierend Klenze mit. Der reagiert sofort: Er weiß, dass Cockerell an einer Publikation seiner West- giebelrekonstruktion und Hirt an einem kritischen Bericht zu Wagners ‚Äginetenbuch' arbeiten. Da Klenze fürchtet, diese Publikationen könnten zu spät kommen, um Ludwigs Entscheidung wieder zu revidieren, ersucht er sie, ihre Ideen und vor allem ihre Kritik an Wagners Ansichten ihm brieflich mitzuteilen. Mit diesen Briefen will er Ludwig wieder umstimmen. Hirts Brief ist erhalten, und wer ihn liest, kann verstehen, warum Wagner diesen eitlen „philologischen Hirten" nicht ganz ernst nahm. In dem Brief an Klenze heißt es: „Denn mir liegt der Sache wegen sehr viel daran, dass diese seltenen Kunstwerke nicht nur all- seitig richtig erkannt, sondern auch wieder in jenen bedeutenden Zusammen- hang restauriert und aufgestellt werden, wodurch die ursprüngliche Idee des Ganzen wieder in ihrem wahren Glanze hervorgeht. Wenn mich nicht alles trügt, wird der Kronprinz sowohl als andere Freunde der Kunst sich durch meine Ab- handlung überzeugen, dass die Monumente nur nach der Idee, worüber wir schon mündlich sprachen, gehörig können aufgestellt werden, dass Herr Wagner einer solchen Idee nicht günstig ist, begreife ich umso leichter, da er sich schon zu Rom mit der Arbeit des Herrn Cockerell (die er übrigens nicht sah) nicht zu- frieden zeigte." Nach der bewährten, auch von Klenze gern geübten Art, nämlich eine Schmähung mit einem Lob einzuleiten, setzt Hirt hinzu. „Ich schätze Herrn Wagner sehr, aber gewissen höheren Einsichten [ist er] nicht gewachsen, wie diese seine Schrift zur Genüge zeigt." Die anschließenden Bemerkungen hat wohl Klenze seinem, ihm seit dem Studium bekannten Lehrer Hirt eingeflüstert: „Ich kann nicht sagen, wiesehr ich wünsche, dass die Schrift noch in die Hände seiner Königl. Hoheit käme, während er noch in Italien ist, damit er ersehen, urtheilen und anordnen möchte, auch so manches noch, was die Restaurationen be- trifft."[171] Der Druck der Hirt'schen Schrift verzögert sich jedoch, und so schickt er Klenze die Abschrift seines Manuskripts und eine Pause von Cockerells Rekonstruktionszeichnung. Der hat nun alle Trümpfe in der Hand und schreibt an Ludwig nach Rom: „Die Überzeugung der Nothwendigkeit und Möglichkeit der Aufstellung nach der ursprünglichen Ordnung wird mir durch Hirts Schrift und Cockerells Zeichnung immer deutlicher. Gewiß ist, daß Wagener die letzte nicht oder vielleicht nur durch Beschreibung kennt; bekannt ist, dass er des Ver- fasser's (Cockerell) persönlicher Feind ist ... Ich wage also nochmals die unter- thänigste Bitte, nichts über diesen Gegenstand zu entscheiden, bis Ew. Königliche Hoheit jene Schrift und Zeichnung gesehen." Natürlich schickt Klenze diese Un- terlagen nicht nach Rom, damit sie Ludwig sehen kann. Er will nicht, dass auch Wagner und Thorvaldsen die Rekonstruktionszeichnung Cockerells kennenler- nen, überprüfen und mit Ludwig diskutieren können. Und so beruhigt er Ludwig:

Abb. 138
Schnitt durch den Westflügel der Glyptothek mit Oberlicht-Deckenöffnung, Zeichnung von Leo von Klenze. München, Stadtmuseum.

„Da aber die Eile nicht groß ist, so will ich, statt Ew. Königlichen Hoheit die in Händen habende höchstunleserliche Zeichnung und Manuscript zu schicken, das Erscheinen der Druckschrift abwarten."[172] Sie erscheint erst, als Ludwig wieder in München ist. Hirt fügt auf der letzten Seite der Nachschrift dieses schmalen Bändchens über die „Aeginetischen Bildwerke" noch die Worte ein: „Der Architekt, Herr Klenze, hat mir die Risse von dem Saale gezeigt, der diese Bildwerke aufnehmen soll, und mit Vergnügen habe ich gesehen, dass er geräumig genug ist, und auch die Beleuchtung dafür sehr gut ausfallen wird." – Hirt, das Sprachrohr Klenzes.

Zu dieser Zeit haben Wagner und Thorvaldsen in dem Streit um die richtige Aufstellung schon resigniert. Die Länge des Äginetensaals blieb so, wie es Klenze von Anfang an konzipiert hatte, und der Raum bekam auch nicht das von Wagner so dringend geforderte und von Klenze ihm fest zugesagte und sogar in den Plänen schon eingezeichnete Oberlicht (Abb. 138). „Theils die Erfahrung theils die großen Schwierigkeiten der Ausführung theils die außerordentlich großen Kosten haben S. Königliche Hoheit bewogen den Saal der Egineten ebenfalls durch ein hochstehendes Bogenfenster zu beleuchten", teilte Klenze im Juli 1819 Wagner mit.[173] Der Architekt Ohlmüller drückte es klarer aus: „... wegen der schon bestimmten Construction des Daches konnte man die Oberlichte nicht mehr gut anbringen."[174] Klenzes Taktik, auf Zeit zu spielen, war erfolgreich.

Heute muss man das Ergebnis dieses Streits zwischen Wagner und Klenze differenziert beurteilen: Jeder wird bedauern, dass sich damals Wagner mit seinen Forderungen nach Oberlicht für die Ägineten und einer generell besseren Beleuchtung aller Ausstellungsräume nicht durchsetzen konnte. Dieser Planungsfehler Klenzes konnte erst bei der Neugestaltung der Glyptothek durch Einbrechen großer bis zum Boden reichender Hoffenster korrigiert werden. Hingegen ist Klenzes erbitterter Widerstand gegen Wagners Wunsch nach einem

Abb. 139
Rekonstruktion des Westgiebels des Aphaiatempels, Zeichnung von Martin von Wagner. Würzburg, Martin-von-Wagner-Museum.

noch größeren Raum, damit auf langen Postamenten jede Figur völlig frei zu stehen kommt, nicht nur aus der Sicht des Architekten sehr verständlich. Man muss sich sogar fragen, ob ein größerer Abstand zwischen den einzelnen Figuren die Aufreihung des Westgiebels nicht noch langweiliger gemacht hätte. Der wichtigste Erfolg Wagners und Thorvaldsens war jedoch, dass Ludwig aufgrund ihrer Interventionen von der Forderung Abstand nahm, aus den Fragmenten, die man im Westgiebel nicht unterbringen konnte, die fehlenden Figuren des Ostgiebels in Marmor bzw. in Gips, wie Hirt vorschlug, vervollständigen zu wollen.[175]

Dass die Aufstellung des Westgiebels fast ein Jahrhundert lang die archäologische Forschung in die Irre führte, ist aber nicht Klenzes oder Hirts, sondern allein Cockerells Schuld. In der ersten Publikation (1819) seiner Giebelrekonstruktionen versichert er: „I at length succeeded in placing them conformably in all respects to the notes which I had taken on the spot and consistent with the dimensions of the architecture". Wenn Cockerell dann noch betont: „it could not be doubted, that the recumbent heroes were placed in the angles, under which they were founded", dann kann man verstehen, dass Wagner nichts von Cockerells Rekonstruktionen hielt. Denn Wagner kannte ja die erste Zeichnung Hallers, in der die Fundorte dieser sterbenden Krieger („recumbent heroes") richtig, d. h. gerade umgekehrt, wie es Cockerell jetzt behauptete, eingetragen waren (vgl. Abb. 125).

Mit der Art der Aufstellung des Westgiebels, wie sie Cockerell vorgeschlagen und Hirt gedeutet hat, haben sich Wagner und Thorvaldsen nie abgefunden. Sie waren schon tot, als Cockerell 1860 in seiner großen Publikation des Äginatempels schrieb: „it may be added that the arrangement of the group of the western pediment had been accepted by Messrs. Wagner and Thorwaldsen." Von Wagner gibt es eine Rekonstruktionszeichnung des Westgiebels, die in der Figurenzahl und auch in der Position einzelner Figuren eher das Richtige trifft (Abb. 139).[176] So kann man auch verstehen, dass Wagner die Aufstellung des Westgiebels, so wie sie Cockerell forderte, in Rom nicht einmal versuchsweise durchführte – was manch einer, wie zum Beispiel Caroline von Humboldt, damals bedauerte.

Die Aufstellung in der Glyptothek

Abb. 140
Westgiebel, alte Aufstellung.

Abb. 141
Ausschnitt Westgiebel, alte Aufstellung.

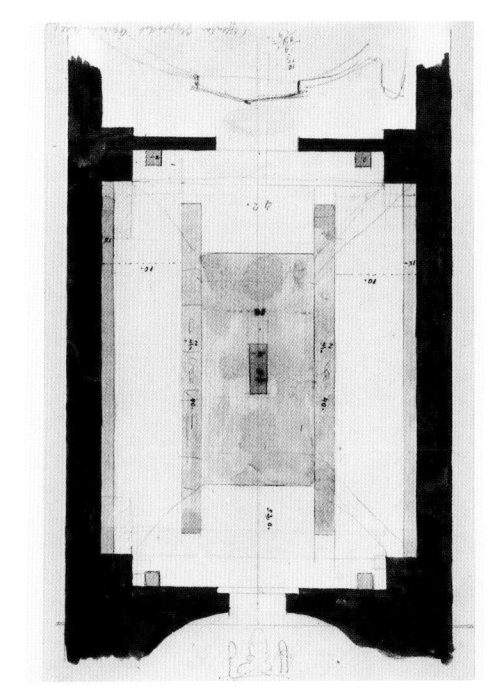

Abb. 142
Grundriss des Äginetensaals in der Glyptothek, Zeichnung von Leo von Klenze. Würzburg, Martin-von-Wagner-Museum.

Erst 1827 kamen die Ägineten nach München. Der Bau der Glyptothek war zu dieser Zeit, abgesehen von der Ausmalung der Festsäle, fertiggestellt. Klenze konnte nun ganz entspannt mit der Frage nach der richtigen Aufstellung der Figuren umgehen und konferierte darüber in freundlichem Ton mit Wagner. Jetzt war er anscheinend von Cockerells Aufstellungsplan und Deutung, die er zehn Jahre zuvor vehement verteidigt hatte, nicht mehr so ganz überzeugt. Man kann ihn verstehen: Bei der gewünschten engeren Zusammenstellung der Figuren stießen nämlich die Schilde des Fallenden, des sogenannte Patroklos, und des daneben stehenden Kriegers aneinander (Abb. 141). Da für beide Krieger antike Schildreste am Arm gesichert sind, war das Problem nicht zu negieren. Klenze, wie immer geschmeidig, erprobte nun, auf die ursprüngliche Planung Wagners und Thorvaldsens eingehend, den ‚Patroklos' allein auf einen eigenen Sockel in der Mitte des Raums zu postieren (Abb. 142). Damit wäre Cockerells Giebelkomposition mit dem Thema ‚Kampf um einen Gefallenen', nämlich um den sogenannten Patroklos, absolut sinnlos geworden. Dies störte jetzt Klenze offensichtlich nicht mehr. Das Problem war nur: Ohne den liegenden Patroklos, so schrieb er Wagner, „sah die Gruppe unausstehlich leer und zerrißen aus".[177] Also blieb der ‚Patroklos' im Giebel, und man entschied, der Figur den Schild abzunehmen.

Klenze hat die Figuren des Westgiebels schnurgerade aneinandergereiht, sodass man das Gefühl nicht los wird, dass Lanzenstecher bzw. Bogenschützen in den Rücken der davor stehenden Figur einstechen bzw. schießen (Abb. 140). Ein leichtes Drehen und gegeneinander Versetzen der Figuren hätte diesen Eindruck mildern können. Das war aber wegen der Form der Standplatten nicht möglich. Man scheute sich nämlich auch in München, die Standplatten aller Figuren zu beschneiden, da man fürchtete, es würden sich durch diese Arbeiten die Restaurierungen lockern. So wählte man diese Kompromisslösung und stellte die Figuren nicht so eng zusammen, wie von Cockerell geplant – was der Kunstkritiker Ludwig Schorn schon damals bedauerte.

Die Gruppierung des Ostgiebels, wo Herakles in den Rücken des vor ihm kämpfenden Kriegers schießt und dieser auf einen am Rücken Liegenden einstürmt, ist viel kritisiert worden (Abb. 143). Die weit auseinandergezogene Aufstellung der fünf Figuren – in der Mitte der Stehende, dann zu beiden Seiten jeweils ein

Abb. 144
Blick in den Äginetensaal
mit dem Ostgiebel.

Abb. 143
Ostgiebel, alte Aufstellung.

liegender Krieger und als Abschluss eine kniende bzw. nach vorne gebeugte Figur – wirkt in ihrer gesuchten Symmetrie wenig inspiriert, geradezu hilflos. Zudem ist der bogenschießende Herakles, was man schon damals aufgrund der unterschiedlichen Verwitterung von Vorder- und Rückseite erkennen konnte, falsch aufgestellt. Man sieht ihn von seiner Rückseite. Auch dafür ist Thorvaldsen oft getadelt worden. Zu Unrecht. Er hatte damit gar nichts zu tun.

Klenze hat zuerst die Figuren auf Holzsockeln provisorisch aufgestellt, damit der Majestät „es möglich ist, über das was und wie ihrer Aufstellung eine Entschei-

Abb. 145
Blick durch den Westflügel.

Abb. 146
Aus einem Brief Klenzes an Wagner, von 1827. Würzburg, Martin-von-Wagner-Museum.

Abb. 147
Johann Gottlob Matthaei, Katalog der Gipsabgüsse, Nachtrag zu Taf. XI (nach 1831). Dresden, Staatliche Kunstsammlungen.

dung zu treffen. Da ich mich", so schmeichelte Klenze dem König, „nicht auf mich allein, sondern nur auf Ew. Majestät kunstgeübtes Urtheil verlaßen darf …"[178] Klenze wählte bei dieser provisorischen Gruppierung der Ostgiebelfiguren eine Aufstellungsform, die ihm Wagner schon 1817 vorgeschlagen hatte. Die beiden wollten gar nicht den Versuch machen, eine Komposition vorzutäuschen, sondern auf das Postament neben den Giebelskulpturen auch den vorhandenen marmornen Bauschmuck des Tempels, wie das Mittelakroter mit den beiden Koren und das Eckakroter, in Form eines Greifen, nebeneinander aufreihen (Abb. 146). Es ist eine Aufstellungsform, wie sie später auch in manchen Gipsabgusssammlungen durchgeführt wurde (Abb. 147). Aber diese Komposition „hat der König", wie Klenze in einem Brief an Wagner klagte, „so schön sich auch das ganze machte durchaus nicht zugeben wollen. Die Aufstellung ist nach Allerhöchstem Befehl jetzt so gewesen" (Abb. 148).[179] In einem Wort: Ludwig stellte den Ostgiebel auf.

Zusammenfassend ist festzustellen: Die Geschichte der Äginetenergänzung kennzeichnen Konzeptionsänderungen und Widersprüchlichkeiten. Und die erklären sich zu einem gewissen Teil aus der Schwierigkeit dieses Unternehmens, sie sind aber auch in der Person Ludwigs begründet: Er, der stets Ungeduldige, hat die Ergänzungsarbeiten von Beginn an unter einen enormen Zeitdruck gesetzt.[180] Noch fataler war es, dass Ludwig, schon als Kronprinz ein Autokrat reinsten Wassers, sich auch in Detailfragen die alleinige Entscheidung vorbehielt. Ein dafür typisches Beispiel sei kurz angeführt.

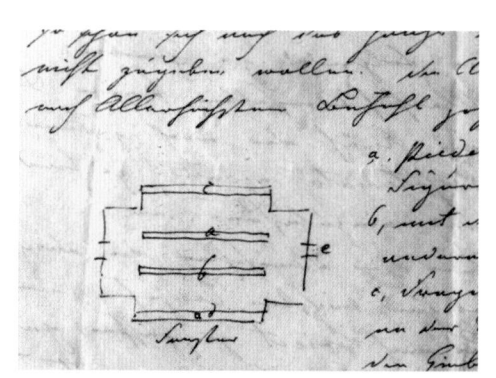

Abb. 148
Aus einem Brief Klenzes an Wagner, von 1827. Würzburg, Martin-von-Wagner-Museum.

Das Problem der Gipsabgüsse

Im Kaufvertrag war bestimmt, dass jedem der vier Finder Abgüsse der Skulpturen zur Verfügung gestellt werden müssten. Ludwig gefiel dies nicht, und so forderte er Wagner auf, schon bei den Kaufverhandlungen einen Wegfall dieser Bedingung zu erreichen. Vergeblich. Als die Figuren in Rom waren, plante Ludwig, sie erst nach ihrer Ergänzung in München abformen zu lassen. Wagner gab zu bedenken, dass dies in München ungleich teurer als in Rom wäre und zudem bräuchte Thorvaldsen in Rom einen Abguss, an dem er seine Ergänzungen anmodellieren konnte. Also musste auf jeden Fall in Rom abgeformt werden. Es war nur die Frage: Wie? Damals waren drei unterschiedliche Techniken üblich, die Wagner dem Kronprinzen umständlich zu erklären versuchte: Herstellung einer ‚verlorenen' Form (aus Ton), woraus sich nur ein einziger guter Abguss machen ließ, eine ‚halbgute' Form, woraus man um die sechs Abgüsse fertigen kann, und schließlich eine ‚sehr gute' Form, die viele Abgüsse ermöglicht. ‚Sehr gute' Formen schienen Wagner nicht sinnvoll, da sie nicht nur teuer waren, sondern ihr späterer Transport von Rom nach München noch kostspieliger als ihre Produktion werden würde. Deshalb riet Wagner, die Figuren in 'halbguter' Form abzuformen, denn daraus ließen sich der Abguss, den Thorvaldsen für seine Arbeit benötigte, und problemlos auch die vier weiteren Abgüsse herstellen, die den Findern zustanden. Damit wäre das Abgussproblem kostengünstig gelöst gewesen, denn das Abformen der ergänzten Figuren ist natürlich, wie Wagner bemerkte, „weit schwieriger, mühseliger, und daher weit kostspieliger".[181] Mit Wagners Vorschlag war nicht nur die beim Ankauf eingegangene „Bedingniß wörtlich erfüllt", sondern auch dem Wunsch von Jacob Linckh, einem der Auffinder, entsprochen, der Wagner gegenüber erklärt hatte, er bevorzuge Abgüsse der unergänzten Figuren. Obwohl die Entscheidung für die ‚halbgute' Form so naheliegend war und Wagner Ludwigs Rückfragen dazu ausführlich beantwortet hatte, zögerte dieser weiterhin mit seiner Entscheidung: Er blieb der Meinung, es sei besser, die Figuren erst nach ihrer Ergänzung abformen zu lassen, und dies in München. Weil schon so viel Zeit vergangen war und damit Thorvaldsen endlich mit seiner Arbeit beginnen konnte, ließ Wagner die ersten Figuren in der ‚schlechten' Technik abformen. Sieben Figuren waren inzwischen mit dieser Methode abgeformt, vier von ihnen schon ganz oder teilweise in Marmor ergänzt, da endlich entschied Ludwig: „Halb gute Formen für vier Abgüsse sollen gemacht werden, und wie vier solche von einer Statue genommen, die Formen zerschlagen werden, was wohlfeiler kommt …"[182] Das Zerschlagen der Formen hatte nämlich den Vorteil, dass man „sich der Eisen und des Wachses sogleich wieder bey der folgenden" Form bedienen konnte. Damit hoffte Ludwig, wieder etwas von den Kosten einzusparen, die er durch sein Zögern verursacht hatte, denn es mussten ja die sieben nach der billigen Methode abgeformten Figuren noch einmal auf die aufwendigere Weise abgeformt werden.[183] Da an einigen von ihnen schon die Ergänzungen Thorvaldsens angesetzt waren, hatte man jetzt Gipsabgüsse von ergänzten und unergänzten Ägineten. Wenn man eine homogene Serie wollte, was ja ein sehr naheliegender Wunsch war, musste man entweder an den Abgüssen der schon vervollständigten Figuren die Ergänzungen wieder absägen oder an den Abgüssen, die vor der Ergänzung entstanden waren, die späteren Ergänzungen Thorvaldsens in Gipsabgüssen einzeln umständlich anpassen. Dieses Problem hat Ludwig nicht erkannt.

Die Abgussfrage nimmt nun fast groteske Züge an: Am 16. Oktober 1816 schreibt Wagner an Ludwig, es seien inzwischen acht Figuren erneut abgeformt und aus den neuen Formen vier Abgüsse hergestellt worden. Er setzt dann hinzu: „Die Formen habe ich sogleich in meiner Gegenwart wieder zerschlagen lassen, wie es E. K. H. befohlen haben."[184] Im selben Brief berichtet er, dass die Französische Akademie in Rom und die Akademie von San Luca, bei der Bertel Thorvaldsen Mitglied war, gerne Abgüsse der Ägineten besitzen würde. Die Französische Akademie würde natürlich die Abgüsse entsprechend bezahlen, aber Wagner kann keine herstellen lassen, denn es gibt keine Formen mehr. Erst jetzt merkt Ludwig, dass er sich auf diesem Feld, wo es um technische und praktische Fragen geht, mit seinen haushälterischen Anweisungen verirrt hat. Er rudert zurück: „Von den noch abzuformenden Aigin. Figuren", so wird Wagner aufgetragen, „zerschlagen Sie die Formen nicht". Aus diesen Formen dürfen jetzt nicht nur für die vier Finder, sondern auch für die beiden Akademien Abgüsse verfertigt werden, und Ludwig gibt sogar die Einwilligung: „Von den Bildsäulen deren Formen schon zerschlagen sind, kann, wenn es nehmlich denselben keinen Schaden zufügen, nichts der Oberfläche benehmen kann, die Akad. von San Luca Formen bekommen auf ihre Kosten." Ludwig meint jetzt, die Akademie von San Luca solle auf eigene Kosten „die tüchtigsten Formen nehmen", Abgüsse herstellen lassen, sie an die verschiedenen Interessenten wie die Französische Akademie verkaufen und Ludwig anteilsmäßig am Gewinn beteiligen. Die Akademie von San Luca hat zwar eine hohe Reputation und prominente Mitglieder, aber kein Geld. Sie würden aber, so erfährt Wagner von Thorvaldsen, die Abgüsse sehr gerne „geschenkt mit Dank annehmen".[185] Die Französische Akademie wiederum ist zwar bereit, für die Abgüsse zu zahlen, aber sie will natürlich nicht auf eigene Kosten neue Formen herstellen lassen. Ludwig erkennt endlich, dass man durch den Verkauf von Abgüssen die Kosten für die Abformung wieder einspielen könnte: Wagner wird nun angewiesen, von den übrigen, noch unergänzten Figuren nach ihrer Fertigstellung so gute Formen abzunehmen, dass man daraus zahlreiche Abgüsse gewinnen könnte. Seinen alten Vorurteilen gegenüber den Franzosen treu, legt er Wagner im gleichen Brief nahe, er möge den Verkaufspreis der Abgüsse für die Französische Akademie so hoch ansetzen, dass darin auch die Kosten für die Abgüsse der Akademie von San Luca eingeschlossen seien, denen er die Abgüsse „zum Geschenke machen werde".[186]

Noch ein Problem ist ungelöst: Von den Abgüssen, die nun von allen Figuren vorhanden sind, zeigen sieben die Ägineten im ergänzten, zehn im unergänzten Zustand. Dass die Finder, denen eine komplette Kollektion der Abgüsse zusteht, mit dieser eigenartigen Mischung nicht zufrieden sein können, ist verständlich. Bei einigen der unergänzten Gipsfiguren ist es problemlos, Abgüsse der Thorvaldsen'schen Ergänzungen anzusetzen. Bei drei Figuren, so schreibt Wagner an Ludwig, „würde es nach der Aussage des Formers fast auf ein gleiches herauskommen, solche ganz von neu abzuformen, oder die fehlenden modernen Teile besonders zu formen, und solche mit größerer Mühe den schon vorhandenen Körper anzusetzen."[187] Ludwig entscheidet: Die drei Figuren werden erneut abgeformt, die anderen Abgüsse ergänzt – dies erklärt, warum wir heute so wenige Abgüsse der unergänzten Ägineten besitzen.

Als wenig später der Bildhauer Christian Daniel Rauch sich bei Wagner erkundigt, ob nicht die Berliner Akademie Abgüsse haben könnte, muss Wagner seinem alten Freund erklären, dass er „ihm bloß diejenigen verschaffen könnte, von denen die Formen vorhanden" seien.[188] Die Berliner geben sich damit zufrieden. Dann meldet sich die Petersburger Akademie. Auch sie darf nur „Abgüsse bereits vorhandener Formen" kaufen. Die übrigen sieben Figuren, so schreibt Ludwig an Wagner, „abformen zu lassen gestatte ich nicht".[189] Sogar als Peter Oluf Brøndstedt, der mit Haller engstens befreundet und mit ihm gemeinsam durch Griechenland gereist war, für Kopenhagen Abgüsse der Ägineten wünscht, bekommt er den gleichen Bescheid. Natürlich ist man nirgendwo darüber glücklich, nur diese zufällige Auswahl der Giebelfiguren zu besitzen. Erst als sich Brøndstedt bereit erklärt, für die Herstellung der nicht vorhandenen Formen eine Finanzierung zu finden, gibt Ludwig seine starre Haltung auf. Da Berlin, Petersburg und Kopenhagen Abgüsse aller Ägineten kaufen wollen, erlaubt er Wagner, auf seine Kosten die sieben Figuren noch mal abzuformen, wenn es gewiss sei, dass der Marmor „keinen Schaden dadurch erleiden kann. In keinem Fall aber gestatte ich", so schreibt er, „daß solches auf eines Andern Rechnung geschehe."[190] Wagner entscheidet, die Formen der Athena des Westgiebels nicht mehr am Original, sondern an dem vorhandenen Abguss herzustellen. Im Sommer 1819 sind endlich alle Formen vorhanden und die Abgüsse für die Finder komplett fertiggestellt: Die für Haller bestimmte Serie wird von dessen Bruder der Stadt Nürnberg geschenkt, Cockerell nimmt seine ‚Ägineten' mit nach London, die für Foster bestimmten kommen später nach Liverpool, der Verbleib von Linckhs Exemplaren ist nicht geklärt. Offensichtlich hat er nicht unbedingt darauf bestanden, seine ‚Ägineten' unergänzt zu erhalten. Durch diese Abgüsse werden die Ägineten schon zehn Jahre, bevor sie in München aufgestellt sind, in Berlin, Petersburg, London, Kopenhagen und Rom bekannt. Und bald signalisieren zahlreiche Kunstakademien und Museen Interesse an Abgüssen. Wenn Ludwig im Juni 1819 seinen bewährten Kunstagenten in Rom lobt: „Auch bey den neuen Abgüssen hat mein Wagner einen neuen Beweiß seiner Tüchtigkeit abgelegt", dann wird ihm wohl noch bewusst gewesen sein, dass ohne sein Zögern und seine Meinungsänderungen viel Mühe und Geld, wie Wagner freimütig einmal an ihn schrieb, „dabey erspaart worden sein".[191]

Eine andere Meinungsänderung Ludwigs hätte Thorvaldsens Arbeit bald wieder auslöschen können.

Ergänzungsstopp

Im Frühjahr 1818, als man mit den Arbeiten an den Figuren schon fertig ist und sich damit beschäftigt, die übrig gebliebenen Fragmente für eine gesonderte Aufstellung herzurichten, kommt ein englischer Griechenlandreisender, der Architekt Sharp, nach Rom und berichtet Wagner, den er schon von früher kennt, von einem Besuch in Ägina. Sharp glaubt am Tempel einen ganzen Haufen von Architekturteilen bemerkt zu haben, die, wie Wagner schreibt, „seit dem Einsturz des Tempels nie sind verrückt worden. Unter welchen sich wahrscheinlich noch viele Bruchstücke finden lassen müssten."[192] Wagner scheint es offensichtlich, dass 1811 Cockerell und seine Freunde „nicht mit der Genauigkeit nachgesucht und gegraben haben wie sie vorgeben". Ludwig ist beunruhigt und antwortet ihm sofort: „Was sagt Linckh. Auch dass er nicht alles nachgesucht. Wichtig wäre mir es zu wissen."[193] Da schon früher einmal Georg Christian Gropius, der 1812 beauftragte Verkäufer der Skulpturen, erklärt hat, dass Haller und Cockerell damals von dem Fund überrascht waren und nicht genügend Geld für eine lange Grabung hatten, klingen Sharps Nachrichten recht glaubwürdig. Ludwig wird jetzt ganz nervös. Er lässt sofort die Arbeiten stoppen und fordert Wagner auf, ja keine Abarbeitungen an den Originalen zu machen, damit „sie geeignet zur Versetzung, aber so gut wie sie gegenwärtig sind bleiben". Und fügt dann hinzu: „Denn vielleicht lasse ich einmal in Ägina's Zeus Panhellenions Tempel's Trümmer von neuem nachgraben."[194]

Den Plan der Nachgrabung hat Ludwig ständig im Auge. Eifersüchtig wacht er darüber, dass nur keiner ihm an diesem Platz zuvorkomme. Als einmal Wagner meldet, dass Linckh und Brøndstedt, zwei erfahrene Griechenlandkenner, wieder nach Ägina reisen wollten, wird Ludwig ganz besorgt: „Haben L.[inckh] und B.[røndstedt] Nachgrabungsvorhaben? Aber nur ja sie nicht auf diesen Gedanken gebracht, es möchte gegen mich gehen. Denn vielleicht werde ich künftig dereinst u. wahrscheinlich in Aigina's Panhellenium es vornehmen lassen."[195] Lange Zeit trug sich Ludwig mit dem Gedanken, in Ägina noch einmal graben zu lassen. Der Ausbruch des griechischen Befreiungskriegs (1821) hat diese Pläne verhindert.

Aber eines ist sicher: Ludwig hätte, wenn bei der geplanten Nachgrabung entsprechende anpassende Neufunde aufgetaucht wären, die Ergänzungen Thorvaldsens wieder entfernen lassen. Er hätte, um ein Beispiel zu nennen, den Kopf des Kriegers aus dem Ostgiebel (vgl. Abb. 102) – 1902 von Adolf Furtwängler bei seinen Grabungen gefunden und 1965 von Ohly im Gipsabguss dem originalen Torso in München angepasst –, wenn man ihn bei der von Ludwig geplanten Nachgrabung gefunden hätte, zweifellos der Figur aufgesetzt und Thorvaldsens

Ergänzung abnehmen lassen. Ludwig legte nämlich größten Wert darauf, dass möglichst viele Originalteile verwandt würden. Es kam schon während der Ergänzungsarbeiten zuweilen vor, dass man zu einem Torso einen fehlenden Arm oder ein Bein ergänzt hatte, die man später unter antiken Fragmenten identifizieren konnte. In diesem Fall mussten die Ergänzungen wieder entfernt werden. So gab es schon damals, neben den überzähligen antiken Fragmenten der sogenannten Altarplatzgruppen, auch überzählige Thorvaldsen-Beine und Thorvaldsen-Arme. Sie sind zwar mit nach München gebracht, aber zu Beginn des letzten Krieges nicht ausgelagert worden und untergegangen.

Zusammenfassung

Die Quellen zeigen ein ganz anderes Bild der Äginetenergänzung, als bisher in der Forschung angenommen und dargestellt. Fest steht: Von einem „einheitlichen Wurf", wie man glaubte, kann bei der Äginetenergänzung keine Rede sein. Im Gegenteil! Man darf ohne Übertreibung sagen, dass im Jahr 1827, als die Äginetnen in München aufgestellt wurden, es – außer Ludwig – unter allen Beteiligten wohl niemanden gab, der von der Ergänzung und Anordnung der Skulpturen überzeugt war: Wagner und Thorvaldsen hatten von Anfang an eine andere Konzeption; Hirt und Klenze wünschten jeweils eine andere Aufstellung des Ostgiebels; auch Cockerell hatte inzwischen neue Erkenntnisse zu den Skulpturen gewonnen und stand nun, wie die beiden anderen Auffinder der Skulpturen, nämlich Haller von Hallerstein und Linckh, jeglicher Ergänzung kritisch gegenüber.

Die angeführten Konzeptionsänderungen sind zwar von Ludwig angeordnet worden, aber sie waren nicht Ausdruck einer Fürstenlaune, sondern sie spiegeln die verschiedenen Methoden der damals aufkommenden und bei den Ergänzungsarbeiten immer mehr an Gewicht gewinnenden archäologischen Wissenschaft wider. Jeder der Beteiligten hatte richtige Erkenntnisse und seinen Beitrag zur Ergänzung geleistet:

Wagner war, wie wir heute sagen würden, der „Stilarchäologe", der vor allem durch Beobachtungen an den Originalen, durch Analyse stilistischer Eigentümlichkeiten und bildhauertechnischer Details, wie Plinthenstärke, Dübellöcher und Verwitterungsspuren, die notwendigen Erkenntnisse für die Ergänzung und Rekonstruktion der Giebelskulpturen zu gewinnen versuchte. Er hat Thorvaldsens Arbeit geleitet. Dagegen konnte Cockerell, sozusagen der „Feldarchäologe", anhand seiner Grabungsaufzeichnungen die Westgiebelgruppe von den Ostgiebelfiguren scheiden. Durch die damals unlösbare Problematik der ‚Altarplatzgruppen', die noch heute der archäologischen Wissenschaft rätselhaft sind, und durch Flüchtigkeitsfehler in seinen Aufzeichnungen, die er teilweise von Haller kopiert hatte, zweifelte er an der Zuverlässigkeit seiner eigenen Grabungsnotizen. Nur so erklärt sich, dass er später ihre Aussagekraft negierte.

Eine weitere Möglichkeit archäologischer Erkenntnis erschloss Aloys Hirt. Sich auf literarische Quellen stützend, war er überzeugt, dass in beiden Giebeln bestimmte Szenen aus den beiden Trojanischen Kriegen dargestellt seien: In der Westgiebelgruppe sah er den Kampf um die Leiche des Patroklos.

Unverhohlene persönliche Animositäten und eine gewisse wissenschaftliche Rivalität haben dazu beigetragen, dass kein fruchtbarer Austausch der Meinungen stattfand. Aber dies wäre zu verschmerzen gewesen. Der größte Fehler war, dass in Marmor ergänzt wurde. Damit waren Korrekturen ausgeschlossen oder zumindest sehr kostspielig. Das musste selbst bei größter Vorsicht immer zu einem gewissen Eingriff in die originale Substanz der Bruchoberflächen führen und ließ Korrekturen kaum oder nur unter großem Aufwand zu. Und wie schwer es oft war, einzelne, nicht direkt anpassende Fragmente einer Figur sicher zuzuweisen, das hat Wagner, wie aus seinen Berichten hervorgeht, während der Ergänzungsarbeiten zur Genüge erfahren. Manche Entscheidung musste wieder korrigiert werden. Sogar nach Abschluss der Restaurierung ließ Wagner 1820 einen von Thorvaldsen ergänzten Arm des Bogenschützen (Abb. 149), dessen Bewegung ihm missfiel, wieder abnehmen und vom Bildhauer Tenerani einen neuen modellieren und meißeln. Ludwig monierte, dass dieses ohne seine „Einwilligung" geschah.[196]

Thorvaldsens künstlerische Leistung

Es wurde bisher die Bedeutung Wagners bei der Ergänzung hervorgehoben. Worin besteht hierbei nun die Leistung Thorvaldsens? Mit der Aufstellung der Skulpturen hatte er nichts zu tun. So ist es auch verständlich, dass es keine einzige Zeichnung Thorvaldsens gibt, in der er sich mit einer Gruppierung der Figuren beschäftigt. Es existiert aber auch keine Zeichnung, die zeigt, wie er sich mit der Ergänzung einer einzelnen Figur auseinandersetzt. Derartige schnelle Skizzen sind in Thorvaldsens Schaffen sonst üblich. Bei dem auf den Rücken fallenden Krieger (Abb. 150), der eine so ungewöhnliche Haltung aufweist, würde man erwarten, dass Thorvaldsen sich diese Form anhand von Skizzen erarbeitet hat. Wenn man bedenkt, dass der Körper des Kriegers in der Antike für eine aufrechte Stellung modelliert war, fragt man sich, wie ein Bildhauer vom Rang Thorvaldsens auf diese eigenartige Lösung kommen konnte. Ist ihm die anatomische Gegebenheit einer stehenden Figur so wenig vertraut gewesen, dass er sie mit einer liegenden verwechseln konnte? Dies befremdet besonders, da die Architekten Haller und Cockerell in ihren ersten Zeichnungen (Abb. 151, 152 und 153), und auch Wagner in seiner Beschreibung der Skulpturen diesen Torso ganz richtig als ‚stehend' erkannt hatten.[197] Er war auch im eingangs erwähnten zeitlichen Ablauf der Ergänzungen der Gruppe der stehenden Krieger zugeteilt worden. Seine Ergänzung zog sich am längsten hin, und erst im Juni 1818 war diese Giebelfigur, „Gottseidank die letzte", wie Wagner stöhnte, vollendet. Es gibt für

Abb. 149
Zeichnung des Bogenschützen mit alter Ergänzung von Thorvaldsen: Der Arm ist stärker erhoben.

Abb. 150
Fallender des Ostgiebels (III), von
Thorvaldsen falsch zu einem Liegenden
ergänzt.

diese ‚missglückte' Ergänzung eine gesicherte Erklärung, die uns erkennen lässt, wie Thorvaldsen an diese Arbeit herangegangen ist. Der Bildhauer hat diesen Torso nicht im Sinne einer künstlerischen fruchtbaren Umdeutung verändert, wie bisher vermutet, sondern er hat ein technisches Detail missverstanden und deshalb die Figur so ungewöhnlich aufgestellt.[198] Auf dem Rücken des antiken Torsos befindet sich nämlich ein größeres antikes Dübelloch. Haller hat noch in Ägina die Rückansicht des Torsos gezeichnet und das Dübelloch exakt angegeben (Abb. 154). Das Loch geht senkrecht in den Rücken. Aus der Lage und der Größe des Dübellochs schlossen Thorvaldsen und Wagner, dass dieses Loch nur zur Aufnahme eines Stützdübels gedient haben konnte. Damit war die Lage der Figur notwendigerweise gegeben: Dieser Dübel diente aber ursprünglich nicht zur Stützung eines auf den Rücken fallenden Körpers, sondern zur Befestigung des getrennt gearbeiteten Schildes, den der Krieger in seinem extrem nach außen gedrehten Arm trug. Das Loch hat der antike Bildhauer in den Rücken getrieben, da er fürchtete, dass der getrennt gearbeitete Schild zu schwer für den Arm wäre und diesen abbrechen könnte. Deshalb hat er durch den Schildrand ein Loch gebohrt und mit einem Dübel den Schild zusätzlich am Rücken befestigt. Eine raffinierte Lösung! Man kann verstehen, dass Thorvaldsen und Wagner diesen Zweck des Dübellochs nicht erkannten.

Abb. 151
Fallender des Ostgiebels (III), Zeichnung von Carl Haller von Hallerstein. Berlin, Kunstbibliothek.

Abb. 152
Fallender des Ostgiebels (III), Zeichnung von Carl Haller von Hallerstein. Berlin, Kunstbibliothek.

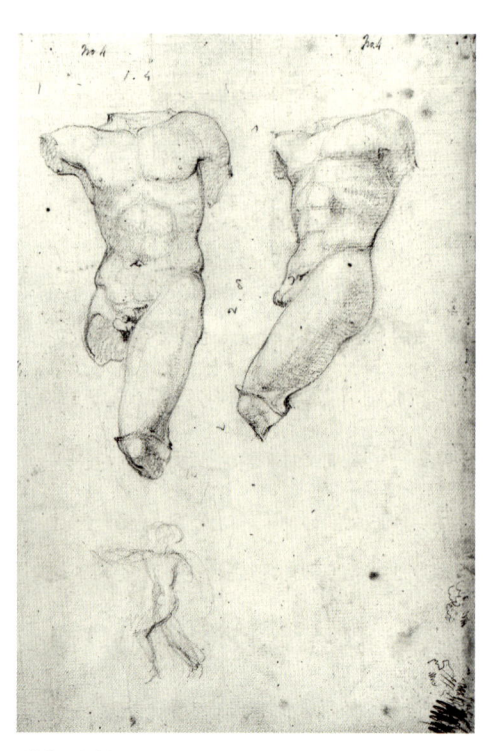

Abb. 153
Fallender des Ostgiebels (III), Zeichnung von Charles Robert Cockerell. London, Britisches Museum.

Interessant ist jedoch, dass auch Wagner, Cockerell und anderen diese liegende Stellung der Figur nie gefallen hat.[199] Man richtete sich aber bei ihrer Ergänzung nicht nach den eigenen künstlerischen Gefühlen, sondern nach technischen Hinweisen. In Kenntnis der richtigen Haltung der Figur ist es heute leicht, sich über diesen Fehler Thorvaldsens zu mokieren. Man sollte aber nicht vergessen, dass auch bedeutende Archäologen lange dieses Dübelloch falsch interpretierten: Heinrich Brunn, einer der Großen in der Geschichte dieses Fachs, meinte 1887: „Etwas Auffälliges hat die Stellung des gestürzten Kriegers ... doch erscheint nach genauerer Untersuchung eine andere Restauration als die jetzige nicht wohl möglich."[200] Und noch 1900 schreibt Adolf Furtwängler zu dem auf den Rücken Stürzenden: „In ihrer Kühnheit, der starken Anspannung und der geringen Auflagefläche ist diese Stellung recht im Geiste der äginetischen Kunst. Die Ergänzung ist durch das Erhaltene angezeigt – die Richtung des antiken Teiles des Gliedes ist dabei von entscheidender Bedeutung – und es ist nach dem Gegebenen nicht möglich, sie wesentlich anders zu gestalten."[201]

Wenig später erkannte Furtwängler, dass zu der Figur ein Beinfragment gehört, zu dem er bei seinen Grabungen ein weiteres anpassendes Teil gefunden hatte. Damit erwies sich Thorvaldsens Ergänzung als falsch: Der Krieger stand. Furtwängler gab der Figur eine weit zurücklehnende Haltung (Abb. 155). Das Motiv

Abb. 154
Fallender des Ostgiebels (III) mit Angabe des Dübelloches, Zeichnung von Carl Haller von Hallerstein. Berlin, Kunstbibliothek.

Abb. 155
Fallender des Ostgiebels (III)
(nach Furtwängler).

Abb. 156
Weit zurückgelehnter Krieger auf einem
Krater des ‚Tyszkiewicz-Malers'. Boston,
Museum of Fine Arts (Nachzeichnung).

des wankenden Kriegers findet sich auf thematisch vergleichbaren Vasenbildern dieser Zeit wieder (Abb. 156). Bei der Bewegung bedurfte die Figur aus bildhauertechnischen Gründen einer rückwärtigen Eisenstütze, und so war für Furtwängler die Funktion dieses Dübellochs im Rücken geklärt.

In seiner Rekonstruktion in Modellformat verzichtete er jedoch auf die Anbringung solch einer Stütze (Abb. 155). Damit umging er nicht nur deren ästhetische Problematik, sondern auch das technische Problem, wieso das Dübelloch senkrecht zur Rückenkontur eingetrieben wurde, was eine Biegung der senkrecht zu Boden führenden Stützstange bedeutet hätte. Ohly stellte sinnvollerweise die Figur steiler auf (Abb. 157 und 158). Aber selbst in der zweiten Fassung ist sie noch so stark nach hinten geneigt, dass sie ohne Stütze nicht stehen könnte.

Erst als bei seinen Grabungen ein weiteres anpassendes Beinfragment zutage kam, erschloss sich die Dramatik dieser Darstellung: Der Krieger steht fast noch aufrecht, aber ist kurz vor dem Fall; er ist schwer verwundet; die Rechte mit dem Schwert fuchtelt hilflos in der Luft; er kann mit der Linken den Schild nicht mehr schützend vor sich halten. Er ist schon dem Tod geweiht, denn im nächsten Augenblick erfährt er den tödlichen Stoß durch die Lanze seines Gegners; sein von hinten hereneilender Helfer kommt zu spät (Abb. 159).

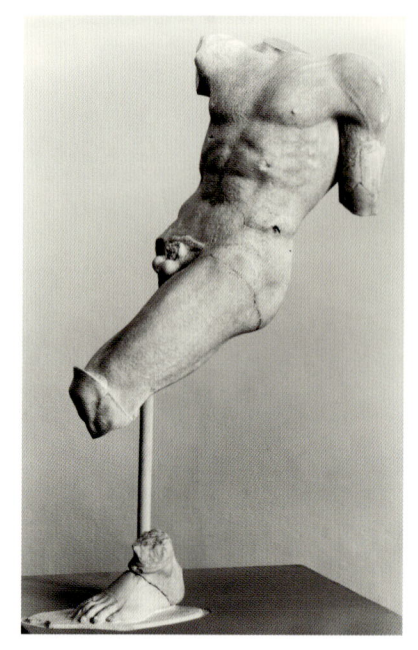

Abb. 157
Fallender des Ostgiebels (III), ältere Aufstellung.

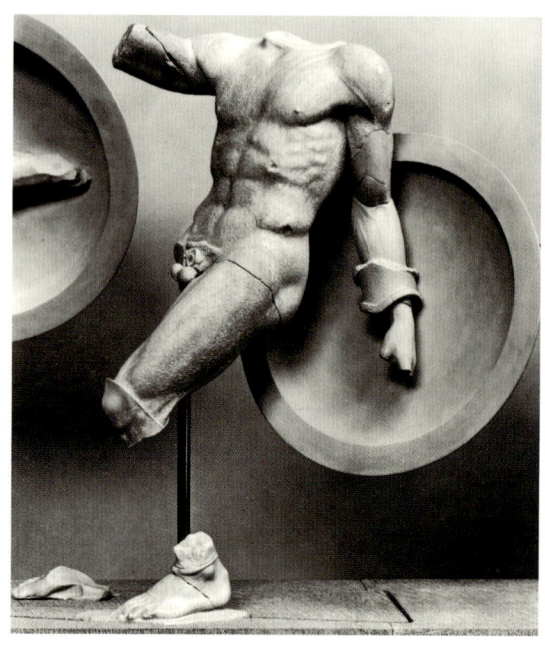

Abb. 158
Fallender des Ostgiebels (III), heutige Aufstellung.

Gegenüber dieser dramatischen Giebelkomposition wirkt die klassizistische Ergänzung und Komposition der drei Figuren unstimmig und geradezu banal. Die heute übliche Kritik an dieser Ergänzung ist zwar sachlich richtig, aber unhistorisch und wird den dafür Verantwortlichen, Wagner und Thorvaldsen, nicht gerecht: Die Forschungsgeschichte der Figur lehrt ja, dass der Scharfsinn und die Phantasie von Generationen von Archäologen nicht ausreichen, um ihre ursprüngliche Haltung zu bestimmen. Es waren anpassende Neufunde, die das Rätsel lösbar machten.

Abb. 159
Ausschnitt des Ostgiebels (II–III–IV), heutige Aufstellung.

Die Kopfergänzungen Thorvaldsens

Wenn nun Thorvaldsen, wie das Beispiel dieses Kriegers zeigt, auch bei der Wiederherstellung einzelner Figuren nicht nach seinen freien künstlerischen Intentionen, sondern geradezu wissenschaftlich nach technischen Beobachtungen vorging, wo ist dann an den Äginetenergänzungen der Künstler Thorvaldsen zu fassen?

Ich glaube, man kann ihn am besten an den ergänzten Köpfen erkennen. Christiane Grunwald hat im Katalog der Kölner Thorvaldsen-Ausstellung 1977 diese ergänzten Köpfe (sechs Kriegerköpfe, zwei weibliche Köpfe) sehr eingehend analysiert. Die schon immer bemerkte Verschiedenheit der einzelnen Köpfe erklärt sie mit dem persönlichen Stil der vier uns bekannten Bildhauer, die die Ergänzungen in Marmor ausgeführt haben. Sie meint, dass Thorvaldsens Modelle nicht ins Detail gegangen seien und er die genaue Durchgestaltung bewusst den einzelnen Bildhauern frei überlassen hätte. Sie wertet dies als „die Klugheit des entwerfenden Meisters", der so ein großes Spektrum von Möglichkeiten schaffen wollte und deshalb seine Mitarbeiter künstlerisch selbstständig arbeiten ließ. Sie betont, dass Thorvaldsen damit den Ergänzungen der antiken Skulpturen nicht seinen persönlichen Stil aufprägen wollte: „Das Großartige an Thorvaldsens Aegineten-Ergänzungen beruht demnach offenbar darauf, dass er, von sorgfältiger intensiver Beobachtung der griechischen Skulpturen ausgehend, eine Grundkonzeption entwickelt hat, aus der heraus seine Mitarbeiter in gewisser Hinsicht immer künstlerisch selbstständig arbeiten konnten, allein der Nachahmung der antiken Werke verpflichtet und niemals der Kopie."[202]

Diese Theorie klingt faszinierend, ist aber schwer verständlich. Würde sie doch bedeuten, dass Thorvaldsen allein bei der Äginetenergänzung seinem Stil des künstlerischen Schaffens untreu geworden wäre. Denn dieses Schaffen beruhte ja darauf, dass er seine Entwürfe von Mitarbeitern in dem ihm eigenen, also im Thorvaldsen-Stil in Marmor ausführen ließ. Es ist ja gerade das Erstaunliche an Thorvaldsens breitem Œuvre, dass all die Marmorfiguren so wirken, als seien sie von ihm selbst gemacht, obwohl es sich, von ganz wenigen Ausnahmen abgesehen, lediglich um Werkstattproduktionen handelt. Dies war nur möglich, da Thorvaldsens Werkstatt perfekt darin geübt war, in seinem Stil zu arbeiten. Aus diesem Grund hat auch Carlo Finelli, der zuerst vorgesehen war, an Stelle von Kauffmann die Marmorausführungen zu übernehmen, den Auftrag abgelehnt[203]: Er wollte nicht, wie Wagner schrieb, in dieser Weise nach Thorvaldsens Modellen arbeiten. Die geradezu fabrikmäßige Herstellung von Marmorskulpturen im Thorvaldsen-Stil haben schon seine Zeitgenossen bewundert.

Dies allein macht schon Christiane Grunwalds These, Thorvaldsen habe bei den Ägineten, vielleicht aus Achtung vor den griechischen Originalen, seine eigene künstlerische Persönlichkeit verleugnet, recht unwahrscheinlich. Und ihr Bemühen, nach stilistischen Kriterien die ‚Hände' der ausführenden Meister zu scheiden und jedem der vier Marmorbildhauer jeweils zwei Köpfe zuzuweisen,

Abb. 160
Kopf von Thorvaldsen und das Vorbild vom Westgiebel (III).

ist nicht nur schwer nachvollziehbar, sondern wird auch Thorvaldsens Leistung nicht gerecht: Seine Kopfergänzungen bezeugen m. E. sein Ringen um ein Verstehen der ihm doch recht fremden archaischen Form.

Es liegt nämlich anhand der Briefe Wagners fest, in welcher Reihenfolge und welchem zeitlichen Abstand die Köpfe modelliert wurden. Dies berücksichtigend, erscheint die Erklärung viel naheliegender, dass die schon immer beobachtete Unterschiedlichkeit der ergänzten Köpfe nicht auf die verschiedenen ausführenden Hände zurückzuführen ist, sondern das sich entwickelnde Verständnis Thorvaldsens für die äginetische Kunst widerspiegelt, mit deren Formen er im Laufe der Ergänzungsarbeiten zunehmend souveräner umgehen konnte.

Die erste Kopfergänzung ist die des Sterbenden (Abb. 161) des Westgiebels. Als Vorbild diente, was ja naheliegend ist, der Kopf des entsprechenden Sterbenden aus der anderen Giebelecke (Abb. 162). In der Gesichtsbildung erkennt man freilich deutliche Veränderungen: Anders sind Gesichtsschnitt und auch die Form des Munds; die Augen des ergänzten Kopfs sind größer und fast noch stärker vorquellend als am Original. Die vorquellenden Augen, das geht aus Wagners Beschreibung hervor, hat man als signifikantes Stilmerkmal dieser Figuren empfunden, und dies wird nun auch in der Nachbildung von Thorvaldsen besonders betont. Auch die unterschiedliche Verwitterung des Originalkopfs, wie zum Beispiel die Lippen glatt gebildet und die Wangenpartien aufgeraut sind, wird nachgeahmt. Die künstliche Verwitterung, erreicht durch Aufpickung der Oberfläche mit dem Spitzmeißel, wirkt bei diesem Kopf fast etwas übertrieben. Aber

Abb. 161
Kopf von Thorvaldsen für den zweiten Sterbenden des Westgiebels (XIV).

Abb. 162
Kopf des Sterbenden vom Westgiebel (VII).

nicht nur in diesem technischen Detail, sondern vor allem in der Formgebung spürt man, wie ängstlich Thorvaldsen um eine getreue Nachahmung des Vorbilds bestrebt war. Anscheinend hat ihm diese ‚Nachahmung' künstlerisch Schwierigkeiten bereitet, denn schon bei der nächsten Figur des Westgiebels, deren Kopf zu ergänzen war, lässt Thorvaldsen durch Wagner bei Ludwig anfragen, ob es ihm erlaubt sei, diesen Bogenschützen „statt jener konventionellen Gesichtsbildung, welche gleichmäßig durch alle Figuren herrscht, eine etwas kunstgerechtere, und mit den übrigen Teilen des Körpers übereinstimmendere Gesichtsbildung zu geben. Er sagte mir", so fährt Wagner fort, „er wünsche dieses zu tun, bloß um zu sehen, und zugleich zu zeigen, welch andere Wirkung diese Figuren machen würden, wenn das Gesicht mit den übrigen Teilen des Körpers übereinstimmend gebildet würde."[204]

Interessant ist der Ausdruck, „bloß um zu sehen und zu zeigen". Thorvaldsen wollte also sehen, welchen Eindruck dieser von ihm hochgeschätzte Torso des Bogenschützen machen würde, wenn er ihn nach seinen Empfindungen frei ergänzen könnte.

Hier erfahren wir, wie natürlich schon oft zitiert und ausführlich beschrieben wurde, dass damals Thorvaldsen und auch alle übrigen Betrachter der Figuren einen großen Unterschied erkannten zwischen den realistisch modellierten Körpern und den für sie steif und formelhaft wirkenden Gesichtern. Man empfand dies als eine für die Qualität der Skulpturen nachteilige Unstimmigkeit, und Thorvaldsen wollte diesen Fehler in den Ergänzungen nicht übernehmen.

Wagner fragte nun, wie üblich, bei Ludwig an, nahm aber ihm, der die Figuren bisher nie im Original gesehen hatte, die Entscheidung praktisch vorweg, indem er ausführte: „Thorvaldsen hat von seinem Standpunkt aus betrachtet nicht ganz unrecht, diese Probe machen zu wollen. Allein da diese konventionelle Gesichtbildung diesen Figuren durchgängig eigen ist und ihnen gleichsam zum charakteristischen Zeichen, müsse dieses konventionelle Gesicht als charakteristisches Zeichen auch den fehlenden Köpfen bei der Ergänzung wiedergegeben werden." Ludwig pflichtete ihm bei, Thorvaldsens Versuch musste unterbleiben, er hatte sich weiterhin an Vorbilder zu halten. Das erscheint uns heute selbstverständlich, aber noch in der Mitte des 19. Jahrhunderts hat man dies bedauert.

Der von Thorvaldsen ergänzte Kopf des Bogenschützen fällt trotzdem aus der Reihe der ergänzten Köpfe des Westgiebels heraus. In der kunsthistorischen Forschung hat man geglaubt, dass dieser Kopf keine Abhängigkeit von einem direkten Vorbild hätte, und sah in der Ergänzung eine schöpferische Leistung Thorvaldsens im Geist der Klassik.

Das trifft aber, wie Grunwald schon erkannte, nicht zu. Für die Ergänzung hatte sich Thorvaldsen nur einen Kopf des Ostgiebels, den sog. Knappen (Abb. 163, 164, 165 und 166), zum Vorbild genommen.

Der von ihm modellierte Kopf zeigt schon ein souveräneres, weniger ängstliches Umgehen mit dem Vorbild. Das lag zum Teil daran, dass die stilistisch etwas fortschrittlicheren Ostgiebelfiguren dem Formideal Thorvaldsens eher entsprachen

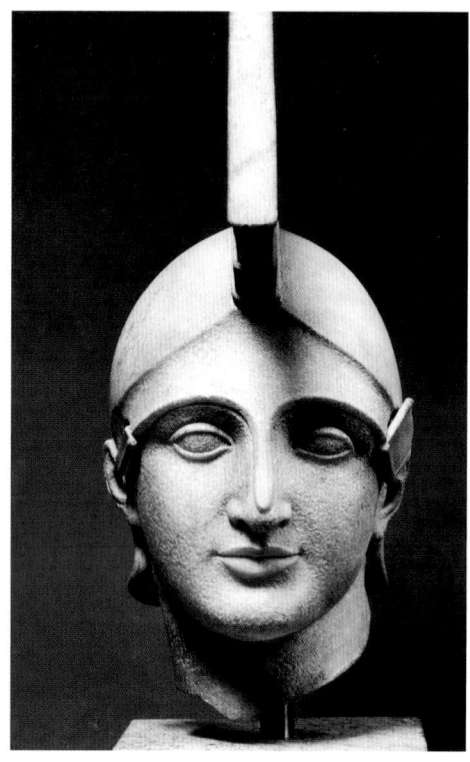

Abb. 163
Kopf von Thorvaldsen für den Bogenschützen vom Westgiebel (IV).

Abb. 164
Sog. Knappe des Ostgiebels (IX).

Abb. 165
Kopf von Thorvaldsen für den Bogenschützen vom Westgiebel (IV).

Abb. 166
Sog. Knappe des Ostgiebels (IX).

Abb. 167
Kopf von Thorvaldsen für den Stecher vom Westgiebel (XII).

Abb. 168
Stecher vom Westgiebel (V).

Abb. 169
Kopf von Thorvaldsen für den Stecher vom Westgiebel (XII).

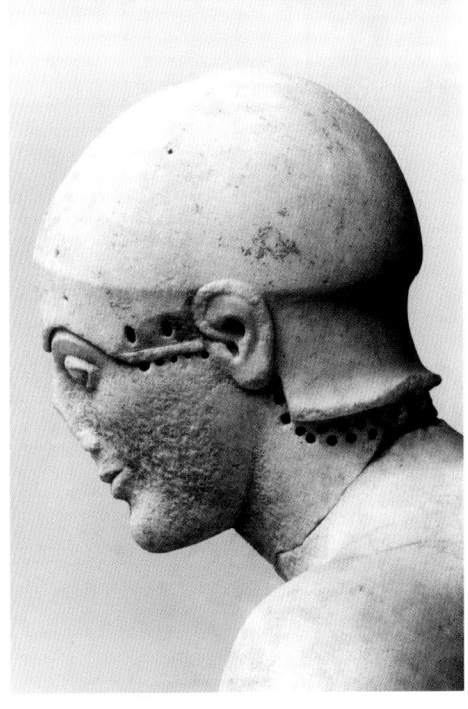

Abb. 170
Stecher vom Westgiebel (V).

Abb. 171
Kopf von Thorvaldsen für den Vorkämpfer des Westgiebels.

Abb. 172
Gegner des rechten Vorkämpfers vom Westgiebel (III).

Abb. 173
Kopf von Thorvaldsen für den Vorkämpfer des Westgiebels.

Abb. 174
Gegner des rechten Vorkämpfers vom Westgiebel (III).

als die spätarchaischen Köpfe des Westgiebels. Das Gesicht des Bogenschützen hat Thorvaldsen breiter angelegt als das des antiken Vorbilds. Die Formen sind weniger akzentuiert, die Führung des Augenausschnitts am Helm wirkt gleichmäßiger. Man beachte, wie konsequent er vom antiken Vorbild die Asymmetrien des Helmes, dessen Scheitelbahn im Kalottenteil wesentlich von der Mittelachse des Nasenschutzes abweicht, spiegelbildlich übernimmt. In der Vervollständigung des Nasenschutzes zeigen sich auch die sicheren antiquarischen Kenntnisse von Thorvaldsen und Wagner.

Für den Kopf des Stechers des Westgiebels (Abb. 167 und 169) hat sich Thorvaldsen das Gegenstück aus der anderen Giebelhälfte zum Vorbild genommen (Abb. 168 und 170). Der Torso des Stechers ist stark von der Verwitterung angegriffen, und so wirkt der ergänzte Kopf trotz der intensiven Aufpickung der Oberfläche gegenüber dem Körper etwas zu perfekt.

Eine andere Kopfergänzung des Westgiebels – und zwar die eines Vorkämpfers, also einer Figur, die als eine der letzten gemacht wurde – zeigt, wie Thorvaldsen sich hier in Helm und Form der Frisur ganz eng an das Vorbild hält, fast wörtlich zitiert, aber in der Gesichtbildung mit wenigen Veränderungen dem Kopf einen ganz anderen Ausdruck geben kann. Man betrachte nur den leichten Augenaufschlag (Abb. 171, 172, 173 und 174).

Abb. 175
Kopf von Thorvaldsen für den Fallenden vom Ostgiebel (III).

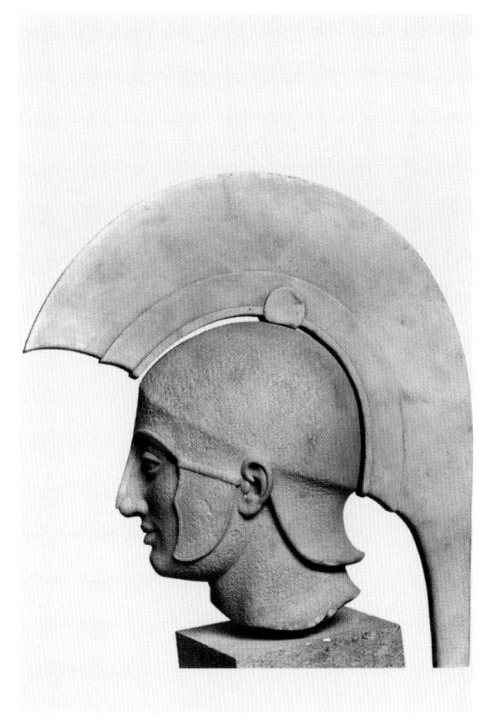

Abb. 176
Kopf von Thorvaldsen für den Fallenden vom Ostgiebel (III).

Abb. 177
Kopf von Thorvaldsen für eine Akroterfigur.

Abb. 178
Kopf von Thorvaldsen für eine Akroterfigur.

Abb. 179
Kopf der Sphinx von der Nordostecke des Tempeldaches.

Es ist nun eine niemals zu entscheidende Frage, ob diese Formveränderungen von Thorvaldsen bewusst angestrebt wurden, um dadurch die Köpfe lebendiger zu machen, um sie sozusagen auf das stilistische Niveau der Körper zu heben, die man damals als so vital und naturnah empfand; oder ob, wie auch schon angenommen, es eine ganz unbewusste Interpretation war.[205]

Offensichtlich ist jedoch, dass Thorvaldsen im Lauf der Ergänzungsarbeiten immer freier und selbstverständlicher mit seinen Vorbildern umgeht. Viele Detailformen sind ihm jetzt so geläufig, dass er sie stimmig einsetzen kann. Der Fallende des Ostgiebels ist in der Reihe der Giebelskulpturen die letzte Figur, die restauriert wurde, da man diesen Torso beim Beginn der Ergänzungsarbeiten – was sich als richtig herausgestellt hat (siehe oben) – für eine stehende Figur hielt. Für den Kopf des Fallenden (Abb. 175 und 176) gibt es kein direktes antikes Vorbild. Thorvaldsen hat hier eine eigene Schöpfung, nämlich den Kopf des Bogenschützen West (vgl. Abb. 163), den er aus dem Kopf des Knappen (vgl. Abb. 164) entwickelte, weitergebildet. Ganz souverän verbindet er die leichte Kopfdrehung des Fallenden mit perfekten Asymmetrien. In Detailbildungen des Helms orientiert er sich nicht am Helm des Knappen, sondern an dem des Laomedon. Die scharfe Konturierung des Helmrands bildet einen spannungsvollen Kontrast zu den weich modellierten Gesichtszügen.

Die beiden Köpfe der Akroterfiguren sind die letzten von Thorvaldsen modellierten Kopfergänzungen (Abb. 177 und 178). Zum Vorbild nahm er sich den weiblichen Kopf (Abb. 179), den man damals nur schwer deuten konnte: Zwischen den kämpfenden Giebelkriegern war eine weitere weibliche Figur nur schwer zu integrieren, da ja die Köpfe beider Athenen erhalten sind. Und für die Mädchenstatuetten, die das Mittelakroter flankieren, ist er viel zu groß. Erst 1920 erkannte Hermann Thiersch, dass dieser wunderbar erhaltene Kopf zu den Eckakroteren gehörte, die keine Greifen, wie die Auffinder und die Ergänzer geglaubt hatten, sondern Sphingen darstellten (vgl. Abb. 85). In diesen letzten Werken befreit sich Thorvaldsen von den Fesseln des Vorbildes und formt den Sphinxkopf im Gesichtsausdruck zu zwei lieblichen Mädchen um, was dem Sinn dieser Figuren entspricht.

Wenn man acht von Thorvaldsen modellierte Äginetenköpfe miteinander vergleicht, ist bei allen zu bemerken, dass der Bildhauer versuchte, den Gesichtsausdruck zu verlebendigen. Aber dennoch sind all diese Köpfe nicht nach einem bestimmten Schema den einzelnen antiken Vorbildern nachempfunden worden. Bei seiner ersten Kopfergänzung musste er sich noch an die antiken Formen herantasten, doch bald konnte er freier und souveräner mit ihnen umgehen. Thorvaldsen variierte bei diesen Ergänzungen äginetischer Köpfe weit mehr als bei seinen eigenen Schöpfungen. Und solche Variationen sind auch typisch für die antiken Meister der Äginagiebel. Indem aber Thorvaldsen die Formen dieser altertümlichen äginetischen Kunst, wie er sie sah und verstand, in seinem Stil verlebendigte, wurde der antike äginetische Stil auch für den damaligen Betrachter verständlicher.

An diesen Köpfen – und nicht, wie man bisher meinte, auch an der Aufstellung der Giebel oder in der Rekonstruktion des eigenwillig fallenden Kriegers des Ostgiebels – kann man Thorvaldsens Auseinandersetzung mit den Äginenten erkennen. Und noch mehr: Die ergänzten Köpfe der Äginenten dürfen folglich als Originale Thorvaldsens gelten. Und zwar als seltene Originale, denn wir wissen, dass Thorvaldsen sie selbst in Originalgröße modelliert hat. Bei vielen anderen seiner Schöpfungen hat er nur kleine Bozzetti angefertigt und schon das Modell seinen Mitarbeitern überlassen. Dass die Ausführung in Marmor nicht von eigener Hand stammt, ist bei Thorvaldsen üblich. Es gibt ja nur wenige Werke, wie zum Beispiel die Büste des Kronprinzen Ludwig (vgl. Abb. 34), die er selbst gemeißelt hat.

Abb. 180
Fälschung nach dem sog. Laomedon vom
Ostgiebel des Aphaiatempels. New York,
Metropolitan Museum.

Fälschungen nach den Ägineten

Wer heute die von Thorvaldsen ergänzten Köpfe mit den Originalen vergleicht, dem erscheinen die Unterschiede recht groß. Unser Blick für archaisch-griechische Formensprache ist durch die vielen Neufunde archaischer Bildwerke geschärft worden. Die Ergänzungen Thorvaldsens wirken im Vergleich dazu fremd und unpassend. Erstaunlich und bewundernswert ist jedoch, dass die ergänzten Köpfe in den antiquarischen Details keine gravierenden Fehler aufweisen, was sicher zum Teil auch dem Rat und der Kennerschaft Wagners zu verdanken ist. Die Leistung Thorvaldsens wird offensichtlicher, wenn man seine Ergänzungen nicht nur mit den Originalen, sondern auch mit den neuzeitlichen Nachschöpfungen oder Fälschungen vergleicht, die sich ebenfalls an die Ägineten anlehnen. Es gibt davon einige. Meist sind es bloß Köpfe. Wann sie entstanden sind, ist schwer zu bestimmen.[206] Oft wissen wir nur, wann das Machwerk im Kunsthandel oder in einem Museum aufgetaucht ist. Damit haben wir einen Terminus ante. Wie lange es zuvor unerkannt in Privathand war, wissen wir nicht. Trotz dieser Unsicherheit bin ich der Meinung, dass keine dieser Fälschungen zur Zeit der Ergänzungsarbeiten geschaffen wurde: Typische Fälschungen des Klassizismus sind nämlich neben römischen Porträts, die man schon im 18. Jahrhundert gerne nachmachte, vor allem ‚klassische' Statuen, antike Schmuckreliefs mit mythischen Darstellungen und dekorative Werke. Auch in der Mitte des 19. Jahrhunderts dürften diese Äginetenfälschungen noch nicht entstanden sein. Denn zu dieser Zeit empfanden die meisten den Stil der Ägineten, vor allem die Bildung der Köpfe, nicht nur als etwas Neues und Ungewohntes, sondern auch als etwas Unvollkommenes.

Natürlich gab es auch damals schon vom Zeitgeschmack unabhängige Kenner. Einer von ihnen war Graf Anton Prokesch von Osten, der um die Mitte des 19. Jahrhunderts eine archaische Jünglingsstatue, den „Apoll von Tenea", erwerben konnte. Sein Lobpreis über die Schönheit dieser Figur endet mit den Worten: „Die Ägineten erscheinen mir als der Anlauf zur höchsten Kunst. Der ihnen vorausgehende archaische Styl, aus dem er organisch herausgewachsen …, ist in seiner Klarheit und Majestät durch nichts Späteres erreicht und der Mangel an Handwerk tut der Kunst durchaus keinen Eintrag … Ich sah das recht deutlich an einer Statue (‚Apoll von Tenea'), an die Ägineten erinnernd und wahrscheinlich von einem der alten Meister dieser Insel."[207] In diesen Hymnus auf die archaische Kunst haben damals sicher nur wenige eingestimmt. Einer von ihnen war Leo von Klenze.

Abb. 181
Gefälschter Marmorkopf. Berlin, Antikensammlung.

Abb. 182
Athena des Westgiebels (I).

Die Äginetenfälschungen dürften meines Erachtens alle im ausgehenden 19. Jahrhundert oder in der ersten Hälfte des 20. Jahrhunderts entstanden sein. Durch die spektakulären Funde archaischer Skulptur auf der Akropolis ist nämlich die Wertschätzung dieser Epoche griechischer Kunst schlagartig gestiegen. Die Fälscher reagierten. Da es von den Neufunden auf der Akropolis um 1900 kaum eine gute Photodokumentation und vor allem keine Gipsabgüsse gab, orientierten sich die Fälscher gerne an den Ägineten, von denen inzwischen Abgüsse weit verbreitet waren. Ein mächtiger Marmorkopf, 1898 von den Berliner Museen angekauft und schon im Jahr darauf von Furtwängler als Fälschung entlarvt (Abb. 181), zitiert in der Haarbildung an Stirn und Schläfen teilweise den Kopf der Athena des Westgiebels (Abb. 182).[208] In der Gesichtsbildung mit den sanft gerundeten, fast gedunsenen Formen entfernt sich der Fälscher, wohl bewusst, von den klar artikulierten Formen des Vorbilds. Das war aber nicht das Hauptproblem: Um die Abhängigkeit vom Original etwas zu verschleiern, stellte er seinen weiblichen Kopf ohne Helm dar. Da die Athena des Westgiebels aber einen Helm trägt und ihm somit für das Haar am Oberkopf keine Anregung zur Verfügung stand, war er gezwungen, dieses Detail selbst zu gestalten. Offensichtlich kannte er kein anderes passendes Beispiel, weder die Koren der Akropolis, noch den Sphinxkopf von Ägina, und so überließ er die Haarbildung des Oberkopfs seinem Gefühl. Und das trog. Die Frisurgestaltung ist völlig unantik.[209] Solch ein Fehler ist Thorvaldsen bei keiner seiner Kopfergänzungen passiert. Bei einer anderen Fälschung nach der Westgiebel-Athena glaubte der Fälscher den Helm der Athena noch mit zwei sitzenden Löwen bereichern zu können, die aber, da er archaische Löwen nicht kannte, etwas ‚pudelartig' ausfielen.[210] Interessant an dem Stück, das Ende des 19. Jahrhunderts entstand, ist vor allem, dass der Fälscher am Helm „die verblassten Reste eines aufgemalten Ornamentes vorzutäuschen versuchte." Dazu wurde er sicherlich durch Kenntnis von den zum Teil noch erhaltenen farbigen Fassungen der damals neu gefundenen archaischen Skulpturen der Akropolis angeregt. Eine andere Skulptur kopiert Oberkörper und Kopf des Laomedon (Abb. 180). Die Kopie war nicht, wie man vermuten könnte, als bildhauerisches Lehrstück, sondern als Fälschung gedacht. Furtwängler sah das Werk noch mit Sinterauflagen. Offensichtlich wurde es bald als falsch verdächtigt. Und so hat der Fälscher die Marmoroberfläche durch Erhitzung und durch Säureeinwirkung künstlich korrodiert. In diesem Zustand kam der ‚Laomedon' 1924 als Geschenk ins New Yorker Metropolitan Museum.[211] All seine ‚Verwitterungskünste' halfen dem Fälscher nichts, denn er hatte ein antiquarisches Detail missverstanden: Ihm stand als Vorbild offensichtlich nur ein schlechter Abguss zur Verfügung, und so hielt er die fragmentiert erhaltene Helmklappe mit dem dazugehörigen Scharnier möglicherweise für Reste von Lederstreifen, die unter dem Helm hervortreten. Um etwas originell zu sein, hat er diese Helmklappe bei seinem Werk einmal nach unten und nach oben geklappt.

Von ganz anderer Qualität ist ein Kopffragment, das 1902 dem Museum von Boston gestiftet wurde (Abb. 183 und 184). Der Fälscher ging jeglichem antiquarischen Irrtum aus dem Weg, indem er in Frisur und Helmansatz einen Kriegerkopf des Westgiebels kopierte (Abb. 185). Auch in der Mundbildung lehnte er sich eng an dieses Vorbild an, während er die Augen- und Nasenform vom

Abb. 183
Gefälschter Marmorkopf.
Boston, Museum of Fine Arts.

Abb. 184
Gefälschter Marmorkopf. Seitenansicht.
Boston, Museum of Fine Arts.

Abb. 185
Kopf eines Kriegers.
Westgiebel IX.

Sphinxkopf des Ostgiebels übernommen hat (vgl. Abb. 194). Der Fälscher mischte also, ähnlich wie Thorvaldsen, Formen des West- und Ostgiebels. Wie bei so vielen Fälschungen verrät die unpräzise Bildung der Detailformen, zum Beispiel der Haarlocken, die neuzeitliche Entstehung. Hingegen ist ebenso geschickt wie bei den Ergänzungen Thorvaldsens die ‚Verwitterung' durch Pickung der Oberfläche mit dem Spitzmeißel künstlich nachgemacht worden, wobei der Fälscher übersah, dass bei den Ägineten die Augäpfel, da sie durch Farbe geschützt waren, gewöhnlich glatt, also nicht angewittert sind. Da der Fälscher die Marmoroberfläche mit hartem künstlichen ‚Sinter' überzog und mit verdünnter Salzsäure ‚reinigte', galt der Kopf lange Zeit bei manchen als echt.[212] Er ist aber zweifellos ein Fake, was aber nur deshalb nicht so leicht zu erkennen ist, weil der geschickte Steinmetz sich beim Kopieren keine eigenen ‚künstlerischen' Freiheiten erlaubte.

Das war bei den Fälschungen, die sich den Kopf des Laomedon zum Vorbild nahmen, noch schwieriger. Bei dem liegenden Laomedon ist der Kopf in der antiken Aufstellung nur im Profil bzw. Halbprofil sichtbar gewesen. Bei einer Frontalansicht erkennt man im Gesicht deutliche Asymmetrien, die durch die starke Neigung und die Halbprofilansicht des Kopfs bedingt sind (Abb. 186). So ist die Helmachse verschoben, das linke Auge größer gebildet und der Bart auf seiner linken Seite höher geführt, als würde er von der Schulter nach oben gedrückt. Thorvaldsen hat diesen Kopf als Vorbild genommen für seine Ergänzung eines stehenden Kriegers des Ostgiebels, dessen Kopf geradeaus gerichtet ist (Abb. 187). Bei dieser Haltung wären die Asymmetrien sinnlos gewesen. Sie wurden

Abb. 186
Sog. Laomedon. Ostgiebel XI.

Abb. 187
Kriegerkopf von Thorvaldsen.

Abb. 188
Fälschung nach dem sog. Laomedon. Privatbesitz.

deshalb von ihm in der richtigen Weise korrigiert: Die Helmachse liegt senkrecht über der Nase, der Bart ist gerade geführt. Der sterbende Laomedon hat den Mund leicht geöffnet und zeigt die Zähne, was wohl Schmerz oder ein Stöhnen ausdrücken soll. Diesen offenen Mund hat Thorvaldsen auch seinem vorwärtsstürmenden Krieger gegeben. Das Zähnezeigen hat nun eine andere Bedeutung: Es ist wohl Zeichen der Erregung, des Kampfeseifers. Auch weitere Eigentümlichkeiten des Originals, wie die Stilisierung des Barts, der in feine Strähnen gegliedert ist, übernimmt Thorvaldsen, wenn auch in gröberer Form. Abweichend vom Original, zeichnet er auch in den Schnurrbart Strähnen und rollt dessen Enden leicht ein.

Ganz anders ist eine Fälschung des späten 19. oder frühen 20. Jahrhunderts gebildet (Abb. 188): Wie üblich, versuchte der Fälscher durch künstliche Brüche, Bestoßungen, ‚Sinter' – und Erdauflagen seinem Produkt ein antikes Aussehen zu geben. Abgesehen von den Augen, die analog zu anderen antiken Köpfen hohl gestaltet sind, ähnelt der Kopf weitgehend seinem Vorbild, dem Laomedon. An der Halsbildung erkennt man, dass der Fälscher den Kopf so formte, als gehörte er ursprünglich zu einer stehenden Figur: Die bildnerische Aufgabe war also die gleiche, die Thorvaldsen zu lösen hatte. Der Fälscher folgte jedoch in der Detailbildung sklavisch dem Original und kopierte ohne künstlerisches Verständnis dessen Asymmetrien, die aber bei einem geradeaus gerichteten Kopf sinnlos sind. So ist die Helmkalotte, wie beim Laomedon, gegenüber der senkrechten Achse des Nasenschutzes verschoben und auch der Bart ist – völlig unmotiviert – auf seiner linken Seite leicht nach oben geführt.

Abb. 189–191
Profilansichten der Kriegerköpfe der Abb. 186–188.

Aufschlussreich ist ein Vergleich der Profilansichten von Laomedon, Kriegerkopf-Thorvaldsen und Fälschung (Abb. 189, 190 und 191): Weder Thorvaldsen noch der Fälscher vermochten, trotz enger Anlehnung an das Vorbild, ihrem Kopf auch nur annähernd etwas von der enormen Präzision und Spannung der Formen zu geben, die den Kopf des Laomedon auszeichnen – man vergleiche nur die Helmkalotten.

In einem Detail, bei der Bildung der Wangenklappe, zeigt sich freilich, dass Thorvaldsen über antike Helme weit mehr wusste als der Fälscher. Am Laomedon ist die Arbeitsweise des griechischen Bildhauers nicht sofort verständlich: Er hat nämlich den Backenbart zuerst fein ausgearbeitet und ihn dann durch die Anstückung einer getrennt gearbeiteten Wangenklappe wieder verdeckt. Von der antiken Helmklappe, die sich ursprünglich über einen großen Teil des Barts legte, ist nur ein kleiner Teil erhalten, auf dem auch noch das gerundete Scharnier zu sehen ist. Die beiden Helmklappen wurden getrennt gearbeitet und umständlich angestückt. Natürlich fragt man sich aus heutiger Sicht, warum der Bildhauer sich eine solche Mühe machte, obwohl dies der zum Giebel aufblickende Betrachter kaum sehen konnte. Als Erklärung bietet sich an: Möglicherweise wollte er den Bart des Laomedon zuerst vollständig, sozusagen wirklichkeitsgetreu ausarbeiten, um ihn dann mit der Wangenklappe zu decken. Und die umständliche Stückung sollte deutlich machen, dass die Wangenklappe eines griechischen Bronzehelms, der ja hier nachgebildet wird, beweglich ist und vom Krieger in Kampfpausen hochgeklappt werden kann. Diese geradezu funktionalistische Darstellungsweise hat Thorvaldsen nicht übernommen. Die Wangenklappen seines

Abb. 192
Fälschung nach dem sog. Laomedon.
Privatsammlung.

Abb. 193
Fälschung nach dem sog. Laomedon.
Kunsthandel.

Abb. 194
Kopf der Akrotersphinx.

Abb. 195
Frauenkopf von Thorvaldsen.

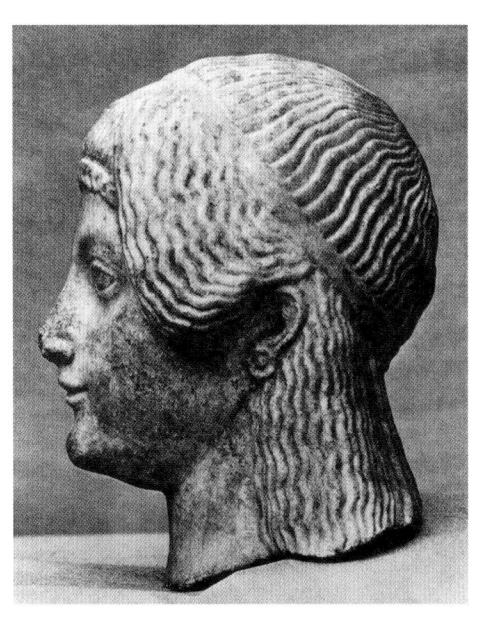

Abb. 196
Fälschung nach dem Frauenkopf von
Thorvaldsen. Privatsammlung.

Kriegers sind mit dem Kopf in einem Stück gearbeitet. Ihre Form und Größe entsprechen ungefähr den antiken Maßen. Der Fälscher hingegen wusste dies nicht: Er hielt den Rest der abgebrochenen antiken Wangenklappe des Laomedon für die originale Form und bildete deshalb eine so kümmerliche und in eigenartiger Weise nach hinten gerichtete Helmklappe. Dass dieser Kopf jetzt in gereinigter Form einen Privatbesitzer erfreut und eine weitere, recht ähnliche Fälschung sich im Kunsthandel befindet, sei nur nebenbei erwähnt (Abb. 192 und 193).

Geradezu belustigend ist eine Fälschung, die in den 20er-Jahren eine Pariser Privatsammlung schmückte (Abb. 196). Der Fälscher hat sich nämlich nicht einen der Äginetenköpfe, sondern eine Ergänzung Thorvaldsens zum Vorbild genommen (Abb. 195). Er entwickelte sein Werk aus dem Kopf einer Akrotersphinx (Abb. 194). Deren klar gegliedertes Gesicht, dessen Formen – wie die Seitenansicht zeigt – sich in einer relativ begrenzten Tiefenräumlichkeit reich entwickeln, ist bei Thorvaldsens Werk einer weichen und ‚naturnäheren' Gestaltung gewichen. Der Fälscher hat diese Tendenz mit seinen bescheidenen bildhauerischen Mitteln noch weitergeführt und dem Mädchenkopf sogar ein leichtes Doppelkinn gegeben (Abb. 196).

Zusammenfassend lässt sich sagen: Thorvaldsens Äginetenergänzungen sind nicht nur in der Qualität, sondern auch im stilistischen und antiquarischen Verständnis denjenigen Fälschungen und Nachahmungen der archaischen Kunst überlegen, die erst in unserem Jahrhundert vor dem Hintergrund einer viel größeren Denkmälerkenntnis entstanden. Zu Recht wurde er 1817 für diese Leistung mit der Aufnahme in die Accademia Romana di Archeologia geehrt.

A72

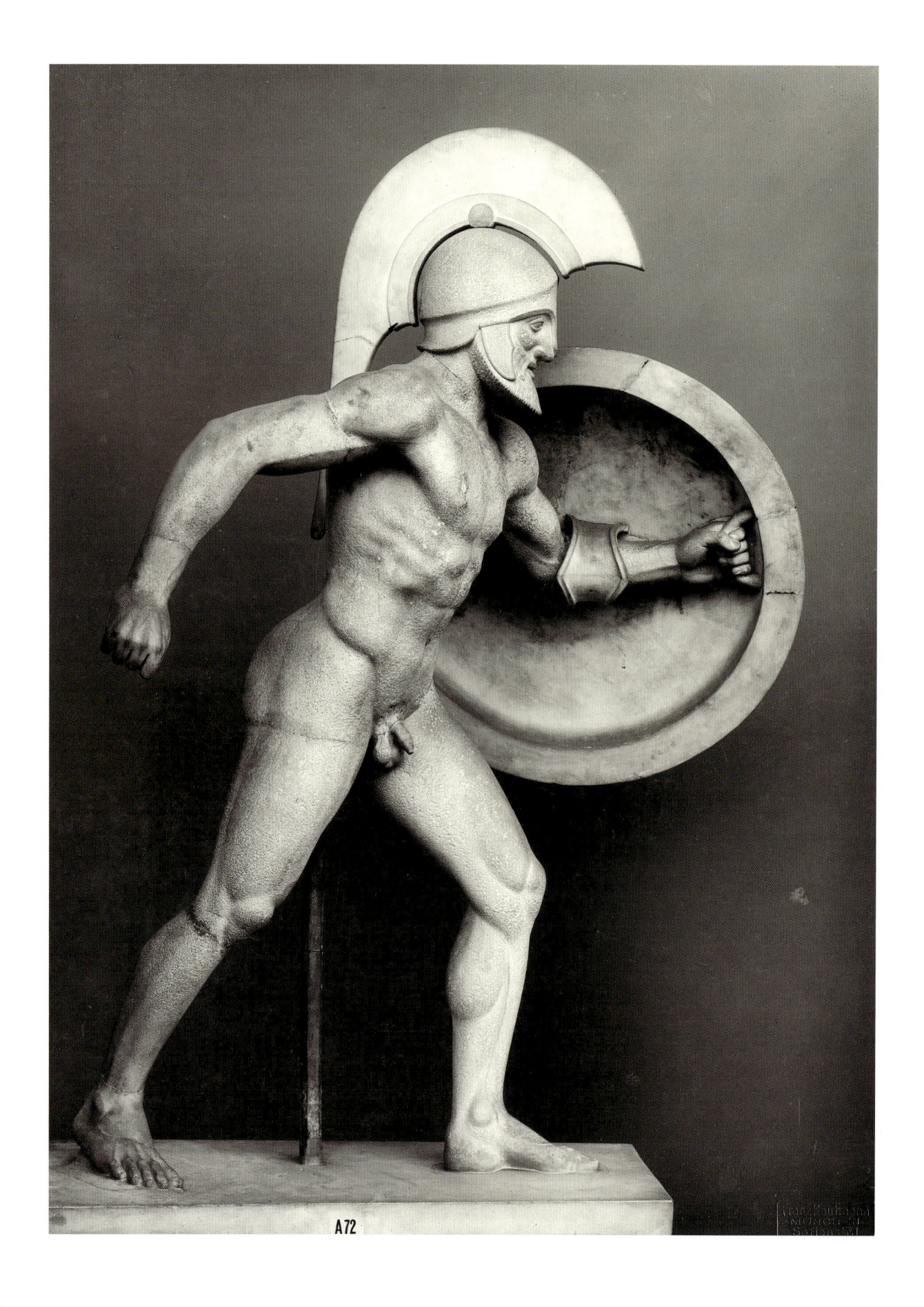

Lobende und kritische Äußerungen zu den ergänzten Ägineten

„Göttlich restauriert"

Schon während der Arbeiten an den Ägineten überschüttete die Kunstwelt Thorvaldsen mit Lob. Er war zu dieser Zeit ein erfolgreicher Bildhauer in Rom und von Aufträgen überhäuft. Ludwig sah die Ägineten im Frühjahr 1818 zum ersten Mal im Original. Bis dahin war er stets auf die Briefe und Urteile anderer angewiesen gewesen. So schrieb ihm Georg von Dillis, sein Kunstberater und späterer Direktor der Alten Pinakothek, im November 1816: „Noch habe [ich] auch nie Restaurationen gesehen, wo der Geist der Griechen so vollkommen nachgeahmt war als in den bereits von Thorvaldsen ausgeführten Teilen – Wagner verlässt die Ausführung keinen Augenblick und ist unermüdet, dass alles nach dem Sinn des Thorvaldsen ausgeführt wird."[213] Wenig später setzte Dillis hinzu: „Und nicht glücklicher konnte es sich für sie [die Ägineten] fügen, als dass Thorvaldsens Meisterhand selber ihre Ergänzungen übernommen hat." Es ist aber nicht nur der Kreis um Ludwig so begeistert von Thorvaldsens Arbeit gewesen. Auch Charles Robert Cockerell war 1816/17, als er die schon teilweise ergänzten Ägineten in Rom studierte und zeichnete, voll des Lobes über Thorvaldsens Arbeit und rühmte, dass in „uniting the broken fragments and restoring the few parts of them that were deficient, that eminent artist has shown the greatest care and sagacity"[214]. Für seine Landsmännin Charlotte Anne Eaton waren die Ägineten restauriert „in the true spirit and force of the original, that in contemplating them, the eye feels nothing to desire"[215]. Es herrschte damals allgemein die Meinung, dass Thorvaldsen der Antike am nächsten stehe und sie deshalb „bewundernswürdig" ergänzen könne.[216] Auch Quatremère de Quincy, der sich so sehr dafür eingesetzt hatte, dass die Parthenonskulpturen unberührt blieben, fand, dass Thorvaldsen die Ägineten bestens vervollständigt hätte.[217] Caroline von Humboldt gar kannte in ihrer Begeisterung für Thorvaldsen keine Grenzen. Im Juni 1817 schreibt sie an den Archäologen Gottfried Welcker: „Thorvaldsen ist als Künstler ein Gott geworden. Unstreitig ist er der größte Bildhauer seit Michelangelo und Donatellos Zeiten. Thorvaldsen allein verdient schon, dass man nach Rom komme. ... Von den äginetischen Statuen müsste ich Ihnen viele Bogen schreiben. ... Göttlich hat Thorvaldsen sie restauriert."[218] Wenig später erklärt sie ihrem Mann, Wilhelm von Humboldt: „Ich wünsche sehr, dass Du Hirt über die Aeginetischen Statuen sprechen mögst. Die Restauration von Thorvaldsen ist ordentlich ein Wunder, allein mit der Art sie aufzustellen, bin ich gar nicht zu-

Abb. 197
Krieger des Ostgiebels (II) mit den Ergänzungen von Thorvaldsen.

frieden."[219] Sie wendet sich hier gegen Wagners und Thorvaldsens Auffassung, dass die Figuren einzeln präsentiert werden müssten, da man die ursprüngliche Komposition nicht kenne. Sie ist überzeugt, dass Cockerell die ‚richtige' Aufstellung und Hirt die ‚richtige' Deutung der Figuren gefunden hätten.

Generell gilt: In der ersten Hälfte des 19. Jahrhunderts wurden Thorvaldsens Ergänzungen höchst bewundert. Dafür gibt es viele Zeugnisse, von denen nur noch eines angeführt sei. So schreibt Friedrich Schlegel: „Einer der ersten Prüfsteine und Beweise der Meisterschaft in der Kunst bleibt es, die Antike ergänzen zu können, welches, wenn es so vollkommen geschieht, … wie zu unserer Zeit Thorvaldsen die äginetischen Figuren ergänzt hat, schon allein Erstaunen erregt und der höchsten Bewunderung werth ist."[220] Thorvaldsen war sich anscheinend bewusst, dass solch ein Ergänzungsunternehmen für den Künstler eine schwierige Aufgabe sei. Nach Just Mathias Thiele, Thorvaldsens erstem Biographen, soll der Bildhauer zu diesem Problem einmal gesagt haben: „Es ist eine undankbare Aufgabe, Antiken zu restaurieren. Hat man es nicht gut gemacht, so wäre es besser unterblieben, und hat man es gut gemacht, so ist es, als hätte man nichts gemacht."[221] Und auf die Frage, wo seine Ergänzungen seien, soll er geantwortet haben: „Gemerkt habe ich mir sie nicht und herausfinden kann ich sie nicht."[222] Diese Künstleranekdote drückt die Qualität der Ergänzungen aus. Sie ist aber nicht völlig abwegig: Wahrscheinlich haben damals, und das würde auch heute noch gelten, nur wenige geschulte Betrachter Antikes und Ergänztes voneinander scheiden können. So schreibt Graf Wolf Baudissin, der die Figuren bei Wagner sah: „Da hat nun auch Thorwaldsen recht sein Talent bewährt und herrlich restauriert, so dass er das Neue ganz wie alt gemacht."[223] Ähnlich empfand es auch Klenze. In einem Vortrag vor der Bayerischen Akademie der Wissenschaften lässt er 1821 die Bemerkung fallen, die Äginetien seien „durch Thorvaldsen auf eine Art ergänzt, welche archäologische Rigoristen wegen zu großer Täuschung frevelhaft schön genannt haben".[224] Wie so oft bei Klenze scheint sich hinter einem Lob auch eine gewisse Kritik zu verstecken. Und dies gilt auch für die interessanten Bemerkungen der britischen Romanautorin und Reiseschriftstellerin Frances Trollope: „So eindrucksvoll und so schön die Aufstellung der Reste alter Kunst, welche in der sogenannten Salle des Eginètes aufbewahrt werden, gelungen ist, konnte ich dennoch nicht den Gedanken loswerden, dass sie einen zu auffallenden Gegensatz zu Danneckers Prinzip bilden. Sooft er einer verunstalteten Statue habhaft wurde, die ergänzend restauriert worden ist, hielt er es für seine erste Pflicht, alles wieder abzuschlagen, was ein neuer Pfuscher an das ehrwürdige Bruchstück hinzuzufügen gewagt hatte. Hier wurde der entgegengesetzte Weg eingeschlagen und mit derartiger Kühnheit verfolgt, dass sich ganze griechische Gruppen, unverletzt bis zur Fingerspitze, vor einem erheben. Der bekannte Name Thorwaldsen (welcher als Urheber dieser Restaurierungen genannt wird) ist jedoch eine hinreichende Bürgschaft, um auch die neueren Teile dieser Gruppe interessant zu machen. Man kann allerdings die Frage erheben, ob der Wert dieser dem Zahn der Zeit entgangenen Überreste nicht größer wäre, wenn man sie vor jeder Vermengung mit den Arbeiten eines Meißels der Gegenwart bewahrt hätte.

Mr. H. sprach sich dahin gehend aus, dass die Schönheit der gesamten Gruppe, so wie sie in der Glyptothek aufgestellt ist, den Versuch einer Restaurierung in dem Umfang vollkommen rechtfertige. Er war jedoch der Meinung, dass man im Interesse der Kunst besser getan hätte, wenn man diese Gruppe mit Hilfe der vorhandenen Bruchstücke und nach Auswertung der Grabungsergebnisse ganz neu ausgeführt hätte. Dagegen hätte man die geheiligten Bruchstücke selbst ehrerbietig daneben legen sollen, teils um die nützliche Genauigkeit des kritischen Urteils hervorzurufen, teils um Zeugnis von dem Können des späteren Künstlers abzulegen, welcher es wagte, aus Bruchstücken Formen zu ersinnen und sie zu vervollständigen."[225] Es sei hinzugefügt: Diese vor nun 180 Jahren von Mr. H. erwogene Möglichkeit, ergänzte und unergänzte Ägineten nebeneinander sehen zu können, ist mit der heutigen Ausstellung erreicht.

Der „kunstverlassene Mann"

Auch nach der Mitte des 19. Jahrhunderts gab es noch Bewunderer von Thorvaldsens Ergänzungen, etwa den berühmten Kunsthistoriker Jakob Burckhardt; es mehrten sich jetzt aber auch kritische Stimmen.[226]

Den Anfang machte Cockerell. In seiner erst 1860 erschienenen prachtvollen Ägina-Publikation distanziert er sich von „the doubtful restoration of some of the statues as they now exist actually at the museum at Munich from which restoration the author most reluctantly feels obliged to express his descent."[227] Er führt dann aus: „These statues have been restored at Rome in Parian marble, in such a way as to disguise the fractures of the originals, and possibly the attitudes and the motives of the figures themselves: heads, helmets, and limbs have been supplied without sufficient authority (in the author's opinion) and doubtless their character has suffered in consequence of what, with all respect for the talents of such distinguished artists, he must call arbitrary assumptions, – a liberty happily restrained in our own Athenian collection in England."[228] Dabei erwähnt Cockerell nicht, dass er 40 Jahre früher eine ganz andere Ansicht vertrat (siehe oben). Man darf aber auch nicht annehmen, dass er, der unglückliche Verlierer bei der Auktion in Zante, mit seiner Ergänzungskritik ausdrücken wollte, es wäre besser gewesen, wenn die Ägineten ins Britische Museum gelangt wären. Im Gegenteil. Er schreibt: Ihm sei, bei aller Trauer, dass diese Skulpturen nicht nach England gekommen sind, ein ständiger Trost, sie in München zu wissen, „in the hands of a Prince, who is surpassed by none in his enligthened patronage of the fine arts, and especially of the masterpieces of Grecian skill, in a country renowned for its devotion to such glorious and elevating studies."[229]

Mit seiner kritischen Einstellung gegenüber Ergänzungen stand Cockerell zu dieser Zeit nicht mehr allein. Und dieses neue Bewusstsein hatte sich schon früh angebahnt: So ist auf Initiative des Bildhauers Antonio Canova 1816 eine Ankaufskommission für die päpstlichen Sammlungen ins Leben gerufen worden, der, neben berühmten Archäologen, auch Bertel Thorvaldsen angehörte. Eines ihrer Beurteilungskriterien war, dass die Antiken nicht zu stark ergänzt sein durften. Ein Kriterium, das übrigens für Martin von Wagner, den Kaufagenten Ludwigs, sogar schon früher stets von großer Bedeutung gewesen war.[230] Zwar lehnte die neugegründete Kommission das Ergänzen nicht generell ab, aber stark ergänzte Werke fand man entweder nicht mehr für würdig, in eine öffentliche Sammlung aufgenommen zu werden, oder schätzte ihren Kaufpreis nicht mehr hoch ein. In einem Wort: Weitreichende und damit auch kostspielige Ergänzungen steigerten nicht mehr, sondern minderten eher den Wert von Antiken.[231] Eine ähnliche Anschauung formulierte Wilhelm von Humboldt in seiner Denkschrift über die Antikenergänzungen im Berliner Museum (1830): „Es ist natürlich bei denselben [Restaurationen] immer der Grundsatz beobachtet worden, dass man nur ergänzt, wo der Mangel der fehlenden Theile den Anblick und den Genuss des Ganzen fühlbar stört, dagegen diejenigen unrestauriert lässt, welche, wie z. B. Torsos, auch in ihrer Verstümmelung noch ein Ganzes darbieten, und deren Restauration, da man zuviel hinzufügen müsste, eben den Charakter zu verändern drohen würde."[232] Im Gegensatz dazu erklärte im selben Jahr der preußische Kultusminister von Altenstein in seinem Bericht an den König, dass das antike Kunstwerk „in der Regel erst durch die Restauration ... seinen Werth erhält". Es war ein langwieriger Prozess, bis sich die Ansicht durchsetzte, dass die Antiken im ursprünglichen Zustand belassen werden sollten. Zu diesem Geschmackswandel haben zweifellos die unergänzten Parthenonskulpturen im Britischen Museum am meisten beigetragen. Ihre damalige Wirkung auf die Künstler und die kunstinteressierte Welt lässt sich heute kaum noch ermessen. Bei ihrem Anblick verschlug es manchem Künstler dieser Zeit geradezu die Sprache.[233] Für den englischen Bildhauer John Flaxman, der lange in Rom gearbeitet hatte, waren jetzt die berühmten römischen Antiken vergessen. Als einzige unter allen berühmten Antiken Roms habe, wie schon 1840 der Archäologe Desiré Raoul-Rochette feststellte, durch das Erscheinen der Parthenonskulpturen der Torso vom Belvedere nichts von seinem Glanz verloren.[234] Denn der war unergänzt. Es bewahrheitete sich, was Jean Jacques Abbé Barthélemy schon 1801 geschrieben hatte: „Ich sehe nicht, dass der Torso vom Belvedere weniger Lob verdient, weil er nicht restauriert wurde, genauso wenig wie all die anderen Statuen, die restauriert sind, nur deshalb einen Vorteil hätten."[235] Auf Anraten des Malers Jean-Dominique Ingres meißelte 1838 Auguste Ottin, Stipendiat an der französischen Akademie in Rom, eine Kopie des Torso vom Belvedere, die auf jegliche Vervollständigung und Beschönigung der Brüche verzichtete (Abb. 198). Für Ottin war, wie er seinen Eltern schrieb, der Torso das schönste Meisterwerk „und die vollkommenste Skulptur, die man überhaupt sehen kann".[236] Zusammenfassend kann man sagen: Neben den Parthenonskulpturen waren es vor allem die Künstler, die den Geschmackswandel bewirkt haben, dass die un-

Abb. 198
Auguste Ottin, maßstabsgetreue Kopie des Torsos, 1838. Paris, École nationale supérieure des Beaux-Arts.

Abb. 199
Bertall, Die Frage der Venus von Milo,
aus Le Journal illustré, 5. Juli 1874

ergänzte Figur, das Fragment nun so hoch geschätzt wurde. Als in den 70–80er Jahren des 19. Jahrhunderts in Athen und in Olympia eine Fülle prachtvoller Skulpturen ans Tageslicht kamen, die alle nicht mehr ergänzt wurden, schlug das Pendel radikal um: Den früher so beklagten trümmerhaften Zustand vieler Antiken empfand man jetzt als ihre besondere Qualität. Man machte sich, wie der französische Karikaturist Bertall, nun in der Öffentlichkeit sogar über die Archäologen lustig, die über die Rekonstruktion unvollständiger Antiken nachdachten (Abb. 199). „Für den Eingeweihten", so schrieb der französische Bildhauer Emile-Antoine Bourdelle, „existiert das Meisterwerk stets in jedem Fragment. Es ist immer vollständig."

Aus diesem neuen Geist ist zu verstehen, dass Georg Treu, ehemaliger Ausgräber von Olympia und von 1892 bis 1915 Direktor der Dresdner Skulpturensammlung, in den 90er-Jahren an den berühmten Dresdner Antiken, die zum größten Teil vom sächsischen Kurfürsten August dem Starken 1728 erworben und alle restauriert waren, die Ergänzungen abnehmen ließ. Das betraf insgesamt 212 Werke. Treu war überzeugt, „in aesthetischer und wissenschaftlicher Hinsicht ein wirkliches Rettungswerk zu vollführen".[237]

Zu dieser Zeit hat zwar in München niemand an solch ein „Rettungswerk" für die Ägineten gedacht, aber Thorvaldsens Ruhm war jetzt verblasst, und seine Ergänzungen wurden nun als „recht oberflächliche, ja rohe und missverstandene Nachahmungen" bezeichnet.[238] Das Ziel archäologischer Forschungen beschränkte sich darauf, zumindest auf dem Papier oder anhand von Gipsabgüssen die richtige Aufstellung der Giebelgruppen, vor allem des Westgiebels, zu ergründen. All die vorgeschlagenen Lösungen konnten aber nur Variationen der von Cockerell entworfenen Giebelrekonstruktion, also der klassizistischen Aufstellung, sein, da die Archäologen natürlich von dessen Fundangaben der Figuren ausgingen, die aber, wie oben breit ausgeführt, unrichtig waren. Auch

Abb. 200
Adolf Furtwängler, Direktor der
Glyptothek (1894–1907).

Abb. 201
Furtwänglers Grabungen am Tempel in
Ägina, 1901.

wenn diese Problematik damals nicht erkannt werden konnte, war Adolf Furtwängler (Abb. 200), wie er in seiner „Beschreibung der Glyptothek" von 1900 schreibt, völlig überzeugt, „dass diese dürre, magere, ärmliche, auseinandergezerrte und dadurch langweilig wirkende Komposition, welche die jetzige Aufstellung des Westgiebels zeigt, den Intentionen der äginetischen Künstler direkt widerspricht."[239] Ein ästhetisches Urteil, das wohl den Beifall Wagners und vermutlich auch Thorvaldsens gefunden hätte. Dass die beiden ebenfalls mit dieser Gruppierung nicht einverstanden gewesen waren, konnte Furtwängler, dem der Briefwechsel Ludwig–Wagner unzugänglich war, nicht wissen. Er stellte nur lapidar fest: „Es war eine Illusion, wenn man gemeint hat, die Komposition der äginetischen Giebel sei uns bekannt. Sie ist es leider nicht und sie wird es nicht sein so lange wir über die Zahl der einst vorhandenen Figuren keine Sicherheit haben; und auch dann wird ihre Aufstellung noch Zweifeln unterworfen bleiben. Die einzig sichere Grundlage, die Platten des Giebelbodens mit den Einlassungen für die Statuenplinthen, fehlt uns leider ganz."

1901 unternahm Furtwängler neue Ausgrabungen am Tempel in Ägina (Abb. 201). Diese erbrachten grundlegende Erkenntnisse: Nun konnte die Figurenzahl in den beiden Giebeln sicher festgelegt werden. Denn er löste das Problem der zahlreichen Fragmente im sogenannten Westgiebelstil, die sich nicht sinnvoll im Westgiebel unterbringen ließen. An diesem Dilemma waren, wie oben ausgeführt, Wagners und Thorvaldsens Bemühungen um eine sinnvolle Aufstellung der Giebelgruppen gescheitert. Diese ‚überzähligen' Fragmente gehörten nämlich gar nicht zu den Giebelgruppen, was schon Cockerell einmal vermutet hatte,

Abb. 202–203
Der Äginetensaal, um 1910.

sondern zu Figurengruppen, die einst auf gesonderten Sockeln am Altarplatz aufgestellt waren. Die zugehörigen Fundamentbasen hat Furtwängler am Altarplatz gefunden.

Schließlich spürte er die oft nur fragmentiert erhaltenen „Platten des Giebelbodens", die sogenannten Geisonblöcke, auf und studierte die Einlassungen der Statuenplinthen. Danach konnte er unter sorgfältiger Ausdeutung aller an den Figuren und auch an Hallers und Cockerells Zeichnungen zu gewinnenden Hinweise neue Rekonstruktionen der Giebelgruppen vorlegen, die er auch plastisch, in kleinen Modellen (Maßstab 1:5) ausführen ließ. Auch wenn manche Archäologen Furtwänglers Rekonstruktionen nicht vollkommen akzeptierten, waren sich alle einig, dass die Aufstellung der Ägineten in der Glyptothek nur noch als misslungen bezeichnet werden könne (vgl. Abb. 245 und 247).

Dementsprechend nahm die Kritik an Thorvaldsens Ergänzungen immer mehr zu: Man sprach von einer „Misshandlung" der Ägineten „durch eine gefühllose Ergänzung".[240] Das entsprach natürlich auch dem gewandelten Kunstgeschmack dieser Zeit, der an Thorvaldsens „flauem Schönheitsideal", wie es Furtwängler nannte, keinen Gefallen mehr fand. Der Vergleich mit Canova, der keine Hand an die Parthenonskulpturen gelegt hatte, wurde schon damals, wie heute, immer wieder angestellt. So heißt es einmal: „Canova war der berühmteste Bildhauer damals und er wußte genau, was er wert war. Aber alle Verhimmelung seiner Zeitgenossen hat ihn nicht so größenwahnsinnig gemacht, dass er vor antiken Meisterwerken nicht den Hut abnahm und sich still sagte: ‚hands off!' Hätte Thorwaldsen nur etwas von dieser Künstlergesinnung besessen, so wären wir heute nicht gezwungen, die Aegineten in seinen nicht nur objektiv oft falschen, sondern den Kunstcharakter auf alle Fälle schwer verfälschenden Ergänzungen zu ‚genießen', und wir wären um eine Reihe echter antiker Meisterwerke reicher, und um eine reinere historische Erkenntnis." Thorvaldsen war jetzt „der hochmütige, kunstverlassene Mann", der „vor der Kunst keine Ehrfurcht hatte".[241]

Als in den 30er-Jahren Pläne entwickelt wurden, die Glyptothek zu erweitern, war das erklärte Ziel, die Ägineten aus ihrer klassizistischen Umgebung zu befreien. Man kann es verstehen. Durch die beiden Giebel, die an den Wänden aufgestellten Fragmente und durch Furtwänglers farbige Rekonstruktionen der beiden Giebel und Tempelfassaden war der Raum erdrückend gefüllt. Zudem waren die Fragmente in Glasvitrinen geschützt, worin sich die Giebelfiguren spiegelten (Abb. 202, 203 und 204). So plante man zumindest den Giebel in einem modernen Bau aufzustellen. Es gab aber auch Überlegungen, das Museum im großzügigen Stil zu erweitern und die Antikensammlungen und sogar die Sammlung von Abgüssen klassischer Bildwerke zu vereinigen. Es blieb nur bei den Planungen. Schon im September 1939, bei Ausbruch des Kriegs, wurde die Glyptothek geschlossen.

Abb. 204
Klassizistische Rekonstruktion und Aufstellung des Akroters auf einem Kapitell des Tempels, um 1895.

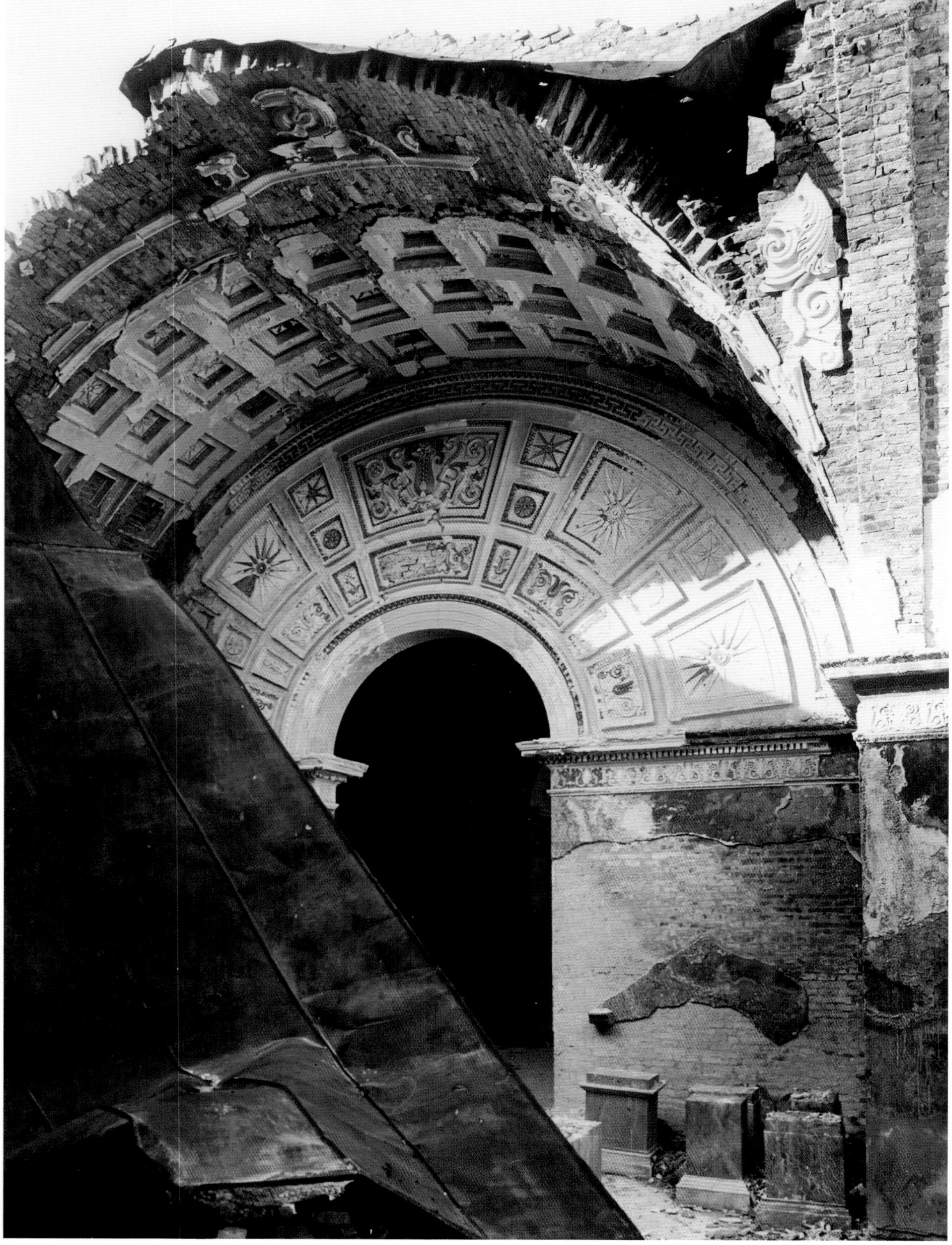

Abnahme der Ergänzungen und Neuaufstellung

Abb. 206
Äginetensaal, 1942, Westwand.

Abb. 205
Äginetensaal, im September 1946.

Der Untergang der klassizistischen Glyptothek

Fast alle Skulpturen der Glyptothek sind schon zu Kriegsbeginn ausgelagert worden. Nur was man als falsch, drittrangig oder als dekorativ erachtete, ließ man in den Ausstellungsräumen zurück; dort verblieben zudem die in die Architektur eingebauten Skulpturen. Im Äginetensaal beließ man lediglich eine Gipsrekonstruktion des Mittelakroters des Aphaiatempels (Abb. 206). Sogar Furtwänglers Giebelrekonstruktionen, also die farbig gefassten Gipsmodelle (vgl. Abb. 202 und 203), versuchte man zu bewahren, indem man sie in das bunkerartig verbaute Untergeschoss der damaligen Neuen Pinakothek brachte. Das war der falsche Ort. Sie gingen dort 1944/45 zugrunde, wie so vieles andere, was man damals aus den Beständen der Antikensammlungen für drittrangig hielt. Die Ägineten, in der Liste der zu schützenden Objekte an oberster Stelle, brachte man zuerst in die Luftschutzkeller des 1939 erbauten Zentralministeriums an der Ludwigstraße. Als man nach den Erfahrungen der Bombenangriffe auf norddeutsche Städte diese Schutzräume für zu unsicher hielt, wurden die Skulpturen 1942 ins Kloster Scheyern ausgelagert. Bis zum Sommer 1944 war die Glyptothek noch perfekt erhalten (Abb. 207, 208 und 209). Erst bei den schweren Luftangriffen zwischen dem 11. und 16. Juli 1944, die in München 200 000 Menschen obdachlos machten, wurde auch die Glyptothek hart getroffen: Sprengbomben zerstörten den ganzen Römersaal und zum größten Teil den Ägyptischen Saal (heute Saal der Frühgriechischen Jünglinge). Auch der Äginetensaal erhielt einen schweren Treffer (Abb. 205). Zwar blieb der ganze Nordflügel – und damit auch die mit Fresken von Peter Cornelius geschmückten ehemaligen Festsäle, in denen heute die Äginetan aufgestellt sind – von den Sprengbomben verschont, aber die vielen Brandbomben, die auf das Gebäude fielen, ließen den Dachstuhl in Flammen aufgehen.

Schon im Herbst 1944 plante das Landbauamt eine Notbedachung, die aber am Material- und Arbeitskräftemangel scheiterte. 1945 war die Lage noch katastrophaler. Man hatte größere Sorgen als das fehlende Notdach für die Glyptothek. Zwar hielten die Gewölbe – sie hatten jetzt erst ein Jahr und nur einen Winter ohne Dach hinter sich –, aber das Regenwasser drang im Lauf der Zeit immer mehr von oben in die ungeschützten Gewölbe und Mauern ein, diffundierte durch die Decken- und Wanddekoration und ließ diese abplatzen. Die ehemals so prachtvolle klassizistische Decken- und Wanddekoration ging langsam zugrunde. Am 29.9.1945 schrieb Hans Diepolder, der damalige Direktor der Sammlungen, an den Generaldirektor des Wittelsbacher Ausgleichsfonds: „In den beiden sogenannten Festsälen der Glyptothek ist ein großer Teil der Fresken von Cornelius

Abb. 207
Äginetensaal, 1942, östliches Gewölbeviertel mit der Darstellung eines Ajakiden.

Abb. 208
Äginetensaal, 1942, nördliches Gewölbeviertel mit der Darstellung eines Ajakiden.

Abb. 209
Äginetensaal, 1942, südliches Gewölbeviertel mit der Darstellung eines Ajakiden.

Abb. 210
Fresko von Peter Cornelius, Kampf um den Leichnam des Patroklos, Trojanischer Saal, 1825–1830. Aufnahme um 1935. Heute Saal des Ostgiebels.

noch in mehr oder weniger gutem Zustand erhalten. Jedoch ist nach dem Urteil der Sachverständigen mit Sicherheit damit zu rechnen, dass sie im Laufe des Winters wegen des Fehlens der Bedachung zugrunde gehen. Nun wurde angeregt, das Erhaltene noch in Farbaufnahmen festzuhalten. Es würde sich um etwa hundert Aufnahmen der Fresken selbst und von Details von ihnen, sowie einige Aufnahmen der farbigen Gesamthaltung der Säle handeln …" Die Kalkulation der Gesamtkosten lag bei 4–5 000 Reichsmark, die das Museum nicht aufbringen konnte und die nun Diepolder vom Wittelsbacher Ausgleichsfonds erbat. Er setzte in seinem Schreiben hinzu: „Da die Fresken Hauptwerke der klassizistischen romantischen Malerei und die Kernstücke des Klenzeschen Baus waren, würde sich ihre Bewahrung – wenigstens im Bilde – noch in letzter Stunde in jeder Weise rechtfertigen lassen."[242] (Abb. 210)

Die Antwort auf diese Anfrage Diepolders war lapidar: „Dass es für die Verwaltung des Wittelsbacher Ausgleichsfonds vollkommen unmöglich ist, einen Beitrag für die … Aufnahmen aufzubringen … Diese Fresken sind verloren …"[243] Die Fresken wurden nicht fotografiert. Ein Notdach wurde auch nicht aufgebracht. Wenige Monate später, im Januar 1946, erbat das Staatsministerium für Unterricht und Kultus von jedem der Museumsdirektoren Münchens eine Stellungnahme, welche Veränderungswünsche beim Wiederaufbau ihres jeweiligen

Abb. 211
Blick durch den Westflügel der Glyptothek, im Hintergrund Saal der Ägineten, 1938, Aquarell von Wilhelm August Hahn.

Sammlungsgebäudes berücksichtigt werden sollten. In Diepolders Antwort vom 20. Februar 1946 heißt es: „Die Rekonstruktion der Innenräume nach dem ursprünglichen Zustand kann ich nicht befürworten. Die Wiederherstellung ihres reichen Prunkes … würde einen unverhältnismäßig großen Aufwand erfordern, der auch den Anforderungen eines modernen Antikenmuseums nicht entsprechen würde" (Abb. 211). Die buntfarbigen Wände hätten „die Wirkung der Plastiken" aufs „Schwerste" beeinträchtigt. Diepolder wünschte sich eine Wiederherstellung des Äußeren und das „Innere neu mit modernen Räumen von schlichter Monumentalität".[244]

Abb. 212
Äginetensaal 1950.

Diepolders Ansicht entsprach dem Geschmack der Zeit, die den Klassizismus ablehnte. Dennoch ist es erstaunlich, zu welch frühem Zeitpunkt schon die Entscheidung gegen die klassizistische Glyptothek fiel und die heutige Gestaltung des Museums – ein Vierteljahrhundert später verwirklicht – von der Museumsdirektion favorisiert wurde. Ob eine andere Einstellung Diepolders zum Klassizismus zumindest die Cornelius-Fresken gerettet hätte, ist zweifelhaft. Denn ein Jahr darauf hatte die Glyptothek noch immer kein Notdach. Es ging Diepolder um die Sicherung des Gebäudes, wenn er am 30. September 1947 vom Landbauamt forderte, dass endlich ein Notdach über die Gewölbe errichtet werden solle: „Ein weiterer Winter ohne Bedachung würde für das Gebäude schwerste Schädigungen unter Umständen dessen Vernichtung bedeuten." Die Fertigstellung des Notdachs wurde nun durch die damals verordnete Stromrationierung verzögert. Das für die Herstellung der Dachbalken beauftragte Sägewerk brauchte zusätzlich 250 kW, um die Hölzer schneiden zu können. Diese Strommenge konnte ihm nicht zur Verfügung gestellt werden, da man die Energie für dringendere Arbeiten benötigte. So blieb die Glyptothek weiterhin ohne Dach. Diese Entscheidung akzeptierten auch die amerikanischen Behörden, obwohl sie damals einige Räume der Glyptothek als Gefangenenunterkunft benutzten.

Als 1949 endlich der Notdachstuhl aufgebracht war, trockneten die völlig durchnässten Ziegelmauern an den Innenraumwänden mit ihren inzwischen schon stark beschädigten Fresken- und Stuckdekorationen ab, was zu deren endgültiger Zerstörung führte. Schon zu dieser Zeit war die einstige Pracht der Räume größtenteils verschwunden (Abb. 212).

Abb. 213
Skulpturen der Glyptothek im Keller der Meiserstraße 10 (heute Haus der Kulturinstitute, Katharina-von-Bora-Straße).

13 Jahre vergingen noch, bis endlich die Entscheidung fiel, in welcher Form die Glyptothek wiederhergestellt werden sollte. Die zahllosen Diskussionen zwischen dem Kultusministerium, der Sammlungsdirektion und der staatlichen Bauverwaltung, beraten vom Landesamt für Denkmalpflege und dem Landesbaukunstausschuss, drehten sich immer um das gleiche Problem: Man wollte die Glyptothek zwar als klassizistisches Denkmal erhalten, aber zugleich die wertvollsten griechischen Originale, darunter die Ägineten, besser präsentieren. Vieles wurde erwogen: der Einbau einer Glaskonstruktion im Innenhof; ein modern gestalteter Wiederaufbau des zerstörten Römersaales mit Glasdecke bzw. Glaswand zum Innenhof; eine reduzierte klassizistische Innendekoration, sozusagen „Klenze light", und manch andere, damals als zeitgemäß empfundene Gestaltungen der Räume. Auch den vor dem Krieg schon gefassten Plan, in den Parkanlagen um die Glyptothek für die Ägineten und andere griechische Originale einen frei stehenden modernen Museumsbau zu errichten, der mit der wiederhergestellten klassizistischen Glyptothek verbunden sein sollte, hat man noch einmal diskutiert. Das Problem war dabei: Der Auszug der griechischen Originale in ein neues Gebäude musste in der klassizistischen Glyptothek beträchtliche Lücken entstehen lassen: Der Äginetensaal wäre völlig entleert gewesen. Gab es dann noch einen Sinn, das aufwendige, auf die Ägineten bezogene Dekorationsprogramm dieses Saals zu rekonstruieren? Gleiches galt auch für andere Säle. Völlig ungelöst blieb das Problem der Festsäle. Vor einer Rekonstruktion der Cornelius-Fresken anhand von Schwarz-Weiß-Fotos schreckten selbst die heftigsten Befürworter einer originalen Wiederherstellung der Glyptothek zurück.

Abb. 214
Ausstellung im Bayerischen Nationalmuseum 1947.

Abb. 215
Ausstellung im sog. Collecting Point, Meiserstraße 10, Mai/Juni 1950.

Abb. 216
Hans Diepolder, Direktor der Glyptothek (1936–1962) im Gespräch mit Kronprinz Rupprecht von Bayern (rechts), Ausstellung im sog. Collecting Point, 5. Juni 1950.

In diesen Jahren war der größte Teil der Münchner Antiken in Depots gelagert (Abb. 213). Die Ägineten wurden jedoch 1947 in den Räumen des Bayerischen Nationalmuseums (Abb. 214) und 1950 im sogenannten Collecting Point, heute „Haus der Kulturinstitute", gezeigt (Abb. 215 und 216). Später sah man einige Figuren im Prinz-Carl-Palais, das von 1949 bis 1966 das vorläufige Domizil der Münchner Sammlungen antiker Kunst war.

Die neue Glyptothek

Erst 1962 fiel die endgültige Entscheidung über die Gestaltung der Glyptothek: Erhaltung der Raumstrukturen unter Verzicht auf eine Wiederherstellung der klassizistischen Innenausstattung der Räume. Idee, Planung und Ausführung dieses neuen Konzepts ist die Leistung des Architekten Josef Wiedemann (1910–2001) gewesen. Sein Ziel war die möglichst originalgetreue Wiederherstellung des klassizistischen Rohbaus: Die durch Nitrat- und Salpeterausblühungen mürb gewordene Ziegeloberfläche wurde abgetragen, neu geglättet und alle Fehlstellen und Schäden im Mauerwerk sorgfältig ausgebessert. Durch eine dünne Mörtelschlämme dämpfte man das Rot des Ziegels. Für Fußboden und Figurensockel wurde nach dem Vorbild des Aphaiatempels als Material ein Muschelkalkstein gewählt. Die unzureichende Beleuchtung, das alte, schon von Wagner beklagte Problem der Glyptothek, löste man durch Einbrechen zusätzlicher großer, rechtwinkliger Fenster unterhalb der klassizistischen Lünetten. Damit wurde in moderner Form Klenzes ursprünglicher Plan der Fenstergestaltung wiederaufgenommen.

Mit dieser Konzeption zur Neugestaltung der Ausstellungsräume war, wie Dieter Ohly, von 1962 bis 1978 Direktor der Antikensammlungen und Glyptothek (Abb. 217), 1966 schrieb, der „Weg zu einer Lösung der äginetischen Giebelskulpturen aus ihrer klassizistischen Bindung … freigegeben". Ohly setzte erläuternd hinzu: „In ihrer raumdekorativen Vollendung war die Glyptothek Ludwigs I. ein Museum einziger Art, unantastbar, vollends abgerundet, ein prunkender ‚Museumstempel', der dem antiken Kunstwerk galt und dem es sich als Bestandteil zu- und unterordnete. Nicht in der überkommenen Gestalt, als Torso oder als Bruchstück, sondern zu Scheinvollständigkeiten ergänzt, traten antike Denkmäler –

Abb. 217
Dieter Ohly, Direktor der Staatlichen Antikensammlungen und Glyptothek (1962–1978).

Abb. 218
Abnahme der Ergänzungen von den Ägineten, 1963/64. Im Vordergrund rechts der langjährige Restaurator der Glyptothek, Silvano Bertolin, in der Mitte stehend Florian Roedl, links Arrigo Favetta; im Hintergrund sitzend der Archäologe Günther Kopcke.

das gilt vor allem auch für die Ägineten – als Glieder des ‚Gesamtkunstwerks Glyptothek' auf. Das mitunter von umfangreichen Ergänzungen überlagerte und zugleich von dem triumphalen Dekor der festliche Säle überflutete und überblendete Original war durch solch eine Umschließung, die einer wissensmäßigen Verehrung, der ratio von der Kunst der Alten entsprang, gefeiert und gleichsam als kostbar gefaßte Reliquie vorgestellt, in seiner unmittelbar-ursprünglichen Aussagekraft jedoch zutiefst beeinträchtigt, empfindlich gestört oder verfälscht."[245]

Wenn man sich für eine Glyptothek ohne klassizistischen Dekor entschied bzw. entscheiden musste, so erschien es D. Ohly nicht nur als konsequent, sondern sogar als notwendig, auch die schon längst als falsch erwiesene klassizistische Aufstellung und Ergänzung der Ägineten aufzugeben. Das Abnehmen von nicht zutreffenden Ergänzungen war zu dieser Zeit kein Einzelfall: Neben den Dresdner Antiken, die man schon um 1890 ‚entrestaurierte', wurden nach dem 2. Weltkrieg auch in anderen Museen, zum Beispiel im Louvre, in der Ny Carlsberg Glyptotek, Kopenhagen, aber auch im Vatikan, einzelne Figuren von falschen Ergänzungen befreit.[246]

Abb. 219
Westgiebel, Horizontalgeison in Aufsicht (Ausschnitt), oben: erhaltene Blöcke, Mitte: Bettungen mit ergänzten Plinthen, unten: Position der Figuren.

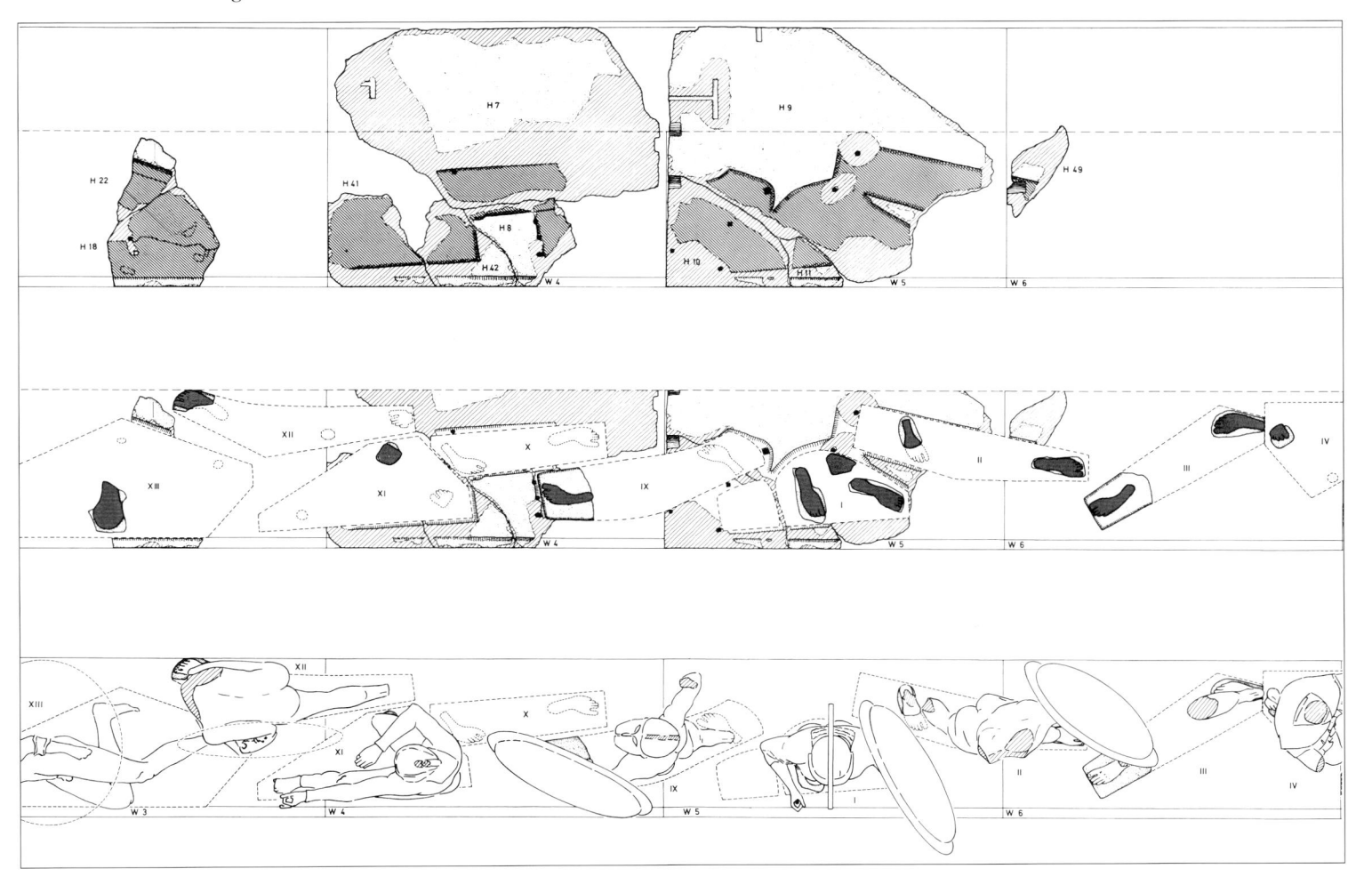

Die ‚Entrestaurierung' und Neuaufstellung der Ägineten wurde damals von dem Haus Wittelsbach und dem Bayerischen Staatsministerium für Unterricht und Kultus gebilligt. Die Arbeiten waren nur möglich durch den Aufbau einer Restaurierungswerkstatt mit qualifizierten Bildhauern und Restauratoren. Die Abnahme der Ergänzungen fand in den Räumen der zu dieser Zeit noch geschlossenen Glyptothek statt. Es erforderte eine unendliche Geduld und Vorsicht, das Bindemittel, mit dem die Ergänzungen verklebt waren, durch heißes Wasser zu lösen und die gelockerten Dübel mit speziellen dünnen Sägeblättern durchzutrennen (Abb. 218).

Ausgangspunkt zur Neuaufstellung der Skulpturen waren vor allem die Forschungen von Adolf Furtwängler (siehe oben, S. 158 f.). Für die Komposition des Westgiebels hat noch Eduard Schmidt wesentliche Erkenntnisse beigetragen. Die wissenschaftliche Begründung für die Neuaufstellung hat D. Ohly bereits vor Jahrzehnten ausführlich gegeben.[247] Deshalb sei hier nur kurz zusammengefasst: Die einzelnen Giebelfiguren sind mit Standplatten (Plinthen) gearbeitet, mit denen sie in entsprechende Bettungen im Giebelboden eingelassen waren. Schon Adolf Furtwängler hat 1901 bei seinen Grabungen nach Blöcken und Fragmenten

Abb. 220
Ostgiebel, Horizontalgeison in Aufsicht (Ausschnitt), oben: erhaltene Blöcke, Mitte: Bettungen mit ergänzten Plinthen, unten: Position der Figuren.

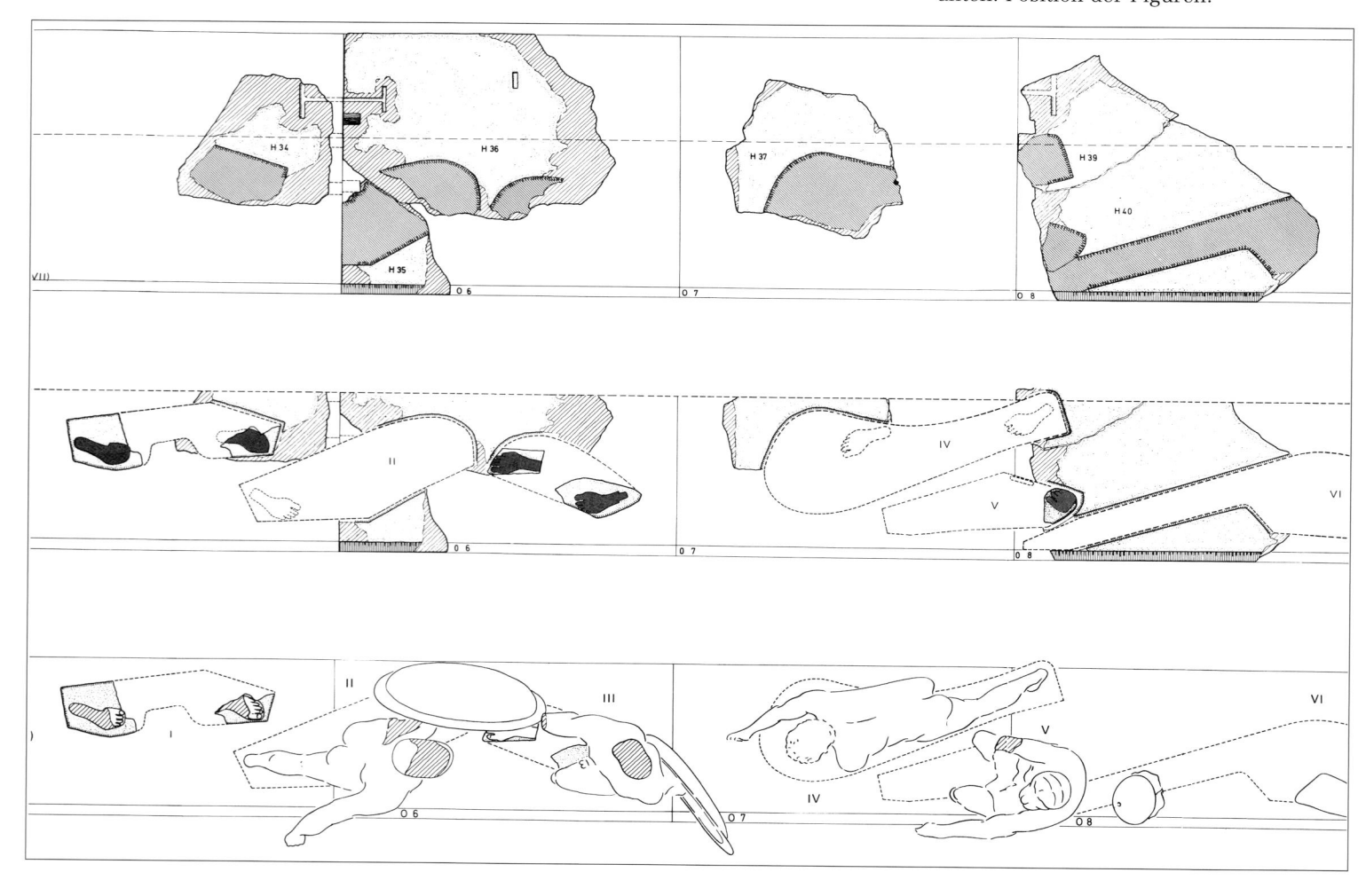

Abb. 221
Arbeiten zur Aufstellung des Westgiebels
im sog. Römersaal, 1964.

Abb. 222
Beginn der Aufstellung des Ostgiebels,
im sog. Römersaal, 1964.

dieses Giebelbodens, des sogenannten Horizontalgeisons, gesucht und aus diesen Funden wichtige Erkenntnisse zur ursprünglichen Aufstellung der Giebelgruppen gewonnen. Die 1964 von Ohly wiederaufgenommenen Nachforschungen und Grabungen in Ägina hatten zuerst die Neuvermessung und Abformung der schon von Furtwängler beobachteten Fragmente des Horizontalgeisons zum Ziel. Glücklicherweise konnten bei dieser Arbeit noch weitere bisher unerkannte Geisonfragmente gefunden werden. Da ein Tempel in dorischer Ordnung wie der von Ägina nach kanonischen Regeln gebaut ist, kann ein auf dieses Gebiet spezialisierter Bauforscher auch fragmentierte Blöcke anhand von Ritzlinien, Klammerlöchern und vor allem der typischen Verzierung auf der Schauseite exakt im Giebelboden verorten. So ließen sich die Giebelböden, in denen die Standflächen der Figuren eingelassen waren, zumindest teilweise rekonstruieren (Abb. 219 und 220). Das Einpassen von erhaltenen Plinthen ergab nun die genaue Position einzelner Figuren im Giebel. Zudem erbrachte das Anfügen von vorher nicht erkannten oder von Thorvaldsen falsch zugewiesenen Fragmenten an die Figuren weitere Aufschlüsse über deren Bewegung und Aktion. Die erhaltene bzw. sicher zu erschließende Höhe der einzelnen Figuren erlaubt nur bestimmte Standorte im Giebeldreieck: Das wussten natürlich schon die Entdecker der Ägineten. Da die Vorderseite und somit die Bewegungsrichtung der Figuren durch die stärker verwitterte Außenseite bestimmt ist, war es die Aufgabe, all die erwähnten Anhaltspunkte, die sich aus Bettungsresten, Plinthenform, Höhen- und Tiefendimension der Skulpturen sowie dem vorgegebenen Giebelraum ergaben, mit einer folgerichtigen Aktion der Figuren in Übereinstimmung zu bringen. Ein Unterfangen, das neben künstlerischem Empfinden vor allem genaues Messen und geduldiges Erproben erfordert (Abb. 221, 222 und 223). So konnte die antike Giebelkomposition mit großer Sicherheit wiedergewonnen werden (Abb. 224 und 225).

Dass diese Aufstellung richtig ist, erwiesen Neufunde. So wurde 1978 bei den neuen Grabungen in Ägina der stark angewitterte Oberkörper des rechten Sterbenden gefunden (Abb. 226). Er konnte (als Abguss) mühelos in die Giebel-

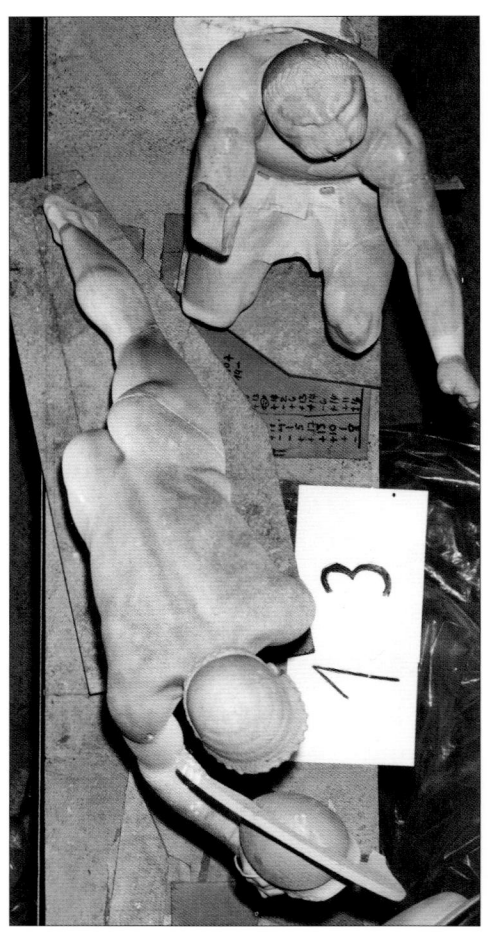

Abb. 223
Einmessung und Positionierung des Herakles und des sog. Helfers des Ostgiebels (V und IV), 1964.

Abb. 224 und 225
Aufnahmen von Floris Neusüss um 1965.

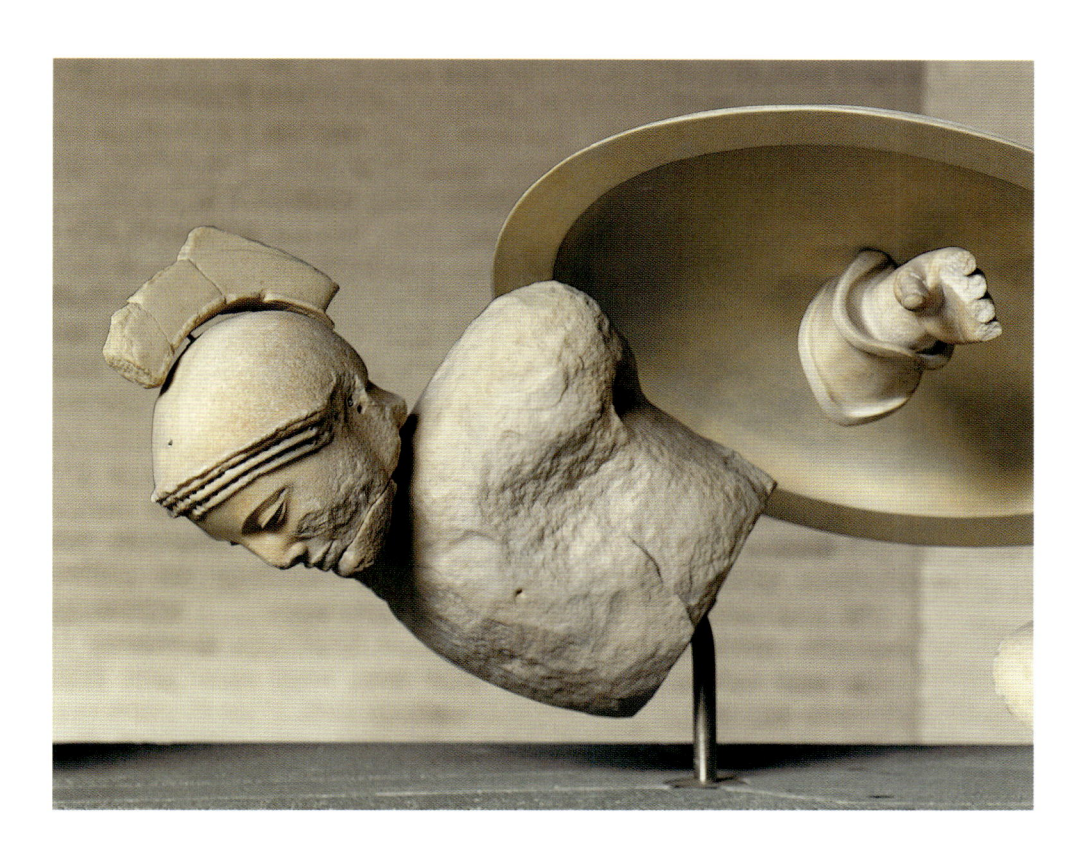

Abb. 226
Sterbender vom Ostgiebel (VI).

komposition eingefügt werden. Das galt auch für andere neu gefundene Fragmente. So erfreut man über den Fund jedes kleinsten Bruchstücks der Ägineten ist, darf man sich dennoch keiner Illusion hingeben: Nach den intensiven Untersuchungen am Tempel von Ägina, die seit 1963 von der Glyptothek durchgeführt wurden, steht fest: Größere Neufunde von Skulpturen sind nicht mehr zu erwarten. Was von beiden Giebelgruppen fehlt, muss als verloren gelten und ist wohl einst zu Kalk verbrannt worden. So vereint der rechte Sterbende des Ostgiebels den Anfang und wohl das Ende der Skulpturenfunde am Aphaiatempel in Ägina: Der Kopf war der erste Fund, sein Oberkörper wohl der letzte.

Lob und Kritik

Abnahme und Neuaufstellung der Skulpturen fanden von Anfang an zahlreiche Bewunderer, aber auch erbitterte Gegner. Die Diskussion ergriff die Presse und führte sogar zu einer Landtagsbeschwerde. Ein Bürger klagte in einer Eingabe an den Kulturausschuss, „daß die wertvollen Plastiken weitgehend zerstört worden wären".[248] Diese Anklage wurde vom Landtagsausschuss für kulturpolitische Fragen in Übereinstimmung mit dem Kultusministerium einmütig zurückgewiesen. Der zuständige Landtagsabgeordnete Schosser vertrat die Meinung, dass Ohly „richtig gehandelt habe; man müsse ihm dankbar sein, daß er diesen Mut bewiesen habe".[249] Der Münchner Merkur forderte Künstler und Persönlichkeiten

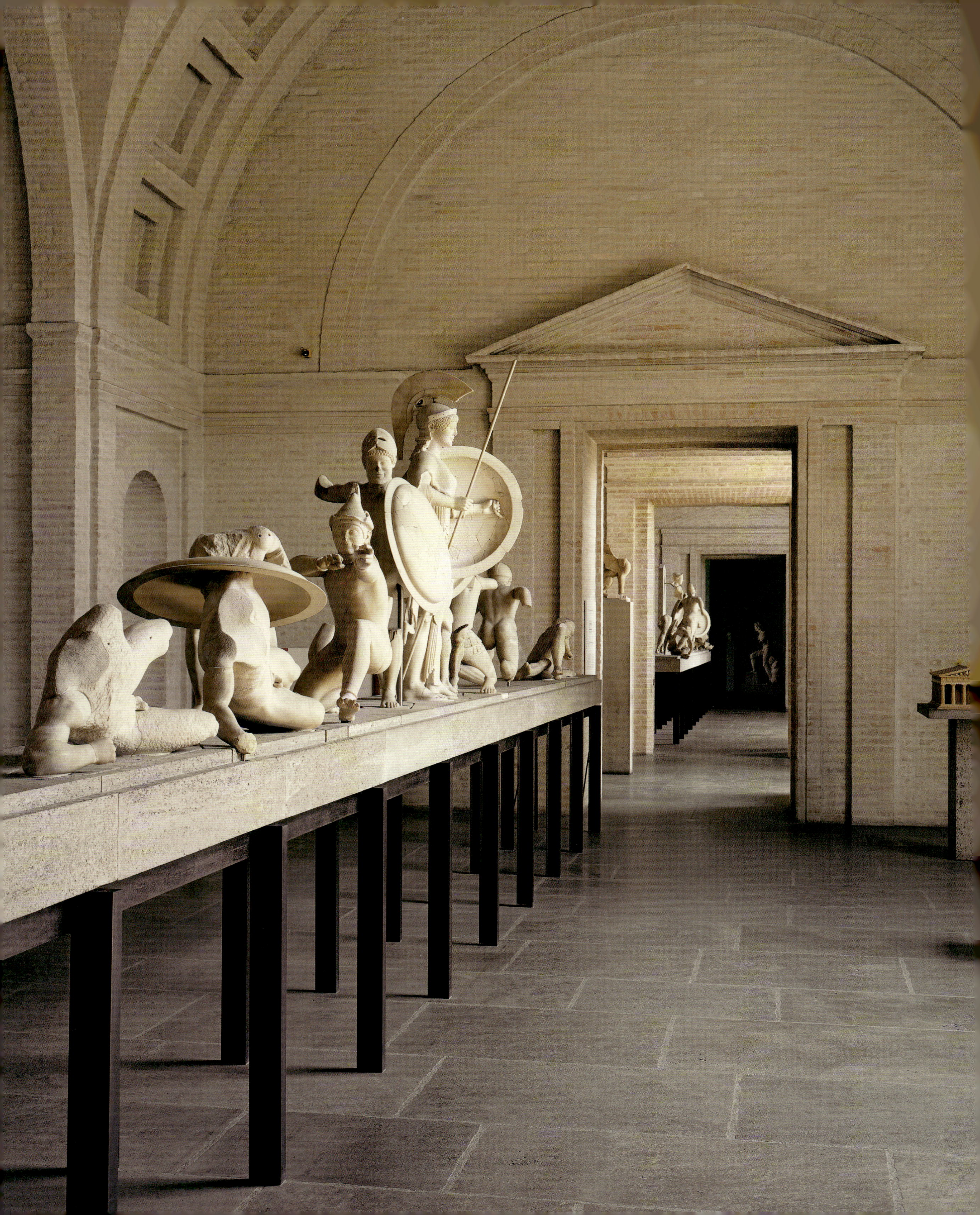

des kulturellen Lebens auf, zu diesem Problem Stellung zu nehmen. Einige von ihnen, man wählte Pro und Contra aus, wurden in der Zeitung abgedruckt: Der Bildhauer Karl Knappe schrieb: „Ich meine, man hätte die Ägineten in Ruhe lassen sollen. Sie waren doch so, wie sie uns überkommen sind – also mit den in ihrer Art ausgezeichneten Ergänzungen von Thorvaldsen – ein Geschenk Ludwigs I. Und wenn nun alles auseinandergerissen wird, dann befriedigt das in erster Linie doch nur ein kunsthistorisches Verlangen; also etwas für die Fachleute. Und da, wo es nun mal nicht ohne Ergänzungen geht, also bei den Schildern, der Gips neben dem Marmor, – na hören Sie, das ist beinahe schon kriminalistisch …"[250]

Aber auch Volkes Stimme meldete sich zu Wort: „Der kluge König Ludwig", so heißt es einmal, „hat die Kunstwerke für sein Volk gekauft, nicht für Kunsthistoriker. Er hat sehr wohl gewusst, dass Trümmerhaufen für seine Leute kein Anschauungsmaterial bedeuten und die Bildung nicht beeinflussen können. Wer auf Steinhaufen vergangener Zeiten träumen möchte, möge nach Griechenland fahren und uns in Ruhe lassen."[251] Vereinzelt sind bis in die jüngste Zeit solch ablehnende Stimmen laut geworden.[252]

Aber viel häufiger waren die Stimmen der Begeisterung. In der Süddeutschen Zeitung schwärmte Eckhart Peterich auf einer ganzen Seite von dieser Neuaufstellung und fügte hinzu: „Das Ganze scheint mir, so wie es sich heute darbietet, nicht nur als eine völlige Befreiung dieser archaischen und frühklassischen Werke aus ihren klassizistischen Fesseln, sondern als eine gelungene Wiederherstellung des überhaupt Wiederherstellbaren."[253]

Man sah das Wiedersehen mit den Ägineten als eine „Neubegegnung".[254] Man sprach von den „entfälschten Ägineten", und freute sich daran, dass sie in der antiken Aufstellung wieder die kämpferische Zuordnung erkennen lassen und wieder das sind, „was sie im Augenblick ihrer Auffindung, im Jahr 1811, waren: als Bruchstücke einer großen Konfession, als unverfälschte Zeugnisse einzigartiger frühgriechischer Tempelplastik aus dem fünften vorchristlichen Jahrhundert".[255] In den Basler Nachrichten sprach man über die „befreiten Ägineten" und endete mit den Worten: „Man darf den Münchnern zu dieser ... im konservativen München besonders mutigen Tat nur gratulieren."[256]

Und auch in den vom Münchner Merkur eingeholten Stellungnahmen überwiegen die positiven Stimmen. Der damalige Präsident der Akademie der Schönen Künste, Prof. Emil Praetorius, schrieb: „Ich finde es das einzig Richtige. Ich bin ganz auf der Seite der Ent-Thorwaldsener. Ich finde die Figuren jetzt sehr eindrucksvoll. Thorwaldsen ist schön und gut und aus der Zeit heraus auch zu verstehen – aber reines Griechentum ist noch besser."[257] Auch der Architekt Prof. Franz Hart betont: „Mir haben die Ägineten in dieser Form einen ganz starken Eindruck gemacht; ich habe den Thorwaldsen nicht einen Augenblick lang vermisst. ... Mir ist es jetzt zum ersten Mal bewusst geworden, dass uns da Stücke geboten werden, mit denen sich die Glyptothek mit dem Britischen Museum (also dem Parthenonfries) und mit dem Museum in Athen messen kann."[258]

Abb. 227
Blick durch die Äginetensäle.

Im Oktober 1971, also noch vor der Eröffnung der Glyptothek (Frühjahr 1972), fand eine Arbeitstagung im Zentralinstitut für Kunstgeschichte über das Thema „Antikenergänzung und Ent-Restaurierung" statt.[259] Die Abnahme der Ergänzungen und die Neuaufstellung der Ägineten wurden erneut diskutiert. In seinem kritischen Bericht über diese Tagung resümiert im April 1972 Jürgen Paul die Ergebnisse und erklärt: „Im Fall der Ägineten-Ergänzungen handelt es sich nicht, wie beim Laokoon und beim [Barberinischen] Faun, um das Ergebnis eines langen historischen Wachstumsprozesses, sondern um den einheitlichen Wurf nach einem einheitlichen Konzept."[260] Die Ägineten in ihrer klassizistischen Ergänzung und Aufstellung werden als „die durchdachteste Antikenergänzung" gerühmt. Es ist oben (vgl. S. 109 ff.) aufgezeigt worden, wie wenig dies zutrifft. Generell muss man sagen: Vieles, was damals als sichere Erkenntnis über die Äginetenergänzung galt und Anlass zu weiteren Überlegungen gab, hat sich beim Studium der Originalquellen als falsch erwiesen. Es wäre unfair, jetzt darüber spöttisch zu richten, denn die Komplexität und Widersprüchlichkeit dieses Unternehmens hat sich niemand vorstellen können – auch nicht die härtesten Kritiker Thorvaldsens. Und ebenso bekannte schon damals mancher Verteidiger der klassizistischen Ägineten: „Der überzeugenden Rekonstruktion des originalen Zustandes können die Ergänzungen Thorvaldsens nicht standhalten."[261] Diese Rekonstruktion war nur möglich, indem man die Ergänzungen abnahm und die Irrtümer der klassizistischen Aufstellung korrigierte. Natürlich ist der Einwand berechtigt gewesen, dass das Thema dieser Giebelgruppen, nämlich der Kampf um Troja, in der klassizistischen Version mit vollständig ergänzten Figuren für einen Laien leichter verständlich war als in der jetzigen Form.[262] Aber die ergänzten Ägineten stellten nicht die antike und nicht einmal Thorvaldsens Anschauung vom Kampf vor Troja dar, sondern waren, wie oben ausgeführt (vgl. S. 124), das unglückliche Ergebnis verschiedener divergierender Meinungen. Mit dieser Erkenntnis wird wohl mancher, der bisher noch Zweifel hegte, darin übereinstimmen, dass die Ägineten, dieses Hauptwerk der archaischen-griechischen Kunst, in der klassizistischen Aufstellung nicht angemessen präsentiert waren.[263] Auch dürften viele, nicht nur Künstler, der für seine Zeit ungewöhnlich fortschrittlichen Ansicht Quatremère de Quincys zustimmen, der 1818 an Canova zu den Parthenonskulpturen schrieb: „… was den Künstler angeht, so ist der Zustand des Ruinenhaften und der Verstümmelung ganz besonders geeignet, ein günstiges Vorurteil über die Werke zu wecken …Weil die Phantasie nämlich das Fehlende ergänzt, fügt sie der Schönheit dessen, was übrig bleibt, ein unendliches Maß an Schönheit hinzu, das sie voraussetzt …Wenn das Fragment mir schon so bewundernswert erscheint, wie wäre es erst beim vollständigen Ganzen."[264]

Heute, frei von Ergänzungen und in ihrer antiken Komposition, kommen die Ägineten in den monumentalen, lichtdurchfluteten Sälen der Glyptothek zu solch einer Geltung wie nur selten antike Skulpturen, in welchem Museum auch immer (Abb. 227–235).

Abb. 228
Athena vom Westgiebel (I).

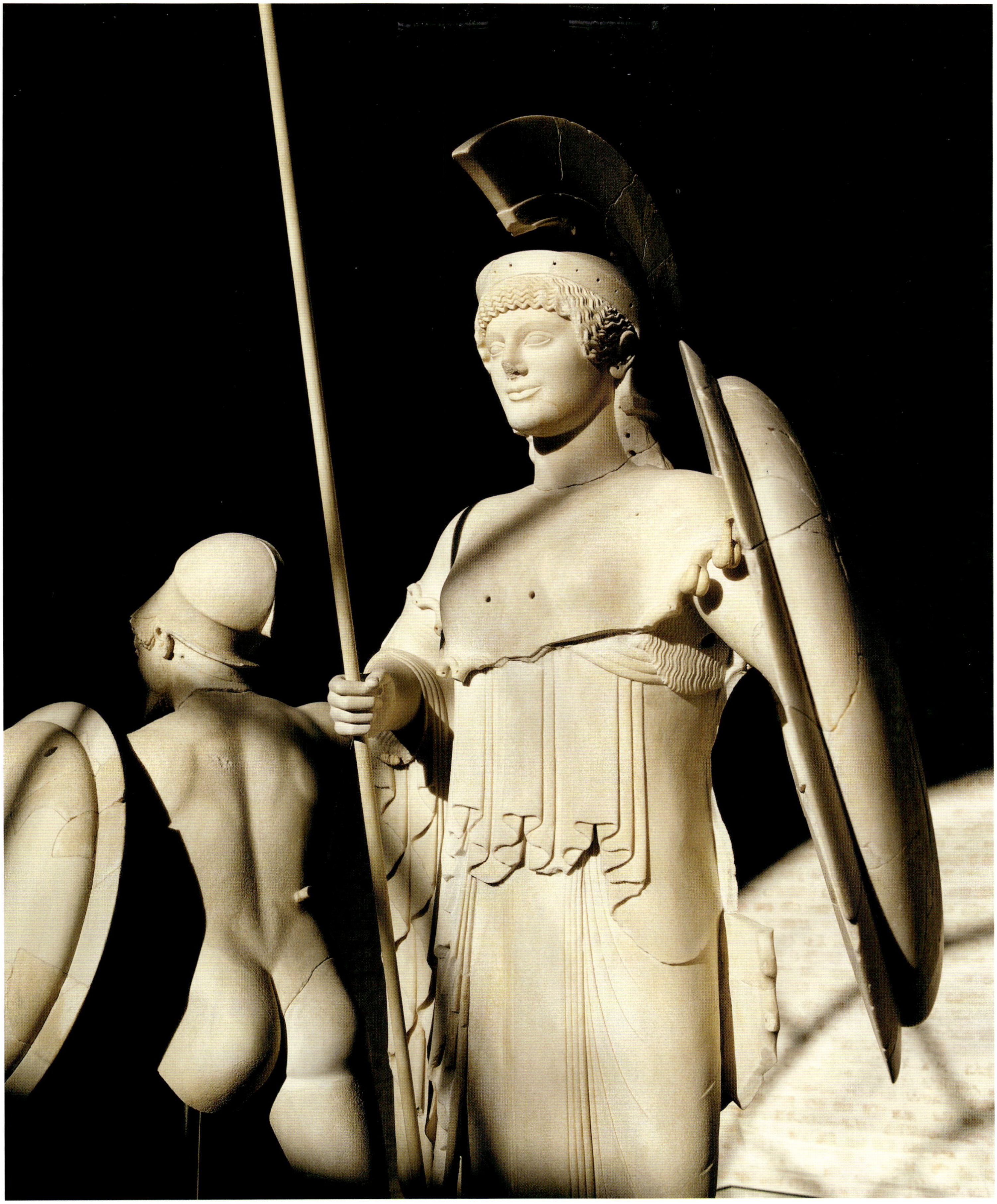

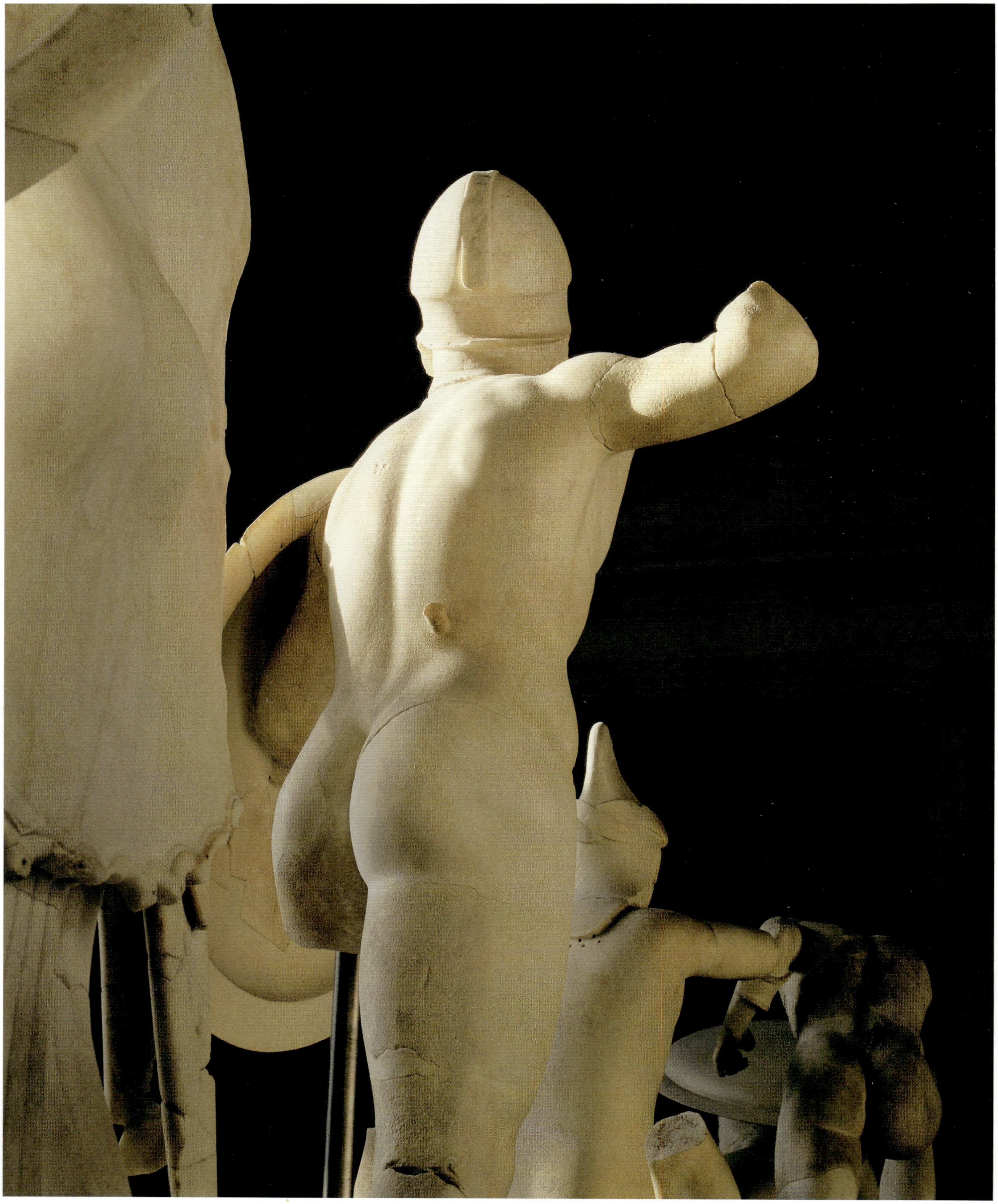

Abb. 229
Sterbender vom Westgiebel (VII).

Abb. 230
Krieger vom Westgiebel, Rückansicht (IX).

Abb. 232
Blick in den Ostgiebelsaal.

Abb. 231
Fallender vom Westgiebel, Rückansicht (XIII).

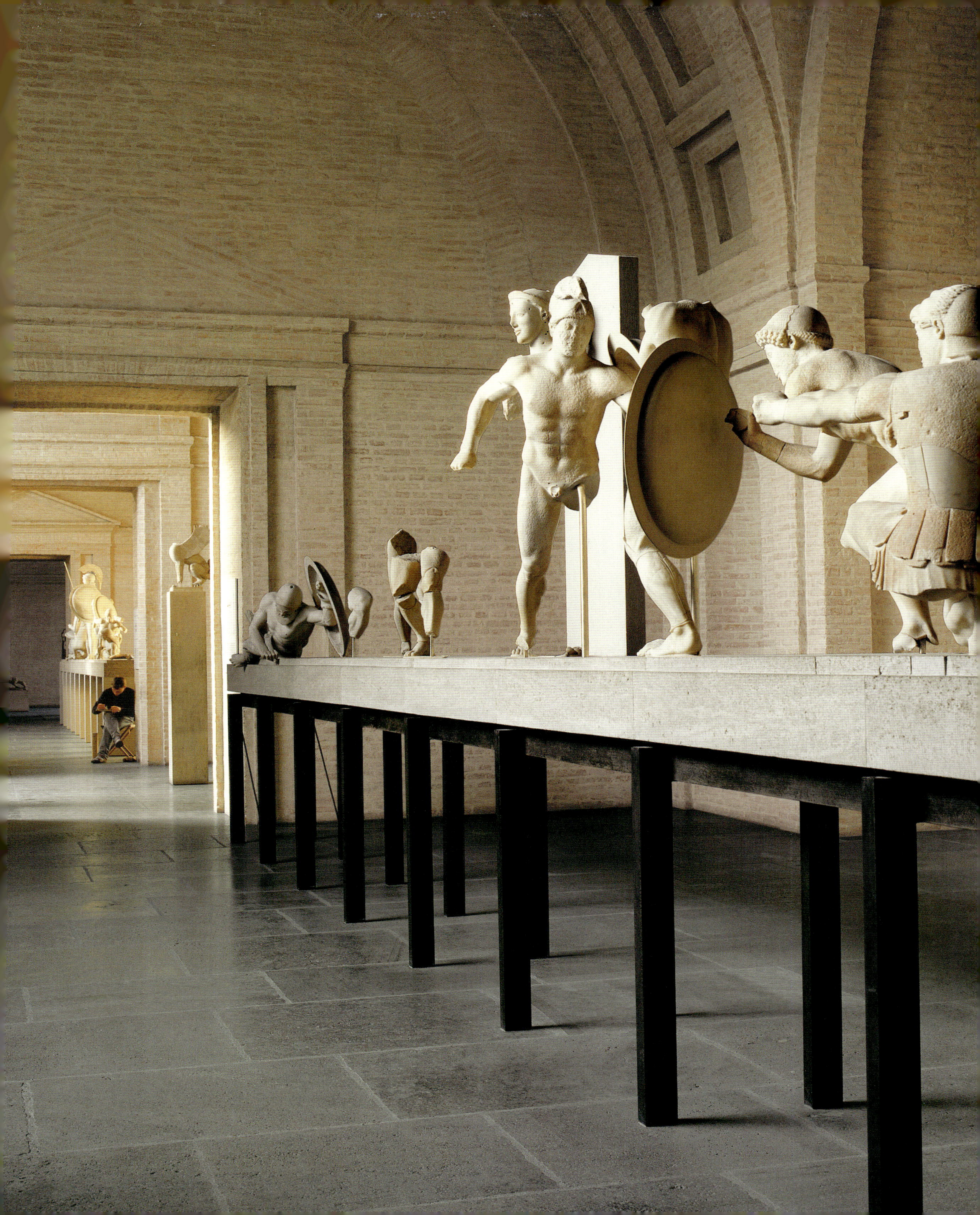

184

Abb. 233 und 234
Herakles vom Ostgiebel (V).

Abb. 235
Sterbender Krieger vom Ostgiebel,
sog. Laomedon (XI).

186

Wiederherstellung der klassizistischen Ägineten

Es ist schon oft hervorgehoben worden, dass Thorvaldsens Beschäftigung mit den Ägineten kaum auf sein künstlerisches Schaffen eingewirkt hat. Allein die während der Ergänzungsarbeiten, im Jahre 1817, geschaffene Statue der „Spes" (die „Hoffnung") ist deutlich von den Ägineten, das heißt von den Akroterfiguren des Westgiebels, abhängig (Abb. 236). Für den Kopf der „Spes" benützte Thorvaldsen noch einmal das Modell, das er für die Ergänzung der beiden Akroterfiguren entwickelt hatte (vgl. Abb. 177 und 178). Zwar lehnte er sich auch in der Gestaltung des Gewands an diese antiken Vorbilder an, aber er vermochte, der „Spes" durch Veränderung der Faltengebung und durch Aufhebung von allem Linearen einen Charakter zu geben, der nur noch den Kenner das antike Vorbild erahnen lässt.[265]

Auf diese „Hoffnung" stützt sich Thorvaldsen in seinem Selbstporträt (vgl. Abb. 73). Und die Hoffnung trog nicht: Zwar mussten seine Ergänzungen den neuen archäologischen Kenntnissen zu den Ägineten weichen, aber inzwischen sind die Thorvaldsen'schen Ägineten in München wiedererstanden. Die Technik des Kunstmarmorabgusses erlaubt es, seine Marmorergänzungen an Abgüsse der Originale erneut anzusetzen. Dieses an sich schon zeitaufwendige Unternehmen zog sich, bedingt durch längere Unterbrechungen, über viele Jahre hin. Der Arbeitsablauf war folgender:

Abb. 236
Statue der Spes, Gips, 1817. Kopenhagen, Thorvaldsen Museum.

Abb. 237
Werkstatt der Glyptothek: Im Vordergrund Lino Bertolin, im Hintergrund Raimund Wünsche (abgewandt) und Nikos Zikos.

Aus konservatorischen Gründen wollte man die Originale nicht noch einmal abformen. Deshalb wurde nach gut erhaltenen und möglichst ‚scharfen', also aus einer exakten Form genommenen Gipsabgüssen gesucht. Sie fanden sich im Abgussmuseum der Universität Heidelberg. Die Direktion der Sammlung erklärte sich in großzügiger und dankenswerter Weise dazu bereit, uns ihre ‚Ägineten' für die Arbeit zeitweise zu überlassen.[266] So wurden die Gipsfiguren nach München transportiert und in unseren Werkstätten mit Silikonkautschuk sorgfältig abgeformt. Aus diesen Silikonformen konnten nun neue Abgüsse in Kunstmarmor, d. h. in einer Mischung von Polyester und Marmorstaub, hergestellt werden. Die Abgüsse wurden vollgegossen. Damit sind sie fast so schwer wie die Marmororiginale. An diese Abgüsse aus Kunstmarmor wurden nun die Ergänzungen Thorvaldsens angesetzt (Abb. 237). Man beschränkte sich dabei nicht nur auf Köpfe, Arme und Beine, sondern passte auch kleine Ergänzungen wie Finger, Zehen, Gewandzipfel und andere Ausflickungen wieder ein (Abb. 238). Diese ebenso verantwortungsvolle wie mühselige Arbeit wurde von Lino Bertolin (1933–1998), Nikos Zikos und, nach deren Ausscheiden aus dem Museumsdienst, von Alfons Neubauer und Olaf Herzog geleistet.

Bei dieser ‚Neurestaurierung', die in gewisser Weise manche Arbeiten in Wagners römischer Werkstatt vor fast 200 Jahren wiederholte, wurde einem erst bewusst, welch enormen Umfang die Ergänzungsarbeiten hatten und mit wie viel Geschick und Sorgfalt sie durchgeführt wurden. Natürlich musste unser Ziel sein, diese

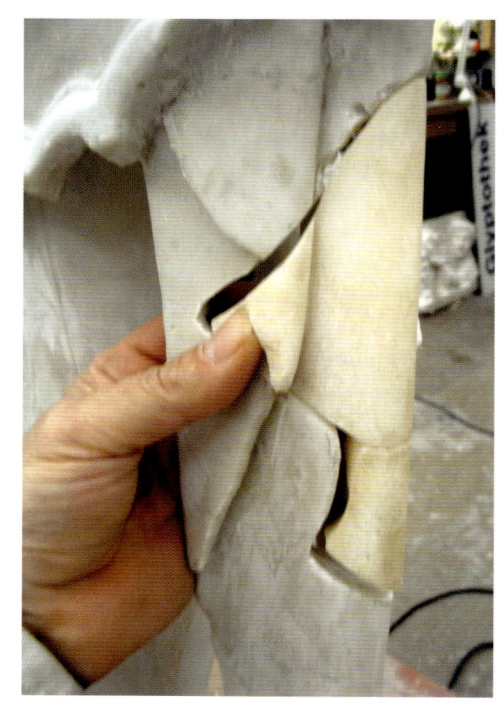

Abb. 238
Einpassung eines marmornen Gewandteiles, klassizistische Ergänzung.

Abb. 239
Stellprobe der ‚rekonstruierten' Figuren des Westgiebels.

Abb. 240
Transport des Vorkämpfers (Ostgiebel) aus den Werkstatträumen in die Ausstellungssäle.

Abb. 241
Links der klassizistische Kopf von Thorvaldsen, daneben das griechische Vorbild. Diese Kopfergänzung ist die einzige, die nicht zur Vervollständigung des ‚rekonstruierten' Westgiebels verwandt wurde. Die gemeinsame Aufstellung erlaubt den direkten Vergleich von Original und Nachahmung.

‚wiederhergestellten' Äginetin dem Erscheinungsbild der klassizistischen Äginetin möglichst getreu anzunähern. Dazu gehörte, die genaue Position der einzelnen Figuren, so wie sie früher standen, durch vergleichendes Studium historischer Aufnahmen zu ermitteln. Dies geschah in den Werkstatträumen der Glyptothek (Abb. 239 und 240). Bei der Tönung der Figuren haben wir aber bewusst eine andere Lösung gewählt: Die griechischen Originale sind aus körnigem, im Licht strahlenden, parischen Marmor, der im Lauf der Jahrhunderte eine leicht gelbliche Patina bekam. Thorvaldsens Ergänzungen sind aus sehr feinkörnigem Carrara-Marmor, der eine stumpf-weiße Färbung und natürlich keine Patina hat (Abb. 241). Wagner ließ deshalb die Ergänzungen aus Carrara-Marmor mit einer Tinktur aus Tee, Tabaksoße und anderen Zutaten leicht gelblich einfärben, damit ihr Erscheinungsbild den Originalen täuschend nahekam.[267] Diese künstliche Patinierung ist bei späteren Reinigungen der Figuren unmittelbar nach dem Krieg schon teilweise verloren gegangen und ist heute an den Ergänzungen nicht mehr im ursprünglichen Zustand erhalten. Diese sind stumpfweiß und manchmal leicht grau-fleckig. Eine erneute Patinierung erschien konservatorisch nicht vertretbar: Auch die Originale Thorvaldsens sollten unberührt bleiben. Deshalb wurden die Kunstmarmorabgüsse gemäß der Tönung der Ergänzungen Thorvaldsens eingefärbt. Das Verfahren war also genau umgekehrt wie bei Wagner. All die Waffen, wie die Lanzen, Schwerter und Bögen, die Wagner auf Ludwigs ausdrücklichen Wunsch in Rom fertigen ließ, haben sich nicht erhalten. Sie waren aus Holz, dunkel bronziert und schon in den zwanziger Jahren wenig geschätzt. Sie wurden offensichtlich zu Kriegsbeginn nicht ausgelagert und sind untergegangen. Die heute angebrachten Waffen, ebenfalls aus Holz, hat der Bildhauer Christoph Bergmann gefertigt. Er konnte den zahlreichen alten Fotografien, die die Ägineten mit ihren Waffen zeigen, klare Hinweise zur Formgebung dieser Nachbildungen entnehmen.

Der Sockel des wiederhergestellten Westgiebels richtet sich in Länge, Höhe und Tiefe nach dem von Klenze entworfenen Vorbild. Natürlich ist die Materialwahl eine andere, die Sockelgliederung etwas vereinfacht und auch die Farbgebung der heutigen Innenraumgestaltung der Glyptothek angepasst. Hingegen kopiert die Figurenkomposition exakt die klassizistische Aufstellung. Sie ist zum ersten Mal in der Geschichte der Ägineten gut zu sehen. Denn erst jetzt kann man die Figurengruppe aus einem gewissen Abstand mit einem Blick erfassen. Das war in Klenzes Glyptothek nicht möglich, weil parallel zum Westgiebel im selben Saal die Figuren des Ostgiebels standen. Aufgrund dieser Enge fehlte dem Betrachter der nötige Abstand, um die ganze Giebelgruppe zu überblicken: Er war zur Nahsicht gezwungen, oder er musste, wenn er im Saal an die Längswände zurücktrat, in Kauf nehmen, dass er die beiden Figurengruppen in gegenseitiger optischer Überschneidung wahrnahm (vgl. Abb. 202 und 203).

Die fünf von Thorvaldsen restaurierten Figuren des Ostgiebels sind parallel zu der Ostgiebelgruppe aufgestellt. Um das oben erwähnte optische Problem etwas zu mildern, das sich notwendigerweise ergibt, wenn zwei Giebelgruppen nebeneinander in einem Raum stehen, ist der Sockel der fünf ‚restaurierten' Krieger bewusst niedriger und in der Länge etwas kürzer als in der klassizistischen Aufstellung gewählt worden. Deshalb mussten auch die Abstände zwischen den einzelnen Figuren ein wenig verringert werden.

Noch eines sei hinzugefügt: Bei unserer Rekonstruktion der ‚klassizistischen' Ägineten wurde deutlich, wie häufig die Figuren – ganz abgesehen von ihrer anderen Positionierung in der Giebelgruppe – durch die Ergänzungen Thorvaldsens auch in ihrer Bewegung und Haltung gegenüber ihrer heutigen und mithin gegenüber der antiken Aufstellung verändert sind. Oft sind es nur wenige Zentimeter, die eine Figur anders geneigt, gelagert oder aufgerichtet ist. Aber diese Zentimeter sind entscheidend und machen eine Marmorergänzung gegebenenfalls unbrauchbar. Andererseits ist die heutige gegenüber der klassizistischen Ergänzung veränderte Aufstellung mancher Figuren nicht eine archäologische Hypothese, sondern sie ist wohlbegründet durch anpassende Neufunde oder durch sichere Zuweisung antiker Fragmente, die von Wagner und seiner Werkstatt nicht erkannt bzw. falsch angesetzt worden waren.

Wie häufig antike Fragmente hinzugefügt, abgenommen bzw. der richtigen Figur zugewiesen werden konnten, lässt sich beim Vergleich der ‚rekonstruierten' mit den heutigen Ägineten erkennen. Da ein ungeschulter Betrachter Thorvaldsens Ergänzungen wohl nur schwer erkennen kann, was vor 150 Jahren genauso galt, sind an den Einzelaufnahmen der ‚rekonstruierten' Ägineten die Ergänzungen etwas dunkler getönt worden (Abb. 252–264). Man ist erstaunt, wie weitreichend und natürlich oft auch fehlerhaft die Ergänzungen sind. Es waren diese Fehler, die nach dem Zweiten Weltkrieg zum Entschluss führten, die Ergänzungen abzunehmen, um die antike Figurenkomposition wiedergewinnen zu können.[268] Trotzdem erscheint es mir zu einfach und auch nicht gerecht, mit dem Wissen von über 150 Jahren Forschung zu den Ägineten stets auf die Fehler von Thorvaldsen, Wagner und ihrer Werkstatt hinzuweisen. Interessanter ist vielmehr: Wenn man die jetzt wieder ‚rekonstruierten klassizistischen' Ägineten betrachtet, lässt sich meines Erachtens gut verstehen – was bei den stumpfen Gipsabgüssen oder den zeitgenössischen Fotos der alten Aufstellung nicht so leicht erkennbar war –, warum nämlich Thorvaldsens Ägineten anfangs so hoch gelobt wurden (vgl. S. 175 f.). Denn die klassizistischen Ägineten haben ihren eigenen Reiz.[269] Und dieser Reiz liegt vor allem in der Vollendung der einzelnen Figur. Besonders deutlich spürt man dies bei dem als Greifen ergänzten Eckakroter. Ein Werk, das man nicht als eine ergänzte Antike, sondern als eine klassizistische Schöpfung empfindet (Abb. 248–251). Zur eindrucksvollen Wirkung der Giebelgruppen tragen auch die durch ihre dunkle Färbung sich kontrastreich abhebenden Waffen bei. Dieser positive Gesamteindruck ändert sich, wenn man die antike Komposition der Giebelgruppen kennt: Die wenig sinnvolle Gruppierung des Westgiebels, die schon Wagner und Thorvaldsen ablehnten, hält der spannenden Komposition der heutigen Aufstellung der Figuren, auch wenn diese fragmentiert sind, nicht stand. Und von der Ostgiebelgruppe kann man sagen, dass sie erst nach der Abnahme der Ergänzungen und durch die Neuaufstellung unter Einbindung der Fragmente im eigentlichen Sinne wiederentstanden ist. So wird heute wohl niemand dafür plädieren, die Ergänzungen wieder an die Originale anzusetzen. Andererseits erscheint mir der hier unternommene Versuch, die „Thorvaldsen'schen Ägineten retten zu wollen, indem man sie" an Kunstmarmorabgüsse „wiederanfügt", nicht so „absurd", wie von kunsthistorischer Seite einmal behauptet.[270] Es handelt sich nicht um ein „schautafelartiges Auseinanderlegen" der Geschichte eines Kunstwerks, sondern um ein Zeichen der Verantwortung gegenüber der Geschichte eines Werks.[271] Denn nur in solch einer Wiederherstellung wird man der Arbeit Thorvaldsens gerecht. Seine Ergänzungen verlieren nämlich ohne Verbindung mit der Bewegung der Krieger viel von ihrem künstlerischen Wert. Da Thorvaldsen jegliche Gruppierung der Figuren als falsch und willkürlich abgelehnt hat, wie oben geschildert, scheint es mir überlegenswert, die ‚rekonstruierten' Ägineten einmal einzeln aufgestellt zu zeigen – das muss nicht in der Glyptothek sein –, so wie es einst Wagner und Thorvaldsen wollten (Abb. 242–247).

Abb. 242 (oben)
Westgiebel, heutige Aufstellung.

Abb. 243 (unten)
Rekonstruierter Westgiebel in klassizistischer Aufstellung.
Kunstmarmorabgüsse mit angesetzten Marmorergänzungen Thorvaldsens.

193

Abb. 244 (oben)
Ostgiebel, heutige Aufstellung.

Abb. 245 (unten)
Rekonstruierter Ostgiebel in klassizistischer Aufstellung. Die Abstände zwischen den Figuren sind gegenüber der klassizistischen Aufstellung etwas verringert. Kunstmarmorabgüsse mit angesetzten Marmorergänzungen Thorvaldsens.

195

Abb. 246 (oben)
Rückansicht des rekonstruierten Westgiebels, in klassizistischer Aufstellung.

Abb. 247 (unten)
Rückansicht des rekonstruierten Ostgiebels, in klassizistischer Aufstellung. Die Abstände zwischen den Figuren sind gegenüber der klassizistischen Aufstellung etwas verringert.

197

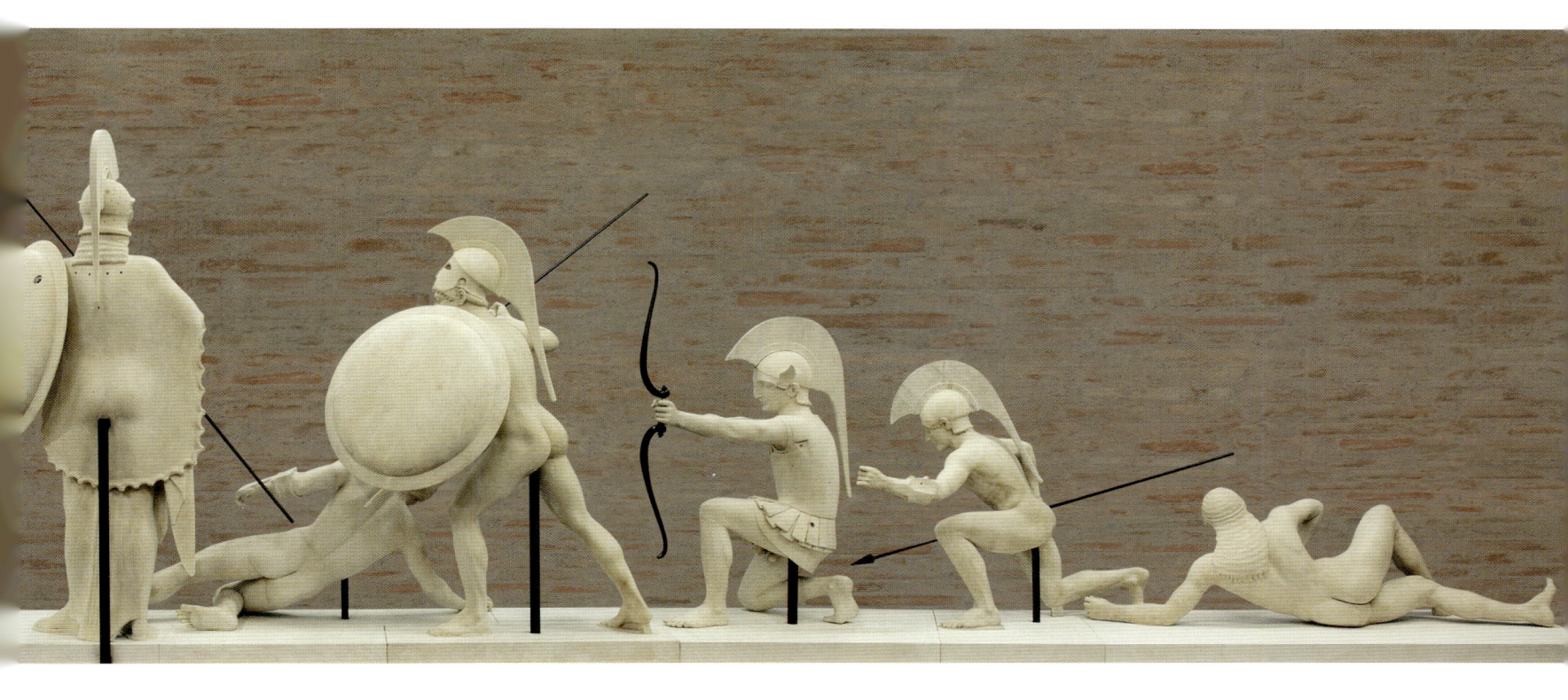

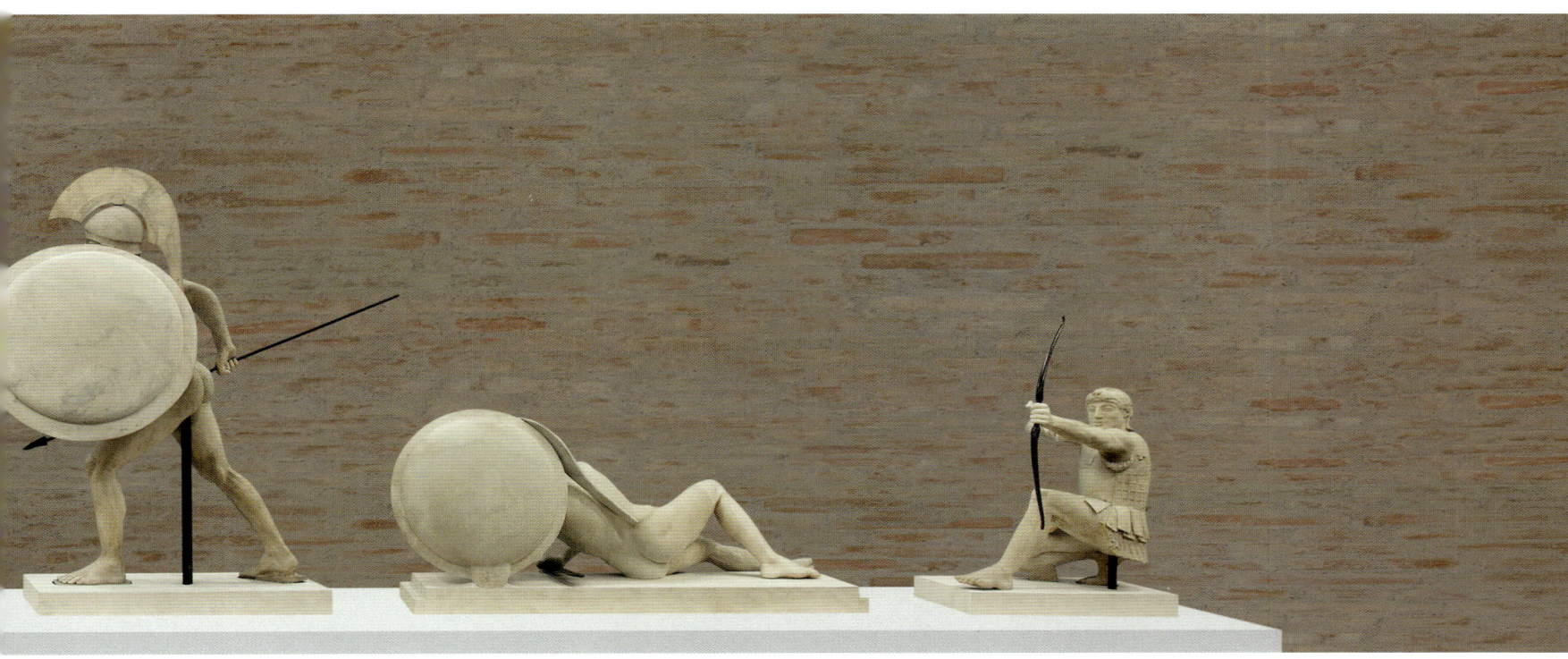

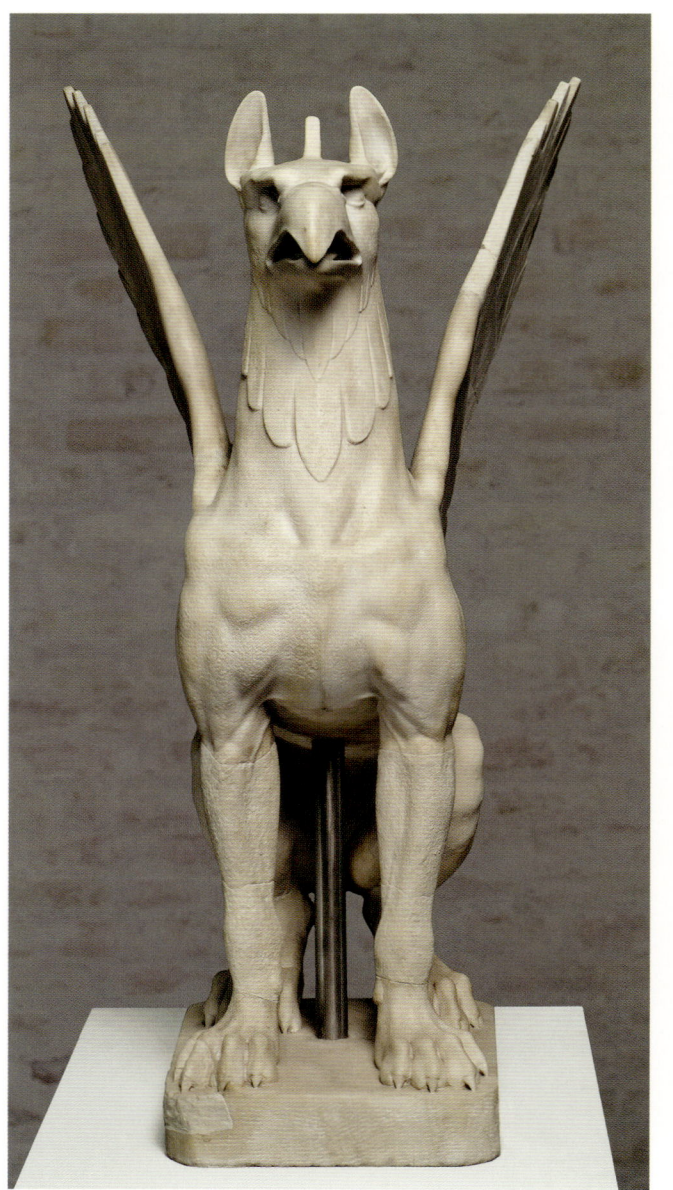

Abb. 248–251
Eckakroter des Aphaiatempels, im
19. Jahrhundert nicht als eine Sphinx
erkannt und fälschlicherweise als Greif
ergänzt.

199

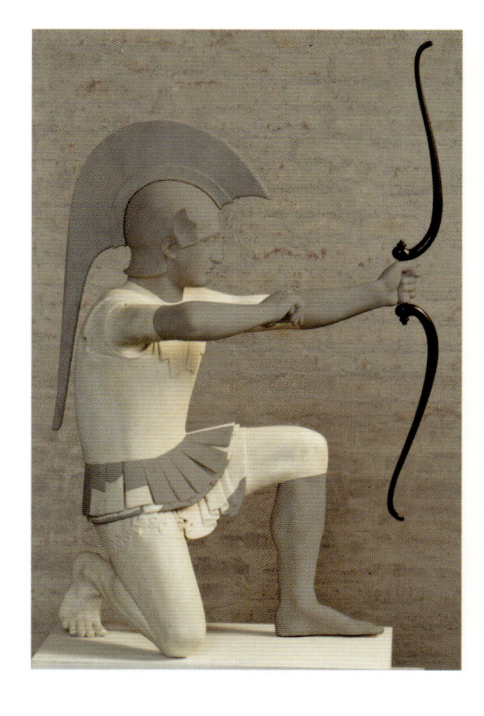

Abb. 252–255
Krieger des Westgiebels,
linke Giebelhälfte.

Abb. 256–257
Fallender des Westgiebels und Athena.

201

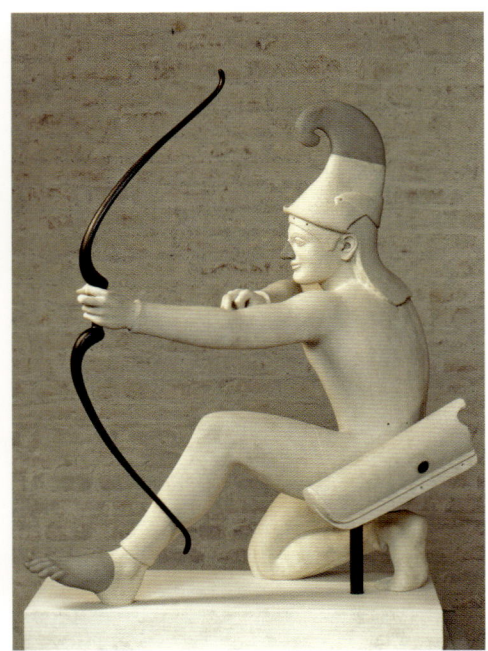

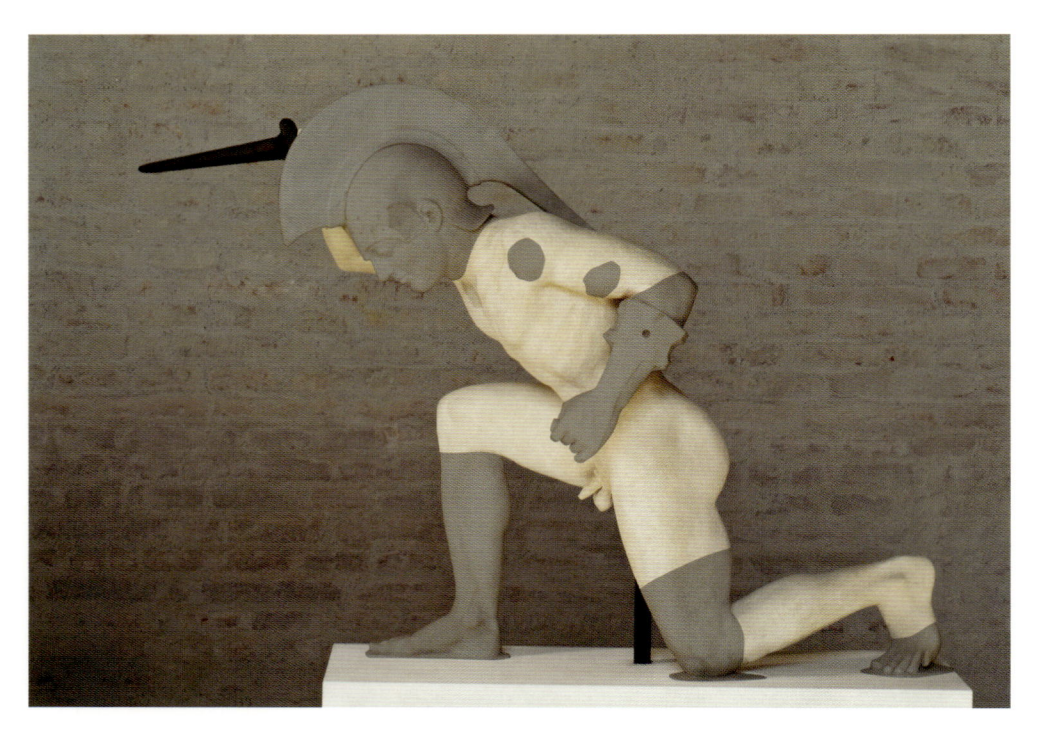

Abb. 258–261
Krieger des Westgiebels,
rechte Giebelhälfte.

202

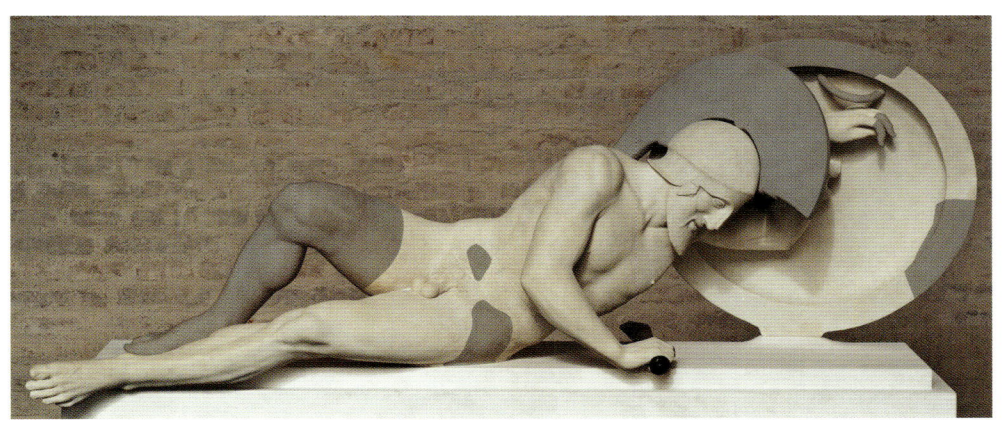

Abb. 262–264
Krieger des Ostgiebels,
von links nach rechts geordnet.

203

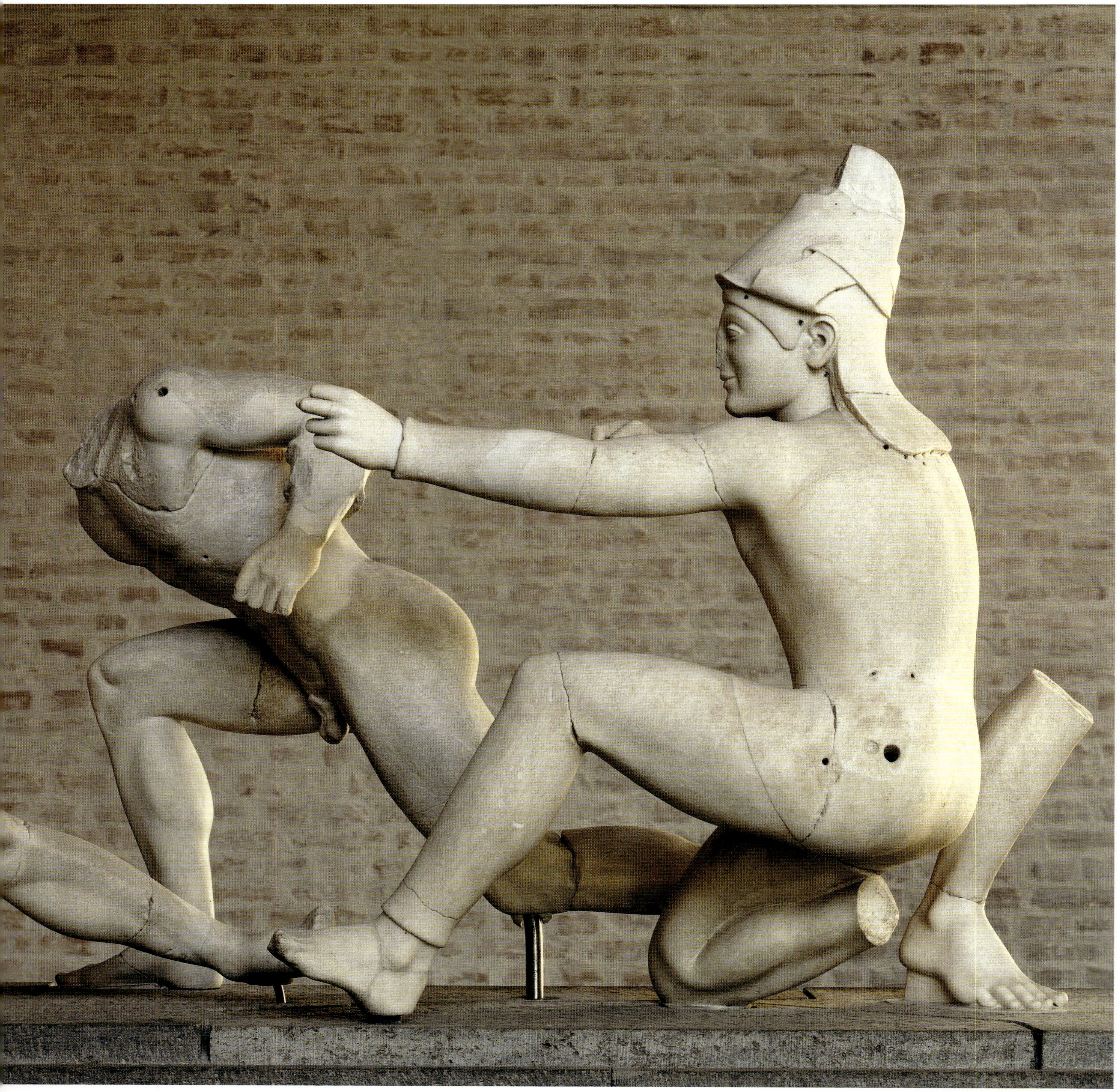

Deutung der Giebelgruppen

Schon die Entdecker der Ägineten deuteten die beiden Giebelgruppen als Darstellungen der Kämpfe vor Troja. Der französische Konsul in Athen, Louis François Sebastien Fauvel, hat den einzelnen Figuren gleich die uns aus Homer bekannten Namen gegeben: Den Herakles bezeichnet er als Philoktet, die heute Laomedon genannte Figur als Priamos, den skythischen Bogenschützen als Paris – eine Deutung, die sich bis heute gehalten hat –, daneben gab es auch Achill, Odysseus, usf. Den anmutigen weiblichen Kopf, heute als Sphinxkopf erkannt, hielt Fauvel für ein Bildnis der schönen Helena. Diese Bezeichnungen wurden als „Spitznamen" tradiert und von Haller und Cockerell auch in die Verzeichnisse und Verpackungslisten eingetragen (vgl. Abb. 41 und 42).[272]

Es war naheliegend, dass man bei diesen Figuren an den Mythos von Troja dachte. Denn zweimal glückte den Griechen in sagenhafter Vorzeit die Eroberung Trojas, und beide Male haben sich dabei mythische Ahnen der Ägineten als große Helden hervorgetan: Stammvater des äginetischen Herrscherhauses war Ajakos, ein Sohn des Zeus und der Nymphe Ägina, die der Insel den Namen gab. Telamon, ein Sohn des Ajakos, kämpfte an der Seite des Herakles, als dieser zum ersten Mal Troja eroberte. Beim zweiten, von Homer besungenen Kampf um Troja waren die Enkel des Ajakos die größten griechischen Helden: Ajas, der Sohn des Telamon, und Achill, der Sohn von Telamons Bruder Peleus.

Der Dichter Pindar besingt in seinen Preisliedern auf äginetische Sieger bei den panhellenischen Spielen immer wieder den Ruhm dieser Söhne und Enkel des Ajakos, der sogenannten Ajakiden.[273] Selbst dem so kritischen Johann Martin Wagner schien es wahrscheinlich, dass die Giebelgruppen „die Thaten der Aeaciden" darstellten.[274] Er konnte aber in der Art der Darstellung der Krieger keinen Unterschied zwischen Griechen und Trojanern erkennen und, wie er schreibt, es „war weder auf den Schilden, noch sonst irgendwo ein Name oder Zeichen, in Farbe oder eingegraben, so sehr ich mich bemühete, etwas der Art zu entdecken".[275] Deshalb lehnte Wagner jegliche Benennung einer Kriegerfigur ab und meinte 1817, dass die Deutung der dargestellten Szenen „immer ein Räthsel bleiben werde".[276]

Schon ein Jahr darauf schrieb der Berliner Archäologe Aloys Hirt triumphierend: „Aber siehe, das Rätsel ist gelöst!"[277] Ihm hatte Cockerell, wie oben ausgeführt, seine Ergänzungsentwürfe der Giebelgruppen gezeigt und erklärt, dass „die Stellung der Figuren nur so, und nicht anders sein konnte". Hirt bestätigte ihm, „die Richtigkeit seiner Zeichnung ginge selbst aus der Vorstellung hervor", und deutete

Abb. 265
Bogenschütze des Westgiebels (XI).

die Giebelgruppen. Westgiebel: Kampf um die Leiche des Patroklos, also eine Szene aus dem Trojanischen Krieg, wie er in der Ilias besungen wird. Ostgiebel: Kampf um die Leiche des Laomedon. Er war der trojanische König im ‚ersten' Krieg um Troja. Dessen Auslöser war ein zweifacher Wortbruch: Apoll und Poseidon bauen die Mauern von Troja. Ajakos hilft ihnen dabei. Der trojanische König Laomedon zahlt aber den Göttern den dafür ausbedungenen Lohn nicht. Apoll straft daraufhin Troja mit einer Pest; Poseidon sendet ein Ungeheuer, das viele Menschen verschlingt. Um das Untier zu versöhnen, ist Laomedon gewillt, ihm seine eigene Tochter Hesione zu opfern. Da kommt Herakles, rettet Hesione und tötet das Ungeheuer. Zum Dank dafür verspricht ihm Laomedon die unsterblichen Rosse, die einst Tros, Großvater des Laomedon und Ahnherr der Trojaner, von Zeus geschenkt bekommen hat. Wiederum hält Laomedon nicht Wort. Deshalb zieht später Herakles, begleitet von seinem Freund Telamon, mit einer Schar ausgewählter Krieger gegen Troja. Die Stadt wird erobert, Laomedon getötet, von seinen Söhnen überlebt nur der jüngste, Priamos.

Hirt gab fast jeder Figur der beiden Giebel einen Namen. Er glaubte, dass der schöne weibliche Sphinxkopf (Abb. 266), den Fauvel Helena genannt hat, auch zur Ostgiebelgruppe gehöre und Hesione, die Tochter des Laomedon, darstelle. Auch Hesiones Brüder, Lampon und Klytios, konnte Hirt in der Ostgiebelgruppe identifizieren. Wobei vom sog. Klytios nur Arm- und Beinfragmente erhalten sind. Dass Wagner über den „Spührsinn" dieses „antiquarischen Hirten" nur höhnte, lässt sich verstehen.[278]

Aber es kommt Hirt das Verdienst zu, die Figur des Herakles an seiner Helmzier, die in Form eines Löwenkopfes gestaltet ist, erkannt zu haben (Abb. 267). Denn nur durch diese Benennung ist die Deutung des Ostgiebels als ‚erste' Eroberung

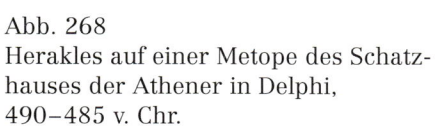

Abb. 266
Kopf einer Sphinx von der Nordostecke des Tempeldaches.

Abb. 267
Herakles als Bogenschütze, Ostgiebel (V) des Aphaiatempels von Ägina.

Abb. 268
Herakles auf einer Metope des Schatzhauses der Athener in Delphi, 490–485 v. Chr.

Trojas durch Herakles und Telamon gesichert. Zwar blieb diese Interpretation längere Zeit umstritten, da solch eine abgekürzte Wiedergabe des berühmten Löwenfells bei Heraklesdarstellungen der antiken Kunst ungewöhnlich ist, aber als man in Delphi die Reliefs des zeitnah zum Äginagiebel entstandenen Athener Schatzhauses fand, die die Taten des Herakles schildern und bei denen auf einer Reliefplatte der Held einen ganz ähnlich geformten Helm trägt, waren diese Bedenken für die meisten zerstreut (Abb. 268).[279]

Ostgiebel

Es erstaunt, dass in der Giebelkampfgruppe der Halbgott Herakles wenig prominent postiert ist und recht unauffällig mit seinem Attribut, dem Löwenskalp, charakterisiert wird (Abb. 267): Es wäre doch für den Künstler so leicht gewesen, den mächtigen Helden mit geschultertem Löwenfell und seine Keule schwingend neben Athena, seiner Beschützerin, im Zentrum des Giebels agieren zu lassen. Hingegen dürfte bei dieser Darstellung des bogenschießenden Herakles für den antiken Besucher des Heiligtums, der aus starker Unteransicht auf die in über neun Metern Höhe im Giebel kniende Figur blickte, die löwenkopfförmige Helmzier nur bei genauer Betrachtung auszumachen gewesen sein. Herakles wirkt in diesem Kampfbild wie ein Held unter anderen Helden.

Wie ist das zu erklären? Der wichtigste Grund war sicher der äginetische Lokalpatriotismus. Nach Pindar, der nicht müde wird, den Ruhm der Ajakiden zu preisen, hat Telamon und nicht Herakles den trojanischen König Laomedon getötet.[280] Auch bei Apollodor, der zwar fünf Jahrhunderte später schrieb, sich aber auf Hellanikos, einen Autor des 5. Jahrhunderts v. Chr. stützte, heißt es: „Während der Belagerung brach Telamon durch die Mauer hindurch und drang so als erster in die Stadt ein, nach ihm Herakles." Apollodor erzählt weiter: Der sieggewohnte Herakles ist ungern Zweiter und darüber so erzürnt, dass er nahe daran ist, Telamon hinterrücks zu erschlagen. Der erkennt Herakles' Zorn: Er sammelt Steine und schichtet sie auf. Als Herakles ihn nach seinem Tun verwundert fragt, antwortet ihm Telamon, er baue einen Altar für ‚Herakles Kallinikos', für Herakles, den Gott des ‚schönen Sieges'.[281] Dieser ist erfreut. Telamon bekommt die schönste Siegesbeute, die Prinzessin Hesione. Sie wird seine Nebenfrau. Nach all diesen mythischen Traditionen müsste man eigentlich erwarten, dass Telamon in dieser Giebelkomposition eine dominante Position einnimmt.

Nur könnte man dagegen einwenden: Ist die Frage, wer in dieser Giebelgruppe Telamon oder Laomedon darstellt, überhaupt berechtigt? Furtwängler, der die Grundlagen zur Erforschung dieser Skulpturen gelegt hat, verneint dies. Er glaubt nicht an ein Darstellungsprogramm der Giebelgruppen. Die Bildhauer der Ägineten hatten, wie er schreibt, „völlig freie Hand, die Giebel zu füllen, wie sie es nach künstlerischem Ermessen am besten fanden. Was man zu sehen verlangte, war nichts anderes als Heldenkämpfe".[282] Furtwängler meint, gerade weil der Bildhauer des Ostgiebels den Herakles seines „individuellen Charakters" weitgehend entkleidete, dürfe man daraus schließen, „dass der Künstler die übrigen Figuren nicht einzeln benannt sehen wollte".[283]

Diese apodiktische Ablehnung jeglicher Benennungen ist sicher eine Reaktion auf die Willkür, mit der im 19. Jahrhundert die Figuren immer wieder neu gedeutet wurden. Die äginetischen Giebelgruppen als unspezifische Heldenkämpfe zu erklären, ist aber meines Erachtens wenig wahrscheinlich und widerspricht vielen Darstellungen auf Vasenbildern, aber auch auf Marmorwerken dieser Zeit, wie zum Beispiel den Friesen des Siphnier-Schatzhauses in Delphi, bei denen die Namen der Dargestellten beigeschrieben sind.

Und so sieht auch Dieter Ohly, der die heutige Neuaufstellung der Giebelgruppen erarbeitet hat, dieses Problem ganz anders (Abb. 269). Er glaubt, dass der „einstige kundige Besucher" des Heiligtums die einzelnen Figuren durchaus benennen konnte.[284] Nur uns, meint er, fällt die Bestimmung schwer, da die Sage vom ersten Trojanischen Krieg bloß in Bruchstücken überliefert, die Giebel nur lückenhaft erhalten und vor allem die ehemalige farbige Fassung der Skulpturen gänzlich verloren seien, „deren Anteil an der Schilderung nicht unterschätzt werden sollte".

Ohly erkennt, wie schon viele andere vor ihm, in dem Sterbenden in der linken Giebelhälfte den trojanischen König Laomedon, der von den Pfeilen des Herakles getroffen wurde (Abb. 270). Bei der Bestimmung der Vorkämpfer, zwischen denen Athena erscheint, ist für ihn die Handbewegung der Göttin von ausschlaggebender Bedeutung: „Mit der erhobenen schlangenstarrenden Hand die Ägis schüttelnd bekundete die Athena des Ostgiebels ihre Macht in einer besonderen Weise, die es zu deuten gilt ... Ihre Aktion muß dem siegreichen R.[echten] Vorkämpfer unmittelbar r.[echts] neben ihr oder dessen im Zweikampf verwundeten Gegner gegolten haben ...War sie die Siege gewährende Schutzherrin des R. Vorkämpfers? Ist der Gestus der Göttin als Unwille zu deuten, mit dem sie eben diesem im Ostgiebel siegreichen Hopliten späteres Unheil verkündete?"[285]

Ohly entschied sich für die letztere Deutungsmöglichkeit: Der siegreiche Vorkämpfer rechts von Athena ist für ihn ein Trojaner, Priamos, der einzige Sohn des Laomedon, der diesen ersten Kampf um Troja überlebt und als neuer König Troja wieder aufbaut.[286] Mit dieser Benennung ist das Kampfgeschehen im Giebel weitgehend gedeutet: Zu dem unterlegenen griechischen Gegner des „Priamos" gehört der von hinten hereilende Knappe. Ohly hält ihn für Iolaos, den Kampfgefährten und Freund des Herakles. Wenn der Vorkämpfer rechts von Athena ein Trojaner ist, kann der Kämpfer links von Athena nur ein Grieche sein, wohl Telamon. Seine trojanischen Gegner sind für uns nicht benennbar.

Ohlys Deutung des Kampfgeschehens besticht durch die klare Scheidung von Freund und Feind (Abb. 270): ein Vorkämpfer gegen die jeweils eine Giebelhälfte füllenden Feinde. Obwohl diese Deutung der Giebelkomposition so schlüssig wirkt, scheint sie mir nicht unproblematisch zu sein: Von der Figur des Telamon, nach Ohly links von Athena stehend, sind zwar nur Bruchstücke erhalten, aber

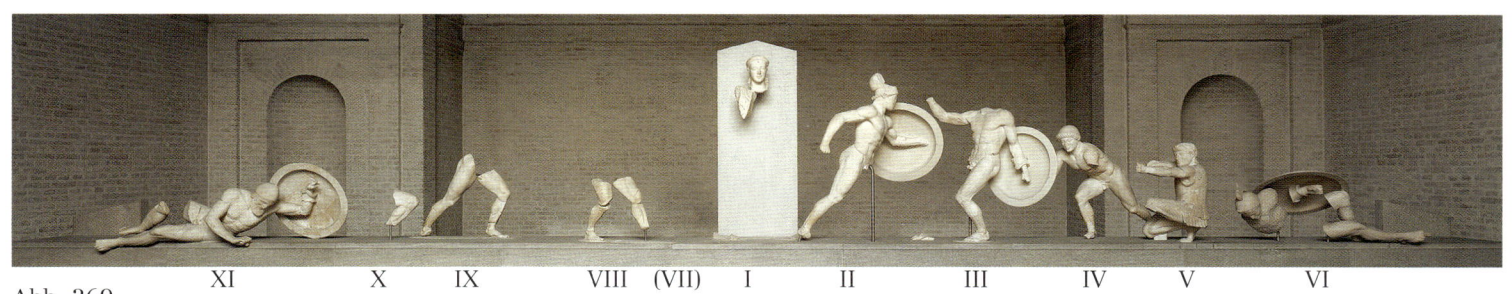

Abb. 269
Ostgiebel des Aphaiatempels von Ägina,
heutige Aufstellung.

Laomedon   Telamon   Priamos   Tolaos Herakles

Abb. 270
Ostgiebel, Deutung Ohly.

Laomedon   Telamon   Herakles

Abb. 271
Ostgiebel, Deutung Wünsche (1).

Laomedon   Peleus Telamon   Herakles

Abb. 272
Ostgiebel, Deutung Wünsche (2).

Laomedon   Peleus Telamon   Herakles

Abb. 273
Ostgiebel, Deutung Wünsche (3).
Griechen – blau
Trojaner – rot

dennoch kann man mit Sicherheit sagen, dass Telamons Körper durch den in der Linken getragenen Schild weitgehend verdeckt gewesen sein muss. Hingegen konnte der Bildhauer den anderen Vorkämpfer, nach Ohly der Trojaner Priamos, in seiner ganzen körperlichen Pracht darstellen, da er nach rechts agiert und nicht vom Schild verdeckt wird. ‚Priamos' schreitet weit aus, er ist sich seines Sieges über den schon taumelnden griechischen Gegner gewiss. ‚Priamos' ist, neben Athena, die eindrucksvollste Figur des ganzen Giebels. Kann dieser Held wirklich Priamos sein? Ist es möglich, dass im Giebelschmuck eines Tempels in Ägina einem Trojaner die prominenteste Stelle zugewiesen wird? Ich halte dies für ausgeschlossen!

In einem Wort: Der Vorkämpfer rechts von Athena kann nicht Priamos, sondern nur der Äginete Telamon sein. Dem viel gerühmten Sohn des Ajakos und Vater des Ajas gebührt dieser Platz. Für diese Deutung spricht auch die Haltung und Bewegung der Athena: Sie streckt im Rücken des Vorkämpfers ihre Ägis aus. Warum soll dies, wie Ohly annimmt, ein Zeichen des Unwillens und Drohung späteren Unheils sein? Es gibt meines Erachtens keine einzige vergleichbare bildliche Darstellung, die solch eine Interpretation nahelegt.[287] Das weite Entfalten ihrer Ägis ist, wie auf vielen Vasenbildern zu sehen, eine Geste ihrer göttlichen Macht: Es stellt eine Bedrohung dar, wenn sie gegen jemanden die Ägis feindlich hält, ihm die Ägis ins Gesicht schüttelt: die Ägis als Waffe. In dieser Haltung wird Athena häufig im Gigantenkampf gezeigt (Abb. 274).[288] Wenn aber Athena die Ägis im Rücken eines Kriegers ausbreitet, ist dies ein Zeichen ihrer Hilfe. So steht sie schützend hinter Achill in dessen Zweikämpfen gegen Memnon (Abb. 275) oder gegen Hektor (Abb. 276). Aber auch in einer Bildhauerwerkstatt kann Athena als Beschützerin der Künste die Ägis ausbreiten (Abb. 277).[289]

Abb. 274
Athena im Kampf mit dem Giganten Enkelados, Amphora, um 510 v. Chr. Rouen, (Nachzeichnung).

Abb. 275
Zweikampf zwischen Achill und Memnon, mit Athena, Eos und dem gefallenen Melanippos, Kraterbild des „Tyszkiewicz-Malers", um 470 v. Chr., Boston, Museum of Fine Arts (Nachzeichnung).

Abb. 276
Achill gegen Hektor, Volutenkrater des „Berliner Malers", um 500 v. Chr., London, Britisches Museum.

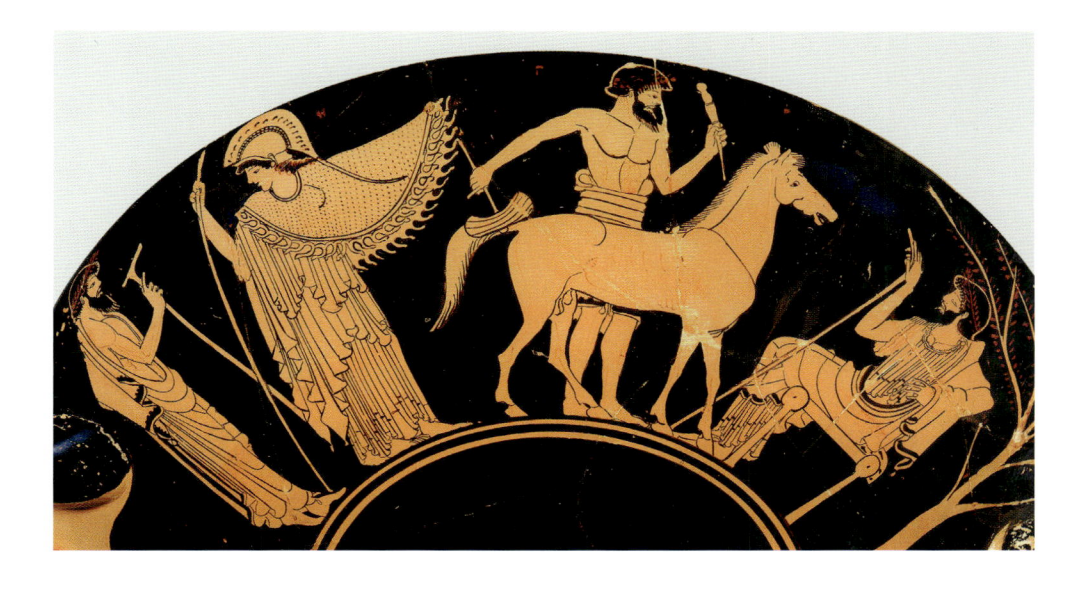

Abb. 277
Athena hält schützend ihre Ägis, rotfigurige Schale des „Erzgießereimalers", um 480 v. Chr., München, Antikensammlungen.

So kann der Vorkämpfer rechts von Athena nur ihr Schützling Telamon sein. Dessen wankender Gegner, dem ein Knappe vergeblich zu Hilfe eilt, muss ein bedeutender Trojaner sein. Sicher einer der Söhne des Laomedon, aber der Name ist für uns heute nicht bestimmbar. Dann folgt Herakles und ganz außen ein Sterbender, möglicherweise ein Grieche. Hält man nun den Vorkämpfer (fehlend) auf der anderen Seite des Giebels für einen Trojaner, so ergibt sich daraus eine vergleichbare Abfolge von Freund und Feind: trojanischer Vorkämpfer gegen einen Griechen, dahinter ein zweiter hinzueilender Grieche, dann ein trojanischer Bogenschütze und schließlich ein sterbender Trojaner, Laomedon. Diese Aufteilung von Freund und Feind ist streng rhythmisch: Griechen und Trojaner stehen sich gleichgewichtig gegenüber (Abb. 271).

Eine Benennung des trojanischen Vorkämpfers ist nicht möglich. Wir kennen zwar einige Namen der Söhne des Laomedon, aber das ist schon alles. Auszuschließen ist meines Erachtens nur, dass es Priamos ist. Der Mythos berichtet: Laomedon und all seine Söhne, außer Priamos, werden bei der Eroberung Trojas getötet. Seiner Schwester Hesione, die Herakles dem Telamon zur Nebenfrau gibt, wird erlaubt, einen Gefangenen freizukaufen. Sie wählt ihren Bruder Priamos, der die Eroberung der Stadt überlebt hat. Er wird von Herakles zum neuen König von Troja erhoben. Warum? In einer Sagenversion heißt es, Priamos habe sich als einziger der Söhne des Laomedon dem Vater widersetzt und ihm geraten, dem Herakles den vereinbarten Lohn, die Rosse, zu geben. Offensichtlich hat Priamos, der jüngste Sohn des Laomedon, am Kampf gegen Herakles und Telamon gar nicht teilgenommen. Damit entspräche Herakles' großherzige Einsetzung des Priamos zum neuen König genau dem mythischen Schema, das wir auch von der Sage um den König Augias kennen: Dessen Sohn hat gegen seinen ungerechten Vater Partei für Herakles ergriffen und wird nach dem Tod des Augias von Herakles zum neuen König von Elis erhoben. Auf jeden Fall muss Priamos unschuldig gewesen sein. Das ist die Voraussetzung für sein Überleben und für die Thronfolge. Er kann nicht ein den Griechen Verderben bringender Held, also ein Vorkämpfer gewesen und in diesem Giebel dargestellt sein. Wäre der Vorkämpfer links von Athena ein Trojaner, könnte er folglich nur einer der anderen Söhne Laomedons sein, die später von Herakles oder Telamon getötet werden.

Eine andere Frage bleibt: Muss man von der Rhythmik der Komposition auf eine Gleichwertigkeit der Gegner in diesem Kampfbild schließen? Nach Pindar hat auch Peleus, der Bruder des Telamon, an diesem Kampf teilgenommen.[290] Kann nicht der andere Vorkämpfer, zur Linken Athenas, Peleus sein? Mit der Deutung der beiden Vorkämpfer als Telamon und Peleus würde es eine stimmige Erklärung für das noch in jüngster Zeit diskutierte Problem geben, warum Herakles, der Anführer dieses Kriegs, nicht in der Mitte des Giebels als prominenter Vorkämpfer dargestellt ist: Der äginetische Stolz auf seine mythischen Ahnen forderte, dass die beiden Ajakiden, Telamon und Peleus, als die großen Vorkämpfer zu beiden Seiten Athenas in der Mitte des Kampfgeschehens agieren.[291] Wenn wir annehmen, dass der Vorkämpfer links von Athena Peleus ist, dann sind natürlich sein Gegner und der helfende Knappe Trojaner. Sie sind nicht benennbar. Der bärtige Sterbende in der Giebelecke ist der trojanische König Laomedon – getroffen von den Pfeilen des Herakles. Dadurch wird Herakles, obwohl er außerhalb des Giebelzentrums postiert ist, als der Sieger dieses Krieges hervorgehoben (Abb. 272). Die Benennung der Figuren entspricht zwar jetzt dem von Pindar propagierten äginetischen Mythos, aber die Verteilung von Freund und Feind ist sehr unrhythmisch.

Man muss meines Erachtens in der Deutung des Giebels noch weitergehen: Legt die geradezu symmetrische Giebelkomposition nicht nahe, den Bogenschützen vor Laomedon ebenfalls als einen siegreichen Griechen zu erklären, der den in der anderen Giebelecke sterbenden Krieger mit seinen Pfeilen getroffen hat (Abb. 273)?[292] Von der Figur des Bogenschützen sind zwar nur Fragmente erhalten, die aber erkennen lassen, dass er über sein skythisches Gewand mit langen Ärmeln und eng anliegenden Hosen noch einen kurzen Chiton geworfen hat.[293] Das Tragen eines skythischen Gewands ist für einen griechischen Bogenschützen nicht ungewöhnlich.[294]

Die hier vorgeschlagene Benennung der Krieger hat mehrere Vorteile: Die Ajakiden Telamon und Peleus sind so hervorgehoben, wie es dem propagierten äginetischen Mythos entspricht. Herakles wird als Sieger über den trojanischen König Laomedon und, da er nahe Telamon kämpft, auch als dessen Freund gezeigt. Die Scheidung von Griechen und Trojanern harmoniert mit der rhythmisch-symmetrischen Komposition. Da in der Bewaffnung keine Unterschiede zwischen Griechen und Trojanern zu erkennen sind, müssen Komposition und Aktion der Figuren, auch wenn die ehemalige farbige Fassung der Figuren sicher zur Klärung der Darstellung etwas hätte beitragen können, die wichtigsten Merkmale gewesen sein, um den Sieg der Ajakiden und des Herakles über die Trojaner anschaulich zu machen. Dies ist bei dieser Deutung gegeben. Ihre Aussage ist klar: Die Griechen siegen.

Westgiebel

Die Komposition des Westgiebels ist gleichgewichtig und rhythmisch gegliedert (Abb. 278): zu beiden Seiten Athenas jeweils eine Zweikampfgruppe und dann eine Kampfgruppe von jeweils vier Kriegern – ein Bogenschütze und ein geduckt agierender Kämpfer gegen einen Fallenden und einen Sterbenden. Auch bei dieser Giebelgruppe hat die frühere Forschung für alle Figuren klangvolle Namen vorgeschlagen, die Furtwängler vehement ablehnte. Dies ist aber nur noch forschungsgeschichtlich interessant, da die antike Giebelkomposition zu dieser Zeit noch nicht erschlossen war.

Als man sich nach der Neuaufstellung der Figuren in ihrer antiken Ordnung wieder die Frage stellte, welche unter den Kämpfern die Griechen bzw. Trojaner sind und wer von ihnen benannt werden kann, war der Bogenschütze in der linken Giebelhälfte zweifellos der wichtigste Anhaltspunkt (Abb. 265). Aufgrund seiner fremdländisch wirkenden Tracht – eng anliegende Hose, langärmelige Jacke, darüber eine Weste und auf dem Kopf die sogenannte skythische Mütze – hat man in ihm den trojanischen Prinzen Paris gesehen, dessen Pfeil Achill tötete. Die Benennung als ‚Paris' haben schon die Auffinder und wenig später auch A. Hirt vor nun fast 200 Jahren gegeben. Sie gilt noch heute bei vielen als unumstößlich, obwohl Furtwängler ebenso knapp wie überzeugend darauf hinwies, dass diese Benennung rein hypothetisch ist.[295] Bleibt man bei dieser Hypothese, ergibt sich Folgendes: ‚Paris' scheint auf den schon getroffenen Krieger in der äußersten Giebelecke zu zielen. Der von einem Pfeil bereits Getroffene kann aber keinesfalls Achill sein: Wie so oft folgt die Kampfdarstellung konventionellen kompositorischen Gesetzen und ist keine Aneinanderreihung der mythisch bedeutendsten Kampfszenen. Allein aus der Position des ‚Paris' erschließt sich dann, dass der neben ihm kämpfende Krieger ebenfalls ein Trojaner und die beiden unterliegenden Gegner Griechen sind. In der gegenüberliegenden Giebelhälfte müsste es dann genau umgekehrt sein: ein griechischer Bogenschütze und

Abb. 278
Westgiebel des Aphaiatempels von Ägina,
heutige Aufstellung.

Abb. 279
Westgiebel, Deutung Ohly.

Abb. 280
Westgiebel, Deutung Wünsche (1).

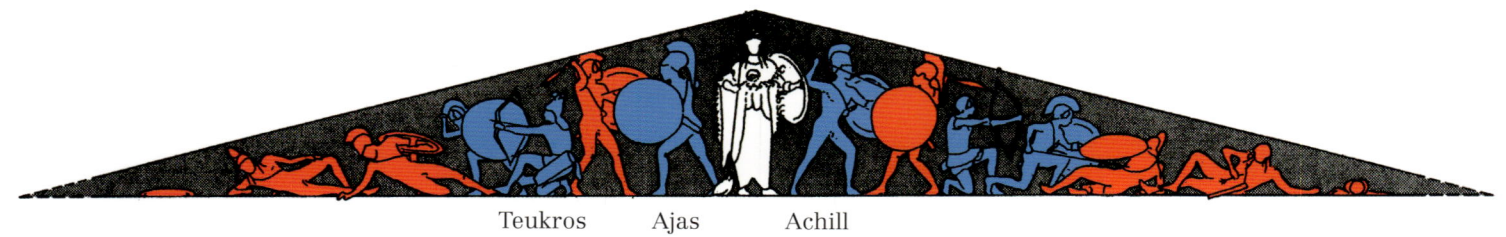

Abb. 281
Westgiebel, Deutung Wünsche (2).
Griechen – blau
Trojaner – rot

Abb. 282
Schild des Vorkämpfers links von Athena mit Adler und Schlange, Westgiebel (IX), Zeichnung Ohly.

ein geduckter Krieger gegen zwei unterliegende Trojaner (eine Figur fehlt!). Für keine dieser Figuren gibt es einen äußerlichen Anhaltspunkt, der eine Benennung sichern könnte. Nur wenn man, was sicher nicht unberechtigt ist, von einem äginetischen Stolz auf die mythischen Ahnen ausgeht, liegt es nahe, in diesem griechischen Bogenschützen Teukros, den Sohn Telamons und Enkel des Ägineten Ajakos zu erkennen. So sah es Ohly, und so hat man es schon vor 190 Jahren gesehen: Wie Paris bei den Trojanern, galt nämlich Teukros bei den Griechen als der beste Bogenschütze.

Bei der Deutung der Zweikampfgruppen muss man davon ausgehen, dass hier Ajas, Enkel des Ajakos, als siegreicher Kämpfer dargestellt gewesen sein muss. Ohly erkennt ihn in dem Vorkämpfer links von Athena. Er hat nämlich bei seinen grundlegenden Untersuchungen zur ehemaligen Bemalung der Ägineten auf dem Schild dieses Kriegers anhand der unterschiedlichen Verwitterung der Marmoroberfläche Spuren des Schildzeichens entdecken können: einen Adler mit einer Schlange im Schnabel (Abb. 282). Ein antikes Schildzeichen hat zweifellos nicht die kennzeichnende Bedeutung eines abendländischen Schildwappens, und man findet auf griechischen Vasenbildern oft denselben, inschriftlich benannten Helden mit ganz unterschiedlichen Zeichen auf dem Schild. In diesem Fall dürfte jedoch das Schildzeichen für die Benennung dieser Figur als Ajas sprechen.[296] Pindar weiß nämlich über Ajas folgende Legende zu berichten: Sein Vater Telamon wünschte sich einen Sohn. Als Herakles mit Telamon zur ersten Eroberung von Troja aufbrach, bat er seinen Vater Zeus, dem Telamon einen Sohn zu schenken, dessen Körper ebenso unverwundbar sei wie sein Löwenfell und der Mut dementsprechend. Zeus schickte als Zeichen, dass der Wunsch in Erfüllung gehe, seinen Adler. Und so konnte Herakles dem Telamon verkünden: „Es wird ein Sohn dir, Telamon, den du wünschtest, geboren werden. Nach dem ‚aietos', dem Adler, sollst du ihn Ajas nennen."[297] Bei einer Darstellung des Ajas in Ägina wird man sich dieses Mythos' bedient haben.

Im Sinne der Gleichgewichtigkeit von Griechen und Trojanern glaubt Ohly, dass der rechte Vorkämpfer ein Trojaner sein müsse (Abb. 279). Damit hätte in dieser ausgewogenen Giebelkomposition den – nach Athena – prominentesten Platz im Giebel ein Trojaner inne. Sein Körper wird nicht vom Schild verdeckt, er kann vom Bildhauer in seiner ganzen Pracht gezeigt werden.

Wie bei der Deutung des Ostgiebels muss man sich fragen, ob diese Bevorzugung eines trojanischen Helden bei einer Darstellung auf einem Tempel in Ägina vorstellbar ist. Es wäre doch für den entwerfenden Bildhauer leicht gewesen, die völlig symmetrische Komposition umzudrehen, den siegreichen Trojaner links von Athena anzuordnen und Ajas rechts von ihr zu platzieren, um somit diesen Ahnen der Ägineten gebührend herauszustellen. Wenn der entwerfende Meister des Giebels dies nicht tat, muss es einen Grund haben. Ebenso unerklärlich ist, dass bei der von Ohly vorgeschlagenen Deutung der größte griechische Held vor Troja, Achill, ein Enkel des Ajakos, der berühmteste Ajakide überhaupt, in diesem Giebel nicht dargestellt ist.[298]

Die Lösung aus diesem Dilemma ist einfach: Ich glaube, dass wir in dem rechten Vorkämpfer Achill erkennen müssen (Abb. 280). Ihm gebührt dieser Platz.[299] Ihm wendet sich Athena zu, was in ihrer Fußstellung ausgedrückt wird. Die beiden berühmtesten Enkel des Ajakos, die Söhne der ersten Eroberer Trojas, sind die siegreichen Vorkämpfer. Die Namen ihrer trojanischen Gegner sind für uns nicht bestimmbar, denn Achill und Ajas haben viele von ihnen erschlagen.

Bleibt man bei der bisherigen Benennung des skythisch gekleideten Bogenschützens als Paris, so ergibt sich in der so streng rhythmisch gegliederten Giebelkomposition eine Disharmonie in der Verteilung von Griechen und Trojanern (vgl. Abb. 280). Ist dies möglich? Als Erstes muss man sich fragen: Worauf gründet die Benennung ‚Paris'? Sie wurde zu einer Zeit gegeben, als man mit dem skythischen Gewand eine bestimmte, allgemein gesprochen, ‚orientalische' Volkszugehörigkeit verband. Dazu ist Folgendes anzuführen[300]: Die orientalische Tracht ist in der attischen Vasenmalerei um 500 generell die ‚Uniform' des Bogenschützen. Treten in den Heldenkämpfen Bogenschützen in ‚skythischer' Tracht auf, so agieren sie oft gegeneinander. Auch in Szenen des trojanischen Kriegs erscheinen Bogenschützen in dieser Tracht auf griechischer Seite: So wird auf einem Vasenbild Achill, der die tote Amazonenkönigin Penthesilea vom Schlachtfeld trägt, von einem griechischen Schwerbewaffneten, wohl Ajas, und einem skythischen Bogenschützen begleitet. Und dieser Bogenschütze, so wird in der Forschung erwogen, könnte Teukros, der Halbbruder des Ajas, sein.[301] Noch naheliegender ist diese Deutung für den skythischen Bogenschützen, der auf manchen Vasenbildern Ajas begleitet, als er den Leichnam des Achill vom

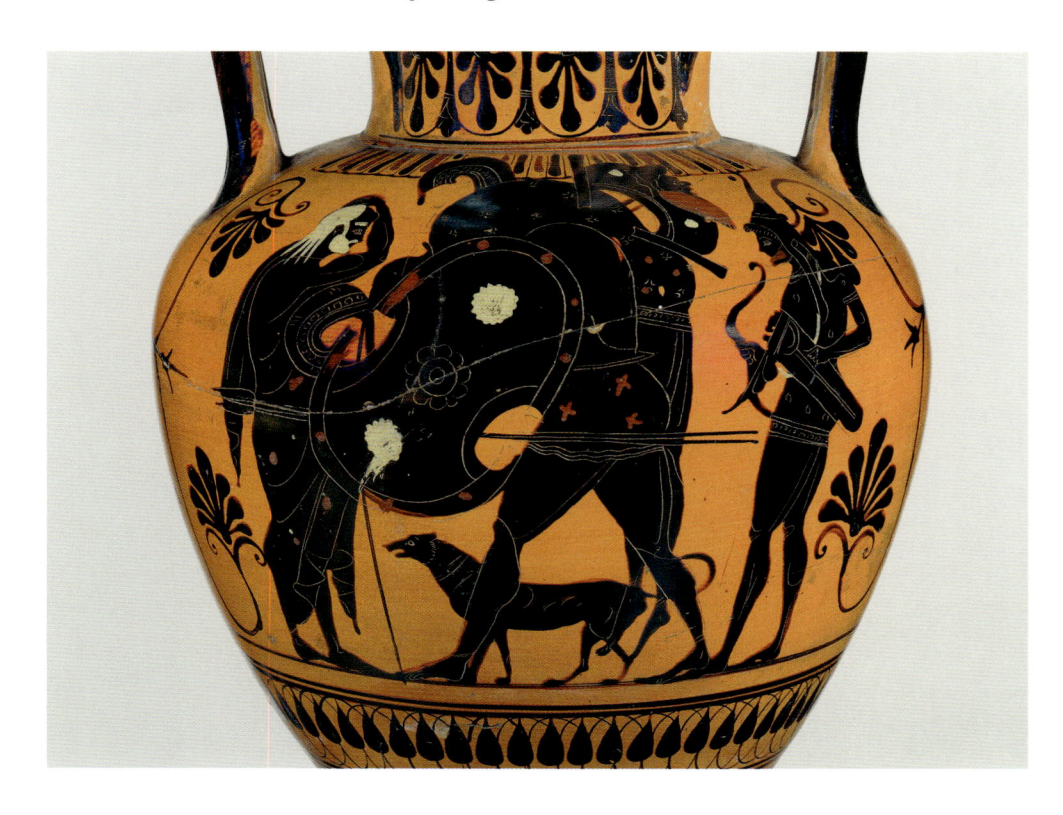

Abb. 283
Ajas trägt den Leichnam Achills, daneben Greis und Bogenschütze in skythischer Tracht, Amphora, um 510 v. Chr., München, Antikensammlungen.

Abb. 284
Herakles erscheint hinter dem Viergespann als Bogenschütze in skythischer Tracht. Rotfigurige Schale, um 490 v. Chr., Berlin, Antikensammlung (Nachzeichnung).

Abb. 285
Hera und Iris werden von Silenen verfolgt, Herakles dahinter im skythischen Gewand, rotfigurige Schale des „Brygos-Malers", um 480 v. Chr., London, Britisches Museum (Nachzeichnung).

Schlachtfeld trägt (Abb. 283). Auf jeden Fall steht fest, dass die den Ajas begleitenden Bogenschützen Griechen sind. Selbst der Inbegriff des griechischen Heldentums, Herakles, kann als Bogenschütze mit skythischem Gewand, über das er noch sein Löwenfell geworfen hat, erscheinen (Abb. 284 und 285). Es kommt nun noch Folgendes hinzu: In der Bildkunst werden die Trojaner vor 440/30 v. Chr. gar nicht als Orientalen verstanden, sondern genauso wie die Griechen dargestellt. In einem Wort: Der skythische Bogenschütze im Äginagiebel kann ein Trojaner, aber ebenso gut auch ein Grieche sein, denn das skythische Gewand ist zur Zeit des Entstehens dieser Skulpturen lediglich eine malerische Konvention zur Kennzeichnung des Bogenschützen gewesen.

Erstaunlicherweise gibt es keine einzige gesicherte Darstellung des bogenschießenden Paris in skythischem Gewand: Ein Vasenbild der hocharchaischen Zeit, das den Kampf um die Leiche des Achill zum Thema hat, zeigt ihn als Bogenschützen (der Name Paris ist beigeschrieben) mit Helm und typischer griechischer Rüstung (Abb. 286).[302] Auf einem frühklassischen Vasenbild ist der

Abb. 286
Chalkidische Amphora, ehemals Sammlung Pembroke und Hope (Nachzeichnung).

Abb. 287
Tötung des Achill, attisch rotfigurige Pelike, um 460 v. Chr., Kunstsammlungen der Ruhr-Universität Bochum, Antikenmuseum.

bogenschießende Paris nackt (Abb. 287).[303] Zusammenfassend sei festgestellt: Der skythisch gewandete Bogenschütze des Westgiebels, bisher Paris genannt, kann ein Grieche sein (Abb. 281).[304]

Wenn wir dies annehmen, dann wird die Bildkomposition wieder ganz einfach lesbar: In beiden Vierergruppen sind die Sieger die Griechen und die Fallenden bzw. Sterbenden die Trojaner. Natürlich ist es problematisch, für die einzelnen Figuren Benennungen vorzuschlagen. Nur für den skythischen Bogenschützen sei erwogen: Könnte es nicht ebenfalls ein Ajakide, nämlich Teukros sein? Er agiert in der linken Giebelhälfte, wo Ajas kämpft. Und die beiden streiten häufig Seite an Seite. Telamon war nämlich ihr gemeinsamer Vater. Die Mutter des Teukros, Hesione, war die Schwester des Priamos. Sie wurde, wie oben schon angeführt, als ,Kriegsbeute' bei der ersten Eroberung Trojas von Herakles dem Telamon geschenkt. Teukros, der berühmteste griechische Bogenschütze, war somit ein halber Trojaner und vor allem ein halber Ajakide, der sich deren Sache zu eigen gemacht hatte und gegen seine Verwandten in Troja zu Felde zog. Vielleicht erklärt dies die auffallende Position des skythischen Bogenschützens (Teukros?), der, ähnlich dem Herakles im Ostgiebel, bis an den Giebelrand vorgerückt und somit bestens sichtbar ist.

Die hier vorgeschlagene Deutung der Giebelgruppen beruht auf drei Grundthesen:

– Die Ägineten wollten den Ruhm der Ajakiden sehen.
– Griechen und Trojaner müssen für den antiken Betrachter durch Aktion und Stellung in der Giebelkomposition klar zu scheiden gewesen sein.
– Die Trennung von Griechen und Trojanern muss der so auffälligen rhythmisch-symmetrischen Komposition der Gruppen entsprochen haben.

Wenn man danach die beiden Kampfgruppen deutet, bekommt das Darstellungsprogramm der Giebel genau die Aussage, die Pindar immer wieder als unvergleichlichen Ruhm der Ägineten preist: Telamon und Peleus sind die wichtigen Kämpfer bei der ersten Eroberung Trojas, bei der sie Herakles begleiten. Sie erstürmen die Mauern, die ihr Vater Ajakos gemeinsam mit den Göttern Apoll und Poseidon errichtet hat. Die siegreichen Vorkämpfer im zweiten Krieg sind Achill und Ajas, die Söhne des Peleus bzw. des Telamon. Von den griechischen Bogenschützen in diesem Giebel ist einer (wohl der bisher Paris genannte) Teukros. Er ist der einzige der Ajakiden dieser Generation, der von Troja heimkehrt.

Abschließend sei hinzugefügt: Das Programm der Giebelgruppen ist die Verherrlichung der mythischen Ahnen Äginas, denen die heroischen Siege über die Trojaner vor allem zu verdanken waren.[305] Dies musste dem Betrachter ganz klar vor Augen gestellt werden, da der von Pindar propagierte Mythos von den genetischen Wurzeln all dieser Heroen in Ägina damals in Griechenland nicht unbestritten und zum großen Teil eine ‚Erfindung' äginetischer Geschichtenerzähler war.[306]

Die Giebelbilder zeigen die Ajakiden unter dem Schutz der Göttin Athena: Das ist eine politische Manifestation Äginas gegenüber dem großen Konkurrenten Athen. Zu diesem Programm gehörte auch eine einstmals am Altarplatz des Tempels aufgestellte Figurengruppe, die, wie Ohly aus Fragmenten erschließen konnte, den Raub der Nymphe Ägina durch Zeus zeigte. Dieser Raub führte zur Geburt des Ajakos: Der Stammvater der Ägineten war also ein Sohn des Zeus und somit Halbbruder des Herakles.

Ägina pflegte den Kult um Ajakos und seine Nachkommen.[307] Es gab dort, wie berichtet wird, auch Kultbilder der Ajakiden. Der Ruhm des Ajakos strahlte sogar über Ägina hinaus: Manche vornehme Familie Athens führte ihre Ahnen auf ihn zurück. Ihm wurde am Ende des 6. Jahrhunderts auf dem Marktplatz von Athen ein Heroon errichtet. Sicher eine bewusste politische Aktion Athens: Man wollte Ajakos, d. h. die Insel, für sich vereinnahmen. Ägina reagierte und schloss sich 506 v. Chr. einer antiathenischen Allianz an. Als wenig später der kleine Aphaiatempel abbrannte, errichtete man einen neuen, viel größeren Tempel, dessen

Giebelgruppen die Taten der Ajakiden unter dem Beistand Athenas feierte. Die Aussage dieses Bildprogramms verstand jeder. Welch hoher Ruhm zu dieser Zeit die Ajakiden umgab, lässt sich aus einer uns überlieferten Geschichte aus der Zeit der Perserkriege erahnen: Am Vorabend der Seeschlacht bei Salamis (480 v. Chr.), als die Griechen gemeinsam gegen die Perser zusammenstanden und auch Ägina die Rivalität mit Athen vergaß, ließen die Griechen die Kultbilder der Ajakiden aus Ägina herbeibringen – als Helfer in der Schlacht. Und deren Kräfte versagten nicht.

Eines sei hinzugefügt: Aus der neuen Deutung der Giebelgruppen ergeben sich meines Erachtens auch neue Aspekte für ihre Zeitbestimmung. Die hier angeführten Datierungen (Westgiebel 500–490 v. Chr., Ostgiebel 490–480 v. Chr.) werden zwar von einem Großteil der Forschung vertreten, aber in den letzten Jahrzehnten gab es vereinzelt auch die Meinung, dass die beiden Giebelgruppen erst nach den Perserkriegen, also nach der Schlacht von Salamis und Plataä (480/479 v. Chr.) entstanden seien.[308] Es wurde sogar angenommen, dass, was aber keine antike Quelle berichtet, die Perser das alte Aphaiaheiligtum zerstört hätten und deshalb in den siebziger Jahren der Neubau des Tempels erfolgt sei. Und diesen prachtvollen Wiederaufbau hätten die Äginetaen aus der Kriegsbeute zahlen können, die ihnen nach dem Sieg über die Perser zugefallen sei.

Die auf diesen Vorschlag folgende wissenschaftliche Diskussion hat gezeigt: Die neuen Interpretationen der Grabungsergebnisse im Aphaiaheiligtum, die die Hypothese von einer späten Entstehung des Skulpturenschmucks stützen sollten, haben sich als wenig überzeugend erwiesen.[309] Zudem führt die Spätdatierung der Giebelgruppen in das Dilemma, dass man annehmen muss, der Stil der Äginetaen sei im Vergleich zur übrigen, etwa zeitgleich entstandenen griechischen Skulptur ausgesprochen rückständig – eine Ansicht, die sich nur schwer mit dem in der Antike vielgepriesenen Ruhm der äginetischen Bildhauerschule verbinden lässt.[310]

Als weiteres Argument für die Spätdatierung wird von manchen das Bildprogramm des Tempelschmucks angeführt: „Nehmen wir einen Baubeginn des Aphaiatempels … in der Zeit nach dem großen Sieg über die asiatische Macht an, dann wird die Wahl des Themas im Ost- und Westgiebel des Tempels mehr als sinnfällig. Auch Herodot sieht in dem trojanischen Krieg eine mythische Parabel für seine historischen Berichte über die Perserkriege. Warum sollten nicht auch die Leute von Ägina die Ereignisse des ersten und zweiten trojanischen Krieges für den Neubau gewählt haben, um an ihre großen Verdienste in der Schlacht von Salamis zu erinnern."[311] Auch diese Gedanken überzeugen nicht: Ich sehe davon ab, darauf einzugehen, wie häufig die griechische Bildkunst schon lange vor den Perserkriegen die mythischen Kämpfe vor Troja dargestellt hat und dass es somit auch für die Äginetaen nicht der Salamisschlacht bedurfte, um sich für eine Darstellung dieses Mythos' zu entscheiden. Im vorliegenden Zusammenhang erscheint mir eine andere Frage interessanter: Müsste denn nicht, wenn man die Giebelgruppen mit dem historischen Ereignis der Perserkriege in

Verbindung setzen und den Aphaiatempel als „Siegesmonument" ansprechen will, das mythische Thema so dargestellt sein, dass es auch den griechischen Triumph zeigt? Könnten dann tatsächlich, so wie es die bisherige Deutung annahm, in den Giebelgruppen Griechen und Trojaner geradezu gleichwertig dargestellt sein? Mit der neuen, hier vorgeschlagenen Deutung wäre das zweifellos überzeugender: Die Griechen siegen, die Trojaner fallen. Aber es ergibt sich dann ein anderes ikonographisches Problem: Zwei griechische Bogenschützen tragen eine skythische Tracht. Bis zur Zeit der Perserkriege war dies, wie viele Vasenbilder belegen, durchaus geläufig. Spätestens 480 v. Chr. kommt es aber völlig aus der Mode. Die orientalisch wirkende skythische Bogentracht wird nämlich nun mit der bunten persischen Kleidung gleichgesetzt. Auf einem um 470 v. Chr. entstandenen Monument, das den Sieg der Ägineten bei Salamis mit den Heldentaten der Ajakiden vor Troja verbindet, hätte man niemals die eigenen Ahnen in ‚orientalischer' Tracht dargestellt. In einem Wort: Der Aphaiatempel und seine Giebelgruppen können nicht erst nach den Perserkriegen entstanden sein.

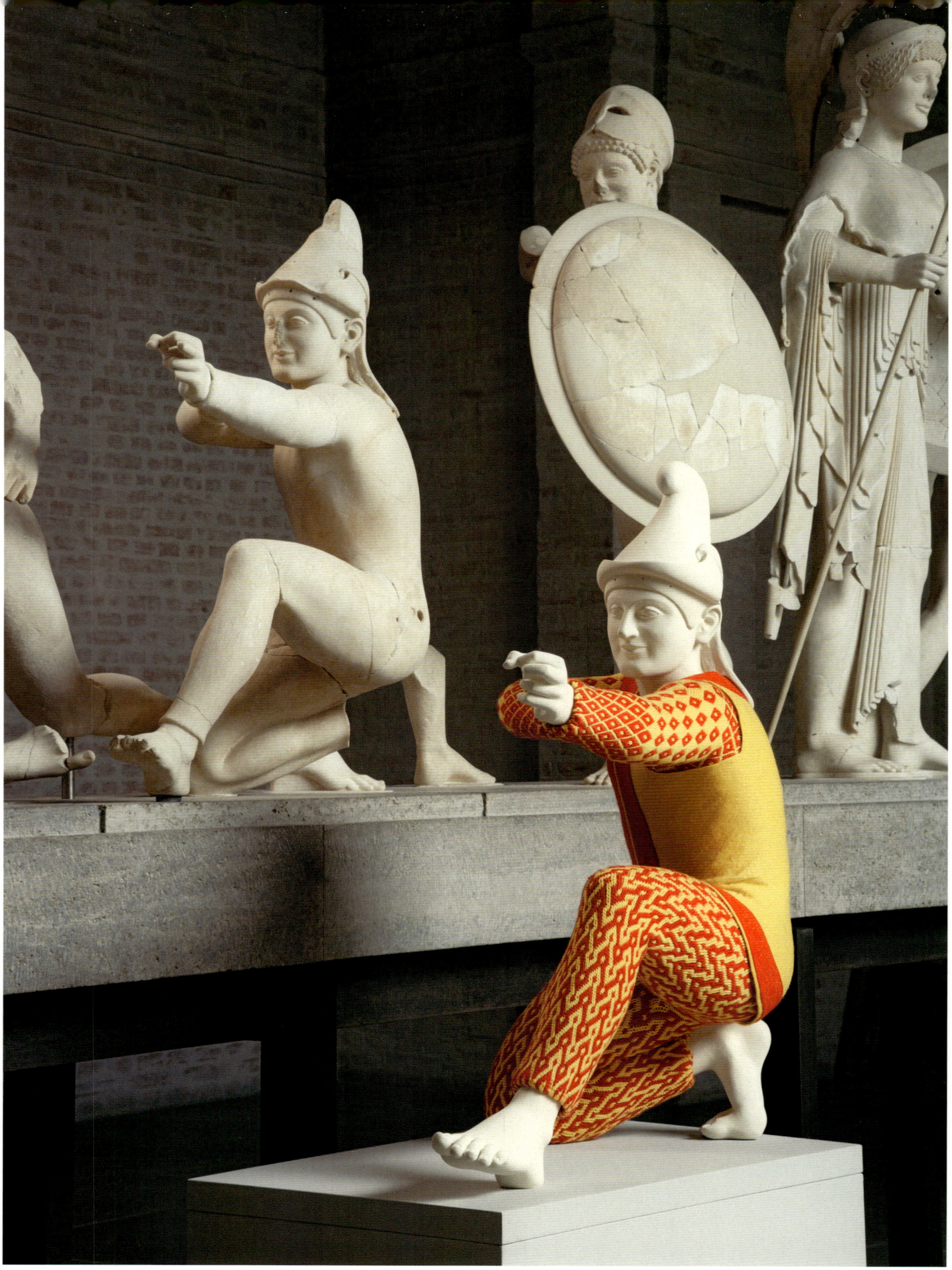

Die Farbigkeit der Ägineten

Bei der Wiederentdeckung der Farbigkeit antiker Skulptur im 19. Jahrhundert spielen die Ägineten eine wichtige Rolle. Natürlich bemerkten die Ausgräber als Erste die Farbspuren an den Figuren. Jacob Linckh schreibt am 1. Mai 1811 in sein Tagebuch: „Ich habe vergessen mir zu notiren daß ich selbst an vielen der Statuen, die zum Frontispiece gehören, Farben beobachtet habe."[312] Linckhs Vergessen ist höchst bedauerlich, denn Farbreste, die dem Marmor noch unmittelbar nach der Auffindung anhaften, blättern oft rasch ab, wenn Farbe und Marmor an der Luft austrocknen. Glücklicherweise hat aber Carl Haller von Hallerstein zu seinen Zeichnungen auch manchmal die von ihm an den Figuren beobachteten Farben notiert. So schreibt er zum Athenakopf aus dem Ostgiebel: „Man bemerkt noch hie und da an der Casque [Helm] Spuren einer himmelblauen Farbe." Ähnliches liest man zu einem anderen behelmten Kopf des Ostgiebels. Am Kopf des ‚Knappen' zeichnet Haller das Muster der ehemaligen Helmverzierung, soweit es durch Verwitterungsspuren sichtbar ist, sorgfältig auf (Abb. 289).[313] Auch Cockerell berichtet von seinen Beobachtungen der Farbspuren. Keiner der Ausgräber äußert auch nur ein einziges Wort der Überraschung darüber, dass ein griechischer Tempel und sein Figurenschmuck bemalt waren. Der Grund dürfte sein: Sie kannten die berühmte Publikation von John Stuart-Nicholas Revett, „The Antiquities of Athens", wo von der Farbigkeit antiker Bauten berichtet wurde, und sie waren mit Louis F. S. Fauvel, dem großen Kenner der Antiken Athens, befreundet, dem die antike Polychromie vertraut war.[314]

Auch Johann Martin von Wagner dürfte bei seinem Aufenthalt in Athen etwas davon erfahren haben. Auf jeden Fall führt er in seinem Bericht über die „Aeginetischen Bildwerke" ebenso selbstverständlich wie genau all die Stellen an, wo er an den Skulpturen noch Spuren von Farben sieht. Wagner war Bildhauer und Maler. Seine Farbbestimmungen sind für uns heute, nachdem die Farben verschwunden sind, enorm wichtig: „Die an diesen Figuren noch hier und da bemerklichen Farben sind r o t h und h i m m e l b l a u. Das Roth scheint aus einem dunkeln Zinnober oder einer dem Zinnober ähnlichen rothen Erde zu bestehen; die himmelblaue Farbe aber die gewöhnliche blaue Smalte zu seyn. Von andern Farben oder Farben-Nuancen, als Gelb, Grün u.s.w., ließ sich keine Spur an den Figuren entdecken, wohl aber an den Theilen der Architektur des Tempels … Vielleicht auch daß einige Farben dem Einfluße der Witterung und der Erdsäure weniger widerstanden, als die rothe und die blaue Farbe. Auch bey diesen bemerkt man, dass die erstere sich stärker und lebhafter als die andere

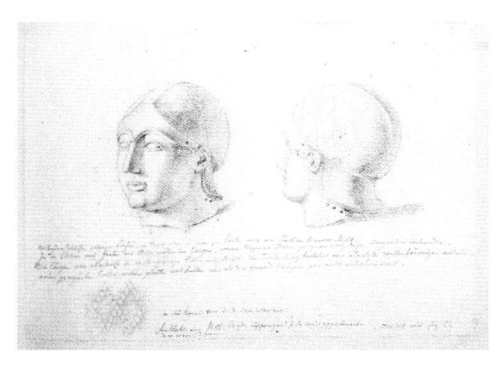

Abb. 289
Kopf des sog. Knappen (Ostgiebel IX), Zeichnung von Carl Haller von Hallerstein. Berlin, Kunstbibliothek.

Abb. 288
Gipsabguss des sog. Paris in gesprangtem Gewand und gefilzter Weste.

erhalten." Obwohl zu der Zeit, als Wagner seinen Bericht verfasste, die Figuren noch nicht zusammengesetzt und vor allem die Schilde meist noch in zahllose Fragmente zerschlagen waren, konnte er über deren ehemalige farbige Fassung ganz grundsätzlich bemerken: „Die Schilde sind durchgängig von ihrer innern Seite mit einer dunkelrothen Farbe angestrichen, welche mehr aus einer rothen Erde, als Zinnober zu bestehen scheint. Diese rothe Farbe bedeckt jedoch, wie bemerkt, nur die innere Höhlung des Schildes und einen Theil des Randes von der innern Seite, bis etwa einen Finger breit von dem äußersten Rande, wo eine eingeritzte Linie bemerkbar ist, die diese rothe Farbe abschneidet. An der äußeren Seite oder Wölbung ist bey den meisten gar keine Farbe mehr wahrzunehmen; nur bey einigen Bruchstücken von Schilden findet man deutliche Spuren jener himmelblauen Farbe auf der Oberfläche, jedoch auch nicht die ganze Außenseite einnehmend, sondern gleichfalls an einer auf der Oberfläche eingegrabenen Zirkellinie sich endigend."[315]

Wagner erkennt auch schon, dass der Farbauftrag auf der Marmoroberfläche Spuren hinterlassen hat. Er analysiert das Phänomen schon damals richtig und berichtet Ludwig: „An der Figur des sogenannten Persischen Bogenschützen [‚Paris'] entdeckte ich vor wenigen Tagen, dass Spuren von einer Art von Schuppen, mit welchen seine Jacke und Hose bemalt gewesen. Diese Schuppen, oder wie man es sonst nennen will, sind gleich der auf der Ägis der Minerva bemerkbaren Spur Schuppen, nicht in Farbe zu sehen, sondern wie ein gewisses Hell-Dunkel durch die Witterung in den Marmor selbst eingefressen, und daher bloß auf der Wetterseite der Figur sichtbar. Ich füge hier bloß mit wenigen Strichen eine Anzeige bei, sowohl von denen auf der Ägis bemerkbaren Schuppenformen, als auch jener, welche ich auf der Jacke des Bogenschützen bemerkt habe."[316] Weiterhin erschließt Wagner aus der unterschiedlichen Oberflächenverwitterung scharfsinnig, dass einige Farben besser, andere schlechter der Witterung widerstanden haben. Und er arbeitet auch schon mit dem Prinzip der Darstellungslogik. So heißt es zur Athena: „… unter den Füßen bemerkt man Sohlen, doch ohne Anzeige von Bändern und Riemen, welche sie an dem Fuße befestigten … ich vermuthe daher, dass diese Bänder farbig angegeben waren."[317] Es sind die ersten und für lange Zeit die besten Beobachtungen, die über die Polychromie griechischer Skulptur gemacht wurden.
Man ist erstaunt, wie begeistert der klassizistische Bildhauer von der Vorstellung war, dass einst Bauwerke und Tempel reich bemalt waren. Mit einem Seitenhieb auf die Antiquare und sog. Kunstkenner setzt er hinzu: „Es mag uns nach unserem heutigen Geschmack und neuern Ansichten wohl auffallend und sonderbar vorkommen, Statuen zu erblicken, welche bey ihrer vollkommenen Ausführung in Marmor auch noch zum Theil bemalt waren … Wir wundern uns über diesen scheinbar bizarren Geschmack, und beurtheilen ihn als eine barbarische Sitte, und ein Überbleibsel aus früheren roheren Zeiten … Hätten wir vorerst unsere Augen rein und vorurtheilsfrey und das Glück zugleich, einen dieser griechischen

Tempel in seiner ursprünglichen Vollkommenheit zu sehen, ich wette, wir würden unser voreiliges Urtheil gern wieder zurücknehmen, und preisen, was wir jetzt zu verdammen uns herausgenommen."[318]

Schon im Januar 1816 schlug Wagner dem Kronprinzen Ludwig vor, „dass es vielleicht nicht unzweckmäßig sein würde, in diesen nemlichen Sale der Äginetischen Figuren, an den beyden Seitenwänden, diese Figuren in Gips geformt" aufzustellen. „Und um das Ganze umso vollständiger und anschaulicher wiederzugeben, könnte man auch die beyden Frontone [Giebel] des Tempels, auf jeder Seite des Saales einen, nach seinen Maßen und Verhältnissen in Gibs und Stuk aufführen lassen. Dieses ließe sich schiklich über den beyden Seitenthüren anbringen. Auch würde ich sowohl dem Fronton selbst, wie auch den Figuren, ihre ursprünglichen Farben und Verzierungen wieder geben lassen."[319] Ludwig gefiel diese Idee. Er fand es interessant, dass noch Farbreste an den Ägineten vorhanden waren. Wagner wird mitgeteilt: „Mein Wille, daß, was von der Farbe übrig gelassen, bleibe, aber nicht frisch gefärbt werde, weder diese noch andere Teile derselben."[320] Da aber Klenze Wagners Forderung nach einem vergrößerten Äginetensaal ablehnte, konnte der Plan, neben den Originalen auch farbig gefasste Abgüsse der Ägineten aufzustellen, nicht verwirklicht werden. Leider: Denn solch ein Rekonstruktionsvorhaben hätte eine intensive Suche nach Farbresten erfordert und wohl – man befand sich noch am Beginn der Restaurierungsarbeiten – auch weitere Hinweise und Erkenntnisse gebracht. Erst viel später und in einer stark reduzierten Form, nämlich als kleines bemaltes Wandrelief mit Darstellung der Ostfassade des Tempels, hat Klenze die Idee Wagners umgesetzt (Abb. 290). Auch wenn Klenze stolz erklärte, wie „gewissenhaft" dieses Modell erstellt wurde, war die zeitgenössische Kritik von der Ausführung weniger begeistert. Es wirkte „bey der Undurchsichtigkeit der dazu angewandten Oelfarben etwas bunt und schwerfällig."[321]

Abb. 290
Kolorierte Fassade des Aphaiatempels. Aquarell von Yark, München, Stadtmuseum. Farbiges Relief von Daniel Ohlmüller (Farbgebung wohl nicht authentisch).

Ein anderer Punkt sei erwähnt: Aus den zeitgenössischen Quellen geht hervor, dass die Erkenntnis von der ehemaligen Farbigkeit griechischer Skulptur überraschend schnell und bereitwillig in den kunstinteressierten Kreisen aufgenommen wurde.[322] So erinnern sich zwar Besucher der Restaurierungswerkstatt in Rom, wie Louise Seidler und Friedrich Heinrich von der Hagen, an den Figuren „Spuren von Farbe" gesehen zu haben, dies erscheint ihnen aber keines Wortes der Verwunderung wert. Hagen notierte sich, als sei es eine Selbstverständlichkeit: „Der ganze Giebel war bemalt … das Giebelfeld blau und ebenso auch diese Bilder darin meist blau und roth: wie von allem noch Spuren sichtbar…" Auch Caroline von Humboldt berichtet darüber eher entzückt als erstaunt ihrem Mann: „Sie waren bemalt, Verzierungen daran vergoldet, und alles scheint auf höchste Eleganz und Schmuck Anspruch gemacht zu haben."[323] Selbst Johann Heinrich Meyer, der sich mit Goethe so viel über antike Kunst und auch über die Ägineten austauschte und ein großer Verehrer Johann Joachim Winckelmanns war, bemerkte 1824 in einem Brief an Goethe: „Ihre Arbeiten mit Farben zu schmücken, fanden sich die plastischen Künstler von den ältesten Zeiten her vielfältig angereizt, und Beispiele von bemalten Statuen und erhobenen [Reliefs] sind in solcher Menge vorhanden, dass es nicht nöthig ist, einige derselben besonders anzuführen". Meyer meinte jedoch, die Bemalung „vermag den Kunstwerth der Werke auf keine Weise zu erhöhen".[324] Da waren Ludwig und Klenze anderer Meinung.

Der polychromatische Sekretär

Schon 1818 schlug Klenze vor, im Giebel der Glyptotheksfassade die Repräsentanten aller Arten der Bildhauerkunst, wie Stein-, Holzbildhauer, Erzgießer usf. darzustellen. Unter ihnen ist auch der ‚Circumlitor', der Skulpturenbemaler, der Wachs bzw. Farbe auf den Marmor aufträgt. Wagner lieferte die Entwurfszeichnung, nach der später der Giebel ausgeführt wurde. Der ‚Circumlitor' wird dargestellt, wie er gerade eine der weiblichen Akroterfiguren des Westgiebels von Ägina bemalt (Abb. 291). Für Ludwig war Wagners Erkenntnis der ursprünglichen Farbigkeit antiker Architektur und Skulptur besonders interessant, da Friedrich Wilhelm Schelling aus dem Fehlen der Farbigkeit in der zeitgenössischen Architektur und Skulptur ein Zeichen ihres Verfalls erschloss. Schelling pries „die Herrlichkeit eines griechischen Tempels, die durch die Vereinigung und Zusammenwirkung von Form und Farbe entstand".[325] Das leuchtete Ludwig ein. Er wurde die treibende Kraft zur Wiederbelebung der farbig gefassten Architektur und versuchte auch, in seinen Repräsentationsbauten die verschiedenen Kunstgattungen wieder zu vereinigen. Schon 1822, also bevor Jakob Ignaz Hittdorff seine Vorstellungen zur griechischen Architektur-Polychromie publizierte, äußerte Ludwig den Gedanken, „einen polychromen Tempel im englischen Garten oder auf dem Gasteigberg erbauen zu lassen …"[326] Klenze war einer der

Abb. 291
Giebel der Glyptothek. Der Figurenbemaler, der eine Statuette im Typus einer äginetischen Akroterfigur fasst.

Ersten, der sich zur polychromen Architektur bekannte, und wohl der erste, der polychrome Architektur verwirklichte. 1836 war das kleine, farbig gefasste Rundtempelchen im Englischen Garten vollendet. Auf Wunsch Ludwigs wurde auch die Fassade des Nationaltheaters von Klenze farbig gefasst. Nicht ohne Witz titulierte sich Klenze dem König gegenüber als „Euer Majestät polychromatischer Sekretär".[327] Vieles, was damals der „polychromatische König" und sein Sekretär anstrebten, musste Stückwerk bleiben, denn es gelang nicht, trotz aller Forschungen und Versuche, ein Bindemittel zu entwickeln, das dem Münchner Wetter widerstand. Sehr schnell blätterte die Farbe wieder vom Stein ab. Wie aufregend Ludwigs und Klenzes Polychromiebestrebungen für die damalige Zeit waren, beweisen diesbezügliche zeitgenössische Äußerungen von Charles Robert Cockerell und vor allem von dem englischen Bildhauer John Gibson.[328] Er war ein großer Bewunderer der Glyptothek, deren farbige Innendekoration ihm „antik" schien.[329] Gibson verfolgte die archäologischen Forschungen zur antiken Polychromie. Er wurde bekannt, da er als Erster eine Marmorfigur vollständig ‚fasste'. Bei dieser berühmten ‚Tinted Venus' (Abb. 292) sind nicht nur Augen, Lippen, Haare und Gewand, sondern auch die Haut getönt. Er bediente sich dabei der Technik der Wachsmalerei, die aus der Antike überliefert ist. Die vollkommene Tönung der antiken Skulptur wurde schon damals von einem Teil der archäologischen Forschung vertreten. Andere Forscher glaubten, dass die Figuren nur teilweise bemalt waren. Eine Meinung, die auch heute von vielen vertreten wird. Für die 1847 vollendete Porträtstatue der Königin Viktoria wählte Gibson diese Lösung: Nur einige Gewandteile, Diadem usf., wurden von ihm farbig gefasst. Trotzdem war es kühn, gerade an einem Porträt der englischen Königin solch ein Experiment zu wagen. Ihr gefiel's. Die Aufnahme des Werkes beim Kunstpublikum war gemischt. Gibson, ein Schüler Canovas und Thorvaldsens und seit 1817 in Rom lebend, hatte zuvor nie eine Marmorfigur bemalt.

Sein ‚farbiges Damaskus' erlebte er in München, das er im Sommer 1846 besuchte. Er sah den gerade vollendeten Festsaalbau der Residenz, ein Werk Klenzes. Für Gibson „a man with a truly Greek soul".[330] Im sog. Ballsaal der Residenz sah Gibson lebensgroße Statuen (Karyatiden) „with the skin of very faint flesh colour, the hair gold, the eyes painted, tunic white, upper dress purple gray and ornaments at the edge of their draperies". Er bewunderte die dortigen Reliefs von Ludwig Schwanthaler, „… all painted, the ground blue, flesh colour skin and draperies all coloured but so delicate and harmonious is the effect of the whole, you have no idea". Unter dem Eindruck des in München Gesehenen bemalte Gibson, nach Rom zurückgekehrt, seine Statue der Königin Victoria. Von ihrer Färbung, das gilt für fast alle polychrom gefassten Werke des 19. Jahrhunderts, ist heute nur noch wenig zu sehen.

Noch weniger kann man die allgemeine Vorreiterrolle Münchens bei der Wiederentdeckung der ‚antiken' Polychromie erahnen: Der Festsaalbau wurde im Krieg schwer beschädigt. Was übrig blieb, fand in der Nachkriegszeit ästhetisch keine Gnade und wurde abgeräumt. Nur in der Walhalla sieht man, wie

Abb. 292
„Tinted Venus" von John Gibson (gefertigt 1851–56). Liverpool, Walker Art Gallery.

damals Figuren bemalt wurden und wie sie vor farbigen Wänden wirken (Abb. 293). John Gibson, dessen Augen, wie er sagte, keine unbemalten Figuren mehr sehen wollten, steht noch heute als Nischenfigur in der Ostfassade der Glyptothek (Abb. 294). Er schmückt die Glyptothek, deren Hauptwerk, die Ägineten, die Diskussion über die Farbigkeit griechischer Skulptur mit ausgelöst und jahrzehntelang befeuert hat. Die lang erwartete große Münchner Publikation der Ägineten kam nicht heraus: Wagner war in Rom. Gegen ihn, den Bärbeißigen, wagte es keiner, und mit ihm hatte offensichtlich niemand Lust, nicht einmal der geschmeidige Klenze.

Abb. 293
Blick in die Walhalla mit farbig gefassten Figuren von Ludwig Schwanthaler, vor 1842.

Farbphantasien

Dagegen erschienen von Abel Blouet, Jakob Ignaz Hittorff (1846) und von Charles Robert Cockerell in seiner großen Publikation des Tempels farbige Rekonstruktionen der Giebel (Abb. 295 und 296). Später kamen noch farbige Entwürfe von Charles Garnier und L. Fenger hinzu (Abb. 297 und 298). Man orientierte sich dabei zum Teil an den beobachteten Farbresten: Giebelrückwand blau; die Schilde innen rot, außen meist blau. Fenger und Garnier tönten auch die Haut der Krieger braun. Dafür gab es an den Ägineten keine gesicherten Befunde. Die Hautfärbung widersprach sogar dem, was Wagner beobachtet hatte.

Aber solch wissenschaftlichen Ansatz verfolgte man zu dieser Zeit nicht. Es war damals die große Zeit der Polychromietheorien. J. I. Hittorff hat mit seinem Erstlingswerk „Tempio di Empedocle" den Anstoß gegeben. Die Arbeit „entbehrte

Abb. 294
Porträtstatue des John Gibson (1790–1866). Ostfassade der Glyptothek.

Abb. 295
Farbrekonstruktion des Westgiebels von Abel Blouet (1838).

Abb. 296
Charles Robert Cockerell. Farbrekonstruktion des Tempels von Ägina (1860).

allerdings", wie der bekannte Bauforscher Manolis Korres schreibt, „jeder fundierten Kenntnis. Sie war vielmehr allein aus dem Wunsch entstanden, eine eindrucksvolle Neuentdeckung zu präsentieren..."[331] Das sollte in der Polychromieforschung zur Tradition werden. Es entstanden jetzt zahlreiche, höchst eindrucksvolle Farbrekonstruktionen der verschiedensten antiken Bauten. Die Académie de France in Rom vergab seit 1845 Reisestipendien zur Erforschung antiker Architektur. Dass die Stipendiaten das Bauwerk architektonisch richtig erfassten, war nur eines der Ziele. Der wirkliche Reiz ihrer Rekonstruktionen lag darin, die Architektur zu beleben: mit Monumenten, Bauplastik, Ornamenten und vor allem mit Farbe. Nicht penible Beobachtung von Farbresten, wie sie Haller und Wagner durchgeführt hatten, sondern Phantasie und Farbgeschmack waren gefragt. Die Kreativität ging so weit, dass man das Innere des Parthenon mit den Giebelfiguren von Ägina schmückte (Abb. 299). „Solche Entwürfe haben den wissenschaftlichen Zugang zur Polychromie eher behindert als gefördert", wie zu Recht schon festgestellt wurde.[332]

Abb. 297
Farbrekonstruktion des Westgiebels von Charles Garnier (1884).

Abb. 298
Farbrekonstruktion des Westgiebels von L. Fenger (1886).

Abb. 299
Benoit Loviot, Rekonstruktion des Querschnitts durch den Parthenon.

Man muss sich fragen, warum in dieser Zeit ein so großes Interesse an der polychromen Architektur erwacht ist, während am Anfang des 19. Jahrhunderts, als man viele Farbreste an antiken Bauten entdeckte, mit Ausnahme des Münchner Stuckreliefs keine einzige zusammenhängende farbige Rekonstruktion (vgl. Abb. 290) entstanden war. M. Korres hat darauf schon eine Antwort gegeben.[333] Sie ist ebenso einfach wie überzeugend: Es war nicht der „Zeitgeist", den man so gern bemüht, wenn man keine bündige Erklärung hat, sondern es war die technische Erfindung und Weiterentwicklung der Chromlithographie. Damit wurde es zum ersten Mal möglich, farbige Illustrationen in großer Zahl herzustellen. Jetzt konnten die Architekten ihre Theorien, Phantasien und auch künstlerischen Fähigkeiten in ansprechenden farbigen Bildern bekannt machen. Dass sie dabei wenig über die Antike, aber viel über die eigene Zeit aussagten, bemerkt man natürlich erst später so deutlich.

Auch Georg Treu, Direktor der Dresdner Antikensammlung, hat sich bei seinen farbigen ‚Rekonstruktionen' antiker Skulpturen nicht an Befunden orientiert (Abb. 300). Er, ein glühender Verfechter der Theorie von der vollkommenen Fassung antiker Skulptur, ließ von Künstlern Gipsabgüsse bemalen, auch wenn an den betreffenden Marmororiginalen nicht einmal ein Körnchen eines Farbpigmentes erhalten war. Die Maler mussten sich, unter Treus Anleitung, in der Tönung an farbig gefassten antiken Terrakotten bzw. an den Farbresten, die man auf anderen antiken Skulpturen festgestellt hatte, orientieren. In einem Wort: Treus Farbfassungen sind keine Rekonstruktionen, sondern freie künstlerische Erfindungen, die natürlich, aus dem heutigen zeitlichen Abstand, den Kunstgeschmack und das Farbgefühl ihrer Entstehungszeit deutlich offenbaren (Abb. 301). Andererseits ist man erstaunt, wie diese sicherlich routinierten, aber keineswegs bedeutenden Maler des 19. Jahrhunderts dem stumpfen Gips durch geschickte Kolorierung viel an lebendigem Reiz verleihen konnten (Abb. 302). Diese künstlerische Qualität fehlt den in den letzten Jahrzehnten geschaffenen Farbrekonstruktionen, sie sollen eher ‚wissenschaftliche' Dokumentationen sein. Treu verstand sich, wie heute kaum ein Archäologe, als Wissenschaftler und Künstler in einer Person. Er plädierte in seiner Schrift „Sollen wir unsere Statuen bemalen?" vehement für eine Farbigkeit der modernen Plastik. Deshalb ver-

Abb. 300
Bildnis des Georg Treu, von Leon Pohle (1901). Dresden, Staatliche Kunstsammlungen.

Abb. 301
Aphrodite, römische Kopie nach einem griechischen Original (4. Jh. v. Chr.), Gipsabguss, bemalt von Robert Diez (1883). Dresden, Staatliche Kunstsammlungen.

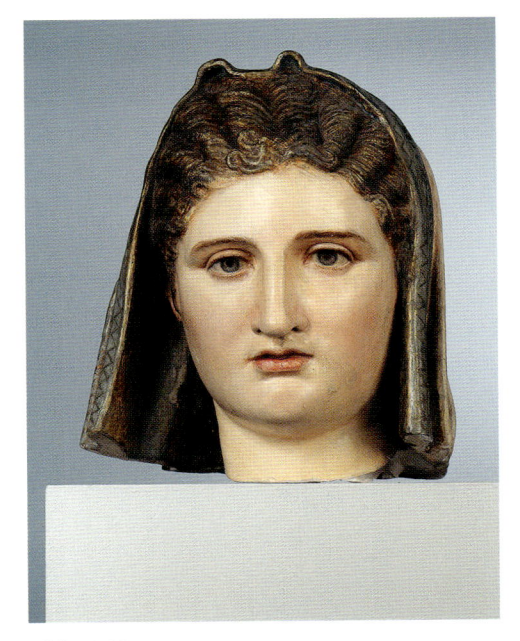

Abb. 302
Kopf der Statue der Großen Herkulanerin, Dresden Albertinum, Gipsabguss mit Fassung aus Wachsfarben von Ludwig Otto, 1884.

anstaltete er Ausstellungen, wo neben seinen künstlerischen farbigen ‚Rekonstruktionen' antiker Skulpturen auch farbige Bildwerke zeitgenössischer Künstler ausgestellt waren. Der Beliebigkeit seiner ‚Farbrekonstruktionen' war sich Treu bewusst: „Je mehr man sich aber der notgedrungenen Unzulänglichkeit solcher Experimente bewusst bleibt ... umso dankbarer wird man den Künstlern sein müssen, welche den Mut und Selbstverleugnung genug besessen haben, um dergleichen Restaurationsversuche für die Dresdner Abgusssammlung zu wagen ... Dass ein solcher Versuch an großen und populären Kunstwerken den einen eine Torheit und den anderen ein Ärgernis sein wird, weiß ich. Aber das Abenteuer, so gefährlich es ist, muss einmal gewagt werden, wenn unsere Vorstellungen von der antiken Polychromie nicht anschauungsleeres theoretisches Gerede bleiben sollen."[334]

Neue Funde – neue Erkenntnisse

In den Jahrzehnten, als Treu seine phantasievollen Farbrekonstruktionen herstellte, kamen bei Grabungen auf der Akropolis (1885–1891) eine Fülle archaischer Skulpturen, darunter etwa 50 gewandete Mädchenstatuen, sog. Koren, zu Tage, von denen viele noch deutliche Spuren der ursprünglichen Bemalung zeigten. Die Farben hatten sich deshalb so gut erhalten, weil die Skulpturen nur wenige Jahrzehnte aufgestellt gewesen waren. Denn schon 480 v. Chr., bei der Eroberung Athens durch die Perser, wurden die Kunstwerke umgestürzt und anschließend im Zuge des Wiederaufbaus der Tempel auf der Akropolis vergraben. Durch diese Neufunde wurde die Bedeutung der Ägineten für die Frage nach der Farbigkeit frühgriechischer Skulptur sehr gering.[335] Das lag natürlich auch daran, dass damals schon viel von den ehemaligen Farbresten verloren gegangen war. Das gleiche Problem stellte sich bald auch den Archäologen auf der Akropolis. Da ein effektives Konservieren der Bemalung nicht durchgeführt wurde bzw. nicht möglich schien, verblassten die Farbpigmente in erstaunlich kurzer Zeit oder blätterten ab.[336] Glücklicherweise gab die Griechische Archäologische Gesellschaft dem erfahrenen Zeichner Louis Emile Gilliéron (1852–1924) den Auftrag, die Bemalung in Aquarellzeichnungen festzuhalten. Diese Aquarelle wurden für die archäologische Wissenschaft zu den wichtigsten Zeugnissen für die Farbgebung archaischer Skulptur.

Leider war es damals auch bei größtem Kostenaufwand kaum möglich, die Bilder farbgetreu zu drucken (Abb. 303). So konnte weiterhin nur am Original der richtige Ton der Färbung erkannt werden. Gilliérons Aquarelle gaben die Skulpturen und ihre Bemalung in stark verkleinertem Maßstab wieder. Ein Manko, das der deutsche Archäologe Wilhelm Lermann vermied, indem er die farbigen Ornamente auf der Kleidung der Koren zwar nur ausschnittweise, aber „in ihrer natürlichen Größe" zeichnete bzw. zeichnen ließ (Abb. 304 und 305).[337] Die perfekt erhaltenen originalen Blätter wurden vor wenigen Jahren von seinem Enkel,

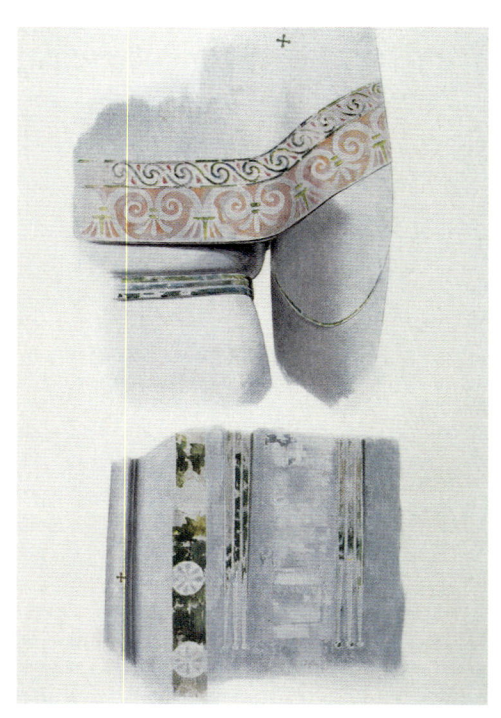

Abb. 303
Gewandbemalung der sog. Peploskore (um 520 v. Chr. Athen, Akropolis). Gezeichnet von Louis Emile Gilliéron (1887).

Abb. 304
Ornamentzeichnung der Kore Akropolis 679, sog. Peploskore, von Wilhelm Lermann (Original). Antikensammlungen.

Abb. 305
Ornamentzeichnung der Kore Akropolis 675, sog. Chioskore, von Wilhelm Lermann (Original). Antikensammlungen.

Peter Lermann, in großzügiger und höchst dankenswerter Weise der Glyptothek geschenkt. Vergleicht man die Farbtönung auf diesen Originalen mit Druckwiedergaben in heutigen wissenschaftlichen Büchern, die aus Lermanns Publikation reproduziert wurden, sind die Unterschiede in der Farbstimmung beträchtlich.[338] Es ist also Vorsicht geboten, anhand solcher heute gedruckten Bilder die damals an den Originalen beobachtete Farbgebung, die inzwischen weitgehend verloren ist, zu beurteilen. Lermann befasst sich in seinem Buch „Altgriechische Plastik" (1907), das mit zwanzig Farblithotafeln geradezu verschwenderisch ausgestattet ist, intensiv und ausführlich mit der Polychromie antiker Skulptur. Im Vorwort bemerkt er dazu: „… so kann heute die Frage nach der Vielfarbigkeit der Antike als prinzipiell entschieden gelten und der Einwand, die Farbe störe die Form und beschränke ihre Wirkung, ist für uns völlig hinfällig geworden."[339] Das entsprach der Meinung Adolf Furtwänglers, der wenige Jahre zuvor seine bahnbrechenden Erkenntnisse zur Komposition der Äginetengiebel von dem Bildhauer Karl Baur in kleinen Modellen (Maßstab 1:5) hatte darstellen und diese auch farbig fassen lassen. Da er diese Modelle im Äginetensaal aufstellen und in Farblithographien drucken ließ, wurde die ehemalige Bemalung der Ägineten auch einem breiten Publikum bekannt (Abb. 306 und 307). Furtwänglers Rekonstruktionen basieren vor allem auf den Farben Rot und Blau: Sie waren in früheren Berichten an bestimmten Stellen als vorhanden angegeben oder konnten damals von ihm noch beobachtet werden. Furtwängler schloss nicht grundsätzlich aus, dass auch andere Farben wie Gelb und Grün ehemals vorhanden gewesen sein könnten, doch spielten diese nach seiner Meinung in

Abb. 306 (oben)
Farbrekonstruktion des Ostgiebels von
Adolf Furtwängler (1906).

Abb. 307 (Mitte)
Farbrekonstruktion des Westgiebels von
Adolf Furtwängler (1906).

Abb. 308 (unten)
Farbrekonstruktion des Westgiebels des
Tempels von Ägina, nach Furtwängler,
Modell von K. Baur, Zürich, Archäologische Sammlung der Universität.

Abb. 309
Koloriertes Modell des sog. Paris, nach dem Vorbild von Garnier (nach 1884), Privatbesitz.

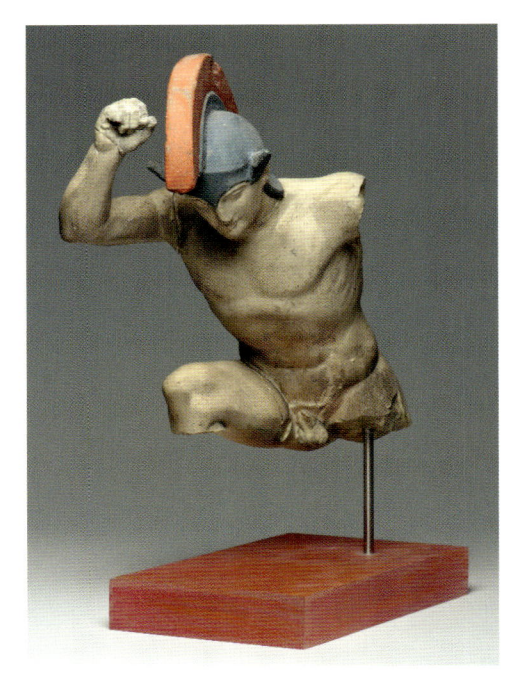

Abb. 310
Fragmentiertes koloriertes Modell des sog. Stechers aus dem Westgiebel, vereinfachte Ausführung nach Furtwängler (um 1910), Privatbesitz.

der archaischen Skulptur „nur eine ganz untergeordnete Rolle".[340] Für „einige Verzierungen auf blauem Grunde" verwendete er Gold, zum Beispiel bei dem Helm des Stechers (Abb. 307, 2. Figur von links). Bei der Dekoration der Schilde und auch bei manch anderen Details orientierte er sich an etwa gleichzeitigen attischen Vasenbildern.

Es verwundert, dass der sonst so scharf beobachtende Furtwängler, das Verwitterungsrelief auf den Schilden nicht sah und zum ‚Paris' schrieb: „Cockerell und Hittorf glaubten Schuppen zu erkennen; jetzt ist nichts mehr zu sehen."[341] Offensichtlich waren schon seinerzeit die Oberflächen der Ägineten so verschmutzt, dass die Verwitterungsreliefs, die Wagner gut beobachtet hatte, nicht mehr sichtbar blieben. Eine Reinigung vermied man, um dabei nicht von den Ergänzungen die künstliche Patina abzunehmen. Die Vorstellung von der antiken Farbigkeit erregte auch bei Furtwängler, wie bei so vielen anderen Archäologen, eine große Begeisterung: „Wie unendlich wichtig aber die Farbe am antiken Tempel und seinem plastischen Schmuck ist, das empfindet wohl ein jeder, wenn er von dem rekonstruierten farbigen Bilde zu dem farblosen zurückkehrt. Man hat gar keinen Begriff von der leuchtenden frohen Schönheit altgriechischer Kunst, wenn man ihren Farbenschmuck nicht kennt."[342]

Zu dieser Zeit kamen kolorierte Abgüsse bzw. Modelle von Antiken geradezu in Mode und wurden von Gipsformereien angeboten.[343] Auch Äginetenmodelle wurden reproduziert: in aufwendigen und vereinfachten Fassungen (Abb. 308, 309 und 310). Mit kolorierten Gipsabgüssen schmückte auch Franz von Stuck sein prachtvolles Heim (Abb. 311). Erstaunlicherweise sind an diesen kolorierten Abgüssen, darunter auch einige Ägineten, die Farben zum großen Teil schon wieder verschwunden.

In der Zeit nach dem Ersten Weltkrieg und bis Anfang der 70er-Jahre des 20. Jahrhunderts gab es kaum Publikationen von farbigen Rekonstruktionen antiker Kunst. Dieses Phänomen bedarf einer Erklärung: Man vermutete politisch motivierte oder auch „ideologisch-ästhetische Beweggründe", die eine Auseinandersetzung mit der antiken Polychromie verhindert hätten.[344] Das Wissen von der antiken Farbigkeit wurde, wie es einmal heißt, durch den „Verlust des Humanen in den humanistischen Wissenschaften", durch das „humanistische Trauma", das „mit dem Völkermord an den Hereros" (1904) begann, im Laufe der ersten Hälfte des 20. Jahrhunderts bewusst ausgeblendet.[345] Solche Worte klingen.

Aber die Erklärung für das Phänomen, dass in diesen Jahrzehnten keine Bilder mehr von farbigen Antiken gedruckt wurden, ist viel einfacher. Eine neue Reproduktionstechnik hatte ihren Siegeszug angetreten: die Fotografie. Und sie war damals nur schwarz-weiß. Die Glasnegative, mit denen 1906/07 die archaischen Skulpturen von der Akropolis aufgenommen wurden, maßen bis zu 50 x 60 cm. Da musste der Fotograf vom Negativ nicht vergrößern. Es genügte ein Kontaktabzug für scharfe und plastische Bilder. Dagegen kam der Farblithodruck, der immer eine künstlerische Umsetzung erforderte und somit ungenau und subjektiv sein musste, nicht mehr an.[346] Und zudem war er auch teuer.

Abb. 311
Musikraum der Villa Stuck mit dem kolorierten Abguss der Artemis aus Pompeji. München.

Dieses Problem betraf natürlich nicht nur die Archäologie: Alle Fotos, ob nun von Bildern Raffaels oder den Impressionisten, wurden zu dieser Zeit lediglich schwarz-weiß publiziert. Und so erschien 1909 eine Studie über die Bemalung der Münchner Paramythionstele ebenso in Schwarz-Weiß gedruckt wie die 1960 von Christian Wolters an derselben Grabstele mit modernster technischer Methode durchgeführte Farbuntersuchung: Man konnte es nicht anders.

Da die Farbigkeit nur noch schwer bildlich darstellbar war, musste sie mit Worten gerühmt werden. Gerade in archäologischen Büchern, die sich an ein Publikum außerhalb der Fachwelt wenden, wird sie in dieser Zeit von den Archäologen besonders betont. Man lese nur die noch heute interessanten Ausführungen von Ernst Langlotz in seinem mit Walter Herwig Schuchhardt verfassten Werk über die „Archaische Plastik auf der Akropolis" (1941). Das Buch

Abb. 312
Grabstele der Paramythion,
um 370 v. Chr. Glyptothek.

versucht, wie es heißt, „einem weiteren Kreis für griechische Plastik empfänglicher Menschen einige Wesenszüge archaischer Kunst zu umreißen", und dazu gehörte auch, wie Langlotz betont, die Farbigkeit. Ebenso schreibt Ernst Buschor in seinem Aufsatz „Zur griechischen Plastik" (1943) über die archaische „plastische Form. Sie kann nicht verstanden werden ohne das Mitwirken der kräftigbunten Bemalung auf Augen, Lippen, Haaren, Gewändern".[347] In seiner „Kulturgeschichte der Neuzeit", die 1928 erschien, sofort ein großer Erfolg war und, trotz des Verbots in der Nazi-Zeit, schon 1954 in der 32. Auflage gedruckt werden konnte, schwärmt Egon Friedell von der Buntheit antiker Architektur und Skulptur. Er spottet über die „m o d e r n e B a r b a r e i, Holz und Stein unbemalt zu lassen" und setzt hinzu: „Der ‚griechische Kopf' mit der bleichen Gipswange, ohne Augenstern, ohne Blick in die Welt ist das sprechendste Symbol des neudeutschen Humanismus."[348]

Für wie wertvoll in den Jahrzehnten, die angeblich das Wissen von der antiken Farbigkeit ausgeblendet haben sollen, ‚farbige' Rekonstruktionen erachtet wurden, kann an vielen Beispielen aus der ‚Geschichte' der Glyptothek gezeigt werden. Drei Fakten seien angeführt:

In dem „Illustrierten Führer der Glyptothek" (von 1922) wird, was man heute wohl kaum wagen würde, nicht die originale marmorne Paramythionstele (Abb. 312), sondern nur die Rekonstruktionszeichnung der Bemalung abgebildet – natürlich in Schwarz-Weiß.

Zum anderen erfährt man aus dem Glyptotheksarchiv: Vom Bayerischen Staatsministerium für Unterricht und Kultus wird am 10.12.1932 „in jederzeit widerruflicher Weise genehmigt", dass die „von Dr. Furtwängler" (1907 verstorben) in großer Auflage „aus eigenen Mitteln beschafften, in Buntdruck hergestellten Tafeln zu Gunsten der Witwe des Genannten verkauft" werden dürften (vgl. Abb. 306 und 307).[349] Denn seit über 25 Jahren war der Verkauf der Buntdrucke von Furtwänglers Rekonstruktionen ein willkommenes und von der Direktion der Sammlungen gefördertes Zubrot für Adelheid Furtwängler, die aufgrund des frühen Todes ihres Mannes eine relativ geringe Rente bekam. Für diese Drucke scheint es also einen breiten Abnehmerkreis gegeben zu haben. Zudem ist bedenkenswert, dass schon 1906, als Furtwänglers „Aegina" erschien, Buntdrucke so teuer waren, dass die Kosten von der Bayerischen Akademie der Wissenschaften, die den Druck des Buches zahlte, nicht übernommen wurden. So hat sie A. Furtwängler, dem die Farbforschung am Herzen lag, aus eigenen Mitteln finanziert. Schließlich steht fest: Um sie vor Kriegszerstörung zu schützen, hat Hans Diepolder, damaliger Direktor der Glyptothek, die farbigen Giebelrekonstruktionen abbauen und auslagern lassen. Leider in das vermeintlich sichere Untergeschoss der Neuen Pinakothek. Dort gingen sie zugrunde. Diepolders Engagement für farbige Gipse ist besonders erstaunlich, wenn man weiß, dass er Mitherausgeber der großen Edition der Winckelmannbriefe war.[350] Damit ist klar, dass vieles, was jüngst über das Desinteresse der damaligen Zeit an der antiken Farbigkeit geschrieben wurde, nicht zutrifft.

Die Farbverwitterung wird wiederentdeckt

Als die Ägineten nach dem Krieg gereinigt wurden und Dieter Ohly sie in den 60er-Jahren von den Ergänzungen befreien ließ, entdeckte man zahlreiche Farbverwitterungsspuren, die zur Zeit Furtwänglers nicht sichtbar gewesen waren: das Schuppenfell der Athena, am Gewand des ‚Paris' die lanzettförmigen ‚Schuppen', die Borten usf. Auf einigen Schilden erkannte man die ehemals dargestellten figürlichen Schildzeichen. Dieter Ohly hat dies alles sorgfältig untersucht und Rekonstruktionen selbst gezeichnet oder zeichnen lassen (Abb. 313).

Zur Beobachtung des Verwitterungsreliefs bedarf es oft keiner großen Technik: An vielen Figuren ist das Relief so offensichtlich, dass man es bei Naturlicht mit bloßem Auge gut sehen kann. Im Streiflicht wird es noch deutlicher. Dem hat das Museum bei der Neuaufstellung Rechnung getragen und zum Beispiel den Eberschild so vor dem Fenster aufgestellt, dass wirklich jeder die Umrisse des ehemals aufgemalten Ebers erkennen kann (Abb. 314). Die Wirkung des Streiflichts kann bei Dunkelheit mit dem Strahl einer Taschenlampe oder einer anderen künstlichen Lichtquelle noch gesteigert werden.

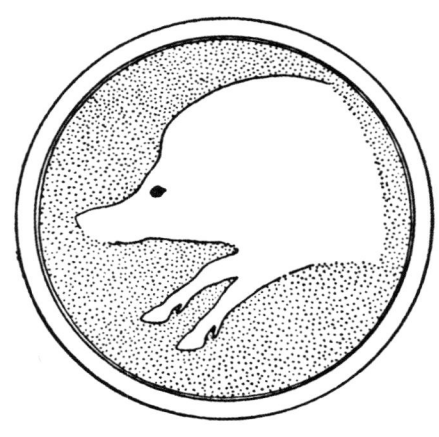

Abb. 313
Zeichnung eines Marmorschildes mit Darstellung eines Ebers, Westgiebel.

Abb. 314
Schild eines Kriegers vom Westgiebel (III oder X), mit aufgemaltem Eber als Schildzeichen.

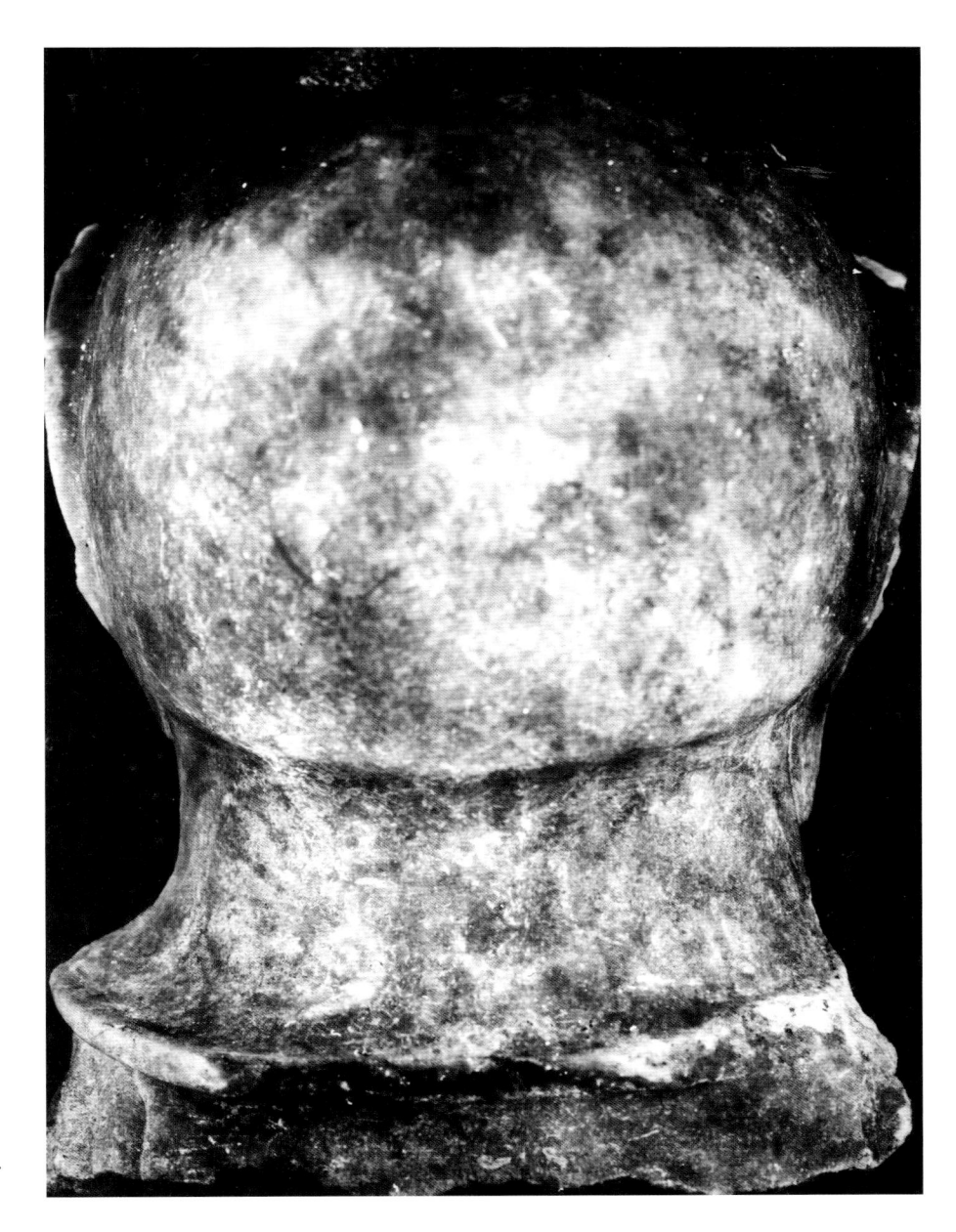

Abb. 315
Athena vom Ostgiebel (I), Bemalungsspuren auf dem Nackenschutz des Helms. Panchromatische Aufnahme.

Auch die neue Technik der UV-Fotografie wurde schon früh zur Erforschung der Farbigkeit der Ägineten angewandt. Bereits 1960 hat Christian Wolters (Doerner-Institut der Bayerischen Staatsgemäldesammlungen) mehrere Bildwerke der Glyptothek mit dieser neuen Methode untersucht und beste Ergebnisse erzielt. Das Phänomen der UV-Fotografie ist nicht ganz so leicht verständlich: Offensichtlich lagern sich in einer nur geringfügig verwitterten Marmoroberfläche Mikroorganismen und Erdrückstände ein, und diese fluoreszieren im UV-Licht, sodass sich je nach Beschaffenheit der Steinoberfläche unterschiedliche Grauwerte ergeben. Der Effekt ist selbst bei hartem Streiflicht schwer zu erkennen. Mit den UV-Fotos stellte man beispielsweise fest, wie detailliert der Helm der Athena des Ostgiebels bemalt war (Abb. 315).

Auch wenn die Verwitterungsreliefs an manchen Ägineten so eindeutig zu sehen sind, wirft ihre Erklärung oft Probleme auf. Eines scheint jedoch festzustehen: Die rauen, ‚verwitterten' Flächen entstanden nicht durch ein aggressives Bindemittel bzw. Pigment, das die Marmoroberfläche angriff. Denn dies hätte ja zur Folge, dass die Figuren auf allen Seiten ein relativ ähnliches Verwitterungsrelief tragen. Das ist nicht der Fall. Im Gegenteil: Geschützte Partien der Figuren, wie die dem Hintergrund zugewandte Seite oder die Füße, zeigen häufig kein Verwitterungsrelief. Diese und manch andere Beobachtungen sprechen für die schon oft geäußerte Vermutung, dass das Verwitterungsrelief vor allem durch den Regen und andere Umwelteinflüsse entstanden ist, denen die Skulpturen im Giebel ausgesetzt waren: Der Regen hat die nicht so haltbaren Farben frühzeitig abgewaschen und dort, wie auch an allen Stellen, wo die Figuren nicht oder nur schwach getönt waren, die Marmoroberfläche angegriffen. Das bedeutet, dass die Statuen wohl schon im Altertum an ihrer Vorderseite die Bemalung teilweise verloren hatten. Als sie dann aus dem Giebel stürzten, sind ihre Fragmente je nach Sturzlage auch an ehemals geschützten Partien einer intensiven Verwitterung ausgesetzt gewesen.

Die Farben Rot und Blau waren bei der Auffindung die am häufigsten an den Figuren erhaltenen Farben und sind es bis heute geblieben.[351] Die Dominanz von Rot und Blau in Furtwänglers Rekonstruktionen hat jedenfalls ihren Sinn. Es bleibt nur die Frage, welche anderen Farben noch verwendet wurden, und in welchem Umfang dies geschah.

Bunte Götter

Die durch die Verwitterung so eindeutig sichtbare netzartige Verzierung des Helmes eines Kriegers des Ostgiebels (sog. Knappe) gab den Anstoß (vgl. Abb. 341 und 342), zum ersten Mal seit Furtwängler eine farbige Rekonstruktion zu wagen. Das war vor genau 25 Jahren für einen Film des Bayerischen Rundfunks, in dem ich die Ägineten zu erklären versuchte.[352] Das Ephemere eines Fernsehfilms ließ bei mir die wissenschaftlichen Bedenken über den Mangel sicherer Hinweise in den Hintergrund treten: Fest standen das Grundmuster des Helmes, daneben die Bemalung der Lippen und der Augen, da diese Partien des Marmors unverwittert sind und folglich von Farbe geschützt waren. Anders als bei Furtwängler wurde der Helm mehrfarbig gemustert.[353] Auch wenn die Dekoration, wie beispielsweise auf den Helmklappen, und auch die Farbwahl zum größten Teil der Phantasie entsprangen, erschien mir dieses Experiment sinnvoll, um den Betrachter darauf hinzuweisen, dass die griechische Skulptur einst bemalt gewesen war (Abb. 316 und 317). Der Kopf diente mir deshalb bei Führungen als Anschauungshilfe bei der Darstellung der verlorenen Farbigkeit der Ägineten (Abb. 318).[354] In den 80er/90er-Jahren hat Vinzenz Brinkmann im Rahmen einer größeren Untersuchung zur Polychromie archaischer Skulptur nicht nur in der

Abb. 316 und 317
Rekonstruktionsversuch der ursprünglichen Bemalung des sog. Knappen (Ostgiebel IX). 1986.

Abb. 318
Prinz Charles besucht die Glyptothek, 20.11.1995.

Glyptothek, sondern in verschiedenen Museen, vor allem auch im Athener Akropolismuseum, die Reste der farbigen Fassungen antiker Skulpturen untersucht. Dabei gelang es ihm unter Einsatz moderner Techniken und mit viel Geschick, zahlreiche hervorragende Streiflichtaufnahmen und auch perfekte UV-Fotos zu machen. Aufgrund der vielen dabei gewonnenen Beobachtungen konnte er folgendes Fazit ziehen:

„Das Studium der erhaltenen Farbreste an archaischer Plastik hat ergeben, dass die einzelnen Farben unterschiedlich lange den Witterungseinflüssen standhielten, weshalb man noch heute die Spuren entdecken kann, welche die ursprünglichen Ornamente preisgeben. Das bedeutet aber auch im Umkehrschluss, dass sich am Grad der Verwitterung bestimmte Farben erkennen lassen, die ursprünglich diesen Bereich der Marmorskulptur bedeckt haben. Die aufgerissenen, stark verwitterten Partien (auf den Fluoreszenzaufnahmen meist sehr dunkel) weisen auf Ockerfarben [gelb-braun] hin, hellere Oberflächenbereiche auf Malachit [grün], noch hellere auf Azurit [blau] und die hellsten, intaktesten Oberflächen auf Zinnober [rot]."[355] Dies wird von ihm anderenorts noch ausführlicher erläutert: „Nach den vergleichenden Beobachtungen, zum Beispiel an den Mädchenfiguren der Akropolis, die ja noch reiche Farbspuren aufweisen, lässt sich eine Rangfolge der Farben in der Haltbarkeit erkennen. Ockerfarben verflüchtigen sich als erste, wobei sie offenbar aggressiv mit der Marmoroberfläche reagieren, sodass diese dann von der Witterung besonders stark angegriffen werden kann. Die Kupferkarbonate Azurit und Malachit sind weitaus stabiler, sie liegen wie ein schützender Film auf dem Marmor, allein das Bindemittel schafft die Verbindung zwischen Steinoberfläche und Pigment. Am haltbarsten ist Zinnober, das feine Pigment dringt in die Poren des Marmors ein und ist häufig heute noch als Verrieb sichtbar. Diese Abfolge erklärt auch, warum die Ägineten kurz nach ihrer Auffindung nur noch Spuren von Rot und Blau aufwiesen. Da die einzelnen Farben in gewissen zeitlichen Abständen von der Witterung zerstört werden, bildet sich das verschiedenfarbige Muster in einem Verwitterungsrelief ab. Ockerfarbene Partien sind tiefer verwittert als grüne oder blaue, und bei ursprünglich zinnoberrot gefassten Flächen ist der Marmor fast unversehrt."[356]

Aufgrund dieser Beobachtungen schien es möglich, die Figur des sog. Paris, bei dem die Verwitterungsspuren so eindeutig und zahlreich vorhanden sind, zumindest teilweise zu rekonstruieren. Da an dieser Figur nicht die geringsten Farbreste vorhanden sind und auch von keinen ehemals erhaltenen Farbresten berichtet wird, musste sich die Rekonstruktion auf die von Brinkmann erstellten UV-Fluoreszenzbilder und auf Beobachtungen mit UV-Licht bzw. Streiflicht stützen. Solch ein Experiment durchzuführen, faszinierte mich: Ein Abguss aus Gussmarmor (Mischung aus Polyester und Marmorstaub) wurde hergestellt, das

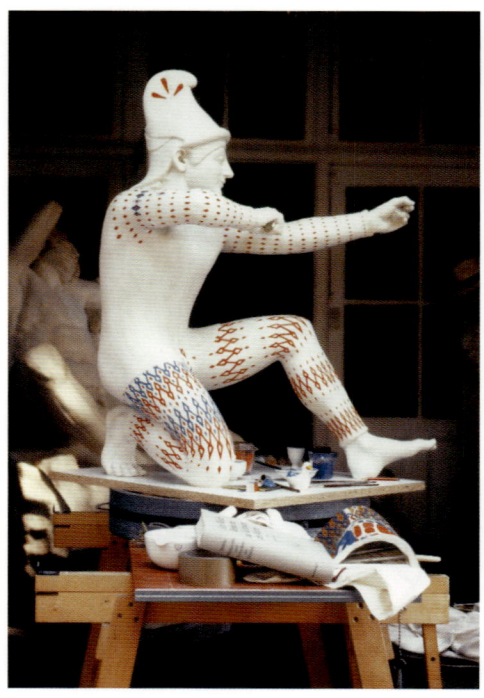

Abb. 319 und 320
Der ‚Paris' wird bunt. 1990.

Abb. 321
Ausschnitt einer Jacke der Modefirma ‚Missoni', um 1990.

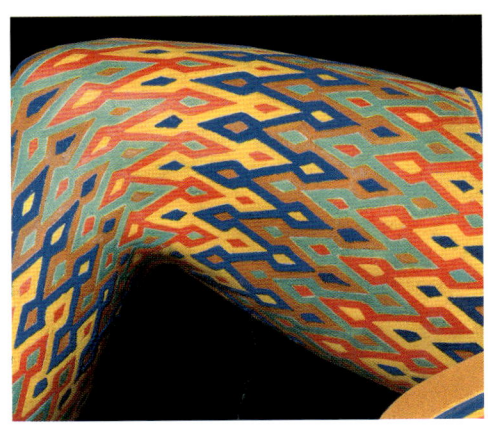

Abb. 322
Ausschnitt der Hose des ‚Paris', linker Oberschenkel, 1990.

eigene Wohnzimmer zum Atelier umgewidmet und es wurden von der Glyptothek finanzielle Mittel bereitgestellt, um Ulrike Koch-Brinkmann, die Bemalerin des ‚Paris', für die zeitaufwendige Tätigkeit zu entschädigen (Abb. 319, 320). Auch diese farbige Rekonstruktion diente als Thema für einen Film.[357] Das erklärt den von mir gewählten, zwar nicht zutreffenden, aber dafür etwas reißerisch klingenden Titel „Bunte Götter", der später auch zum Titel der verschiedenen Ausstellungen und ihrer Kataloge wurde. Natürlich musste man sich bei der Ausführung solch einer Rekonstruktion nicht selten auf Analogieschlüsse und Hypothesen stützen. Bei manchen Fragen nützte keine Diskussion: Einer musste entscheiden, musste im wörtlichen Sinn „Farbe bekennen". Das war Vinzenz Brinkmann. Im Laufe der „Bemalung" wurde offensichtlich, dass es ästhetisch problematisch und auch für den Betrachter verwirrend sein dürfte, wenn nur ein Teil der Figur farblich gefasst würde und andere Partien „terra ignota" bleiben müssten: Solch eine Rekonstruktion ergäbe kein geschlossenes Gesamtbild. Dies kann nur entstehen, wenn man die Bemalung vervollständigt, was auch geschah.[358] Ein solches Vorgehen erschien mir notwendig, um die Rekonstruktion verständlich zu machen, und auch verantwortbar, da die ganze Rekonstruktion ohnehin stark hypothetisch war.[359]

All dies galt natürlich nicht nur für den ‚Paris', sondern auch für andere Farbrekonstruktionen, die anschließend entstanden und in der Ausstellung „Bunte Götter" gezeigt wurden. Das Experimentelle und auch Fragwürdige daran musste man akzeptieren, sonst hätte man das Thema nicht zu einer Ausstellung gestalten können. Wichtig war mir nur, sich des hypothetischen Charakters immer bewusst zu sein und dies auch dem Publikum zu vermitteln. Eine Ansicht, die nicht jeder teilte.

Der Erfolg und das Echo der Ausstellung „Bunte Götter" waren enorm. Bei Publikum und Presse. Nicht nur in München. Sie wurde seitdem, auch teilweise verändert, vielerorts gezeigt. Obwohl eine Reihe neuer Rekonstruktionen hinzukam, ist der ‚Paris' zweifellos die prominenteste Figur geblieben. Vielleicht liegt

Abb. 323
Farbrekonstruktion des sog. Paris, 1988.

es daran, dass seine farbige Fassung dem heutigen Geschmack so entspricht. Seine Hose ähnelt in Muster und Vielfarbigkeit der Missoni-Mode. Während mir diese Ähnlichkeit schon nach kurzer Zeit – die bemalte Figur stand vor der Ausstellung nämlich Jahre lang in meinem Wohnzimmer – immer mehr ‚verdächtig' schien und an der Richtigkeit der Farbwahl zweifeln ließ, wurde gerade diese Ähnlichkeit des ‚Paris' mit der Buntheit der aktuellen Mode von vielen Betrachtern als besonderer Reiz dieser Figur empfunden (Abb. 321 und 322).[360] Auch die farbliche Nähe zur knalligen Buntheit mancher moderner Künstler gefiel. Man sah darin nicht ein verräterisches Zeichen des Zeitgeschmacks. So heißt es einmal: „Auf jeden Fall aber scheint, dank Brinkmann, nun auch der Pop wieder in die Antike Einlass gefunden zu haben."[361]

Was in der Öffentlichkeit Bewunderung erregte, fand in Fachkreisen oft weniger Zustimmung oder sogar direkte Ablehnung. Diese verstärkte sich, als im Laufe der letzten Jahre dieselben Antiken in unterschiedlichen Farbfassungen vorgestellt wurden: Bei einem sorgsamen Vergleich der ersten farbigen Rekonstruktion des ‚Paris' (Abb. 323) mit der über 15 Jahre später entstandenen Rekonstruktion (Abb. 324), an der die Glyptothek nicht beteiligt war, ist man überrascht, wie stark sich der Dekor der Weste, des Köchers und vor allem die Farbwahl verän-

Abb. 324
Farbrekonstruktion des sog. Paris, 2006.

dert hat: Grün und Blau, manchmal auch Blau und Rot, wechseln. Auch bei anderen Figuren, die inzwischen in einer zweiten oder dritten Fassung vorgelegt wurden, zeigt sich, neben auffälligen Veränderungen im figürlichen und ornamentalen Dekor, auch eine radikale Wende in der Farbwahl: Aus einer Ockerfarbe kann in der zweiten Fassung ein Blau, aus Blau ein Rot, aus Grün ein Blau werden.[362]

Die weitreichenden Veränderungen im figürlichen und ornamentalen Dekor der Weste des Paris und den Wechsel der Farben nimmt man Schulter zuckend zur Kenntnis, wenn man sieht, dass der begleitende Text zu den beiden unterschiedlichen Rekonstruktionen der Figuren im Wortlaut identisch ist[363]: Nur ein Foto, das jetzt den neu und anders bemalten ‚Paris' zeigt, ist ausgetauscht worden. Man liest zu den beiden so unterschiedlich gefassten Figuren: „Die Rekonstruktion der Ornamente stützt sich ausschließlich auf Spuren, die am ‚Paris' erhalten sind".[364] Durch den radikalen Wechsel der Farben wird die These von deren unterschiedlicher Haltbarkeit aufgehoben.[365] Auf diese Hierarchie der Haltbarkeit baute jedoch die Rekonstruktion des ‚Paris' auf![366]

Zugegebenermaßen hatte schon die erste Rekonstruktion einen gravierenden Fehler, der mir aber erst nach Fertigstellung auffiel: Die Füllung der Rauten am

Abb. 325
Beginn des Farbauftrag des ‚Paris'. Zuerst wurde Rot (Zinnober), dann Blau (Azurit) aufgetragen.

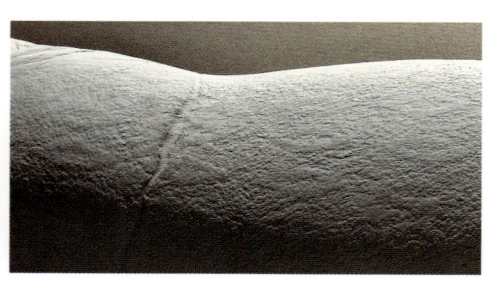

Abb. 326
Linker Arm des ‚Paris' (Detail), Abtastung durch Zinnfolie, mit Gips ausgegossen. Die tieferliegende abgewitterte Füllung der Rauten ist gut erkennbar.

Ärmel des ‚Paris' liegt tiefer und ist rauer als die umgebende Raute, was man mit bloßem Auge sehen kann. Folglich müsste sie ockerfarbig sein. Dennoch wurde diese Füllung mit Zinnober gefärbt, was die haltbarste Farbe sein soll und „die hellsten, intaktesten" Marmoroberflächen hinterlässt (Abb. 325 und 326). Dieser Fehler wäre aber korrigierbar, ohne die Logik der Farbrekonstruktion grundsätzlich in Frage zu stellen. Da aber, wie die jüngsten Farbrekonstruktionen zeigen, die Farben Rot, Grün und Blau nicht mehr anhand des Verwitterungsreliefs für sicher unterscheidbar gehalten werden, ist die Frage nach der Bemalung des ‚Paris' sinnlos geworden. Denn die anderen angewandten Farbtöne, wie der gelbe oder braune Ocker, oder die Färbung des Inkarnats sind nur Vermutungen gewesen. Das führt zu der bitteren Erkenntnis: Die einzige, wirklich gesicherte Farbe an dem bemalten ‚Paris' ist – das Rot der Lippen.
Diese Problematik der Rekonstruktionen ist natürlich Fachkreisen nicht verborgen geblieben.
Als „wundersame Vermehrung der göttlichen Buntheit" ist der häufige Farbwechsel zwar etwas spöttisch, aber leider nicht ganz unzutreffend in der Wissenschaft kritisiert worden.[367] Nicht wenige fühlten sich irritiert. Man kann dies natürlich auch anders sehen. Durch „die Vielfalt der Rekonstruktionen … wird der Besucher angehalten, verschiedene Vorschläge zu einer einzelnen Figur zu vergleichen. Er kann nun ‚zwischen den Zeilen lesen' und somit die hypothetischen Aspekte einer Wiederherstellung kompensieren."[368]
Die Beliebigkeit in der Farbwahl lässt das Aussehen der Rekonstruktionen in einem gewissen Maße zu einer Frage des Geschmacks werden. Da sogar der Dekor freizügig ergänzt wird, spielt zudem die Phantasie eine große Rolle. Das empfand auch Brinkmann. Er schreibt: „Man wird diesem Projekt vorwerfen, dass Rekonstruktionen den Freiraum der Phantasie besetzen. Das ist richtig. Doch andererseits hat sich seit vielen Jahren kaum jemand darum bemüht, das Bild der farbig gefassten antiken Skulptur zu verdeutlichen. Diese Freiräume der Phantasie werden in der Regel eingefordert, um sie nicht betreten zu müssen."[369]
Aus dem Dilemma der Phantasie, die jeder anders spielen lässt, gibt es für den ‚Paris' aber einen Ausweg.

Sprangtechnik statt Missoni

Immer bewunderte man in der Archäologie das wie eine Strumpfhose eng anliegende Gewand des ‚Paris'. Man findet solche Gewandformen auch auf Vasenbildern (Abb. 327). Die Textilrestauratorin Dagmar Drinkler erkannte, dass diese Gewänder ‚gesprangt' sind – ein Wort, das ich zuvor nicht einmal gehört hatte. Das Sprangen ähnelt dem Flechten. Im Sprangrahmen müssen zu Beginn alle Fäden, die miteinander verflochten werden, senkrecht eingespannt sein. So wird schon beim Einspannen die Farbkombination festgelegt. Die Sprangtechnik gibt dem Kleidungsstück eine enorme Elastizität, passt es auch bei Bewegung eng dem Körper an und dehnt sich dementsprechend. Genau diese Zeichen der Dehnung lassen sich an den Mustern der Hose und der Jackenärmel erkennen. Die Sprangtechnik erlaubt aber nur bestimmte Muster. Erstaunlicherweise sehen wir auf vielen Vasenbildern, die Figuren mit ähnlich anliegenden Kleidern zeigen, exakt diese Muster, die typisch für die Technik sind (Abb. 328). Auch der Paris zeigt, soweit nicht der Oberkörper von einer Weste gedeckt ist, typische Sprangmuster. Mit dieser Erkenntnis ist natürlich nichts über die Art der Farben gesagt, aber erwiesenermaßen lässt sich das dehnbare Sprang-Geflecht am besten mit zwei, maximal mit drei verschiedenfarbigen Fäden herstellen. Da sich die Muster des Paris an der Sprangtechnik orientieren, darf man wohl davon ausgehen, dass sich auch die Farbwahl an der Realität eines gesprangten Gewandes orientiert.

Abb. 327
Zwei Amazonen gehen in die Schlacht, attisch-rotfigurige Pelike des Phiale-Malers, 440–435 v. Chr. Antikensammlungen.

Abb. 328
Amazone auf steigendem Schimmelhengst, attisch-rotfigurige sog. Nolanische Amphora, um 430 v. Chr. Antikensammlungen.

Die Anzahl der möglichen Farben hängt beim Sprangen vom jeweils gewählten Muster ab. Das Muster am Ärmel und an der Hose des ‚Paris' ist ein für die Sprangtechnik einfaches und deshalb auch typisches Muster. In dieser Technik können zwei, auch drei verschiedene Farben verwendet werden, aber nicht mehr, da sonst das Gewebe sehr dick und nicht mehr elastisch wird. Da gerade die Elastizität des Gewebes in der Malerei dargestellt ist, ist es auch von dieser Technik her ganz unwahrscheinlich, dass fünf verschiedene Fäden gesprangt werden. Zudem wären bei diesen Mustern die in den Rekonstruktionen Brinkmanns vorgestellten verschiedenen Farbgebungen nicht möglich.

Man könnte nun einwenden, dass ja das Gewand des ‚Paris' gemalt ist und man sich nicht an die Vorgaben der Sprangtechnik halten musste. Der Künstler hätte ja die Freiheit gehabt, dem Gewand eine größere Farbigkeit zu geben, als es in der Wirklichkeit sinnvoll zu machen wäre. Demgegenüber lässt sich nur einwenden, dass gerade die erstaunliche Naturnähe, wie etwa das Dehnen und Zusammenziehen des Musters, darauf hinweist, dass dem Maler daran gelegen war, möglichst eng an dem natürlichen Vorbild zu sein.

Aber es gibt noch einen anderen Hinweis für die Richtigkeit des Gesagten: Die farblich am besten erhaltene Figur der Archaik ist der sog. Perserreiter auf der Akropolis. Er wurde schon im 19. Jahrhundert ausführlich untersucht. Seine Farbreste sind mehrfach beschrieben worden und noch heute mit bloßem Auge gut zu erkennen. Die Hose des ‚Perserreiters' ist fünffarbig, mit längs aneinander gesetzten großen Rauten (Abb. 329 und 330).[370] Das Muster wirkt enorm bunt: Aber es sind stets nur jeweils zwei unterschiedlich farbige Fäden, die verflochten

Abb. 329
Farbrekonstruktion des sog. Perserreiters, um 510 v. Chr. Brinkmann (2008, Deutsche Forschungsgemeinschaft, Leibnizpreis 2007, O. Primavesi).

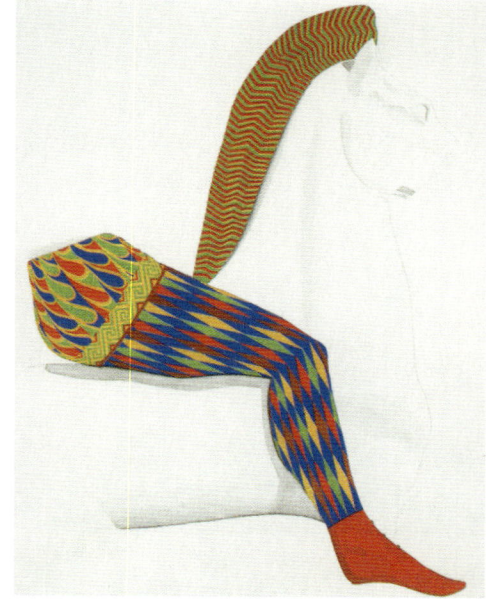

Abb. 330
Farbrekonstruktion des sog. Perserreiters, nach Brinkmann.

Abb. 331
Darstellung der Vielfalt von Farben, die bei einer derartigen Anlage von Rauten in zweilagiger Sprangtechnik möglich ist. Zeichnung Olaf Herzog.

werden. Man erkennt, wie die flachen Rauten, ob nun gelb, rot oder grün, untereinander gesetzt sind und sie nur durch die Verdrehung der Hose am Bein schräg laufen. Farbe und Muster sind ganz typisch für die Sprangtechnik. Man kann den Rauten, wenn man sie untereinander setzt, in jeder einzelnen vertikalen Rautenreihe eine andere Farbe geben, in der Dicke des Gewebes sind es nur zwei Farben, sodass der Hose die Elastizität erhalten bleibt. Man kann sogar in jeder Reihe auch die ‚Hintergrundfarbe' wechseln, dann wird es noch bunter (Abb. 331). Aber dennoch sind es nur jeweils zwei Fäden, die verflochten werden, und somit bleibt die Hose elastisch. Die Hose des ‚Perserreiters' zeigt, dass die Malerei dieser Zeit nicht freizügig mit der Farbwahl umging, sondern sich an ein Vorbild hielt, das in dieser Weise auch hergestellt werden kann.[371]

Noch einmal wurde ein Experiment durchgeführt, um Erkenntnisse zu gewinnen. In Zusammenarbeit von Bayerischem Nationalmuseum und Glyptothek hat Dagmar Drinkler das Gewand des ‚Paris' in Sprangtechnik nachgebildet.[372] Zuvor wurde dessen Verwitterungsrelief nochmals geprüft – mit Streiflicht, UV-Licht usf. Dabei zeigte sich die Problematik der Fotografie mit Streiflicht oder UV-Licht, ja sogar der Untersuchungsmethode bei Nacht mit Speziallampen, wie sie in der Farbforschung so häufig durchgeführt werden: Detailfotos von den zum Teil sehr rudimentären Verwitterungsspuren geben oft Bilder wieder, die nicht eindeutig sind und verschiedene Interpretationen zulassen. Auch der im Licht der Lampe meist sehr punktuelle Blick ist häufig trügerisch. Was man eines Nachts als ganz sicher gesehen erachtete, kann einem Tage später bei einer Wiederholung der Untersuchung wieder zweifelhaft erscheinen. Hingegen erwies sich als besonders ergebnisreich die Methode unserer Restaurierungswerkstatt (Alfons Neubauer und Olaf Herzog), die verwitterte Marmoroberfläche mit hauchdünner Zinnfolie abzudrücken (Abb. 332). Dadurch werden die Verwitterungsebenen deutlich. Wenn man den Abdruck wieder in Gips ausgießt, werden die Verwitterungsebenen plastisch und können unter allen möglichen Lichtbedingungen betrachtet und so auf ihre Aussage hin überprüft werden.

Fest steht: Vier verschiedene Verwitterungsebenen – wie von Brinkmann früher angenommen – sind nicht auszumachen. Es sind an der Hose nur zwei Oberflächenebenen zu scheiden. An den Armen sind es sicher zwei, möglicherweise ist – eindeutig ist es nicht zu klären – noch eine dritte Ebene vorhanden. Das in den beiden Rekonstruktionen gemalte Mäanderband am Ärmel ist definitiv Fiktion (Abb. 333 und 334).[373] Das Rautenornament erscheint uns etwas anders organisiert, das Muster der Hose weniger schematisch und generell künstlerisch viel freier gestaltet, was sich auch bei der Untersuchung der Farbschatten auf anderen Figuren nochmals erwies (siehe unten). All die Untersuchungen ergaben natürlich keinen Hinweis auf die ehemaligen Farben, nur auf die Art der Muster. Wir wählten bei der Gewandrekonstruktion für die gut erhaltenen Stellen der Marmoroberfläche ein Rot (es könnte auch Blau sein) und für die verwitterten ein Gelb. Beide Farben sind industriell, ebenso wie der Wollzwirn. Sicherlich waren bei einem antiken Gewand die Fäden dünner, die Muster enger, usf. Die

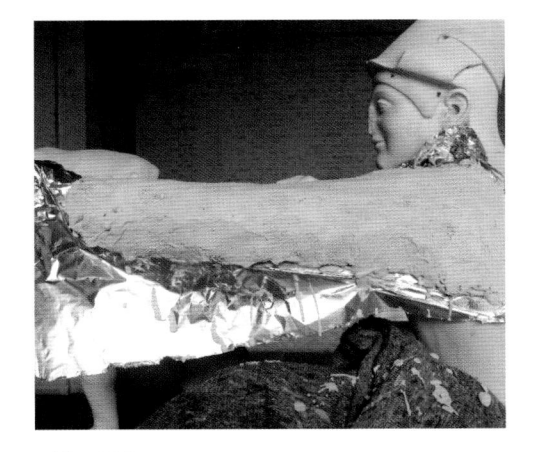

Abb. 332
Linker Arm des sog. Paris, Abtastung durch Zinnfolie. Fixiert durch Gipsauftrag.

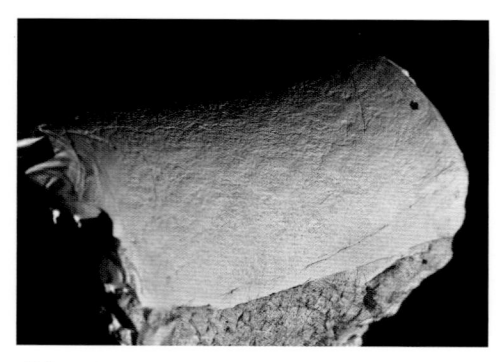

Abb. 333
Linker Arm des ‚Paris', durchgehendes Rautenmuster.

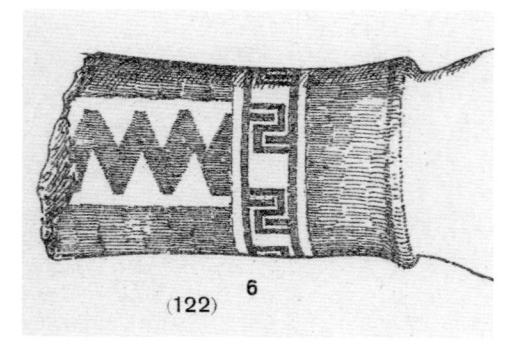

Abb. 334
Gewandverzierung des Arms eines Bogenschützen (Amazone?), Altarplatzgruppen. Zeichnung aus Furtwängler 1906.

Rekonstruktion soll einerseits nur zeigen, dass die Muster eines gesprangten Gewandes bei Bewegung so gedehnt werden, wie wir es am ‚Paris' sehen, und andererseits ist damit bewiesen, dass dessen Gewand nicht so vielfarbig gewesen sein kann. Genau das ging ja auch aus der Analyse des Verwitterungsreliefs hervor. Mit dieser Rekonstruktion wird in der Farbforschung an den Ägineten, aber auch an anderen gewandeten Figuren ein neues Kapitel eröffnet.

Dagmar Drinkler
Die Sprangtechnik

Zahlreiche Darstellungen der antiken Kunst zeigen Personen in eng anliegender und auffallend gemusterter Kleidung, meist Hosen (vgl. Abb. 327 und 328). Keine der geläufigen Webtechniken ermöglicht die Herstellung dieser elastischen, sich den Körperformen exakt anschmiegenden Textilien, und die textile Flächenbildung des Strickens ist für die Antike nicht nachgewiesen. Die Kleidungsstücke müssen also in einer anderen Technik hergestellt worden sein. Es kann sich nur um ein dehnbares Material gehandelt haben, doch geben die wenigen schriftlichen Quellen dazu keine Informationen. In der textil- und kostümgeschichtlichen Forschung ist hierüber kaum etwas bekannt.

Beispielhafte Arbeiten belegen nun, dass diese dehnbare Bekleidung in einer speziellen Art des Flechtens, der sog. Sprangtechnik, hergestellt werden kann. Bisher wurde Sprang meist nur mit Haarnetzen und Hauben in Verbindung gebracht, doch lassen sich in dieser Technik auch die vorgefundenen Muster der antiken Bekleidungsstücke problemlos und effizient rekonstruieren.[374]

Für die vorchristliche Zeit ist die Sprangtechnik durch archäologische Funde bereits für die Bronze- und Hallstattzeit belegt. Der früheste Fund ist ein Haarnetz aus Dänemark.[375] Erste Darstellungen dieser Arbeitstechnik samt zugehörigem Gerät finden sich auf antiken Vasen.[376] Am zahlreichsten überkommen sind

Funde von Kopfbedeckungen aus ägyptischen Gräbern des 4.–7. nachchristlichen Jahrhunderts, die in vielen musealen Sammlungen vorhanden sind und diese Technik bekannt gemacht haben.[377] In allen folgenden Epochen bis zum Beginn des 19. Jahrhunderts sind Sprangarbeiten nachweisbar, und erst mit der aufkommenden Industrialisierung geriet die Technik in Vergessenheit. Grund dafür war vermutlich mangelndes Interesse, da sich diese Art des Flechtens nicht maschinell umsetzen lässt.

Der Begriff „Sprang" stammt ursprünglich aus dem Schwedischen und wird mit „durchbrochene Arbeit" übersetzt, was der optischen Erscheinung entspricht. Seit einigen Jahrzehnten nun wird dieses Wort in Textilkreisen ausschließlich für die Flechtmethode mit gespannten Fäden benutzt, egal woher die Textilien stammen.

Bei der Sprangtechnik[378] werden parallel gespannte Fäden durch Heben und Senken miteinander verdreht, verdrillt, verzwirnt oder verkreuzt. Dabei entsteht ein netzartiges elastisches Geflecht.

Um die Dehnbarkeit von gesprangten Textilien zu verstehen, muss man den Unterschied zu einem Gewebe aufzeigen. Ein Gewebe basiert auf zwei rechtwinkelig zueinander stehenden Fadensystemen, einem senkrechten, das Kette genannt wird, und einem waagrechten, dem Schuss. Erst im Zusammenspiel von Kette und Schuss entsteht ein Gewebe.

Bei der Sprangarbeit hingegen erfolgt die Flächenbildung ohne ein zweites Fadensystem allein durch die Manipulation der senkrecht gespannten Fäden, die dadurch im fertigen Geflecht eine diagonal zueinander liegende Position einnehmen. Entscheidend beim Sprang ist, dass die hier gespannten Fäden keine Einzelfäden sind wie bei einer für das Weben geschärten Kette, sondern ein Endlosfaden, der am oberen und unteren Ende über je einen Rundstab geführt wird und somit immer unter Spannung steht. Auf die Weise teilen sich die Fäden bereits in zwei Fadenschichten, eine vor und eine hinter den Rundstäben liegende. Der Abstand zwischen diesen beiden Stäben wird von der Länge des herzustellenden Werkstückes bestimmt, zuzüglich einer mit zu berechnenden Einarbeitung der Fadenlängen, die bei diesem speziellen Flechtverfahren bei etwa dreißig Prozent liegt. Außerdem müssen die gespannten Fäden zum Arbeiten immer in ihrer gesamten Länge vorliegen, d. h. sie können nicht wie die Kettfäden beim Weben teilweise aufgewickelt werden.

Zur Herstellung einer Sprangarbeit benötigt man zum Spannen der Fäden eine stabile Befestigungsmöglichkeit, bei der die Fadenspannung wegen der starken Einarbeitung des Materials kontinuierlich reguliert werden kann. Eine einfache Rahmenkonstruktion, bei der sich der Abstand zwischen den Rundstäben mittels Schnüren verstellen lässt, reicht bereits aus (Abb. 335). Für das Arbeiten selbst braucht man nur seine beiden Hände und – als unbedingt notwendiges Hilfsmittel – zwei Stäbe zum Trennen bzw. Fixieren der beiden Fadenschichten.

Zunächst müssen die Fäden mit der linken Hand so gehalten werden, dass die Unterteilung in eine vor und eine hinter dem Rundstab liegende Fadenschicht

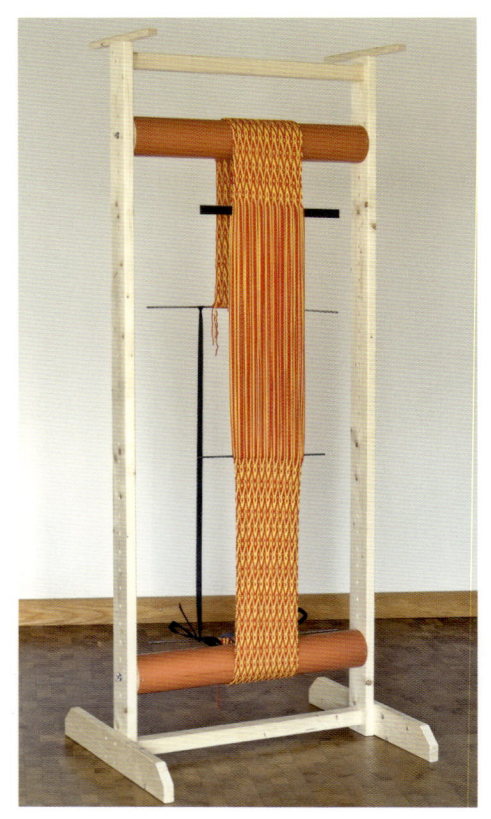

Abb. 335
Konstruktion des Sprangrahmens zur Herstellung von Hosen.

Abb. 336
Dagmar Drinkler beim Sprangen: Beim Sprangen wird der Reihe nach ein hinten liegender Faden nach vorne geholt und der vorne liegende nach hinten abgelegt.

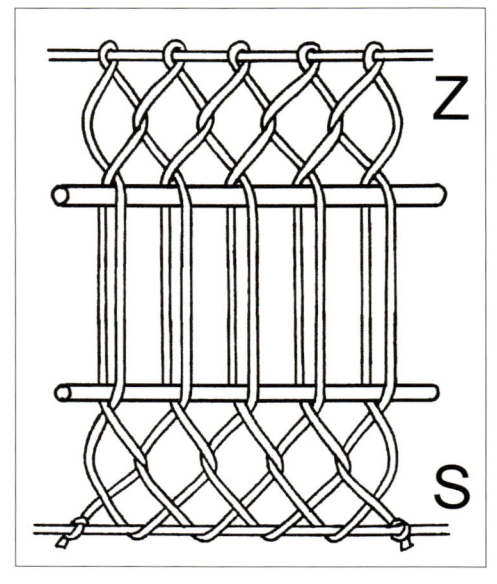

Abb. 337
Sprangarbeit, Schemazeichnung von Dagmar Drinkler.

erhalten bleibt. Die rechte Hand nimmt diese Fäden dann der Reihe nach auf, wobei die Finger sie miteinander verdrehen, verzwirnen oder verkreuzen, indem jeweils ein hinten liegender Faden nach vorne geholt wird und der vorne liegende nach hinten abgelegt wird (Abb. 336). Jede Reihe wird für sich gearbeitet. Nach jeder gearbeiteten Reihe werden die so verdrehten Fäden durch Einlegen des Trennstabes fixiert. Anschließend wird in dieses Fach ein zweiter Trennstab eingelegt und an das gegenüberliegende Ende der gespannten Fäden geschoben, wodurch hier gleichzeitig ein Geflecht entsteht. In seiner Struktur ist es jedoch spiegelbildlich, d. h. der im Geflecht entstehende diagonale Grat verläuft auf der einen Seite in S-Richtung, auf der gegenüberliegenden Seite bildet er sich in Z-Richtung aus (Abb. 337).

Beide Teilstücke des Geflechts wachsen von oben und unten aufeinander zu. Zum Beenden einer Sprangarbeit ist es unbedingt notwendig, die Fäden beiderseits so in ihrer Stellung zu fixieren, dass sich das Geflecht beim Abspannen aus dem Rahmen nicht auflöst. Dafür gibt es mehrere Möglichkeiten: einen zusätzlichen Faden einziehen, häkeln, abbinden oder – so erhält man zwei Werkstücke – das Durchschneiden der Fäden und gleichzeitiges Verknoten.

Das Ausmaß der Dehnbarkeit einer Sprangarbeit ist sowohl abhängig vom verwendeten Material – Wolle, Leinen, Seide oder Baumwolle –, von seiner Fadenstärke und der Art des Verspinnens wie auch von der angewandten Grifftechnik und dem Anschlag beim Arbeiten selbst.

Um eine Sprangarbeit farblich zu mustern, können ganz verschiedene Arbeitsweisen angewendet werden: Es kann ein einlagiges, zwei- oder mehrlagiges Geflecht hergestellt werden. Die eigentliche Grifftechnik ändert sich bei den unterschiedlichen Herstellungsvarianten nicht, entscheidend ist nur, in welchen Farben und in welcher Reihenfolge die Arbeitsfäden zu Beginn gespannt werden. Bei einer zweilagigen Sprangarbeit werden die Fäden der einen Farbe jeweils über die Fäden der anderen Farbe geführt. Hierbei entstehen zwei Lagen, die nicht miteinander verbunden sind. Durch den Schichtwechsel der beiden Lagen wird das Muster erzeugt. Mehrlagige Sprangarbeiten werden genauso gearbeitet, jedoch wird die Dehnbarkeit zunehmend eingeschränkt, weil ein Farb- bzw. Fadenwechsel über mehrere Schichten erfolgen muss.

Da beim Flechten die Fäden nicht senkrecht zueinander liegen sondern schräg verlaufen, eignen sich Muster, die sich an einer Diagonalen ausrichten, besonders gut zum Arbeiten, denn sie sind leicht auszuzählen.

Jedoch sind nicht alle Farbvariationen möglich. Die Mehrfarbigkeit einer Sprangarbeit ist abhängig vom Verlauf des Musters. Ein waagrechter Musterverlauf kann meist nur in zwei Farben sinnvoll umgesetzt werden, da der Farbwechsel durch einen Schichtwechsel erfolgt (zickzack, Bogenschütze). Ein in Längsrichtung ausgerichtetes Muster hingegen (Rautenreihen, Perserreiter) kann durch streifenweise farblich verschieden gespannte Fäden jede Reihe in einer anderen Farbkombination erscheinen lassen (Abb. 338).

Abb. 338
Langgezogene, schräggestellte Rauten in zweilagigem Sprang, wie es der sog. Perserreiter zeigt (Sprangarbeit in Wolle, Drinkler 2009).

Die Gewandung des Bogenschützen

Ärmel und Hose wurden in einer zweilagigen Sprangarbeit hergestellt. Frühere Arbeitsproben zeigen, dass das Hosenmuster auch einlagig umgesetzt werden kann,[379] jedoch ist diese Arbeit weit weniger elastisch. Da die Weite der Hosenbeine an den Oberschenkeln gegenüber dem Umfang der Waden eine Dehnung um 100 % erfordert, wurde die zweilagige Umsetzung gewählt. Zudem ist das Muster des Ärmels generell nur in zwei Lagen herzustellen. So lag es nahe, für die Rekonstruktion beider Bekleidungsstücke dieselbe Arbeitsmethode anzuwenden, auch um eine einheitliche Erscheinung der Materialität zu erreichen. Für Sprangarbeiten mit langen Fäden der Art, wie sie hier benötigt wurden, eignen sich nicht alle Wollqualitäten. Es wurde auf eine handelsübliche Wolle[380] zurückgegriffen, die sich bereits in vorherigen Arbeitsproben als tauglich erwiesen hatte. Diese scheint dem ursprünglich verwendeten Material einer realen antiken Bekleidung nahe zu kommen, doch die Skulptur des Bogenschützen ist nur etwa 137 cm groß. So konnte bei der Reproduktion das Muster der Ärmel wie auch der Hose nicht in der vorgegebenen Rapportanzahl umgesetzt werden. In der Breite sind es statt 18 Musterrapporten nur jeweils 10. In der Länge ist die Rapportanzahl im Witterungsrelief nicht ganz eindeutig ablesbar, es zeigt sich aber, dass es mehr waren.

In der Breite besteht ein einzelner Musterrapport des Ärmels aus 28 Fäden und der der Hose aus 40 Fäden. Sowohl beide Ärmel wie auch beide Hosenbeine wurden jeweils in einem Sprangstück gearbeitet. Für die Ärmel wurden abwechselnd 140 gelbe und 140 rote Fäden in einer Länge von 200 cm aufgespannt, für die Hose waren es pro Farbe 200 Fäden von 280 cm Länge.[381]

Das Muster wurde durch einen Schichtwechsel der gelben und roten Fadenlage erzielt. Die Arbeitsweise für Ärmel und Hose war dieselbe, es mussten zur Bildung der unterschiedlichen Muster lediglich die Fäden anders ausgezählt werden. Bei der Hose zeigt sich das Muster auf der linken Seite (Innenseite) farblich identisch wie auf der Vorderseite, jedoch um einen Rapport versetzt. Bei den Ärmeln hingegen liegt das Muster auf der linken Seite in umgekehrter Farbstellung vor, d. h. gelbe Rauten mit roter Füllung auf rotem Grund.

Beendet wurden die Arbeiten jeweils in der Mitte der Werkstücke. Um einen elastischen Abschluss zu erhalten, wurden nach der letzten Sprangreihe die gespannten Fäden in kleinen Strängen mit einem neuem Faden oben und unten abgebunden und anschließend durchschnitten. So lagen jeweils zwei Teile vor, die in Längsrichtung noch zusammengenäht werden mussten. Die Ärmel wurden ganz, die Hosenbeine bis zum Schritt (etwa 2/3 Länge) für sich geschlossen und dann beide Einzelteile aneinandergenäht. Aufgrund des abnehmbaren rechten Unterschenkels konnte dem Gipsabguss die Hose als Ganzes angezogen werden. Nachdem der Gipsabguss mit Ärmeln und Hose bekleidet war (Abb. 339), wurde der Übergang mit einer Weste geschlossen, die sich optisch gut dem Gesamteindruck anpassen sollte.[382] Über das Material dieses Oberteils wirft die Skulptur Zweifel auf. Einerseits weist die Schnittführung des zweigeteilten Vorderteils mit ihren gerundeten Kanten eindeutig auf ein festes Material hin (Leder, Filz), andererseits legt sich die Weste faltenfrei um das Gesäß. Über die Schnittführung an den Armlöchern oder eventuelle Nähte liegt keine Information vor. Auf Grund der geringen Stärke (2 mm) kann ein dickes Leder, so wie man es für eine Schutzbekleidung erwarten würde, ausgeschlossen werden. Die Drehbewegung des Bogenschützen wird durch die geschwungene Linienführung des Vorderteils sowie im Schwung der rückwärtigen Borte dargestellt, die hier nicht der Rückenmitte des Körpers entspricht. Die rückwärtige Mittellinie der Weste am Original entspricht der gemessenen Mittellinie des Gewandschnittes, obwohl der abgenommene Papierschnitt schnell zeigte, dass die vorgegebene Passform in einem zu festen Material nur mit Hilfe einiger Abnäher erreicht werden könnte. So lässt sich für die Weste ein festes, doch nachgebendes Material vermuten. Man wählte einen Wollfilz, der sich mit Wärme und Feuchtigkeit gut in Form bringen ließ (Abb. 340). Ein gänzlich faltenfreier Sitz der Weste konnte aber nicht erzielt werden.

Abb. 339
Dagmar Drinkler beim Bekleiden des sog. Paris.

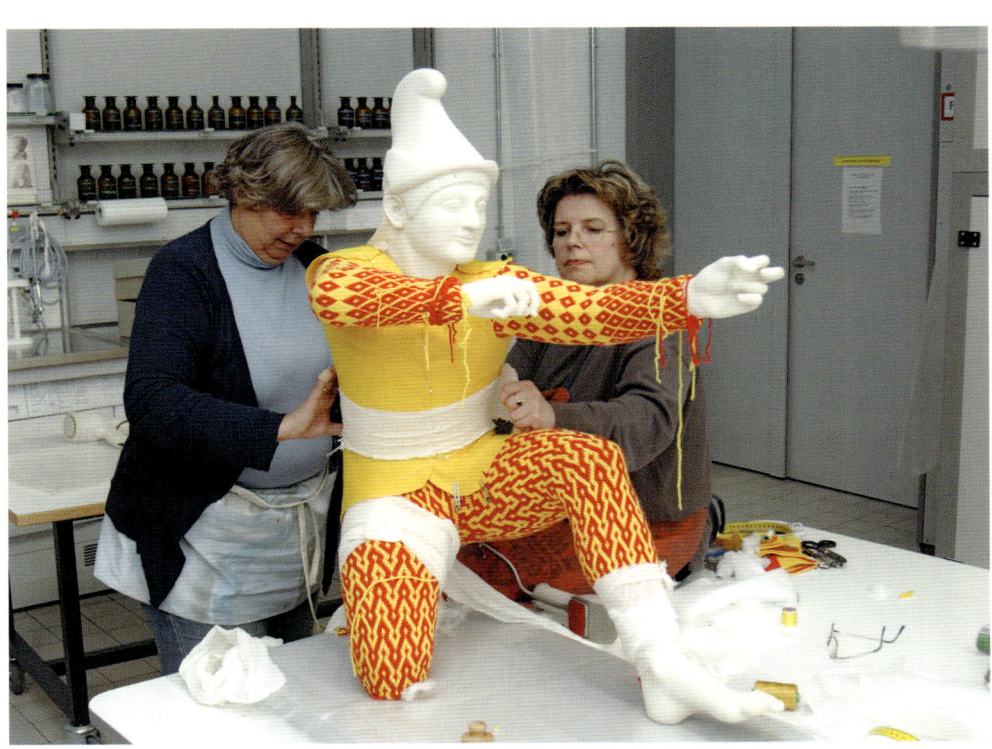

Abb. 340
Dagmar Drinkler und Cornelia Knörle-Jahn beim Anpassen der Weste. 2011.

Abb. 341
Orthochromatische Aufnahme des sog. Knappen (Ostgiebel IX).

Vermutlich war es eine Brettchenborte, die in der Antike solch eine Weste zierte. Hier bei der Rekonstruktion dient die Borte lediglich zur Schließung des optischen Gesamteindruckes. Sie wurde aus rotem Filz in Form zugeschnitten und das Muster nur in seinen Umrisslinien mit gelber Stoffmalfarbe darauf schabloniert. Da im Filz jeder Stich eines Nähfadens unangenehm ins Auge fällt, wurde bei der Rekonstruktion die Borte klebetechnisch auf der Weste fixiert.
Auf eine stoffliche Rekonstruktion der Kopfbedeckung wurde mangels Informationen gänzlich verzichtet.

Logik der Farbverwitterung

Schon Johann Martin von Wagner hat, wie oben ausgeführt, vor nun fast 200 Jahren erkannt, dass die unterschiedliche Verwitterung der Marmoroberfläche mit dem Schutz bzw. der unterschiedlichen Haltbarkeit der ehemals aufgetrage-

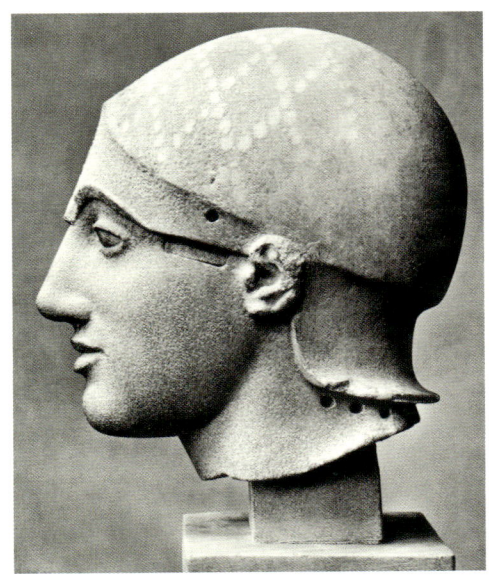

Abb. 342
Seitenansicht.

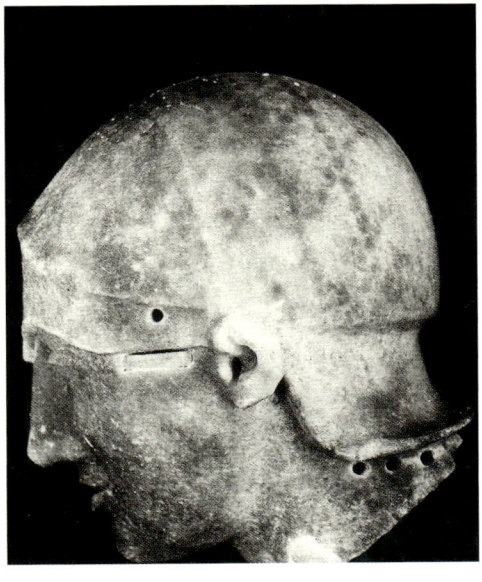

Abb. 343
Schuppen auf dem Helm des
sog. Knappen im UV-Licht.

Abb. 344
Kopf des Achill, Schale des Sosias-Maler,
um 500 v. Chr. Berlin, Antikensammlung.

nen Farben erklärt werden kann. Am Beispiel des sog. Knappen aus dem Ostgiebel soll hier kurz beispielhaft aufgezeigt werden, welche Interpretationen ein Verwitterungsrelief zulässt. Es ist bei diesem Kopf mit bloßem Auge bestens erkennbar und wurde natürlich schon von den Ausgräbern gesehen (Abb. 341 und 342). Es sind helle Flecken, die ein Rautennetz bilden, das sich beidseitig des Mittelsteges über den Helm zieht. J. Linckh notierte in sein Tagebuch, dass an dem Kopf „noch die Farben waren".[383] Leider schreibt er nicht, welche. Möglicherweise sah er nicht mehr, als später noch Furtwängler beobachten konnte: „Erhalten ist ferner ein deutlicher Rest vom Blau auf dem Helme … Das Blau ist hier noch in der ursprünglichen Dicke des Auftrages erhalten. Ausserdem war hier mit einer anderen verschwundenen Farbe, welche den Marmor mehr geschützt hat, der deshalb an den von ihr bedeckt gewesenen Stellen glätter und weisser erscheint, eine netzartige Verzierung aufgetragen."[384] Mit welcher Farbe „die netzartige Verzierung" gemalt gewesen sein könnte, wird von A. Furtwängler nicht diskutiert.

UV-Aufnahmen machen deutlich, dass innerhalb der hellen Schuppen, die die „netzartige Verzierung" bilden, noch weitere Schuppen aufgemalt waren (Abb. 343). Dafür spricht auch ein Vergleich mit einem Vasenbild, das nur wenig früher entstanden ist (Abb. 344). Das wurde von V. Brinkmann schon dargelegt und ist meines Erachtens überzeugend: Auch die erste farbige Fassung des Kopfes (1986) ging schon von dieser Art der Helmverzierung aus (vgl. Abb. 316 und 317). An drei Abgüssen und einer Computersimulation hat nun V. Brinkmann aufzuzeigen versucht, wie nach den Erfahrungen seiner langjährigen Farbforschungen der Kopf bemalt gewesen sein dürfte (Abb. 345–348). Sein methodischer Ansatz ist aufschlussreich:

„Für die eindeutige Bestimmung der Farben ist das Verwitterungsrelief der Schuppen eigentlich nicht aussagekräftig genug; dennoch lässt sich die ursprüng-

Abb. 345
Farbrekonstruktion eines Kopfes, sog. Knappe (Brinkmann 2003, Glyptothek).

Abb. 346
Farbrekonstruktion eines Kopfes, sog. Knappe, Variante (Computersimulation 2003).

Abb. 347
Farbrekonstruktion eines Kopfes, sog. Knappe, Variante B (Brinkmann 2006, Stiftung Archäologie).

Abb. 348
Farbrekonstruktion eines Kopfes, sog. Knappe, Variante C (Brinkmann 2009, Stiftung Archäologie).

liche Farbigkeit rekonstruieren. Einzig sicherer Anhaltspunkt ist die sehr gut erhaltene Oberfläche der Schuppen im Rautennetz. Hier wurde Rot verwendet, da Adolf Furtwängler einen ‚deutlichen Rest von Blau auf dem Helm' neben diesen Bereichen beobachtete … Rote Schuppen im Rautenverlauf haben eine Füllung der dazwischen liegenden Felder alternierend in Blau und Grün zur Folge. Ocker wurde eingesetzt, um die Schuppen optisch voneinander zu trennen, wobei man hier hellen Goldocker wählte; nur dieser schaffte den nötigen Kontrast zu allen anderen Farben. Der dunkle Ocker konnte lediglich jeweils für die mittige Schuppe einer Rautenfüllung eingesetzt werden. Die Farbgestaltung der restlichen Ornamente ließ keinen großen Spielraum zu. Die rote Farbe für Rautennetz und Ranken verbindet das geometrische mit dem floralen Ornament.

Diese Farbrekonstruktion führt exemplarisch vor Augen, dass man sich selbst mit wenigen Anhaltspunkten der ursprünglichen Farbigkeit annähern kann. Zu eindeutig sind in der spätarchaischen Epoche die Gestaltungsgesetze für farbige Ornamente vorgegeben. Die einzig mögliche Variante wäre eine Reduzierung der gewählten Farbpalette, das Grün würde dann zugunsten von Blau zurückgedrängt, da beide Farben eine ähnliche Verwitterungsstruktur auf der Marmoroberfläche hervorrufen."[385]

Neben dieser „einzig möglichen Variante" sind inzwischen noch zwei weitere Versuche Brinkmanns entstanden (Abb. 347 und 348). Aber das ist im vorliegenden Zusammenhang nicht wichtig. Entscheidend sind folgende Überlegungen: Die schuppenförmigen, weißen Flecken des Netzwerkes sollen laut Brinkmann entstanden sein, da die Farbe Rot so stabil war. Hingegen müssten das Blau und das Grün, die einst die umliegenden Schuppen in den von dem roten Netzwerk gebildeten Rauten deckten, vom Regen so frühzeitig abgewaschen worden sein, dass die freiliegende Marmoroberfläche stark abgewittert wurde. Man fragt sich: Wieso kann dann Rot, das so viel haltbarer ist und ein so unterschiedliches Verwitterungsrelief hinterlässt, bei manchen Rekonstruktionen, u. a. bei der Mützenverzierung des Paris, mit Blau ausgetauscht werden? Wieso hat das gleiche Rot an der übrigen Verzierung des Helms nicht ebenso gut geschützt? Wenn Blau und Grün von gleicher Haltbarkeit gewesen sein sollen und deshalb ein gleiches Verwitterungsrelief hinterlassen, wieso kann dann Grün auch durch braunen Ocker ersetzt werden, der viel weniger haltbar sein soll?

Dass die Methode, aus dem unterschiedlichen Verwitterungsrelief die Farben zu erschließen, sehr schnell an Grenzen stoßen muss, ist klar und spricht nicht allein deshalb gegen sie. Nur eines bleibt zu fordern: Sie muss logisch angewandt werden. Das aber ist hier, wie bei manch anderen der im Rahmen dieser Ausstellungen entstandenen Rekonstruktionen, nicht der Fall.

Ein anderer Vorschlag zur Erklärung des Verwitterungsreliefs am Helm des ‚Knappen' sei abschließend gegeben: Die weißen Schuppen waren wohl einst von Vergoldung gedeckt;[386] dadurch erklärt sich die ungewöhnliche Resistenz gegen Umwelteinflüsse. Die übrigen Schuppen waren blau: Dies begründet die Einheitlichkeit der verwitterten bzw. der unverwitterten Oberflächen auf der

Abb. 349
Partielle Farbrekonstruktion eines Kopfes, sog. Knappe. Zeichnung von Alfons Neubauer.

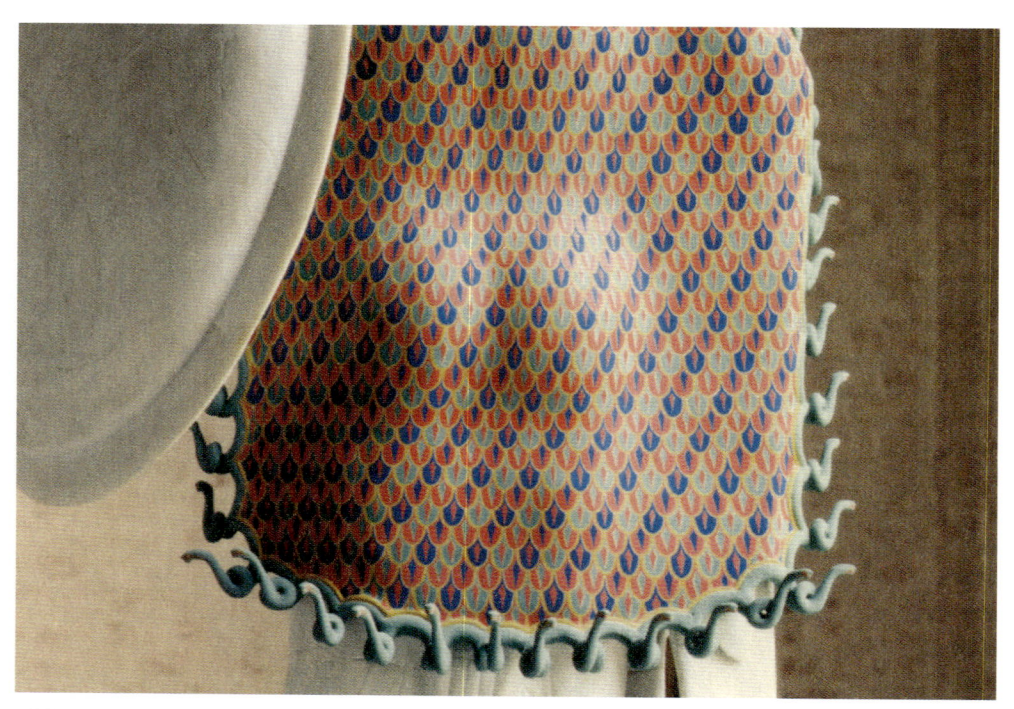

Abb. 350
Farbrekonstruktion der Athena, Rückseite
(Brinkmann 2003, Glyptothek).

Abb. 351 und 352
UV-Aufnahmen der Ägis der Athena, Rückseite. Deutlich sichtbar: unregelmäßige Anordnung der Schuppen (linke Seite) und differierende Abstände der Schuppenreihen, die auf die plastische Form (Gesäßverlauf der Athena) Rücksicht nehmen. 2010.

Rückseite des Kopfes. Zudem wird mehrfach überliefert, dass an diesem Helm blaue Farbe zu sehen war. Die blauen Schuppen könnten durch eine Umrandung mit hellem Ocker oder auch mit Schwarz voneinander abgesetzt worden sein (Abb. 349). Auch diese Rekonstruktion ist hypothetisch, aber sie berücksichtigt den Befund am Original und ist wenigstens nicht unlogisch.

Die zwei jüngst von Brinkmann entworfenen Farbrekonstruktionen unterscheiden sich auch in der Aufteilung der Farbfelder: Sind es bei den früheren Entwürfen nur zwei Schuppenreihen im ersten Rautenfeld (Abb. 345 und 346), so sind es jetzt drei (Abb. 347 und 348). Wie passt dies zu dem „Konstruktionsprinzip", das „wiedergefunden" sein soll und nach dem die Bemalung am Helm scheinbar sicher rekonstruiert werden konnte?[387]

Mir ist bewusst: Man kann leicht theoretisieren, aber eine praktische Umsetzung ist nicht nur schwer, sondern voller Tücken. Deshalb sei mit aller Vorsicht festgestellt: Nach den Beobachtungen, die jüngst an den Originalen gemacht wurden, ist die Bemalung nicht so konstruiert und schematisch gewesen, wie bei den Rekonstruktionen ausgeführt und auch theoretisch begründet. Das gilt für das Gewand des ‚Paris' ebenso wie für die Schuppen auf der Ägis der Athena. Ein Vergleich der farbigen Rekonstruktion (Abb. 350) mit einer UV-Aufnahme (Abb. 351 und 352) macht das Gesagte mit einem Blick deutlich: Raffiniert, das zeigt die UV-Aufnahme, verschieben sich die Schuppen, reagieren auf Wölbungen und Drehungen der Ägis.

Schließlich muss kurz auf die Frage nach der „Fassung" der Haut bei den Ägineten eingegangen werden. Da die meisten Figuren nackt sind, bestimmte zweifellos deren „Fassung" ganz wesentlich das Erscheinungsbild des Giebels. Eine sichere Aussage ist nicht möglich. Die roten Farbreste auf der Wade eines Westgiebelkriegers wurden als Reste des Inkarnats gedeutet.[388] Schon Wagner hat das Problem der Hautfärbung behandelt: „An den nackenden Theilen dieser Figuren konnte ich nirgends eine Spur von Farbe entdecken, ausgenommen einige von der zinnoberrothen Farbe an den Schenkeln ... ich halte jedoch diese Spur mehr für zufällig, als dass ich sie einer geflissentlichen Bemalung zuschreiben möchte, man müsste denn annehmen, dass jene rothe Farbe Blut vorstellen sollte, welches aus denn Wunden geflossen ..."[389] Da Wagner auch auf den Schilden denselben Farbton bemerkte, konnte er nicht glauben, dass „das Nackende der Figuren zinnoberroth angestrichen gewesen". Das kann man auch heute nicht glauben. Sicherlich war die Haut nicht strahlend weiß. Nur wie sie behandelt bzw. wie intensiv sie getönt war, wissen wir nicht.[390] Sehr unwahrscheinlich erscheint mir, wie jüngst vorgeschlagen, dass man „mit der unterschiedlichen Hautfärbung weiterführende erzählerische Akzente" in die Giebelkomposition gesetzt haben soll.[391]

Nach all diesen Ausführungen muss man zu dem ernüchternden Schluss kommen: Wir wissen kaum etwas über die antike Bemalung der Ägineten. Sie ist uns ein Rätsel. Und dieses Rätsel wird uns wohl bleiben.

Anhang

Anmerkungen

Entdeckung und Ankauf der Ägineten

1 Zu Haller von Hallerstein grundlegend: Fräßle 1971; darauf aufbauend: Wünsche 1980; Haller 1983; Ausst. Kat. Haller 1986; Wünsche 1999. Dort sind die Briefe und Tagebücher zum großen Teil ausführlicher zitiert. Deshalb wird in den Anmerkungen auf diese Publikationen verwiesen. Nur wenn Zitate hier ausführlicher oder dort nicht wiedergegeben sind, wird auf die originale Quelle in den Archiven zurückverwiesen.
2 Das Pech setzte sich auch nach seinem Tod fort. Sein breites und damals hochinteressantes Werk, bestehend aus zahlreichen Bauentwürfen, umfangreichen archäologischen Aufzeichnungen und künstlerischen Arbeiten, blieb lange Zeit wenig beachtet. Als die ersten wissenschaftlichen Arbeiten über Haller erschienen, war ein Teil seines Nachlasses schon untergegangen.
3 Tagebuch Haller, BNU, Ms 2750, Dossier I, S. 124. Fräßle 1971, S. 20. Daraus auch die folgenden Zitate.
4 Goessler 1937/1938, S. 138.
5 Zit. nach Fräßle 1971, S. 31.
6 Fräßle 1971, S. 31.
7 Ausführlich zit. in: Haller 1983, S. 34.
8 Ausführlich zit. in: Haller 1983, S. 41.
9 Stackelberg 1882, S. 77.
10 Stackelberg 1882, S. 82.
11 Henry W. Inwood (1794–1843); Charles Barry (1795–1860); Robert Smirke (1780–1867); George Hamilton-Gordon (1784–1860, Premierminister: 1852–1855).
12 St. Clair 1967, S. 90. Es gibt nur die italienische Version des Ferman (das Original in türkischer Sprache ist verloren), dort heißt es: „… e non si faccia opposizione al portar via qualchi pezzi di pietra con iscrizioni e figure."
13 Brief von Lusieri an Elgin, 16.9.1802. Ausführlich zit. in: Smith 1916, S. 232.
14 Stackelberg 1882, S. 86.
15 Lord Broughton, Recollection of a Long Live, London 1909–11, Bd I, S. 27 (hrsg. von Lady Dorchester).
16 J. C. Hobhouse, A Journey Through Albania and Other Provinces of Turkey, 2. Aufl., London 1813, Bd. I, S. 281.
17 Jacob Linckh hat in einem Schreiben an Wagner, das dieser in einem Brief an Ludwig zitiert, Fauvel und Lusieri schön charakterisiert: „Herr Fauvel hat sehr viel Talent, ohne Geduld, Lusieri hat viel Geduld, ohne Talent." GHA, Wagner an Ludwig, 17.7.1811.
18 Brief von C. R. Cockerell an seine Schwester, 19.1.1811. Zit. nach Watkin 1974, S. 7.
19 Watkin 1974, S. 6 f.
20 Watkin 1974, S. 8.
21 Haller 1983, S. 145.
22 Famous in my Time. Byron's Letters and Journals (ed. by Leslie A Marchand 1974), Bd. 2, S. 37; zu Byron: B. Eisler, Der Held im Kostüm, München 1999.
23 Hierzu eingehend Wünsche 1980, S. 49 ff.; Haller 1983, S. 80–105. In diesem Buch sind die Briefe Hallers und die Tagebücher von Haller, Linckh und Cockerell ausführlich dokumentiert. Daraus sind alle folgenden Zitate entnommen.
24 Simopoulos, Xenoi Taxidiotes stin Ellada, I–III (Athen 1972, 1973, 1975) passim.
25 Dieses und die weiteren Zitate nach Wünsche 1980; Haller 1983.
26 The Journal of C. R. Cockerell, hrsg. v. S. P. Cockerell, London 1903, S. 53.
27 Ch. Garnier, Ile D' Égine. Temple de Jupiter Panhellénien, in: Revue Archéologique XI, 1, 1854, S. 359.
28 R. Chandler – N. Revett, W. Pars, Antiquities of Ionia, Part 2, S. 16 (published by the Society of Dilettanti). Weiterhin heißt es: „…which has a groove in it, as for their insertion. I searched afterwards for this remnant, but found only a small bit, with some spars; sufficient to show that the trunk had been broken and removed."
29 Zit. nach Wünsche 1980 und Haller 1983. Daraus auch die folgenden Zitate.
30 Zit. nach Wünsche 1980 und Haller 1983: John Nicholas Fazakerley (1787–1852), berühmter Altphilologe; später Abgeordneter im Unterhaus; diente Lord Elgin bei dem Ausschuss anlässlich des Ankaufs seiner „Marbles" als Zeuge, um als Griechenlandreisender zu bestätigen, wie gefährlich es für die bedeutenden Werke des Altertums sei, wenn sie in Griechenland blieben. Henry Gally Knight (1786–1846), Autor bedeutender Bücher über Architektur und einiger Orientalischer Geschichten; später Parlamentsabgeordneter.
31 Goessler 1930, S. 8.
32 WWSt, Ludwig an Wagner, Nr. 28, 29.6.1811.
33 Wagner an Haller. Vollständig abgedruckt in: Bergau 1877, S. 190 f.
34 Zit. nach Haller 1983, S. 149 ff., daraus im Folgenden auch die weiteren Zitate.
35 Zit. nach Haller 1983, S. 152.
36 6.12.1811. Zit. nach Haller 1983, S. 152.
37 Das Reisen in Griechenland war damals recht gefährlich. Wenig später fiel Stackelberg in die Hände von Räubern, die ihn wochenlang gefangen hielten und für seine Freilassung 18 000 Piaster Lösegeld forderten. Haller gelang es nach mutigem Ver-

handeln, ihn freizukaufen. 10 000 Piaster mussten dafür aufgebracht werden.
38 Thomas Legh (1793–1857).
39 Stackelberg 1882, S. 199 ff.
40 Ludwig an Haller. Zit. nach Wünsche 1980.
41 Im selben Brief schreibt Ludwig in völliger Unkenntnis der örtlichen Situation, ob nicht Haller ihm Reste der Parthenonskulpturen, die Elgin zurückgelassen hätte, kaufen könnte. Solch einem Ansinnen widersetzte sich Haller. Mit diesem Geld konnte er aber Grabungen in Athen durchführen und fand dabei eine schöne marmorne Lekythos (Inv. GL 209). Zur gleichen Zeit ging ihm ein lang gehegter Wunsch in Erfüllung, nämlich die Erwerbung einer Friesverzierung vom Erechtheion (Inv. GL 242). Er kannte das Stück schon seit Längerem. Es war irgendwann früher vom Erechtheion weggebracht und in einen Brunnen verbaut worden. Das Fragment gehörte einem Türken, dem es als Mitgift die Witwe des türkischen Statthalters in die Ehe gebracht hatte. Der Ankauf führte zu Streitigkeiten, in deren Folge man Haller den Vorschlag machte, diesen Fries wieder zurückzugeben, um dafür „einen besseren vom Erechtheion" zu erhalten. Haller lehnte dies ab. In sein Tagebuch notierte er dazu am 15. Dezember 1811: „… allein da es ganz gegen meine Tendenz ist, Kunstwerke zerstören zu helfen, so konnte ich in diesen Vorschlag nicht eingehen." Und diesen festen Grundsatz hat Haller nie aufgegeben. Jahre später wünschte Ludwig, Haller möge eine Kore vom Erechtheion (damals Pandrosion genannt) erwerben. Ludwig hatte erfahren, dass Lord Elgin eine abbauen konnte und schrieb offensichtlich ohne genauere Kenntnisse über den Zustand der Bauwerke auf der Akropolis in seinem typischen komplizierten Deutsch an Haller: „Wenn Sie mir aus Athen von dem Pandrosion 1 Kariathide, lieber noch 2, wenn dieß ohne des Gebäudes Schaden geschehen kann, erwerben können, würde mich sehr freuen; und sollte dies nicht durch Geschenke von den türkischen Obrigkeiten zu bewirken mit der Vorstellung begleitet, daß das Werk doch nicht mehr ganz besteht, da Lord Elgin eine Kariathide hinweggeführt; und eine dennoch bliebe, wenn ich auch zwei bekäme; da nicht mehr alle 4, es schon kein Ganzes mehr bilde." Haller wies dieses Ansinnen zurück und klärte Ludwig über das Monument auf: „… es gehört mit zu den wenigen, die selbst die Zeit nicht zerstören konnte, und es würde heute zu Tage noch in allen seinen Theilen erhalten dastehen, wenn nicht Lord Elgin, der in einer kurzen Frist, vielleicht mehr als ein Zeitraum von Jahrhunderten gethan haben würde, so manches der herrlichen Monumente Athens nicht nur durch Wegnehmung seiner Zierden entstellt, sondern auch damit zerstört hätte, eine, der von noch fünf vorhanden gewesenen [Koren] genommen hätte, denn die 6te, mit welcher das Monument damals noch ganz und gar erhalten war, muss schon seit langer Zeit fehlen. Die Liebe, mit der E.K.H. die Kunst und ihre Werke beschützen, flösst mir das feste Vertrauen ein, daß die Freymüthigkeit, mit der ich auch für dieses Kleinod griechischer Kunst wieder Ihren Schutz erflehe, von E.H. mit Berücksichtigung ihrer Beweggründe, gnädig angehört werde." Ludwig genierte sich offensichtlich, diesen Wunsch geäußert zu haben, und antwortete sofort: „Sie nehmen sich der Erhaltung aller noch bestehenden Theile des Pandrosiums mit so vieler Wärme an, daß ich von dem, was ich Ihnen im Betreff der Kariathiden gesagt habe, abstehe." Zit. nach Wünsche 1980; Haller 1983. Ludwig an Haller. Zit. nach Heigel 1883, S. 223. Haller an Ludwig, 14.4.1817, GHA. Zit. nach Ausst. Kat. Haller 1986, S. 107. Ludwig an Haller. Zit. nach Heigel 1883, S. 224.
42 Allgemeine Zeitung, Nr. 340, 6.12.1811. Der hier von mir zitierte Bericht ist aus dem „Morgenblatt für gebildete Stände", Nr. 13, 15.1.1812.
43 Ludwig an Dillis, Nr. 46, 1.6.1812 (Messerer 1966, S. 247). Die folgenden Zitate sind entsprechend ihrer Reihenfolge hier zusammengefasst. Ludwig an Dillis, Nr. 48, 15.6.1812 (Messerer 1966, S. 253); Dillis an Ludwig, Nr. 50, 23.6.1812 (Messerer 1966, S. 256); Dillis an Ludwig, Nr. 49, 15.6.1812 (Messerer 1966, S. 254); Dillis an Ludwig, Nr. 50, 13.6.1812 (Messerer 1966, S. 256); Dillis an Ludwig, Nr. 50, 23.6.1812 (Messerer 1966, S. 257).
44 Ludwig an Dillis, Nr. 49, 28.6.1812 (Messerer 1966, S. 258 f.).
45 GHA, Wagner an Ludwig, Nr. 181, 7.12.1812. Zit. nach Wünsche 1980, S. 56.
46 Ludwig an Dillis, 16.8.1812 (Messerer 1966, S. 275).
47 GHA, Wagner an Ludwig, Nr. 88, 6.2.1813. Zit. nach Wünsche 1980, S. 59. Daraus auch die folgenden Zitate.
48 BStBH, Tagebuch Wagners, Cod. germ. Monac. 6238 I. Zit. in: Herbig 1938, S. 20. Daraus auch die folgenden Zitate.

49 Bergau 1875, S. 261.
50 GHA, Wagner an Ludwig, Nr. 88, 6.2.1813. Zit. nach Wünsche 1980. Daraus auch die folgenden Zitate.
51 Herbig 1938, S. 22.
52 Dazu Legrand 1897, S. 41 ff., 185 ff.; Legrand 1898, S. 94 ff., 185 ff.; Bracken 1977, S. 72.
53 Herbig 1938, S. 21.
54 GHA, Wagner an Ludwig, Nr. 89, 9.3.1813.
55 Wie vorherige Anm.
56 GHA, Wagner an Ludwig, Nr. 91, 15.5.1813.
57 GHA, Wagner an Ludwig, Nr. 90, 28.2.1813. Vgl. den Brief von Christian Daniel Rauch an Caroline von Humboldt vom 19.8.1813: „Wagner ist aus Griechenl. zurück höchst unzufrieden mit diesem Land, scheint aber das Ganze nur mit dem Magen zu beurteilen, meint Rocca di Papa sey vortrefflich im Vergl. gegen Athen und Korinth." Zit. nach Jutta von Simson, Caroline von Humboldt und Christian Daniel Rauch. Ein Briefwechsel 1811–1828, Berlin 1999, S. 187.
58 Wie vorherige Anm.
59 GHA, Wagner an Ludwig, Nr. 89, 8.3.1813.
60 GHA, Wagner an Ludwig, Nr. 96 (Fortsetzung), 15.8.1813.
61 „Werde Ihnen dieser Brief neuer Beweis meines großen Vertrauens in Ihnen rechtschaffener, vielfältiger Wagner. Keinem anderen Mensch übertrug ich je ein Geschäft auf nur ähnliche Summe." WWSt, Ludwig an Wagner, Nr. 77, 14.3.1813.
62 GHA, Wagner an Ludwig, Nr. 96, 15.8.1813.
63 Wie vorherige Anm.
64 Vergeblich versuchte Haller ihn doch noch zum Kauf der Bassareliefs umzustimmen. Seinen eigenen Anteil am Fries verpfändete er ihm, um dadurch den Kaufpreis zu erniedrigen. Ludwig nahm jedoch den Kaufauftrag zurück. „Ich muß dabey bleiben" – antwortete er dem drängenden Haller – „den Phigalischen Fries nicht zu erwerben; eine solche Acquisition liegt /nach mittlerweile gefassten anderen Entschlüssen/ außer meinen artistischen und finanziellen Plänen." Für 18 000 Pfund, der dreifache Preis der Ägineten, kaufte den Fries das Britische Museum. Haller bedauerte es sehr, dass der Fries des Bassaetempels, um den er sich so viele Verdienste erworben hatte, nicht von Ludwig erworben wurde. Nur ein kleines Bruchstück der Sima, das er für sich persönlich behalten hatte, kam später nach München.
65 E. R. v. Du Moulin, Frankreich und die Ägineten, in Festg. K. Th. Heigel, München 1930, S. 524.
66 WWSt, Ludwig an Wagner, Nr. 103, 18.4.1815 (Beilage zum Brief).
67 Wagner an Ludwig, Nr. 125, 7.10.1815.
68 WWSt, Ludwig an Wagner, Nr. 107, 7.8.1815.
69 GHA, Wagner an Ludwig, Nr. 123, 6.9.1815.
70 WWSt, Ludwig an Wagner, Nr. 109, 30.9.1815.
71 Leinz 1980, S. 98.
72 GHA, Ludwig an Haller, Nr. 25, 12.4.1816; Heigel 1883, S. 221; Fräßle 1971, S. 300: Breiter zitiert, in: Leinz 1980, S. 132.
73 „Wie immer lade ich Sie ein, diese Zeit bei mir zu bleiben, im Kreise meiner Familie. Wir werden nochmal die so glücklich gemeinsam verbrachten Tage genießen und wir werden auf festem und dauerhaftem Fundament den Ruhm unserer Arbeit begründen. Die Ungeduld von aller Welt, sie zu sehen, davon man soviel erwartet, bedingt, daß das Objekt sehr viel umfangreicher werden wird, als ich zuerst dachte. Ihre Pflicht, sich selbst und der Welt gegenüber, fordert Sie dazu auf. Sie werden mit mir mit so geringen Ausgaben wie möglich in London bleiben. Einer mehr in einem Haushalt zählt nicht. Sie werden alsbald in unsere Familie verliebt sein, und ich zweifle nicht, daß Sie dort sogar eineinhalb Jahre glücklich sein werden. In dieser Zeit wird alles ungefähr vollständig sein. Denken Sie darüber nach, mein sehr lieber Carl, und lassen Sie es mich wissen.…" Zit. in: Haller 1983, S. 272.
74 „Wo wollen Sie sich mit mehr Gewinn und Annehmlichkeit niederlassen, wo wären Sie mehr geachtet als bei uns, in den Armen eines alten Freundes? Sie kennen mich und meinen Charakter, Sie wissen womit Sie bei mir rechnen müssen. Sie riskieren nichts, indem Sie sich mir anvertrauen. … Sie sind in Athen sehr beliebt, sehr geachtet; es ist ein ruhiges Leben und friedlich, das dort geführt wird, aber man kann dabei einschlafen und sich vergessen. Denken Sie daran, wie Sie hier geliebt und geehrt werden. Ihre Zeit ist zu kostbar, um sie zu verlieren und Sie schulden der Welt viel … Zit. in: Haller 1983, S. 276.
75 Haller an Ludwig. Zit. in: Bankel 1986, S. 143.
76 Aber der immer rechnende Ludwig setzte noch folgende Bedingungen hinzu: „a) daß mich nichts koste (oder wenn des Gebäudes Erhaltung es erfordern unerläßlich, doch nur wenig); b) daß des Gottesdienstes ungeachtet, das völlige Eigentum mir bleibe und meinen Erben etc.; c) daß um den Gottesdienst zu halten, nichts abgebrochen, und wenn etwas hinzubauen erforderlich wäre, solches nicht verunstaltend geschähe; daß die Popen nicht glauben, ein Recht zu haben, nach Willkühr zu verfahren; überhaupt, daß sowohl gegen Türken, Griechen und Franken das Theater sicher gestellt werde gegen jede Beschädigung." Ludwig an Haller, 25.11.1816. Zit. in: Wünsche 1985, S. 77.
77 Wie notwendig die Sorge um die Erhaltung antiker Denkmäler damals war, hat Haller immer wieder erfahren müssen. So hatten englische Architekten bei ihren Forschungen im Demeterheiligtum von Rhamnus nicht viel gefunden, „außer einem sehr schönen Stuhl von weissem Marmor, den ich aber" – wie Haller an Ludwig schreibt – „zu meinem größten Leidwesen, in viele Trümmer zerschlagen, unter den übrigen Resten fand." Haller an seinen Bruder. Zit. in Haller 1983.
78 Ausst. Kat. Haller 1986, S. 189.

79 Anders: Furtwängler 1906, S. 182, der meint, dass die Zeichnungen nach Rom kamen. Dies ist aber durch Ausführungen im Nachlass Hallers (Archiv, Germanisches Nationalmuseum Nürnberg) widerlegt (Zimmer 2004, S. 68). Auch für die nie naheliegende Vermutung, dass Wagner Durchzeichnungen von Hallers Zeichnungen anfertigte, lässt sich kein Hinweis finden: Weder im Briefwechsel Wagner-Ludwig noch in Wagners „Bericht" oder in seinen Briefen wird auf die Rekonstruktionsskizzen Hallers oder auf eine der vielen Notizen, die er auf die Zeichnungen schrieb, eingegangen. Schließlich ist im Nachlass Wagners und Ludwigs auch keine einzige dementsprechende Zeichnung vorhanden. Furtwängler war der Briefwechsel Wagner-Ludwig unzugänglich. Seine Ausführungen zu Erwerbung und Ergänzung der Ägineten sind deshalb zum Teil nicht zutreffend.

Die Ergänzung der Ägineten

80 R. Wünsche, Der Torso – Ruhm und Rätsel, Ausst. Kat. München 1998, S. 20–29.
Schon Winckelmann sammelte literarische Hinweise auf antike Restaurierungen, M. Kunze, „Von der Restauration der Antiquen" – Eine unvollendete Schrift Winckelmanns, Mainz 1996, S. 64 f.

81 Zuletzt: R. Wünsche, La cosidetta Ara di Domitius Ahenobarbus, in: I giorni di Roma. L'età della conquista (2010), S. 284 f.

82 G. B. Passeri, Leben der Maler, Bildhauer und Baumeister, welche in Rom gearbeitet haben und zwischen den Jahren 1641–1673 gestorben sind. Übers. und hrsg. von Bianconi (Dresden-Leipzig 1786), S. 107 f. Zitiert nach Müller-Kaspar 1988, S. 23.

83 Alle Zitate von Cavaceppi nach U. Müller-Kaspar, Cavaceppi zwischen Theorie und Praxis. Das Traktat „Dell'arte di ben restaurare le antiche sculture" – nichts als schöne Worte?, in: Schönheit 1999, S. 93 ff.

84 Winckelmann, Briefe II, 105; Nr. 376 an Stosch; zit. auch bei Gesche 1982, S. 452; Müller-Kaspar 1988, S. 137.

85 Zoëgas Brief in der Universitätsbibliothek Bonn zit. (in deutscher Übersetzung) von R. Kekulé, Archäologische Zeitschrift 29, N.F. 4, 1872, S. 51 f. Dazu: A. Müller, Besuch beim Wiederhersteller, Römische Restauratorenwerkstätten um 1800 im zeitgenössischen Blick, in: Wiedererstandene Antike 2003, S. 146.

86 R. Wünsche, Fälschungen und Ergänzungstechniken antiker Plastik, in: K. Braun – A. Furtwängler (Hrsg.), Studien zur Klassischen Archäologie. Festschrift zum 60. Geburtstag von Friedrich Hiller (1986), S. 187–217.

87 F. Brun, Römisches Leben II, Leipzig 1833, S. 15 f.

88 C. V. v. Bonstetten, Reise in die klassischen Gegenden Roms, zur Schilderung ihres ehemaligen und gegenwärtigen Zustandes, bearbeitet von K. G. Schelle, 2 Theile, Leipzig, bey I. F. Hartknoch, 1805, S. 139 f. Zit. nach A. Müller, Besuch beim Wiederhersteller, Römische Restauratorenwerkstätten um 1800 im zeitgenössischen Blick, in: Wiedererstandene Antike 2003, S. 143. Aber es war nicht nur Zoëga und sein Kreis, der so spöttisch über die „Antikenfabrik" urteilt. A. Cunningham schreibt in seinem Buch „Lives of the Most Eminent British Painters, Sculptors and Architects" recht witzig: „In this kind of jugglery the Italians excell all mankind – they gather together the crushed und mutilated members of two or three old marbles, and by means of a little skill of hand, good cement, and slight in coloring, raise up a complete figure, on which they confer the name of some lost statue, and as such sell it to those whose pockets are better furnished than their heads – especially our English ‚cognoscenti'." (Zit. nach: Ausst. Kat. Bartolomeo Cavaceppi, The Clarendon Gallery (London 1983), S. 16).

89 C. G. Heyne, Sammlung antiquarischer Aufsätze, II (1779), S. 180; schon Scipione Maffei, Verona Ilustrata, 1732, III, S. 213, forderte von jedem, der eine antike Figur publizierte, dass die Ergänzungen angegeben werden. Winckelmann hatte zu diesem Thema eine eigene Schrift geplant. Müller-Kaspar 1988, S. 47.

90 F. Brun, Auszüge aus einem Tagebuch über Rom. In den Jahren 1795 und 1796, Zürich 1800/1; als Separatveröffentlichung von Bd. 3 und 4. der „Prosaischen Schriften" 4 Bde., Zürich 1799–1801, S. 323 ff.; A. Müller a. a. O., S. 148 f.

91 Elisa v. der Recke, Tagebuch einer Reise durch einen Theil Deutschlands und durch Italien in den Jahren 1804 bis 1806, hrsg. v. K. A. Müller, Berlin 1817, IV, S. 171; A. Müller a. a. O., S. 153, Anm. 30.

92 Dass so berühmte Antiken wie der „Torso vom Belvedere" und der „Pasquino" all die Jahrhunderte hindurch unergänzt blieben, erklärt sich aus speziellen Gründen, vgl. Der Torso – Ruhm und Rätsel, Ausst. Kat. München 1998, S. 27 f.; R. Wünsche, Pasquino, MüJb 42, 1991, S. 7–38. Ebenso freuten sich Künstler und Gelehrte an Bruchstücken und ließen sich gerne – seit der Renaissance – mit fragmentierten kleinen Figuren als Zeichen ihrer Kreativität bzw. ihres Humanismus abbilden. An diesen Vorbildern orientierte sich auch der Comte de Caylus (1692–1765), der seine Sammlung kleinformatiger Marmorwerke unergänzt ließ und sie auch in dieser Form publizierte.

93 Pückler-Muskau schreibt 1808: „Ein bloßer Körper der Venus Medici ohne Kopf, Hände und Füße, macht, wie ich zu meiner Schande gestehen muß, mehr Eindruck auf mich, als je die ganze Figur mir hat einflößen können, in so fern man nämlich von Abgüssen auf das Original schließen kann. Da ich kein Kunstsachverständiger bin, wage ich nicht den Grund erklären zu wollen, der mein Gefühl bestimmte; kam es daher, dass dieser Teil wirklich einen höheren Kunstwert hat, oder machte das einzelne Schöne, dass ich seine Vortrefflichkeit besser auffassen konnte, als beim ganzen?" (nach P. Gerlach, Antikenstudien in Zeichnungen klassizistischer Bildhauer, München 1973,

S. 34). Carl August Böttiger schreibt, dass „modernes Machwerk mit antiker Kunstschöpfung auf die unbegreiflichste Weise" zusammengepaart sei. C. A. Böttiger, Ueber die Dresdner Antiken-Galerie, in: J. Sillig, C. A. Böttigers kleine Schriften, Bd. 2 (1838), S. 32.

94 Memorandum 1815, S. 39 f.; O. Rossi Pinelli, Il frontone di Aegina e la cultura del restauro dell'antico a Roma intorno al 1816, in: P. Kragelund – M. Nyklaer (Hrsg.), Thorvaldsen. L'ambiente l'influsso il Mito (Rom 1991), S. 123–129.

95 Smith 1916, S. 203, daraus auch das nächste Zitat.

96 W. R. Hamilton (1777–1859) war später Unterstaatssekretär, dann britischer Minister in Neapel (nicht zu verwechseln mit Sir William Hamilton), seit 1830 Mitglied der Society of Dillettanti und von 1838 bis 1858 Trustee des Britischen Museums.

97 Zit. nach: Memorandum 1815, S. 39 f.; Rothenberg 1977, S. 185.

98 Memorandum 1815, Appendix E, S. 93.

99 Smith 1916, S. 297 f.

100 Report from the Select Committee of the House of Commons on the Earl of Elgin's Collection of Sculptured Marbles, London, 1816.

101 Farington Diary, V, S. 72.

102 B. J. Haydon, Correspondence and Table Talk, London 1876, Bd. I, S. 256; Rothenberg 1977, S. 166.

103 Smith 1916, S. 318.

104 A. C. Quatremère de Quincy, Lettres escrites de Londres à Rome et addressées à Mr Canova sur les Marbres d'Elgin à Athenes (Paris 1818), S. 87.

105 Larsson, 1969, S. 40.

106 GHA, Ludwig an Wagner, Nr. 90, 17.6.1814.

107 E. Michon, Les Fragments du Parthénon Conservés au Musée du Louvre, Revue archéologique, Series III, 24, 1894.

108 Furtwängler 1906, S. 182; Ohly passim.

109 Larsson, 1969, S. 24.

110 Seit Furtwänglers Grabungen unbestritten. Furtwängler 1906, S. 256 ff.; siehe Inhaltsverzeichnis Ohly 1976.

111 Beim Vergleich der Zeichnungen von Haller und Cockerell wird deutlich, wie viel Cockerell von Haller übernommen hat. Anders: Furtwängler (1906, S. 182 ff.); richtig beurteilt von Zimmer (2004, S. 68).

112 Die Zeichnungen Hallers werden an verschiedenen Orten aufbewahrt: Nürnberg-Großgründlach, Frh. v. Haller'sche Familienstiftung; Straßburg, Universitätsbibliothek; München, Geheimes Hausarchiv, und das für die Ägineten wichtigste Konvolut an Zeichnungen in Berlin, Kunstbibliothek – Sammlung der Handzeichnungen. Diese Zeichnungen waren Furtwängler bekannt (zumindest ein Teil davon). Seit 1945 galten sie als verschollen. Mehrfache Nachforschungen in Berlin (Ohly, Wünsche) blieben vergebens. 1995 wurden sie von Jürgen Zimmer wieder entdeckt und 2004 unter dem Titel „Die Aegineten in Berlin" publiziert. Da Zimmer in dieser Publikation zwar äußerst sorgfältig die Sekundärliteratur durcharbeitet, aber auf ein Studium der Archivquellen und der Zeichnungen in Straßburg, London, München und andernorts verzichtet und erstaunlicherweise nicht einmal Einsicht in die reichhaltigen Unterlagen der Glyptothek zu nehmen bzw. Auskünfte von dort zu erlangen wünschte, hat er in diese Publikation leider nicht nur viele in der Sekundärliteratur tradierten Unrichtigkeiten übernommen, sondern es blieben ihm auch manche Erkenntnisse, die sich aus diesen Zeichnungen ergeben, verborgen.

113 Auftrag vom 28.7.1812. Vollständig abgedruckt in: Ausst. Kat. München 1980, S. 36 ff.

114 WWSt, Ludwig an Wagner, Nr. 84, 14.9.1813.

115 WWSt, Ludwig an Wagner, Nr. 84, 14.9.1813.

116 GHA, Wagner an Ludwig, Nr. 83, 15.7.1812.

117 WWSt, Ludwig an Wagner, Nr. 96, 18.1.1815.

118 GHA, Wagner an Ludwig, Nr. 111, 13.2.1815.

119 WWSt, Ludwig an Wagner, Nr. 108, 1.9.1815.

120 GHA, Wagner an Ludwig, Nr. 124, 2.10.1815; WWSt, Ludwig an Wagner, Nr. 110, 8.11.1815: „Das wird am Zweckmäßigsten sein, wenn Thorvaldsen die Ergänzungen modelliere, Finelli sie aber in Marmor ausführet." GHA, Wagner an Ludwig, Nr. 132, 20.12.1815: „Auch wünsche ich von E. K. H. den bestimmten Willen zu erfahren, ob jetzt oder später die Ergänzung der äginetischen Statuen vorzunehmen! Und auf welche Weise! Ob ganz durch Thorwaldsen? Ob zum Teil oder bloß unter seiner Leitung?"

121 L. O. Larrson, Thorvaldsens Restaurierung der Ägineten im Lichte zeitgenössischer Kunstkritik und Antikenauffassung, in: Konsthistorisk Tidskrift 38, 1969, S. 25.

122 Dies geht aus den Briefen Wagners eindeutig hervor.

123 Augsburger Allgemeine Zeitung, 6.5.1856, Beilage Nr. 127, S. 2026: In dem Bericht eines Korrespondenten in Rom wird die Leistung Wagners an den Ergänzungen besonders hervorgehoben.

124 Zu dieser Publikation: Wagner 1817: GHA, Wagner an Ludwig, Nr. 137, 12.3.1816; Nr. 144, 8.6.1816; Nr. 146, 3.7.1816; Nr. 154, 5.10.1816; WWSt, Ludwig an Wagner, Nr. 118, 20.4.1816; Nr. 120, 11.6.1816.

125 Wagner 1817, S. 189.

126 Wagner 1817, S. 182.

127 Anders Zimmer (2004, S. 62), der aber die Quellen nicht kennt. Auch Furtwänglers Ansicht (1906, S.182), dass Wagners Verteilung der Figuren „völlig abhängig" von Hallers und Cockerells Zeichnungen sei, ist zwar richtig, aber in seiner Bewertung ungerecht, da Furtwängler die Zeitenfolge missachtet: Als Wagner den Bericht verfasst, sind die Figuren gerade erst zusammengesetzt; er konnte sich nur auf die Fundangaben in den Zeichnungen Hallers und auf die Aussagen Cockerells verlassen.

128 WWSt, Ludwig an Wagner, Nr. 131, 11.2.1817.

129 Fräßle 1971, S. 316; Leinz 1980, S. 129.

130 Hirt 1818, S. 39.

131 GHA, Wagner an Ludwig, Nr. 161, 28.12.1816. Man vergleiche W. v. Humboldts Denkschrift über die Antikenergänzungen im Berliner Museum (1830): „Es ist natürlich bei denselben [Restaurationen] immer der Grundsatz beobachtet worden, dass man nur ergänzt, wo der Mangel der fehlenden Theile den Anblick und den Genuss des Ganzen fühlbar stört, dagegen diejenigen unrestauriert lässt, welche, wie zum Beispiel Torsos, auch in ihrer Verstümmelung noch ein Ganzes darbieten, und deren Restauration, da man zuviel hinzufügen müsste, eben den Charakter zu verändern drohen würde" (nach F. Stock, Urkunden zur Einrichtung des Berliner Museums, in: Jahrbuch d. preuß. Kunstsammlungen, 58, 1937, Beiheft S. 78).

132 GHA, Wagner an Ludwig, Nr. 142, 27.4.1816.

133 GHA, Wagner an Ludwig, Nr. 125, 7.10.1815.

134 Pulini tritt als selbstständiger Restaurator sonst kaum in Erscheinung; Pingiani oder Pinciani (wohl Domenico Piggiani [1768–1834?]) arbeitete für den Antikenhandel, aber auch für die Capitolinischen Museen; Giuseppe Franzoni (1752–1837) war, wie sein älterer, etwas bekannterer Bruder Francesco Franzoni, Bildhauer und Restaurator. Er restaurierte u. a. für die Vatikanischen Museen sowie für den Kunsthändler A. Fagan und hat auch im Auftrag von „Maler Müller" den sitzenden Germanicus (GL 517) restauriert (vgl. Ausst. Kat. München 1980, S. 29 f.). Zu Piggiani und Franzoni: R. Carloni, I restauri di Giuseppe Franzoni, Michele Ilari e Domenico Piggiani nel Museo Capitolino, BMusRom 9, 1995, S. 63 ff.

135 Louise Seidler zit. nach J. Wittstock, Thorvaldsen und die Deutschen: ein Beitrag zur frühen Rezeption seiner Kunst (1991), S. 110: „Im ersten derselben war ein kleines Atelier; Staffeleien mit angefangenen Basreliefs standen darin umher, der Fussboden, die Tische und Stühle waren mit kleineren Figuren bedeckt, nur mit Mühe fand man einen Stuhl zum Sitzen, nirgends etwas, das einem Komfort ähnlich war … Das Schlafzimmer war besonders klein; trotzdem stand auch in diesem dicht vor des Künstlers Bett ein Modellierstuhl mit einem angefangenen Bildwerk darauf, an welchem er zugleich nach dem Aufstehen zu arbeiten pflegte. Hinter diesem Zimmer befand sich ein etwas größeres Gemach, … auf den Tischen sah man in bunter Unordnung allerlei Ausgrabungen, Vasen, Münzen, Bronzen u.s.w."

136 Das Verfahren entspricht im Prinzip dem Randschlag, mit dem man sich in der griechischen Bautechnik das exakte Anpassen von Marmorquadern erleichterte.

137 Leider sind nur noch ein Torso in Genf und ein Torso in Erlangen erhalten; andere, wie ein Kopf in der Münchner Gipssammlung der Universität, sind im Krieg untergegangen.

138 Nicht zutreffend: W. Martini, Die archaische Plastik der Griechen (Darmstadt 1990), S. 245: „Die Stilformen der Ägineten sind wegen der gründlichen Überarbeitung der Oberfläche durch B. Thorvaldsen von 1816–1818 schwer zu beurteilen." Zur künstlichen Verwitterung der Ergänzungen: Müller-Kaspar 1988, S. 99: „Meisterlich beherrschen dieses Verfahren diejenigen Bildhauer, die für Thorvaldsen die Aegineten-Ergänzungen meißelten – umso bedauerlicher, dass dieses Kunstwerk verloren ist."

139 Ausnahme davon sind die Schilde: Das Zusammensetzen antiker Schildfragmente und das Einfügen in die zum Teil neu gefertigte Schilderundung war so kompliziert, dass man öfters an den Bruchkanten (zum Beispiel beim Schild des ‚Ajas') korrigieren musste.

140 Schon Wagner 1917, S. 68, äußert Zweifel an dieser Maßnahme.

141 GHA, Wagner an Ludwig, Nr. 134, 12.1.1816.

142 Vgl. Korrespondenz Ludwigs mit Dillis wegen der ‚Tinte' Canovas. GHA, Dillis an Ludwig, 26.8.1808; Ludwig an Dillis, 4.7.1809; Dillis an Ludwig, 7.7.1809; Messerer 1966, S. 78 ff.; Müller-Kaspar 1988, S. 62.

143 B. J. Docen, Über die Aufstellung antiker Kunstwerke, in: Kunstblatt 1822, 2, S. 7 (hrsg. von Schorn), fordert, „alle angestückten neuen Teile" durch „einen sehr dünnen Farbanstrich von den antiken Bildwerken zu unterscheiden".

144 GHA, Wagner an Ludwig, Nr. 145, 15.6.1816.

145 GHA, Wagner an Ludwig, Nr. 145, 15.6.1816.

146 GHA, Wagner an Ludwig, Nr. 125, 7.10.1815.

147 Bei der Athena sogar zwei Stützen: eine direkt von unten in den Körper und eine von hinten.

148 Vgl. GHA, Wagner an Ludwig, Nr. 128, 15.11.1815.

149 GHA, Wagner an Ludwig, Nr. 159, 30.11.1816.

150 GHA, Wagner an Ludwig, Nr. 159, 30.11.1816, Betreff Oberlicht: „Da solche von allen Seiten gleich gut ausgearbeitet und vollendet, dabei aber der oben benannten Ursachen wegen auf keiner Weise zum Drehen einzurichten sind, so ist meines Erachtens kein anderes Mittel übrig als sie von oben herunter, daß sie durch ein verhältnismäßig große Öffnung in der Mitte der Decke zu beleuchten, und die Statuen zu beiden Seiten in zwei Reihen jedoch freistehend aufzustellen damit man bequem um sie herumgehen und solche von allen Seiten betrachten könne, welches mir allein durch eine Beleuchtung von oben zu bezwecken ist. Daß eine solche Beleuchtung von der Decke herunter ein vortreffliches für plastische Kunstwerke ganz geeignetes Licht gäbe hiervon gibt das Pantheon in Rom, und der große Saal des Apollo im Museo zu Paris den schönsten Beweis. Wäre es unserem Klima angemessen, oder irgend auf eine Weise tunlich, so würde ich raten, alle Säle, das Festappartement ausgenommen von oben herunter beleuchten zu lassen, wodurch auf einem Male vielen Übeln abgeholfen und man alle Wände zu freier Disposition hätte, folglich unendlicher Raum gewonnen würde, weil man alle Seitenwände benützen könnte."

151 GHA, Wagner an Ludwig, Nr. 159, vom 30.11.1816.
152 GHA, Wagner an Ludwig, Nr. 159, 30.11.1816.
153 Ludwig – Klenze, Briefwechsel, S. 252; 13.12.1816.
154 GHA, Wagner an Ludwig, Beilage zu Nr. 167, 19.4.1817.
155 Dazu ausführlich: Leinz 1980, S. 155 f.
156 Wagner an Ludwig, Nr. 161, 28.12.1816.
157 Zimmer 2004, S. 21.
158 Ohly 1976, Taf. 154–157; Zimmer 2004, S. 55.
159 „à l'Est je ne suis tout à fait sur si ce corps n'a pas trouvé à l'ouest, alors etant tout à fait ressemblant a celui marqué C. nouveau signe de la plus parfaite symetrie…": Zimmer 2004, S. 28.
160 Wenn Wagner in seiner Schrift (Wagner 1817), die vor dem Ergänzen der Figuren entstand, den Stecher noch dem Ostgiebel zuweist, so folgt er hier der Zeichnung Hallers bzw. Cockerells. Wenn Hirt (1818, S. 35) schreibt, der Stecher „gehört nach unserm Dafürhalten zu der Gruppe an dem westlichen Giebel", gibt er eine Erkenntnis, die Wagner schon ein Jahr zuvor Ludwig mitgeteilt hatte, als etwas Neues und Selbstgefundenes aus.
161 Ludwig – Klenze, Briefwechsel, S. 268.
162 Ludwig – Klenze, Briefwechsel, S. 274, 21.5.1817.
163 Ludwig – Klenze, Briefwechsel, S. 278, 12.6.1817: „H. Wagners stets vergrößertes Verlangen von Platz für die Aeginetischen Werke fängt mich an sehr zu verdrießen, und es wird vielleicht gut sein auch Cockerells Rath über die Aufstellung derselben zu hören, ich habe deshalb an ihn geschrieben und werde demnächst seine Antwort Ew. Königlichen Hoheit vorlegen."
164 GHA, Ludwig an Wagner, Nr. 136, 29.6.1817.
165 Einen gleichen Gedanken hatte Haller, der in seinem Glyptotheksentwurf einen Saal für die einzeln gesockelten unergänzten Ägineten vorsieht und in den Giebeln der sich gegenüberliegenden Portiken des Museumsinnenhofes „Copien von Eginas Statuen, eben so wie sie dort an dem Panhellenischen Jupiter Tempel waren" aufstellen wollte. Diese Kopien mussten natürlich ergänzt sein.
166 GHA, Thorvaldsen an Ludwig, Beilage zum Brief von Wagner am 13.8.1817.
167 GHA, Wagner an Ludwig, Nr. 172, vom 16.8.1817.
168 Ludwig – Klenze, Briefwechsel, S. 335 f., 7.9.1817.
169 Ludwig – Klenze, Briefwechsel, S. 340, 12.9.1817.
In dem Brief heißt es weiterhin: „Daß z. B. in dem hinteren Aetos nicht wie H. Wagener meint über den 10 vorhandenen noch ein halbes Dutzend Figuren gestanden haben, wird Ew. Königlichen Hoheit der erste Anblick von Cockerells Zeichnung überzeigen; Hirts Erklärung hat mir und den hiesigen Gelehrten, Schelling, Thiersch etc. etc. höchst wahrscheinlich frappant und schön geschienen, und nur der ich wage es zu sagen höchst parteyische Sinn des H. Wagener kann sich so dawider erklären. Telamon der Sohn des Aeacos dieses Stammvaters Aeginetischer Helden und Herrscher spielt in dem einen Giebel eine Hauptrolle, Ajax dieses Telamons Sohn der Held Aeginas beim Kampfe um Troja ist gewißermaßen die Hauptperson in dem anderen Giebelfelde, indem er den Körper des Patroclos gegen Hector vertheidigt, und von Athenä beschützt erringt; wenn also auf einem Aeginetischen Tempel, deßen Erbauung, eine der Hauptkatastrofen des Aeacos verewigte, die 2 Hauptbilder, mit den merkwürdigsten Geschichtsepochen seiner nächsten Nachkommen genau übereinstimmen, wenn anerkannt gelehrte Männer dieses bis zur Evidenz beweisen, so kann man wenigstens so viele Gründe nicht mit dem seichten unbestimmten Satze abfertigen: diese Gruppen stellen nicht die in Frage stehenden Momente dar, weil man eine jede andere Heldenthat darin suchen kann. Doch glaube ich daß Ew. Königliche Hoheit die Sache mit Ruhe einstweilen dahin gestellt sein laßen könnten. In wenig Wochen wird Hirt seine Gedanken über diese Werke mit Cockerells Zeichnungen begleitet öffentlich bekannt machen, und dann wird es ja dem H. Wagener wohl leicht werden seinen antiquarischen Hirten wie er ihn zu nennen beliebt zu widerlegen und zu paaren zu treiben. Die Sache hat meiner unmaßgeblichen[*]Meinung keine Eile, der Saal wird erst in 1 ½ Jahre angefangen, bis dahin ist ja wohl die antiquarische Frage entschieden, Ew. Königliche Hoheit haben die Werke Selbst gesehen und wie ich glaube sind dieselben dann schon hier angekommen; es ist also dann noch rechte Zeit, und leicht darüber zu entscheiden; jedoch glaube ich Ew. Königliche Hoheit auf die große Spannung aufmerksam machen zu müßen welche wegen der, wenn auch nicht unrechten doch wohl nicht sehr delikaten Bekanntmachung der Bassorelievi von Phygalea, zwischen Wagener und Cockerell herscht, und welche wie es mir scheint nicht ohne Einfluß auf Wageners Urtheil über des letzteren Arbeit, die Zusammenstellung jener Aeginetischen Werke ist."
170 Ludwig – Klenze, Briefwechsel, S. 382, 2.12.1817.
171 Ludwig – Klenze, Briefwechsel, S. 400, 9.1.1818; darin Beilage: Abschrift Brief Hirt an Klenze vom 23.12.1817.
172 Ludwig – Klenze, Briefwechsel, S. 400, 9.1.1818.
173 WWSt, Klenze an Wagner (Fasz. V. K. an W.), Juli 1819, zitiert nach Nerdinger 2000, beiliegende CD-Rom: Klenze an Wagner, fol. 70 v.
174 WWSt, Fasz IV (Briefe an Wagner), 28.6.1819.
175 Nur auf diese Rekonstruktionen bezog sich Hirts Vorschlag, in Gips zu ergänzen. Die anderen Figuren waren nämlich zu diesem Zeitpunkt schon in Marmor ergänzt. Anders: Larsson, 1969, S. 30; zuletzt: A. Fendt, Provisorium und Experiment – Gipsergänzungen an antiken Statuen im 19. Jahrhundert, in: S.-G. Bruer – D. Rößler (Hrsg.), Festschrift für Max Kunze, 2011, S. 207.

176 Anders Zimmer 2004, S. 62.
177 Nerdinger 2000, beiliegende CD-Rom: Klenze an Wagner, 181 v.
178 Ludwig – Klenze. Briefwechsel, S. 317, 4.11.1827.
179 Nerdinger 2000, beiliegende CD-Rom: Klenze an Wagner, fol. 183 v.
180 WWSt, Ludwig an Wagner, Nr. 110, 8.11.1815: „Später, etwas früherer Zeitpunkt soll angegeben werden, darf es nicht beendigt werden als daß sie im September 1818 in München anlangen können."
181 GHA, Wagner an Ludwig, Nr. 127, 21.10.1815.
182 WWSt, Ludwig an Wagner, Nr. 121, 28.6.1816.
183 GHA, Wagner an Ludwig, Nr. 143, 18.5.1816.
184 GHA, Wagner an Ludwig, Nr. 156, 16.10.1816.
185 GHA, Wagner an Ludwig, Nr. 160, 7.12.1816.
186 WWSt, Ludwig an Wagner, Nr. 130, 20.12.1816; vgl. auch: GHA, Wagner an Ludwig, Nr. 162, 15.2.1817.
187 GHA, Wagner an Ludwig, Nr. 182, 24.1.1818.
188 GHA, Wagner an Ludwig, Nr. 186, 4.7.1818; zum Kaufantrag Berlins: WWSt, Ludwig an Wagner, Nr. 146, 25.10.1818. Diese Quellen widerlegen die Ausführungen Zimmers (2004, S. 77) und zeigen, wie so oft, die Fragwürdigkeit ‚feinsinniger' Überlegungen: „…womöglich spiegelt die Auswahl dann gewisse Präferenzen für die nackten Statuen, an denen das klassizistisch geschulte Auge eher Gefallen finden konnte als an den befremdlich erscheinenden Köpfen und Gesichtern der beiden Bogenschützen; die vornehmste Statue war aber wohl immer dabei: die der Athena aus dem westlichen Giebelfeld."
189 WWSt, Ludwig an Wagner, Nr. 148, 9.12.1818.
190 WWSt, Ludwig an Wagner, Nr. 152, 9.3.1819.
191 WWSt, Ludwig an Wagner, Nr. 158, 19.6.1819; GHA, Wagner an Ludwig, Nr. 143, 18.5.1816.
192 GHA, Wagner an Ludwig, Nr. 141, 18.7.1818. Dort heißt es weiter: „Wahrscheinlich waren ihnen diese Lasten von Trümmern bei dem Mangel von Hebezeugen, den wenigen Hilfsmitteln, die einem dort zu Gebote stehen, nicht möglich, solche von der Stelle zu schaffen, sie ließen also in Gottesnamen liegen, was sie nicht heben konnten und alles was darunter verborgen ist. Das Stück Ornament welches oben auf dem Hintergiebel zwischen den beiden kleinen weiblichen Figuren stand, und welches man, wie mir Cockerell sagte, seiner Schwere wegen dort zurückgelassen hat, ist verschwunden und nach der Aussage dieses Engländers nicht mehr unter den Trümmern zu finden."
193 WWSt, Ludwig an Wagner, Nr. 143, 8.8.1818.
194 WWSt, Ludwig an Wagner, Nr. 145, 4.10.1818.
195 GHA, Ludwig an Wagner, Nr. 160, 16.8.1819.
196 WWSt, Ludwig an Wagner, Nr. 166, 14.2.1820.
197 Wagner 1817, S. 41 f.
198 In der ersten Beschreibung der Glyptothek von L. v. Klenze und L. Schorn (1830), S. 51, schreibt Schorn: „Die Stellung dieser Figur war schwer zu errathen, und wurde nur durch einen glücklichen Zufall erkannt."
199 Vgl. Wagner 1817, S. 41; Urlichs 1867, S. 47.
200 H. Brunn, Beschreibung der Glyptothek (1887), S. 78.
201 Furtwängler Glyptothek 1900, S. 114.
202 Chr. Grunwald, Zu den Aegineten-Ergänzungen, in: Bertel Thorvaldsen. Ausst. Kat. (Köln 1977), S. 322.
203 WWSt, Ludwig an Wagner, Nr. 110, 8.11.1815.
204 GHA, Wagner an Klenze, Nr. 145, 15.6.1816.
205 Larsson, 1969, S. 28 ff. dagegen: J. Paul, Antikenergänzungen und Ent-Restaurierung, Kunstchronik 25, 1972, S. 95.

Fälschungen nach den Ägineten

206 Anders: K. Türr, Fälschungen antiker Plastik seit 1800 (1984), passim.
207 GHA 86/5/5, Prokesch an Ludwig, Brief vom 16.12.1849; ausführlicher zit. von Wünsche 1985, S. 96 f. Klenze hat den Ankauf des Apoll von Tenea bei Ludwig durchgesetzt. Er bezeichnete auch die von ihm gekaufte, höchst qualitätvolle Vasenkollektion der Sammlung Panitteri als von der Bedeutung „unter den Vasen, was die Ägineten unter den Statuen sind".
208 A. Furtwängler, Neuere Fälschungen von Antiken (1899), S. 1 ff.; E. Paul, Die falsche Göttin (1962), S. 31 ff.: ders., Gefälschte Antike (1982), S. 220 f.; K. Türr a. a. O., S. 91.
209 Was von den damals Verantwortlichen der Berliner Museen übersehen und deshalb von Furtwängler wenig kollegial und geradezu beißend kritisiert wurde (Furtwängler a. a. O., S. 5 f.).
210 Der Kopf ist inzwischen verschollen: A. Furtwängler, a. a. O., S. 7; daraus auch das weitere Zitat.
211 G. M. A. Richter, Metropolitan Museum of Art Bulletin 24, 1929, S. 145; E. Paul, Gefälschte Antike (1982), S. 216, Abb. 180; K. Türr a. a. O., S. 90.
212 Vgl. C. Vermeule, Classical Journal 65, 1969, 49 f.; K. Türr a. a. O., S. 88 f.: „Dieser Umstand ist es vor allem, der gegen die Tatsache einer Fälschung spricht."

Lobende und kritische Äußerungen zu den ergänzten Ägineten

213 Dillis an Ludwig, 4.11.1816. Friedrich Messerer, Briefwechsel Ludwig und Dillis (1966), S. 465.
214 C. R. Cockerell, On the Aegina Marbles, in: The Journal of Science in the Arts 6, 1819, S. 331.
215 C. A. Eaton, Rome in the Nineteenth Century, Bd. III (1826), S. 311: Letter LXXXVIII; Cockerell zeigte Eaton in Rom die Figuren und seinen Rekonstruktionsentwurf: „The accurate designs of their original position, drawn by Mr. Cockerell, from notes taken on the spot, give a very satisfactory idea of their connexion with each other." (Eaton, S. 313).
216 F. H. von der Hagen, Briefe in die Heimat aus Deutschland, der Schweiz und Italien (1816–1821) Bd. II, S. 314–315.

217 Quatremère de Quincy, Lettres ecrites … à Mr. Canova sur les marbles d'Elgin à Athènes (1818) Brief IV, S. 82.
218 Zit. nach: J. Wittstock, Geschichte der deutschen und skandinavischen Thorvaldsen-Rezeption bis zur Jahresmitte, 1819 (1975), S. 300 f.
219 Wittstock, a. a. O., S. 302.
220 In: Schriften, Bd. 10 (1825), S. 334; hier zit. nach dem grundlegenden Aufsatz zu diesem Themenbereich von Larsson 1969, S. 44.
221 Larsson 1969, S. 30.
222 J. M. Thiele, Thorvaldsens Leben (deutsch von Helms) I (1852), S. 267 f., 283.
223 W. Schulz, Aus dem Tagebuch des Grafen Wolf Baudissin, Euphorion 28, 1927, S. 385 f.
224 L. v. Klenze, Über das Hinwegführen plastischer Kunstwerke aus dem jetzigen Griechenland und die neuesten Unternehmungen dieser Art (1821), S. 3.
225 F. Trollope, Briefe aus der Kaiserstadt (1836), S. 102 ff.
226 J. Burckhardt, Der Cicerone (1855), S. 412.
227 Cockerell 1860, S. 34.
228 Cockerell 1860, S. 35.
229 Cockerell 1860, S. 10.
230 Wagner versuchte Ludwig zu überzeugen, auch unergänzte Figuren und Fragmente zu kaufen, und wollte dafür einen eigenen Raum in der Glyptothek einrichten.
231 Hierzu ausführlich die wichtige Studie von O. Rossi Pinelli, Chirurgia della memoria: Scultura antica e restauri storici (1986), S. 143 f.
232 F. Stock, Urkunden zur Einrichtung des Berliner Museums, Jahrbuch der preuß. Kunstsammlungen 58, 1937, Beiheft, S. 78; hier zit. nach Larsson 1969, S. 33, daraus auch das folgende Zitat.
233 Dazu R. Wünsche, Der Torso – Ruhm und Rätsel (1998), S. 65.
234 D. Raoul-Rochette, Conjectures archéologiques sur le group antique don't faisait partie le torse du Belvedere, in: Mémoires de numismatique et d'antiquité (1840), S. 153.
235 J. J. Abbé Barthelémy, Voyage en Italie…inprimé sur ses lettres écrites au Comte de Caylus (1801), S. 365.

236 Zit. nach: Das Fragment – Der Körper in Stücken. Ausst. Kat. Frankfurt (1990), S. 107; daraus auch das folgende Zitat.
237 Dazu ausführlich: K. Knoll, Ein wirkliches Rettungswerk – Zur sog. Entrestaurierung der Dresdner Antiken, in: Wiedererstandene Antike 2003, S. 223 ff.
238 A. Furtwängler, Beschreibung der Glyptothek (1900), S. 80.
239 Furtwängler a. a. O., S. 153 f.; daraus auch das folgende Zitat.
240 H. Schrader, Die Anordnung des äginetischen Westgiebels, Jahrb. des ÖAI, Bd. 21/22, 1922–1924, S. 95; diese Kritik hörte nicht auf, vgl.: B. Berenson, Italian Pictures of the Renaissance, Venetian School, Vol. I (1957), S. XI: „Thorwaldson worked his will and his taste upon the Aeginetan marbles, but the archaic Greek Art triumphs over the conventionalizing hand."
241 E. Waldmann, In Ägina, Die Güldenkammer, Bremen II, Heft 4, (1912) S. 235.

Abnahme der Ergänzungen und Neuaufstellung

242 Archiv, Antikensammlung, Akt WAF.
243 Archiv, Antikensammlung, Akt WAF.
244 Archiv, Antikensammlung, Akt MAK 1946 ff.; daraus auch die weiteren Zitate.
245 D. Ohly, Die Neuaufstellung der Ägineten, Archäologischer Anzeiger, 1966, Heft 4, S. 515 f.
246 Dresdner Antiken: K. Knoll, Ein wirkliches Rettungswerk – Zur sog. Entrestaurierung der Dresdner Antiken, in: Wiedererstandene Antike 2003, S. 223 ff.; Vatikan, Laokoon: I. Paul, Antikenergänzung und Ent-Restaurierung, Kunstchronik 25, 1972, S. 86–90, 99 f.; A. Pasquin, Derestaurierte Antike: Wandlungen eines Athletentorsos – Faustkämpfer oder Diskuswerfer, in: Das Fragment – Der Körper in Stücken. Ausst. Kat. Frankfurt (1990), S. 65 ff.
247 D. Ohly, Die Neuaufstellung der Ägineten, Archäologischer Anzeiger 1966, S. 515; Ohly 1976; D. Ohly, Band II/III Der Westgiebel. Altarplatzgruppen (2002, nur die Tafeln). Vgl. dazu auch die Kritik in: Kunstchronik, Heft 4, 1972, S. 85 ff. (Jürgen Paul).
248 Bayernkurier vom 16.12.1967, „Die verstümmelten Ägineten". Der Bayernkurier resümierte: „Der gute Mann mußte sich von Experten sagen lassen, dass die alte Aufstellung der Ägineten mit den Ergänzungen wenig dem Geist des fünften Jahrtausends (sic) v. Chr. entsprochen hätte, aus dem die Figuren entstanden seien."
249 Münchner Merkur Nr. 24 vom 28./29.1.1967: „Im Laufe der Zeit, erklärte Schosser weiter, habe sich dann die Auffassung der Kunstwelt gewandelt. Nun werde der Originalzustand alter Figuren einer Ergänzung vorgezogen. Der Direktor der Glyptothek, Dr. Ohli (sic), habe nach 1945 die Chance genutzt, und – bevor sie wieder aufgestellt wurden – den früheren Zustand der Figuren wiederherstellen und alle von Thorvaldsen angebrachten Ergänzungen entfernen lassen. … Schosser vertrat die Meinung, dass Dr. Ohli richtig gehandelt habe; man müsse ihm dankbar sein, dass er diesen Mut bewiesen habe." In dem Artikel heißt es weiterhin: „Auch Mitberichterstatter Rudolf Eberle (SPD) billigte diese Ausführungen." Dort weiter: „Ministerialdirigent Dr. Ernst Höhne vom Kultusministerium teilte mit, die Neuaufstellung der Ägineten sei in Abbildungen durch die ganze Welt gegangen und habe Dr. Ohli zu einem berühmten Mann gemacht. Die alte Aufstellung mit den Ergänzungen habe wenig dem Geist der Zeit entsprochen, in der die Figuren entstanden seien. Erst jetzt würden sie richtig wirksam. In der ganzen Gelehrtenwelt gelte es als eine große Leistung der Museumsleitung, dass sie sich entschlossen habe, die durch Thorvaldsen nachträglich vorgenommenen Ergänzungen wieder zu beseitigen."
250 Münchner Merkur Nr. 20 vom 25.1.1966. Ebenda Prof. Oswald Hederer: „Ich kenne den neuen Zustand

nur aus einer Abbildung, und da finde ich die Metallstützen, man muß schon sagen: Prothesen, ein wenig brutal. Natürlich ist es so, daß ohne die Thorwaldsen-Ergänzungen die Sache geistiger wird, dies ohne allen Zweifel."

1971 wies es der Bildhauer Gerhard Marcks (1889–1981) entrüstet zurück, dem Verein der Freunde und Förderer beizutreten, nachdem er die Neuaufstellung der Ägineten im Foto gesehen hatte. Er schreibt: „Thorwaldsen war ein Künstler – er wollte das Bild herstellen. Sie, meine Herren, sind Gelehrte, und wollen den Tatbestand ermitteln. Nach dem Geiste unserer wissenschaftlichen, unkünstlerischen Zeit. ... Heute, darüber sind wir uns im klaren, könnte niemand eine so einfühlende, handwerklich einwandfreie Ergänzung zustande bringen – schon weil unseren talentvollen Künstlern die Demut zu solcher Arbeit abgeht."

251 Münchner Merkur Nr. 6 vom 8./9.1. 1966. Leserbrief von Joseph Joseph.
252 FAZ vom 20.11.1978 (nach der italienischen Kunstzeitschrift Bolaffiarte Antiquariato 1978, Nr. 2): „Woher nahm man ... die Berechtigung zu glauben, man sei einem Künstler wie Thorwaldsen überlegen, und kam ungestraft zu dem Entschluß, die Ergänzungen der Ägineten in der Münchner Glyptothek zu entfernen, um an ihrer Stelle die traurigen Stümpfe von Gliedmaßen und sadistisch wirkende Eisenhalterungen zu zeigen?"

Scheinbar originell und aktuell-zeitkritisch, aber meines Erachtens abwegig ist die These von William J. Diebold (Art Journal, Vol. 4, 1995: „The Politics of Derestoration: The Aegina Pediments and the German Confrontation with the Past"): „What has not been recognized, however, is that the removal of the Thorvaldsen restorations not only sacrificed an nineteenth-century past for the sake of an ancient one, but also destroyed a remnant of a more recent and problematic German history, that of National Socialism. This article argues that, after the Second World War, the neoclassical style of the restored Aegina pediments and their presence in a museum locates on Munich's Konigsplatz associated them with Nazism and made them politically problematic works, ripe for destruction". Der Autor übernimmt dabei die Nazipropaganda: Ludwig I. und Hitler bauten am Königsplatz; Paul Ludwig Troosts Bauten stünden in „the tradition of neoclassicism"; Thorvaldsen als das beste Beispiel für „the contact, so fruitful for our intellectual life, of the Germanic-Nordic character with the south, with antiquity". Dem Autor ist offensichtlich die schon seit dem ausgehenden 19. Jahrhundert bis heute in vielen Ländern geführte archäologische Diskussion über die Problematik falscher Ergänzungen unbekannt, wenn er die Abnahme der Äginetenergänzungen als Ausdruck einer falschen „Vergangenheitsbewaltigung" sieht und schreibt: „Vergangenheitsbewaltigung is particularly problematic when it takes place through physical destruction, as it did with the derestoration of the Aegina pediments, rather than historical understanding."

253 Süddeutsche Zeitung vom 3.10.1965.
254 Münchner Leben II (1966), „Die entfälschten Ägineten. Das Wiedersehen ist eine Neubegegnung".
255 Münchner Leben II (1966), S. 22. Ebenso positiv Münchner Merkur Nr. 2 vom 4.11.1966: „Jetzt erst ist zu besichtigen, wie sehr man damals das Original verfälscht hatte, und ein geschulter Blick ist besser denn vorher in der Lage, sich den nicht mehr vorhandenen Rest in der Phantasie zu ergänzen."
256 Basler Nachrichten Nr. 189 vom 6.5.1966.
257 Münchner Merkur Nr. 20 vom 25.1.1966.
258 Münchner Merkur Nr. 20 vom 25.1.1966. Ebenso äußert sich Prof. Josef Henselmann, damals Präsident der Akademie der Bildenden Künste, ganz positiv über die Abnahme der Ergänzungen: „Ich sehe gar nicht ein, warum man in einem Museum die alten Figuren nicht so aufstellen soll, wie man sie gefunden hat ... Es ist absolut kein Verbrechen, dass man die zugefügten Teile wieder weggemacht hat."
259 Vgl. Süddeutsche Zeitung Nr. 282 vom 23.11.1971.
260 Jürgen Paul, Kunstchronik Heft 4, 1972, S. 85 ff.
261 Paul, a. a. O., S. 97; vgl. M. Maaß, Nachträgliche Überlegungen zur Restaurierung der Ägineten, Athenische Mitteilungen 99, 1984, S. 165 ff.
262 Frankfurter Allgemeine Zeitung vom 2.5.1972: „Die klassizistische Version der Ägineten, ihre symmetrische Anordnung und Betonung der Einzelfigur wurde zerstört. An Stelle jenes Kunstwerkes trat die Rekonstruktion der wissenschaftlich gesicherten ursprünglichen Figurengruppierung ... Die authentische Substanz der Ägineten, auf deren reine Demonstration es den Archäologen ankam, reichte dabei allerdings nicht aus, den Kompositionszusammenhang der Giebelfiguren wiederherzustellen" (Monika Steinhauser).
263 Unverständlich: Inga Gesche (Bemerkungen zum Problem der Antikenergänzungen und seiner Bedeutung bei Johann Joachim Winckelmann, in: Forschungen zur Villa Albani (Berlin 1982), S. 453), die meint, die Entrestaurierung der Antiken der Glyptothek als „m a t e r i e l l e V e r - n i c h t u n g [von mir hervorgehoben] neuzeitlicher Antikenergänzungen" bezeichnen zu können. Merkwürdig auch die Polemik von: H. Knell – H.W. Krufft, The Burlington Magazine 116, 1972, S. 431 ff.
264 Quatremère de Quincy, Lettres ... à Canova (Paris 1836), S. 26.

Wiederherstellung der klassizistischen Ägineten

265 J. Lange, Thorwaldsen's Darstellung des Menschen (1894), S. 118 ff., mit ausführlicher Darstellung der Eigenart des Originals und der „Spes".
266 Für die kollegiale Zusammenarbeit sei hier Prof. Dr. Tonio Hölscher und Dr. Hildegund Gropengießer noch einmal gedankt.

267 Wagner war sich sehr bewusst, dass die Ergänzungen nur schwer von den Originalen zu scheiden waren, und schreibt am 27.4.1816 an Ludwig, (GHA, Wagner an Ludwig, Nr. 142): „Ich mache hier eine ganz genaue Angabe aller Theile sowohl der Antiken als der neu ergänzten ... Dieses mag umso wichtiger sein, als es vorderhand scheinen möchte, nemlich um für immer zu wissen, welche Theile alt und welche neu sind, damit es nicht geschehe, wie es so häufig der Fall ist, dass die Herrn Gelehrten ohne zu untersuchen, das Neue auch für alt nehmen, und sich auf diese Weise so häufig zu den albernsten Schlüssen verleiten lassen."

268 D. Ohly, AA 1966, S. 524: „... so hatte der Kopist, wie am Vorkämpfer des Ostgiebels aufgezeigt wurde, auch die von ihm äußerlich verstandenen Bewegungsbilder durch seine Ergänzungen stets so gestört, daß in keinem Falle eine Giebelfigur im ergänzten Zustand in die neue Aufstellung übernommen werden konnte. Schließlich erwies sich nahezu jede Hinzufügung des römischen Ateliers, auch die scheinbar unverfängliche, als Verschiebung und Belastung der originalen plastischen Form, daß auch hier der Verzicht auf die Anstückungen Gewinn bedeuten mußte."

269 Dazu trägt meines Erachtens auch der geschlossene Sockel bei. Es war bei der Neuaufstellung der Ägineten lange umstritten, ob statt der Eisenkonstruktion nicht ein geschlossener Steinsockel vorzuziehen wäre, wofür auch ich plädierte. Nur der dringende Eröffnungstermin hinderte D. Ohly daran, die Eisengestelle (Entwurf Josef Wiedemann) wieder zu entfernen und eine Lösung in Stein zu wählen. 1995/1996 wurde das Problem noch einmal erörtert und verschiedene Modelle entwickelt (u. a. auch von Michael Pfanner), wie die Äginetensockel anders, ‚ruhiger' gestaltet werden könnten. Im Zuge dieser Veränderung sollten meines Erachtens auch die Giebel etwas zurückgesetzt werden (hinter die Türlaibung). Die Vorstellung dieser Pläne entfachte bei nicht wenigen, vor allem bei Architekten (Technische Universität, Bayerische Akademie der Schönen Künste), heftige Proteste. Es wurde auf den „hohen künstlerischen Rang" der Eisensockel hingewiesen und jegliche Veränderung als ein „Eingriff in ein Gesamtkunstwerk" gewertet. Vielleicht gibt der Anblick des leicht hinter die Türlaibung versetzten, auf einem geschlossenen Sockel stehenden ‚rekonstruierten' Westgiebels zu einer differenzierteren Sichtweise Anregung.

270 J. Paul, Kunstchronik 25, 1972, S. 111.

271 Paul, a. a. O., S. 111; vgl. auch: C. P. Bol, Gnomon 1981, S. 276.

Deutung der Giebelgruppen

272 Furtwängler 1906, S. 181; Zimmer 2004, S. 54, Anm. 69.

273 Pind. O. 8; P. 8; N. 3-8; I. 5, 6, 8, 9; Pind. Pae. 6, Pae. 15, fr. 89b; daneben: Bakchyl. 12, 13. Zu den Oden: B. Snell – H. Maehler, Pindari carmina cum fragmentis I. Epinicia (1987); A. Zunker, Untersuchungen zur Aiakidensage auf Aigina (1988).

274 Hirt 1818, S. 29.

275 Wagner 1817, S. 197.

276 Hirt 1818, S. 30.

277 Hirt 1818, S. 30.

278 GHA, Wagner an Ludwig, Nr. 172, 16.8.1817.

279 Auch A. Furtwängler, der früher daran gezweifelt hatte (Furtwängler, Roscher, ML. I 2, 2153, s. v. Herakles), erkannte jetzt diese Deutung an. Noch heute ablehnend: U. Sinn, Aphaia und die ‚Ägineten'. Zur Rolle des Aphaiaheiligtums im religiösen und gesellschaftlichen Leben der Insel Aigina, AM 102, 1987, S. 133 ff., der in diesem Giebel nicht die erste Eroberung Trojas, sondern den „Einzug des Dorertums in Ägina" sehen möchte, was aber bisher kaum Zustimmung gefunden hat; vgl. E. Simon, Aias von Salamis als Mythische Persönlichkeit, Sitzungsber. d. Wiss. Gel. Uni. Frankfurt, Band XLI, Nr. 1, 2003, S. 20, Anm. 74.

280 Zu Pindar und Ägina ausführlich: D. Fearn (Hrsg.), Aegina Contexts for Choral Lyric Poetry (Oxford/New York 2011).

281 Hierzu: B. Kaeser, in: Mythos Troja, S. 54.

282 Furtwängler 1906, S. 310.

283 Furtwängler 1906, S. 312.

284 Ohly 1976, S. 63; daraus auch das folgende Zitat.

285 Ohly 1976, S. 29.

286 Ohly 1976, S. 65, 82.

287 Ohly (1976, S. 29) kann auch kein Vasenbild anführen. Er verweist auf eine Stelle in der Odyssee (22, 297), wo es heißt, dass Athena ihre Ägis erhebt, um die frevelhaften Freier zu erschrecken.

288 Es gibt zahlreiche Vasenbilder, die Athena mit der ausgestreckten Ägis gegen einen Feind agierend, zeigen, siehe: LIMC IV (Gigantes) 217, 227a, 228, 229a, 255, 256d, 258c, 262a, d, h, 263a, 300, 311, 312, 329; LIMC II (Athena) 387, 389; leicht zugängliche Abbildungen bei Schefold 1978: Schalenfragment des Eleusismalers, Eleusis 619, um 500 v.Chr., Schefold 1978, S. 92; Schale des Brygosmalers, Berlin F.2293, FR 3, 257 f., Schefold 1978, S. 94; Volutenkrater des Altamuramalers, London E 469, Schefold 1978, S. 96.

289 Zahlreich sind die Bilder, die Athena mit ausgestreckter Ägis hinter ihrem Schützling zeigt. LIMC II (Athena) 578, 519, leicht zugänglich: Douris-Schale, Louvre, 480 v. Chr., Ajas im Kampf gegen Hektor, in: Mythos Troja, S. 198; Schefold 1978, S. 118; Oinochoe des Kleomelosmalers, Herakles' Streit mit Apoll, Athen Nationalmuseum, 490 v. Chr.; die ausgestreckte Ägis der Ostgiebelathena als schützend und meines Erachtens richtig interpretiert auch von: E. Walter-Karydi, How the Aeginetans Formed their Identity (2006) S. 55.

290 Pind. fr. 172; zur Teilnahme des Peleus vgl. auch Eur. Andr. 797–801; Bakchyl. 13.

291 R. Wünsche, in: Mythos Troja, S. 141 f.; die Deutung übernommen von H. Indergaard, A Reading of Pindar's Isthmian 6, in: D. Fearn (Hrsg.), a. a. O., S. 310.

292 Noch eine Deutungsmöglichkeit ist zu diskutieren: Pindar schreibt, wie oben angeführt, dass Telamon den trojanischen König tötete. Man könnte also erwägen, ob die Kampfgruppe rechts von Athena Telamon im Augenblick seines größten Triumphes, beim Sieg über Laomedon, zeigt. Die Dramatik der Darstellung würde dazu passen: Telamons Gegner (Laomedon?) ist schon verwundet, wie Einkerbungen am Körper zeigen. Sicherlich war einst aus den Wunden quellendes Blut auf dem Marmor aufgemalt. Gegen diese Deutung spricht jedoch die Jugendlichkeit der Figur: Laomedon hatte erwachsene Söhne, die alle außer Priamos im Kampf fielen. Der einzige Krieger, der aber mit evidenten Altersmerkmalen am Körper und im Gesicht dargestellt wird, ist der in der Giebelecke sterbende Krieger. Das wurde schon immer so gesehen, und das spricht für Laomedon.

293 Die Zugehörigkeit des von Ohly (1976, S. 96 f.) diesem Schützen zugewiesenen Kriegerkopfs wird aus antiquarischen und stilistischen Gründen bezweifelt von E. Walter-Karydi, Alt-Ägina II 2, (1987) S. 98.

294 Siehe weiter unten zum skythischen Bogenschützen des Westgiebels; Ohly (1976, S. 98 f.): „Die Bestimmung des Schützen als Troer resultiert aus der Komposition der Giebelgruppe".

295 Furtwängler 1906, S. 312: „Zur Abwechslung hat der Künstler den einen Schützen in skythischer, den anderen in gewöhnlicher griechischer Tracht gebildet. Es ist klar, dass auch bei diesen beiden symmetrischen Gruppen jeder Anhalt fehlt zu einer individuellen Deutung der Figuren."

296 Anders E. Simon, a. a. O., S. 21 f.

297 Pind. I. 6, _S. 35 ff.

298 Bei Ohlys Deutung der Giebelgruppe würde der einzige Krieger, den man als Achill deuten könnte, der rechte Stecher sein: Achill als geduckter Stecher, während ein Trojaner (Hektor?) als Vorkämpfer neben Athena siegt, ist meines Erachtens an einem äginetischen Tempel nicht möglich.

299 Schon früher vorgeschlagen: Schefold 1978, S. 210; R. Wünsche, in: Mythos Troja, S. 147 ff.; E. Walter-Karydi, How the Greeks Formed their Identity (2006) S. 62.

300 W. Raeck, Zum Barbarenbild in der Kunst Athens im 6. und 5. Jahrhundert v. Chr. (1981) 10 ff.; U. Sinn a. a. O., S. 151; F. Lissarague, L'autre guerrier (1990). Zuletzt ausführlich: A. I. Ivantchik, Scythian Archers on Archaic Attic Vases: Problems of Interpretation, Ancient Civilizations 12, 2006, S. 197 ff.

301 Hydria, Leagrosgruppe, 510–500 v. Chr. London B. 323; Schefold 1978, S. 240; ABV 362, 33; D. Bothmer, Amazons in Greek Art (1957) S. 89. Die Teilnahme des Teukros am Amazonenkampf ist durch Fragmente der Aithiopis gesichert.

302 A. Rumpf, Chalkidische Vasen (1927), Taf. 12. Auch die chalkidische Vasenmalerei kennt sonst die Konvention, den Bogenschützen in skythischer Tracht darzustellen. In der attischen Vasenmalerei ist zweimal Paris, stehend, mit dem Bogen in der Hand und in Skythentracht, wiedergegeben: nicht als Orientale, sondern als Bogenschütze. A. I. Ivantchik, a. a. O., S. 203.

303 Im Zweikampf gegen Menelaos trägt Paris die typische Hoplitenbewaffnung.

304 Anhand der attischen Vasenmalerei ist festzustellen: Seit 500 v. Chr. wird die orientalische Tracht für den Bogenschützen allmählich seltener, er wird nun auch nackt oder ‚griechisch' gewandet oder gerüstet dargestellt. In dieser Übergangszeit befinden wir uns offenbar mit dem Äginagiebel, und der Schöpfer der Giebelkomposition hat, wie schon Furtwängler feststellte, der Abwechslung zuliebe die beiden Bogenschützen verschieden ausgestattet.

305 Anders: Ohly 1976, S. 74; G. Hedreen, The Trojan War, Theoxenia, and Aegina in Pindar's Paean 6 and the Aphaia Sculptures, in: D. Fearn (Hrsg.) a. a. O. S. 367.

306 G. Nagy, Asopos and his Multiple Daughters, in: D. Fearn (Hrsg) a. a. O. (mit weiterer Literatur), S. 49 f.

307 Dazu jüngst: D. Fearn (Hrsg), a. a. O., mit breiter Diskussion und Literatur.

308 D. Gill, The Temple of Aphaia on Aegina: The Date of the Reconstruction, ABSA 83, S. 169-77 und ABSA 88, S. 173–81; A. Stewart, AJA, 112/3, 2008, S. 377–412; 112/4, 2008, S. 581–615.

309 Dazu jüngst; J. Watson, Rethinking the Sanctuary of Aphaia, in: D. Fearn (Hrsg), a. a. O., S. 83 ff.; vgl. dagegen im selben Buch: G. Hedreen, S. 364 ff.

310 Schon richtig gestellt u. a. von: E. Walter-Karydi, How the Aeginetans Formed their Identity (2006); K. Fittschen, Rez. zu: Die Geschichte der antiken Bildhauerkunst I, GGA 255, 2003, 1–17.2.

311 V. Brinkmann, Archaische Formelemente in der Zeit der frühen Klassik, in: P. Bol (Hrsg.), Die Geschichte der antiken Bildhauerkunst I (2002), S. 275.

Die Farbigkeit der Ägineten

312 Wolters 1937/38, S. 154.

313 Zimmer 2004, S. 23, 27 f.

314 J. Stuart-N. Revett, Antiquities of Athens, London Bd.1, 1762, Kap. 2, Taf. VIII, Abb. 3, S.10; Bd. 3, 1796, Kap. 1, Taf. VII, VIII, IX, Abb. E–D; Legrand 1897, S. 41–66, S. 185–201, S. 285–404; Legrand 1898, S. 94–103, S. 185–223.

315 Wagner 1817, S. 209 ff. Vgl. auch: „Führer durch das Archäologische Museum der Kaiser-Wilhelms-Universität Strassburg", 2. Aufl. Strassburg 1897 (Vorwort von A. Michaelis) S. 123, Nr. 1632: „Zwei Schildfragmente von den Giebelgruppen desselben Tempels. Parischer Marmor mit Resten blauer Farbe".

316 GHA, Wagner an Ludwig, Nr. 159, 30.10.1816 (die Zeichnung heute nicht mehr vorhanden).

317 Wagner 1817, S. 213.

318 Wagner 1817, S. 219 f. Wagners Bedeutung für die Polychromieforschung gut beurteilt von Andreas Prater in: Bunte Götter 2003, S. 257 ff. Bei Heinrich Meyer sind Wagners Ausführungen nicht so gut angekom-

men. Er schreibt am 6.6.1817 an Goethe: „Wagners Bericht über die äginetischen Statuen ist mir zugekommen und, obgleich Wagner der Sache nicht recht gewachsen ist, doch eine sehr merkwürdige Schrift.", s. M. Hecker (Hrsg.), Goethes Briefwechsel mit Heinrich Meyer, Bd. 2 (1919), S. 407.

319 GHA, Wagner an Ludwig, Nr. 134, 12.1.1816.

320 WWSt, Ludwig an Wagner, Nr. 116, 2.4.1816.

321 L. Schorn, Kunstblatt Nr. 78, 29. 8. 1829, S. 309; dazu ausführlich G. Bankel in: Bunte Götter 2003, S. 72 f.

322 Anders, ohne Angabe von Belegen: V. Brinkmann, in: „BSZ, Bayern forscht", Ausgabe 4 vom 15.9.2006, S. 8: „Die antike Kunst Griechenlands war ursprünglich farbenfroh. Diese Nachricht erschütterte die interessierte Öffentlichkeit um 1800."

323 A. v. Sydow (Hrsg.), Wilhelm und Caroline v. Humboldt in ihren Briefen, Bd. V. (1912), S. 336.

324 Zitiert nach Zimmer 2004, S. 93, Anm. 310; vgl. auch L. Schorn, Über die Studien der griechischen Künstler (1818), S. 21: „Die Plastik kann nichts von der Farbe erhalten, als äußeren Glanz und heitere Zusammenstimmung mit ihren Umgebungen. Solcher Freude an heller Farbenpracht mag der Bildnerey, wie der Architektur, nach Umständen wohl gestattet seyn; nur darf damit nichts als eine ergötzliche Harmonie erreicht werden sollen." Ausführlicher zitiert bei: Zimmer 2004, S. 101.

325 Wagner 1817, S. 221.

326 Klenze, Memorabilien I, 124 r.

327 Klenze, Memorabilien III, 28 v., hierzu: A. von Buttlar, in: Ein griechischer Traum, Leo von Klenze der Archäologe, Ausstellungskatalog Glyptothek 1985, S. 220.

328 Dazu: Buttlar, a. O., S. 220.

329 Dazu ausführlicher Wünsche, in: Bunte Götter 2003, S. 13.

330 Ausführlicher Wünsche, in: Bunte Götter 2003, S. 14; daraus auch die folgenden Zitate.

331 M. Korres, Bauforschung in Athen 1831–41, in: R. Baumstark (Hrsg.), Das neue Hellas, Ausstellungskatalog München (1999), S. 173. Er weist, Bezug nehmend auf Hittorfs Arbeit, auch darauf hin, „dass dies dem zwar harten, aber gerechten Urteil von Desiré Raoul-Rochette nicht entgangen ist". Rochette's Kritiken konterte Hittorf. Korres fasst zusammen: „Auf diese Weise entstand – wie in anderen Fällen auch – eine Fülle archäologischer Literatur, die, an sich vollkommen unfruchtbar, die damalige Architekturtheorie beeinflusste."

332 A. Prater, in: Bunte Götter 2003, S. 266; ähnlich: Korres, a. O., S. 174.

333 Korres, a. O., S. 173; Prater, a. O., S. 265.

334 Zitiert nach: I. Kader, „Täuschende Spielereien", Kolorierte Abgüsse im 19. und frühen 20. Jahrhundert, in: Bunte Götter 2003, S. 247; dort eine eingehende Untersuchung dieses Themas.

335 Schon 1838 war die berühmte Aristionstele mit zahlreichen Bemalungsresten aufgefunden worden.

336 Das gilt natürlich nicht nur für die Funde von der Akropolis, vgl. Furtwängler 1907, S. 306 Anm. 1, zu den Reliefs des Knidier-Schatzhauses in Delphi: „Die Farben waren bei der Auffindung sehr frisch erhalten; ich sah mehrere eben gefundene Platten mit ihren Farben 1894. Notizen zu nehmen war damals verboten. Jetzt [1905] sind die Farben sehr verblasst."

337 W. Lermann, Altgriechische Plastik (1907), S. VIII. Großen Anteil an den Zeichnungsarbeiten hatte die dänische Künstlerin Ingrid Kjaer, die Frau Lermanns.

338 Fast durchgängig zu dunkel, manchmal geradezu verfremdend, sind z. B. die Abb. in: V. Brinkmann, Die Polychromie der archaischen und frühklassischen Skulptur (2003), Kat. Nr. 47, 50, 61, 71, 91–97, 99–106, 116 (Katalog ohne Seitenzählung).

339 Lermann, a. O., S. VII.

340 Furtwängler 1906, S. 303; daraus auch das folgende Zitat.

341 Furtwängler 1906, S. 301.

342 Furtwängler 1906, S. 308.

343 Dazu ausführlich, I. Kader, in: Bunte Götter 2003, S. 245.

344 V. Brinkmann, in: Bunte Götter 2003, S. 27; J. Stubbe Ostergaard, The Polychromy of Antique Sculpture: A Challenge to Western Ideals, in: Circumlitio, The Polychromy of Antique and Mediaeval Sculpture, 2010, (Hrsg. V. Brinkmann, O. Primavesi, M. Hollein), S. 84: „As far as aesthetics were concerned, functionalism was on the rise, limiting form to the bare essentials and rejecting ornament entirely. On the other hand, the majority of classical archaeologists and art critics who had been taught the values of white marble from the cradle onwards were probably quite relieved that the debate was over. Following the upheavals of World War I. Italian fascism conjured up dreams of a Roman empire reborn, clad in white stone. German National Socialism followed suit, adding the idea of white, Aryan, racial superiority to the deck. It was not a climate in which the study of polychromy could thrive."

345 V. Brinkmann, nach Reinhard J. Brembeck, Süddeutsche Zeitung, vom 11. 8. 2005, S. 13.

346 Vgl. H. Schrader, die archaischen Marmorbildwerke der Akropolis, 1939, S. VIII: „Wenn für die Veranschaulichung der archaischen Marmorskulpturen durch Photographien in unserem Werke reichlich gesorgt worden ist, so mußte die graphische Darstellung des an vielen Stücken wohl erhaltenen Farbenschmuckes wegen der allzuhohen Kosten sowohl einer künstlerischen und zugleich doch wissenschaftlich genauen Nachbildung als auch einer ebenbürtigen Reproduktion dahinter zurückbleiben. Sie beschränkt sich auf die farbige Wiedergabe von fünf weiteren Aquarellen, die Gilliéron père im Sommer 1909 vor den Originalen mit minutiöser Sorgfalt hergestellt hat und die, vor dreißig Jahren gemalt, die seitdem stark verblaßten Farbreste in viel größerer Frische überliefern als ihnen heute eigen ist – unersetzliche Dokumente der heiteren Farbenfreude und der beglückenden Sicherheit und Klarheit, mit der die reichen Gewandmuster auf dem sau-

ber geglätteten leuchtenden Marmorgrunde aufgetragen sind. Auch gibt eines dieser Aquarelle von einem ganzen Werke, dem reizenden Charitenrelief, das Payne treffend einem zarten Pastell vergleicht, eine anschauliche Vorstellung – um so wertvoller, als hier das nicht häufig erhaltene Gelb eine Rolle spielt.";
R. Wünsche – M. Steinhart, Sammlung James Loeb, 2009, S. 32, Loeb schreibt: „Mit Ausnahme des Goldschmucks und des erlesenen Glases, für deren Wiedergabe auch noch kein befriedigender Weg gangbar ist …"

347 Zitiert nach: E. Buschor, Von griechischer Kunst, 1963 (ausgewählte Schriften), S. 23; vgl. E. Beaucamp, FAZ 29, 3.2.2006: „Wer in München bei dem großen Archäologen Ernst Buschor studieren durfte, erinnert sich, dass er eindringlich auf die Farbreste bei den Giebelfiguren des Tempels von Ägina aufmerksam machte."

348 E. Friedell, Kulturgeschichte der Neuzeit, Bd. II (1928), zitiert nach der 28.–32. Auflage (München) 1954, S. 392.

349 Archiv Glyptothek, Kopie der ministerialen Anordnung, Nr. VII, 45671, Original in Akt III/109.

350 H. Diepolder – W. Rehm, Briefe von Winckelmann, I–IV (1952–57).

351 Dies bedeutet, dass es sich hierbei entweder um besonders haltbare oder um die am meisten verwendeten Farben handelt. Vielleicht trifft auch beides zu.

352 „Der Museumsbesuch – Die Ägineten in der Münchner Glyptothek", Regie: Gabriele Imhof-Weber, 30 Min. Erstsendung 2. 12. 1986, 20.15 Uhr.

353 Hinweise zur schuppenartigen Form der Helmverzierung und Vorschläge zu deren Farbe gab V. Brinkmann.

354 Der Kopf, sozusagen die Inkunabel der neu aufgenommenen Farbrekonstruktionen, ist vor der Ausstellung „Bunte Götter" aus den Depoträumen der Glyptothek abhanden gekommen.

355 Bunte Götter 2003, S. 95; Bunte Götter 2008, S. 114. Da die Texte der Kataloge zu den verschiedenen Ausstellungen oft weitgehend identisch sind und kaum jemand alle Kataloge besitzt, wird der Stellenverweis für mehrere Katalog-Varianten angegeben.

356 Prinz 2003, S. 16.

357 Abschlussfilm der Hochschule für Fernsehen und Film, 1992, Regie: Ewerhard Engels, Buch: R. Wünsche, Kamera: Peter Aichholzer, Musik. Sigi Schwab.

358 Vgl. Bunte Götter 2008, S. 28: „Raimund Wünsche hat uns damals spontan gefördert und überzeugt, vollständige Farbrekonstruktionen zu erstellen."

359 Es war mir auch bewusst, was Egon Friedell so ausgedrückt hatte: „…heutzutage vermag kein Mensch mehr eine Statue zu bemalen, ohne ins Panoptikum abzustürzen". E. Friedell, Kulturgeschichte Griechenlands, 1949 (abgefasst 1938), S. 326

360 Die Ähnlichkeit mit der Missoni-Mode sahen auch andere, u. a.: G. Gliewe, AZ, 17.12.2003; an der Buntheit zweifelnd: P. Kollros, Südwest Presse Ulm 11.2.2004; R. J. Brembeck, SZ Feuilleton 20.–21.12.2003: „Allein schon mit dieser Hose muss er jede Frau gekriegt haben, selbst die schönste von allen, Helena … So farbenfroh bunt, so poppig frech, so knallig direkt … hat man sich bisher einen Marmorhelden nicht vorzustellen getraut… Hoffentlich hat sich der Forscherkreis um Vinzenz Brinkmann diese Paris-Hosen markenrechtlich schützen lassen – die Gefahr ist groß, dass Benetton damit die Sommerkollektion bestreitet." W. Minaty, Schwäbische Zeitung, Nr. 301, 31.12.2003: „ … in einem Design, wie es Künstler zwar vor 2000–2500 Jahren entworfen haben, wie es aber ebenso gut aus den Studios von Kosmetik- und Modehäusern von heute stammen könnten. Vielleicht sollten ja Couturiers mal in der Glyptothek vorbeischauen."

361 R. J. Brembeck, SZ 184, 11.8.2005, S. 13.

362 Vgl. z. B. Panzertorso Athen: Bunte Götter: die Farbigkeit antiker Skulptur. Ausstellungskatalog Hamburg (2007), S. 136 und 137; Bunte Götter 2008, S. 135 und S. 137; Bunte Götter 2010, S. 148 und S. 151; Peploskore Athen: Bunte Götter 2010, S. 84 und 93; Bunte Götter 2008, S. 70 und 79.
Ein Vertauschen von Grün und Blau wird ausgeschlossen von Brinkmann, Polychromie …, Kat. Nr. 281, Anmerkung 4: „Den besten Erhaltungszustand weisen immer die einst von Azurit abgedeckten Bereiche".

363 Vgl. Bunte Götter 2003, S. 85–98 mit Bunte Götter, Hamburg a. O., S. 93–106.

364 Vgl. Bunte Götter 2003, S. 98; Bunte Götter, Hamburg, a. O., S. 106; zu ähnlich radikalem Dekorwechsel vgl. „Peploskore", Bunte Götter 2010, S. 84, 93.

365 Vgl. Bunte Götter 2010, S. 134, 137 und Kopf des sog. Knappen (unten S. 258 ff.)

366 Vgl. V. Brinkmann, Die Polychromie der archaischen und frühklassischen Skulptur (2003), Kat. Nr. 281 f.

367 B. Schmaltz, Antike Welt 2, 2008, S. 41 ff.

368 Bunte Götter 2008, S. 26.

369 Bunte Götter 2008, S. 27, Bunte Götter 2010, S. 25.

370 V. Brinkmann, Die Polychromie der archaischen und frühklassischen Skulptur (2003), Kat. Nr. 56: „Es herrscht in allen Einzelheiten, soweit sie erhalten sind, Klarheit über die ursprüngliche Fassung".

371 Anders: Brinkmann, Bunte Götter 2008, S. 99. Die offensichtlichen Unterschiede in der Farbfolge der Hose am rechten bzw. linken Bein sind m. E. ungeklärt.

372 Mein Dank für die kollegiale Zusammenarbeit gilt der Generaldirektorin des Bayerischen Nationalmuseums, Frau Dr. Renate Eikelmann.

373 Das Mäandermuster ist übernommen von einer anderen, nur in Fragmenten erhaltenen Figur in skythischer Tracht (Amazone?) aus einer der Altarplatzgruppen, s. Furtwängler 1906, S. 263 Nr. 122, Tf. 89, 93. An diesem Beispiel wird deutlich, wie problematisch es ist, bei der farbigen Gestaltung der Ägineten Analogien zu bilden.

374 D. Drinkler, Eng anliegende Bekleidung in Antike und Renaissance, in: Zeitschrift für Kunsttechnologie und Konservierung (ZKK), 24. Jahrgang, 2010 Heft 1, S. 5–35.

375 P. Collingwood, The Techniques of Sprang – Plaiting on Stretched Threads, New York 1999 (1. Aufl. 1974) Abb. 31.

376 I. Jenkins – D. Williams, Sprang Hair Nets: Their Manufacture and Use in Ancient Greece, in: American Journal of Archaeology, Boston, 89, 1985, S. 411–418, Pls. 44–46.

377 Neueste Forschungen hierzu bei: P. Linscheid, Frühbyzantinische textile Kopfbedeckungen (2011).

378 Hier sei Peter Collingwood gedankt. In seinem Werk „The Techniques of Sprang – Plaiting on Stretched Threads", erschienen in London 1974, wurde erstmals der gesamte Wissensstand über Sprang erfasst. Vor allem seine technischen Anleitungen sind noch heute die ausführlichsten.

379 Drinkler, a. O., Abb. 9

380 Industrielles Spinnverfahren (100 % Merinowolle, S-gezwirnt, aus vier Einzelfäden Z-gedreht, Lauflänge 160 m/100 gr.), synthetische Farbstoffe.

381 Zur besseren Handhabung dieser langen Fäden wurde ein Rahmen konstruiert, der zwei Meter hoch und 80 cm breit ist, wobei die Fäden über zwei Rohre von je 20 cm Durchmesser gelegt wurden.

382 Die Anfertigung der Weste wurde von Cornelia Knörle-Jahn, einer freiberuflichen Textilrestauratorin in München, übernommen.

383 Wolters 1937/38, S. 154

384 Furtwängler 1906, S. 301.

385 Bunte Götter 2003, S. 106/7; Bunte Götter: die Farbigkeit antiker Skulptur. Ausstellungskatalog Hamburg (2007), S. 118/9; Bunte Götter 2008, S. 130.

386 Eine Idee, die schon A. Furtwängler bei seinem farbigen Modell des Westgiebels beim sog. Stecher in etwas anderer Weise umsetzte. Helme, verziert mit Einlagen aus Edelmetall, kämen auch dem Aussehen der realen Bronzehelme dieser Zeit, wie wir sie aus den archäologischen Funden kennen, relativ nahe.

387 Bunte Götter 2003, S.104 f.

388 Bunte Götter 2008, S. 133; Bunte Götter 2010, S. 145; die dort angeführten Ergebnisse, die sich aus naturwissenschaftlichen Untersuchungen ergaben, bedürfen einer Überprüfung:
So heißt es zu den Farbresten auf dem Ajas-Schild (innen): „Ein weiterer roter Farbrest aus dem Bereich der Schildhandhabe lässt sich als ein Eisenoxidrot (Rotocker) identifizieren. Der benachbarte gelbe Farbrest ist als Goldocker (gelbes Eisenoxid) nachweisbar."
Zum einen liegt das Gelb, wie mit bloßem Auge leicht erkennbar, auf dem Rot. Zum zweiten handelt es sich, wie ebenfalls mit bloßem Auge von den Restauratoren der Glyptothek erkannt, nicht um Goldocker, sondern um Reste von vergilbtem Polyester-Klebstoff. Dies hat eine Untersuchung (Dr. Patrick Dietemann, Doerner Institut) von abgenommenen Partikelchen jüngst bestätigt. Das bedeutet: Ein vergilbter synthetischer Klebstoff der 60er Jahre konnte durch die für Brinkmanns Farbforschungen angewendete moderne Untersuchungstechnik (genannt werden: Licht- und Fluoreszenzmikroskopie, Rasterelektronenmikroskopie mit Röntgenmikroanalyse und UV-Vis-Reflexionsspektralfotometrie) nicht von einem 2500 Jahre alten Farbpigment unterschieden werden.

389 Wagner 1817, S. 214 (daraus auch das folgende Zitat).

390 E. Langlotz – W-H. Schuchhardt, Archaische Plastik auf der Akropolis, 1941, S. XIV: „Die Blässe der nur gedanklich ergriffenen Antike findet in der Kälte klassizistischer Plastik den ihm gemäßen Ausdruck. Während das leibbestimmte Griechentum, das sich mit der irdischen Wirklichkeit ständig auseinander setzen musste, auch dem plastischen Abbild des Menschen die sinnliche Färbung gegeben hat.
Freilich nicht im naturalistischen Sinn des Panoptikums! Denn die mineralische Schönheit des gut durchkristallisierten Marmors würde durch die völlige Bemalung ja stark beeinträchtigt. Die Griechen haben deshalb nur die Gewänder mit ihren meist bunten Borten, die Hüte und Schuhe, die Haare, die am Ende des 6. Jahrhunderts von den Griechinnen gern nachgezogenen Brauen, die roten Lippen, Nüstern und Ohrlöcher und vor allem die Augensterne bemahlt. Wieder sind es keine realistisch wiedergegebenen Farben, auch keine dekorativen ornamentalen, wie man missverstehend gemeint hat. Sondern es sind Farben, die sich zum menschlichen Vorbild ähnlich verhalten haben werden, wie die durch den Stil geprägten plastischen Formen der Gewandung zur Wirklichkeit. So sind die Haare meist rotbraun – ganz selten blond – womit wohl ein Kastanienbraun des Dargestellten gemeint sein könnte … Die bronzebraunen Körper der Knaben und Männer sind dagegen niemals braun gefärbt worden. Athletenstatuen pflegten ohnedies durch den Erzguß dunkelkupferfarben auszusehen. Die zarte Tönung der Knabenhaut und die weiße der Mädchen ist, auch um das Edle des durchkristallisierten Marmors nicht zu zerstören, nicht übermalt worden. Die Griechen überzogen sie mit der sog. Ganosis, d.h. sie tränkten den Marmor mit einem heißen Gemisch von Wachs und Öl, oder salbten ihn mit einem Gemisch aus Safran und Milch. Hierdurch wurde zunächst die farbige Tönung des Marmors erreicht. Seine kristallinische Schönheit aber wurde hierdurch sogar noch gesteigert. Denn gerade die fetthaltige Imprägnierung der Marmorfläche drang in die feinsten ‚Poren' der durch den Meißelschlag leicht geprellten Kristalle und erhöhte dadurch noch die Transparenz des Marmors. Die Entartung dieses Verfahrens zeigt der römische Klassizismus, der durch zu starke Ölung dem Marmor ein elfenbein- oder alabasterfarbiges Aussehen gegeben hat (Kyrenäische Venus)."

391 Bunte Götter 2010, S. 144.

Abkürzungen

GHA:
Bayerisches Hauptstaatsarchiv München. Geheimes Hausarchiv.

vHFSt:
Frhr. v. Hallersche Familienstiftung, Nürnberg-Großgründlach.

WWSt:
Würzburg, Wagner-Stiftung (Martin v. Wagner-Museum der Universität).

BStBH:
München, Bayerische Staatsbibliothek, Handschriftenabteilung.

Bibliographie

Ausst. Kat. München 1980
K. Vierneisel – G. Leinz (Hrsg.), Glyptothek München 1830–1980. Ausstellungskatalog (1980).

Ausst. Kat. Haller 1986
H. Bankel (Hrsg.), Haller von Hallerstein in Griechenland 1810–1817. Ausstellungskatalog (1986).

Bergau 1877
R. Bergau, Briefe an und von Carl Haller von Hallerstein, in: Zeitschrift für Bildende Kunst 12, 1877, S. 190–196.

Bracken 1977
C. P. Bracken, Antikenjagd in Griechenland 1800–1830 (1977).

Bunte Götter 2003
Bunte Götter: die Farbigkeit antiker Skulptur. Ausstellungskatalog München (2003).

Bunte Götter 2008
Bunte Götter: die Farbigkeit antiker Skulptur. Ausstellungskatalog Frankfurt a. M. (2008).

Bunte Götter 2010
Bunte Götter: die Farbigkeit antiker Skulptur. Ausstellungskatalog Berlin (2010).

Cockerell 1860
C. R. Cockerell, The Temples of Jupiter Panhellenius at Aegina and of Apollo Epicurius at Bassae near Phigaleia in Arcadia (1860).

Cockerell 1903
S. P. Cockerell (Hrsg.), Travels in Southern Europe and the Levant, 1810–1817. The Journal of C. R. Cockerell, R. A. (1903).

Fräßle 1971
K. Fräßle, Carl Haller von Hallerstein (1774–1817). Diss. Freiburg (1971).

Furtwängler 1900
A. Furtwängler, Beschreibung der Glyptothek König Ludwig's I. zu München (1900).

Furtwängler 1906
A. Furtwängler, Ägina. Das Heiligtum der Aphaia (1906).

Gerlach 1973
P. Gerlach, Antikenstudien in Zeichnungen klassizistischer Bildhauer (1973).

Gesche 1982
I. Gesche, Bemerkungen zum Problem der Antikenergänzungen und seiner Bedeutung bei Johann Joachim Winckelmann, in: H. Beck, P. C. Bol (Hrsg.), Forschungen zur Villa Albani. Frankfurter Forschungen zur Kunst 10, Berlin 1982, S. 439–460.

Haller 1983
H. Frhr. Haller von Hallerstein, ... und die Erde gebar ein Lächeln. Der erste deutsche Archäologe in Griechenland (1983).

Herbig 1938
R. Herbig, Johann Martin von Wagners Beschreibung seiner Reise nach Griechenland (1812–1813), in: Würzburger Festgabe. Heinrich Bulle dargebracht zum siebzigsten Geburtstag am 11. Dezember 1937. Würzburger Studien zur Altertumswissenschaft 13, 1938, S. 1–46.

Hirt 1818
A Hirt, Die neu aufgefundenen Aeginetischen Bildwerke, in: Analecta litteraria. Teil 2 (1818), S. 167–204.

Larsson 1969
L. O. Larsson, Thorvaldsens Restaurierung der Ägineten im Lichte zeitgenössischer Kunstkritik und Antikenauffassung, in: Konsthistorisk Tidskrift 38, 1969, S. 23–46.

Legrand 1897
Ph. E. Legrand, Biographie de Louis-François-Sebastien Fauvel. Antiquaire et Consul (1753–1838), in: Revue Archeologique 30, 1897, S.185–201.

Legrand 1898
A. Legrand, Biographie de Louis-François-Sebastien Fauvel. Antiquaire et Consul (1753–1838), in: Revue Archeologique 31, 1898, S. 94–103.

Leinz 1980
G. Leinz, Baugeschichte der Glyptothek 1806–1830, in: Ausst. Kat. München 1980, S. 90–181.

Ludwig – Klenze, Briefwechsel
H. Glaser (Hrsg.), König Ludwig I. von Bayern und Leo von Klenze. Der Briefwechsel. Teil II: Regierungszeit König Ludwigs I., Bd. 1 (2007).

Memorandum 1815
Memorandum on the Subject of the Earl of Elgin's Pursuits in Greece, 2. korrigierte Aufl. (1815).

Messerer 1966
W. Messerer, Briefwechsel zwischen Ludwig I. von Bayern und Georg von Dillis (1966).

Müller-Kaspar 1988
U. Müller-Kaspar, Das sogenannte Falsche am Echten. Antikenergänzungen im späteren 18. Jahrhundert in Rom (1988).

Mythos Troja 2006
R. Wünsche (Hrsg.), Mythos Troja. Ausstellungskatalog München, Staatliche Antikensammlungen und Glyptothek (2006).

Nerdinger 2000
W. Nerdinger, Leo von Klenze. Architekt zwischen Kunst und Hof 1784–1864 (2000) mit CD-ROM.

Ohly 1976
D. Ohly, Die Aegineten. Die Marmorskulpturen des Tempels der Aphaia auf Aegina. Ein Katalog der Glyptothek München. Teil 1: Der Ostgiebel (1976).

Prinz 2003
V. Brinkmann – U. Koch-Brinkmann, Der prächtige Prinz: Zur Farbigkeit der Ägineten (2003).

Rothenberg 1977
J. Rothenberg, „Descensus Ad Terram", The Acquisition and Reception of the Elgin Marbles (1977).

Schefold 1978
K. Schefold, Götter- und Heldensagen der Griechen in der spätarchaischen Kunst (1978).

Schorn – Klenze 1830
Beschreibung der Glyptothek Seiner Majestät des Königs Ludwig I. von Bayern (1830).

Schönheit 1999
T. Weiss (Hrsg.), Von der Schönheit weißen Marmors. Zum 200. Todestag Bartolomeo Cavaceppis (1999).

Smith 1916
A. H. Smith, Lord Elgin and his Collections, in: The Journal of Hellenic Studies 36, 1916, S. 163–372.

Stackelberg 1882
O. M. v. Stackelberg, Schilderung seines Lebens und seiner Reisen in Italien und Griechenland (1882).

St. Clair 1967
W. St. Clair, Lord Elgin and the Marbles (1967).

Urlichs 1867
L. Urlichs, Die Glyptothek seiner Majestät Königs Ludwig I. von Bayern. Nach ihrer Geschichte und ihrem Bestande (1867).

Wagner 1817
J. M. Wagner, Bericht über die Aeginetischen Bildwerke im Besitz Seiner Königl. Hoheit des Kronprinzen von Baiern. Mit kunstgeschichtlichen Anmerkungen von Fr. W. J. Schelling (1817).

Watkin 1974
D. Watkin, The Life and Work of C. R. Cockerell (1974).

Wiedererstandene Antike 2003
M. Kunze – A. Rügler (Hrsg.), Wiedererstandene Antike. Ergänzungen antiker Kunstwerke seit der Renaissance (2003).

Wolters 1937/1938
P. Wolters, Jacob Linckhs Äginetisches Tagebuch, in: Münchner Jahrbuch der Bildenden Kunst. Neue Folge 1937/38, Bd. 12, S. 149–170.

Wünsche 1980
R. Wünsche, Ludwigs Skulpturenerwerbungen für die Glyptothek, in: Ausst. Kat. München 1980, S. 23–83.

Wünsche 1985
R. Wünsche, in: Ein griechischer Traum. Leo von Klenze, der Archäologe, Ausstellungskatalog (1985).

Wünsche 1993
R. Wünsche, Antiken aus Griechenland – Botschafter der Freiheit, in: R. Heydenreuter – J. Murken – R. Wünsche (Hrsg.), Die erträumte Nation. Griechenlands Wiedergeburt im 19. Jahrhundert (1993).

Wünsche 1999
R. Wünsche, „Lieber hellenischer Bürger als Erbe des Throns". König Ludwig I. und Griechenland, in: R. Baumstark (Hrsg.), Das neue Hellas. Griechen und Bayern zur Zeit Ludwigs I. Ausstellungskatalog (1999), S. 1–20.

Zimmer 2004
J. Zimmer, Die Aegineten in Berlin, in: JbBerlMus 46, 2004, S. 7–104.

Abbildungsnachweis

Abb. 1–3, 10–15, 19, 31 f., 34 f., 38, 41 f., 46, 52–55, 59–61, 63 f., 69, 73 f., 82–86, 89, 91, 94–103, 105–107, 109–112, 114–122, 126, 130, 136 f., 140 f., 143–145, 149 f., 157–179, 182, 185–187, 189 f., 194–197, 201–216, 218–223, 226–235, 237–267, 269–273, 277–283, 288, 291, 294, 304 f., 308–310, 312–323, 325, 331 f., 335 f., 341–343, 349 f.: Archiv, Staatliche Antikensammlungen und Glyptothek (Farbaufnahmen der Ägina-Skulpturen: Renate Kühling; Schwarz-Weiß-Aufnahmen: C. und H. Koppermann); Abb. 4, 6 f., 18, 27, 37, 51: vHFSt; Abb. 5, 68: Rom, Deutsches Archäologisches Institut; Abb. 8: nach Bracken 1977, Taf. II; Abb. 9: Wikipedia; Abb. 16 f., 36, 75: Institut für Baugeschichte der TU München; Abb. 20–26, 28–30, 46 rechts, 47, 76–78, 80 f., 104, 108, 113, 125, 127–129, 131 f., 134, 151 f., 154, 289: Berlin, Kunstbibliothek; Abb. 33: nach H. Haller von Hallerstein, … und die Erde gebar ein Lächeln (1983) S. 98; Abb. 39 f.: GHA; Abb. 43: nach K. Haller von Hallerstein, Le Temple de Bassae (1976), S. 24; Abb. 44, 123, 139, 142: Würzburg, Martin-von-Wagner-Museum; Abb. 45: München, Bayerische Staatsgemäldesammlungen; Abb. 48: nach C. Callmer, Georg Christian Gropius als Agent, Konsul und Archäologe in Griechenland 1803-1850 (1982); Abb. 49 f., 87, 124: München, Bayerische Staatsbibliothek; Abb. 56: nach Wiedererstandene Antike 2003, Abb. 19; Abb. 57, 65-67, 71: Foto, Archäologisches Institut München; Abb. 58: nach Schönheit 1999, Abb. 57; Abb. 62: nach C. A. Picon, Bartolomeo Cavaceppi (1983); Abb. 70, 72: nach F. de Clarac, Musée de sculpture antique et moderne (1841), Taf. 147 und 211; Abb. 79, 90, 92 f.: Kopenhagen, Thorvaldsen Museum; Abb. 88: nach Künstlerleben in Rom: Bertel Thorvaldsen (1770–1844) Ausstellung im Germanischen Nationalmuseum 1991/92 (1994), S. 582; Abb. 135: Foto Franz Hanfstaengl; Abb. 133, 153: London, Britisches Museum; Abb. 138, 202 f.: München, Stadtmuseum; Abb. 146, 148: nach Nerdinger 2000, CD-Rom fol. 181v, 183v (Klenze an Wagner); Abb. 147, 301 f.: Dresden, Staatliche Kunstsammlungen; Abb. 155, 334: nach Furtwängler 1906, Abb. 198, Taf. 93; Abb. 156: nach B. Graef – E. Langlotz, Die antiken Vasen von der Akropolis zu Athen (1925–1933), II, 2, Taf. 55; Abb. 180: Metropolitan Museum, New York; Abb. 181: nach E. Paul, Die Falsche Göttin (1962), Abb. 5; Abb. 183 f.: Boston, Museum of Fine Arts; Abb. 188, 191: Foto Brandt, Solothurm; Abb. 192: E. Berger; Abb. 193: A. Buckley and Constantine Limited; Abb. 198: Paris, École nationale supérieure des Beaux-Arts; Abb. 199: nach Der Torso. Ausstellungskatalog München (1998), Abb. 80; Abb. 200: nach V. M. Strocka (Hrsg.), Meisterwerke (2005), S. 12, Abb. 3; Abb. 217: nach Erinnerung an Dieter Ohly. Jahresgabe 1980 des Vereins der Freunde und Förderer der Glyptothek und der Antikensammlungen (1980); Abb. 224 f.: Floris Neusüss; Abb. 236: nach P. Kragelund – M. Nykjær (Hrsg.), Thorvaldsen. L'Ambiente l'Influsso il Mito (1991), Fig. 7; Abb. 268: nach Herakles – Hercules. Ausst. Kat. München (2003), Abb. 33.7; Abb. 274 f.: nach Ohly 1976, Abb. 26, 28; Abb. 276: nach Journal of Hellenic Studies 31, 1911, Pl. XIV; Abb. 284 f.: nach Karl Reichhold (Originalzeichnung); Abb. 286: nach A. Rumpf, Chalkidische Vasen (1927), Taf. 12; Abb. 287: nach CVA Bochum 2, Taf. 4; Abb. 290, 292, 295 f., 298-300, 303, 311, 330, 344: nach Bunte Götter 2003, Abb. 187, 4, 134, 114, 135, 431, 6, 71, 12, 150, 175; Abb. 293: Bernhard Bosse, Regensburg (Fotograf Horst Hanske); Abb. 297, 306 f., 324, 329, 347 f.: Stiftung Archäologie, Vinzenz Brinkmann; Abb. 326, 333, 351 f.: Roy Hessing; Abb. 337 f.: Dagmar Drinkler; Abb. 339 f.: Archiv, Bayerisches Nationalmuseum München; Abb. 345 f.: Elmar Gehnen

Wir haben uns bemüht, alle erforderlichen Bildrechte einzuholen. Sollten wir dies im Einzelfall übersehen haben, bitten wir um Benachrichtigung.

Impressum

© Kunstverlag Josef Fink,
Lindenberg im Allgäu
Internet: www.kunstverlag-fink.de
1. Auflage 2011

ISBN 978-3-89870-589-9

Bibliografische Information der
Deutschen Nationalbibliothek:
Die Deutsche Nationalbibliothek verzeichnet diese Publikation in der Deutschen Nationalbibliografie; detaillierte bibliografische Daten sind im Internet über http://dnb.d-nb.de abrufbar.

Mit einem Beitrag von Dagmar Drinkler.

Gestaltung
werbeatelier brandner, Leutkirch im Allgäu

Bildbearbeitung
Holger Reckziegel, Bad Wörishofen

Druck
Holzer Druck und Medien, Weiler im Allgäu